Let's
Java
Programming

 오라클 자바
최신버전 적용

웹, 모바일, 빅데이터 개발을 위한
자바 기초 입문

실전 예제로 배우는

자바
프로그래밍

자바 개발자
서민구 지음

 김앤북
KIM&BOOK

KB066004

Let's
실전 예제로 배우는
자바
프로그래밍

머리말

자바라는 프로그래밍 언어가 세상에 나온 지 올해 25년이 되었지만, 아직도 전 세계적으로 가장 많이 사용하는 언어 중 하나로 유지되고 있다. 초기에 한번 작성하면 어느 곳에서든 작동 가능하다는 원대한 목표를 갖고 플랫폼으로부터 독립적인 객체지향적인 프로그래밍 언어로서 지금까지도 성공적인 신화를 만들어 가고 있다.

웹서비스는 물론이고, 모바일 어플리케이션, 지금은 빅데이터 분야까지 출시 초기부터 현재까지 끊임없이 발전하고 진화하고 있는 언어가 바로 자바이다. 또한, 오랜 시간동안 개발자들은 자바를 통해 여러 시스템간의 호환성과 확장성이 높은 다양한 라이브러리, 프레임워크를 만들어오고 있다.

특히 우리나라는 기업용 비즈니스 어플리케이션과 모바일 어플리케이션에서 가장 많이 사용되고 있어 자바 언어는 이제 필수 언어라고 해도 과언이 아니다.

많은 사람들이 자바라는 언어를 배우고자 시작하다가 중간에 포기하는 사례를 많이 봐왔다. 늘 같은 이유이다. 자바가 쉽다고 하던데, 막상 해보니 어렵다는 이유다. 세상에 쉬운 프로그래밍은 없다. 하지만, 절대 어렵지 않다. 어렵다고 느끼는 이유는 익숙하지 않아서다. 대부분의 교육과정, 서적들이 정해진 커리큘럼에 따라 암기하듯이 배우기 때문이다. 프로그래밍은 흥미가 있어야 꾸준히 할 수 있는데, 흥미가 떨어지니 하기 싫어지고, 어려운 것이다.

처음 자바를 배우려는 분들에게 꼭 하고 싶은 말이 있다.

"처음부터 너무 완벽하게 이해하려고 하지 말자."

이 책은 총 20개의 챕터로 이루어져 있지만, 처음에 모두 이해하려고 하면 중간에 포기하기 쉽다. 우선 1~6장까지만 정독하고, 7,12,13장은 소설책 읽듯이 쭉 읽고 나서 간단한 프로그램을 만들어 보자. 만들면서 필요한 부분은 찾아보면서 이해하는 형태로 익히는 것이다. 여러분이 만들고 싶은 웹 어플리케이션이나 모바일 어플리케이션을 만들다 보면 자연스럽게 실력이 늘게 된다. 단, 전제 조건은 여기 예제들을 반드시 직접 손으로 타이핑 해야 한다.

처음 자바를 시작하시는 모든 분들이 포기하지 않고, 끝까지 완주할 수 있기를 응원합니다.

CONTENTS

Let's
실전 예제로 배우는
**자바
프로그래밍**

CHAPTER 01

자바기초
(자바가 무엇인가요?)

먼저 프로그램이란 무엇인지, 그리고 앞으로 배울 자바라는
프로그램 언어에 대해서 알아보자.

1.1 프로그램이란?

프로그램이라는 용어는 우리 주위에서 흔히 사용되고 있다. 교육 프로그램, 방송 프로그램 등 어떤 순서나 절차에 의해 나열된 항목이라는 의미로 다양한 곳에 쓰이고 있다.

컴퓨터 프로그램이란 처리 순서에 맞게 컴퓨터가 실행할 수 있도록 컴퓨터 언어로 작성된 명령어의 집합을 뜻한다.

프로그래밍 언어란 인간과 컴퓨터가 대화(의사소통) 할 수 있는 언어로 자바나 C, C++, Python 등 다양한 프로그래밍 언어가 존재한다.

❖ **프로그래밍 언어를 배워야 하는 이유**

문제해결과정(알고리즘)이 컴퓨터(프로그래밍 언어)를 통해 만든 프로그램으로 사람이 하기 어려운 문제나, 반복적이고 지루한 작업을 자동으로 처리하기 위해
▸ 소스코딩만이 프로그래밍은 아님
▸ 주위의 모든 처리과정 자체가 프로그램이 될 수 있음
▸ 누구나 프로그램적인 사고를 하고 있으며, 나만의 알고리즘을 갖고 있음.

예를 들어보자.

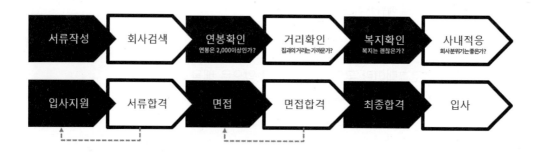

위 취업준비 과정에서 입사지원 할 회사에 대한 기준은 개인마다 차이는 있을 것이다. 하지만, 개개인의 조건(알고리즘)에 맞는 기준을 세워 그 기준에 맞는 회사에 입사지원하며, 서류합격, 면접합격 여부에 대한 조건 통과 시 최종 입사에 다다르는 취업준비 과정에 대한 프로세스를 정의할 수 있을 것이다. 이러한 어떠한 절차, 순서에 맞게 프로세스를 프로그래밍 언어를 사용하여 정의하는 것을 프로그래밍이라고 부를 수 있다.

처음 프로그래밍을 접하는 분들은 누구나 이렇게 머리 속에 있는 프로세스를 표현하는데 어려움을 많이 느낀다. 이러한 경험이 없기 때문이다. 평소 주위의 상황들을 호기심을 갖고 절차와 순서에 맞게 상상해 보는 습관을 조금씩 갖게 되면 프로그래밍이라는 것이 그렇게 어렵고, 불가능한 것이 아님을 알게 될 것이다.

앞으로 배울 자바라는 언어는 이 프로그래밍 과정을 돕는 수단(도구)일 뿐이다. 위 과정이 익숙해지면 자연스럽게 자바 프로그래밍 과정도 쉽게 느껴지게 된다.

언어(Language)라는 것이 배우고 익히는데 적지 않은 시간이 필요하다. 우리가 영어를 10년 가까이 배웠음에도 여전히 어렵고, 제대로 읽거나 말하지 못하는 사람이 부지기수임을 보면, 외국어를 배우는 것이 결코 쉽지 않음을 뼈저리게 느끼고 있을 것이다.

영어강사나 이미 영어를 잘 하는 사람들은 모두 영어 공부는 어렵지 않다고 한다. 왜 그럴까?

정답은 위 사람들은 모두 영어가 재미있는 사람들이다. 영어로된 책을 읽고, 영어 뉴스를 보며, 자막 없는 영화를 보며, 재미와 흥미를 느끼며 배웠을 것이다. 억지로 강제로 배우면 절대 재미가 있을 수 없다. 즉 실력이 늘지 않는다.

프로그래밍 언어 역시 마찬가지다. 처음엔 어색하고 낯설어 어렵게 느껴지지만 흥미가 생길때까지 조금만 참고 하다보면 반드시 재밌어지고, 더 많은 것을 알고 싶어지는 때가 오게 된다. 사람마다 개인차가 있어 흥미가 생기기까지의 시간이 다를 수는 있겠지만, 언젠가는 잘 할 수 있게 된다는 것을 꼭 잊지 말자.

많은 사람들이 오해하는 한가지가 있다. 인문계 출신이라 프로그램을 잘 못할 것이다 라는 것이다.(흔히 '비전공자'라는 표현을 쓴다.) 그럼 자연계 출신은 영어를 못하는가, 그렇지 않다. 단지, 내가 남들 보다 실력이 부족하다면, 늦게 시작하거나, 연습을 덜 했을 뿐이다.

이 두가지만 반드시 기억하자,

1. 할 수 있다는 내 자신에 대한 자신감을 갖자.
2. 더 늦기 전에 지금 당장 시작하자.

1.2 자바란?

자바는 1991년 썬마이크로시스템즈 (Sun MicroSystems)사의 제임스 고슬링이라는 분이 개발했으며, 그 당시 C나 C++ 프로그램 개발 시 어렵거나 불편한 작업들을 줄이고, 객체지향적인 개념을 도입하여 90년대 중반 이후부터 현재까지도 선풍적인 인기를 끌고 있다. 현재는 오라클 (Oracle)사로 인수되어 배포되고 있다.

자바를 개발하기 위한 환경이나 개발 도구, 기타 라이브러리까지 대부분이 무료 오픈 소스이며, 전세계 수많은 개발들에 의해 다양한 라이브러리가 만들어지고 업그레이드 되고 있어 빠른 속도로 발전해 나가고 있다.

"많은 사람들이 왜 자바를 배우려고 하는 것일까?"

자바는 전 세계적으로 가장 많이 사용되는 프로그래밍 언어 중 하나이며 특히 우리나라에서는 자바공화국이라고 불릴 정도로 공공기관이나, 금융, 통신, 유통 등 대부분의 업무영역에 자바로 시스템을 구축하여 사용하고 있다. 당연히 구인 수요도 다른 언어에 비해 훨씬 많을 수밖에 없으며, 프로그래밍 활용 범위도 넓어 자바 언어의 활용 범위도 점점 넓어지고 있다.

자바의 특징

1. 객체지향언어
2. 오픈소스 및 다양한 라이브러리
3. JVM (Java Virtual Machine)
4. Write Once, Run Anywhere

1.3 자바의 실행 프로세스

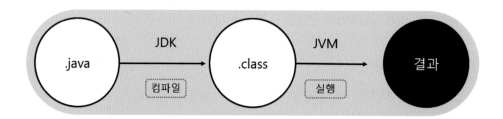

소스는 코드를 작성하는 파일이며, 이 자바파일(.java)을 자바컴파일러가 바이트코드 형태의 클래스파일(.class)로 변환한다. 이 클래스파일이 JVM에서 실행되게 된다. 이 JVM이 설치된 환경에서는 윈도우나 리눅스 어디에서든 실행 가능하다.

여러분들은 이클립스라는 개발도구를 이용해 자바소스 편집(코딩), 컴파일, 실행까지의 통합개발환경을 구축하여 개발하게 된다. 즉 코딩에만 집중하면 나머지 단계는 이클립스가 알아서 해주게 된다는 것이다.

1.4 자바로 할 수 있는 일

그럼 이 자바라는 프로그래밍 언어를 통해 어떤 프로그램을 만들 수 있을까? 자바로 만들 수 있는 프로그램을 알게 되면 자바 기초 이후에 깊게 배울 수 있는 방향을 정할 수 있으며, 공부의 목적이 생기므로 학습에 도움이 될 것이다.

자바로 만들 수 있는 프로그램

1. 웹 어플리케이션

웹 어플리케이션 캡처화면(포털, 인터넷뱅킹, 쇼핑몰)

흔히 얘기하는 웹사이트(홈페이지) 분만 아니라, 기업에서 사용하는 ERP나 쇼핑몰, 포털사이트, 인터넷뱅킹 등 브라우저를 통해 접속하는 다양한 웹 기반의 어플리케이션을 개발할 수 있다.

2. 모바일(안드로이드) 어플리케이션

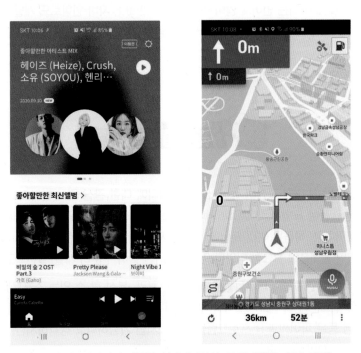

모바일 어플리케이션 캡처화면(네비게이션, 뮤직재생앱, 쇼핑, 포털)

전 세계 가장 많은 점유율을 자랑하는 안드로이드 운영체제의 어플리케이션 역시 자바로 개발하며, 직접 만든 어플리케이션을 구글플레이에 올려 다른 사용자들이 다운받아 사용할 수 있다. 모바일 어플리케이션은 게임, 쇼핑, 기업용 어플리케이션 등 아주 다양한 개발이 가능하다. 흔히 얘기하는 안드로이드 어플이 모바일 어플리케이션이다.

3. 게임

게임은 자바 보다는 C, C++라는 언어로 많이 만들어지고 있으나, 자바 언어로도 개발 가능하다. 다양한 연령층에서 사랑받고 있는 게임 "마인크래프트"라는 게임은 자바로 만들어진 게임이다.

4. 빅데이터 플랫폼 관련 소프트웨어

최근 4차산업, 인공지능에 대한 관심이 높아지며 빅데이터에 대한 관심 역시 높아지고 있다. 많은 기업에서도 빅데이터 플랫폼을 도입하고 있으며 빅데이터 플랫폼 중 가장 유명한 하둡(Hadoop)이 자바로 만들어진 소프트웨어이다. 하둡은 여러 서버에서 분산 저장/처리 하기 위한 오픈소스 자바 분산처리 프레임워크로 빅데이터 플랫폼에 필요한 다양한 어플리케이션 들이 꾸준히 개발/발전되고 있다.

하둡을 포함하여 하둡과 연계하여 데이터를 수집, 저장, 처리, 분석 할 수 있는 소프트웨어를 통칭해 하둡 에코시스템이라 부르는데 이 에코시스템의 대부분의 소프트웨어들이 자바로 만들어져 있다. 특히 데이터분석, 머신러닝 등은 파이썬과 R 프로그램을 사용해서만 가능하다고 생각하지만, 자바 프로그램으로도 다양한 데이터 분석이 가능하다.

이렇듯, 자바는 특정 분야에 국한되어 사용되지 않고, 아주 다양한 분야에 널리 사용되고 있는 프로그래밍 언어로써 자바 기초를 잘 다져 놓으면 차후 여러 분야로 개발 영역을 넓혀 갈 수 있으며, 지금까지도 마찬가지지만 앞으로도 발전 가능성이 아주 높은 프로그래밍 언어라고 할 수 있다.

1.5 자바를 배워야 하는 이유

앞에서도 보았듯이, 다른 프로그래밍 언어에 비해 아주 다양한 분야에서 사용되고 있으며, 특히 공공기관, 금융, 통신, 포털 등등의 대규모 시스템 또는 프로젝트에서 자바는 안쓰이고 있는 곳이 없을 정도이다. 웹, 모바일, 빅데이터 개발자로서의 기초가 될 수 있고, 개발자가 아니더라도 기업 내에서 자바 시스템을 관리, 운영 하는 곳에서 자바 기초 지식이 필요한 경우가 많으니. 본인이 일하고 있는 분야에서도 분명 자바를 배워야 하는 이유를 충분히 찾을 수 있을 것이다.

1.6 프로그래밍 연습 방법

프로그래밍은 공부한다라는 표현보다 연습한다라는 표현이 더 잘 어울린다. 많은 사람들이 프로그래밍은 자동차 운전에 비유하는데, 운전 역시 운전 공부라고 하지 않고, 운전 연습이라고 부른다.

처음엔 자동차에 대한 기본 조작방법을 배우게 된다. 시동은 어떻게 키는지, 엑셀과 브레이크의 사용법, 방향지시등, 라이트, 후진 방법 등 실제 운전을 하려면 숙지해야되는 것들부터 배우는 것이다. 그 다음 직접 운전을 해보게 된다. 바로 도로로 나가는 것이 아니라, 직진, 후진, 좌회전, 우회전 등 기본 코스에 대해 연습하고 다시 도로에서 주행하는 연습을 시작한다. 이때 까지 누군가 옆에 앉아 도움을 주거나 방법을 알려주는 역할을 하듯 이 책이 여러분 옆에서 도움을 주는 역할이 되어주길 바란다.

어느 정도의 연습을 마쳤다 해도 도로에서 바로 자유롭게 운전하지 못한다. 무엇보다 연습이 필요하다. 스스로 많이 운전해 보면서 운전감각을 직접 느끼면서 점차 실력이 향상되게 된다. 어떻게 하면 운전을 잘하게 될까? 답은 하나다. 운전을 많이 하면 된다.

프로그래밍 역시 이 책을 다 읽었다 해도, 반드시 스스로 꾸준히 반복하며 연습해야만 자바라는 언어를 자유롭게 다룰 수 있게 될 것이다.

첫째도 연습, 둘째도 연습, 셋째도 연습 !

CHAPTER 02

자바설치
(자바개발을 위한 준비)

이제 자바 개발을 위한 첫걸음으로 여러분의 PC를 자바 개발환경으로 구축해야 한다. 2021년 09월 현재 기준 최신버전으로 자바와 이클립스를 설치하고, PC의 환경변수 까지 설정해 보겠다.

PC는 윈도우10 64비트 버전 기준으로 설치할 것이나, 다른 OS (맥이나 리눅스 등)를 사용하더라도 예시의 내용만 잘 확인하면 어렵지 않게 설치 할 수 있을 것이다.

2.1 자바 설치

> ❖ **자바 프로그램 종류**
>
> ▸ JRE(Java Runtime Environment): 자바로 만들어진 프로그램을 실행하기 위한 프로그램
> ▸ JDK(Java Development Kit): 자바 개발을 위한 프로그램
>
> ❖ **자바 버전**
>
> ▸ ME(Micro Edition): Embedded Program을 개발하기 위한 버전
> ▸ SE(Standard Edition): 자바 표준 버전으로 PC용 Program이나 Android용 Program을 개발하기 위한 버전
> ▸ EE(Enterprise Edition): Web Application을 개발하기 위한 버전

자바 프로그래밍 언어를 이용해 프로그램을 개발하려면 가장 먼저 해야될 일이 자바를 설치하는 것이다. JDK(Java Development Kit, 자바 개발 도구)가 설치되어야만 자바 프로그램을 개발할 수 있다. 이클립스 역시 자바 기반으로 실행되기 때문에 반드시 먼저 JDK가 설치되어야 한다.

먼저 JDK를 다운로드 받기 위해 오라클 웹 사이트로 접속한다. (https://www.oracle.com/)

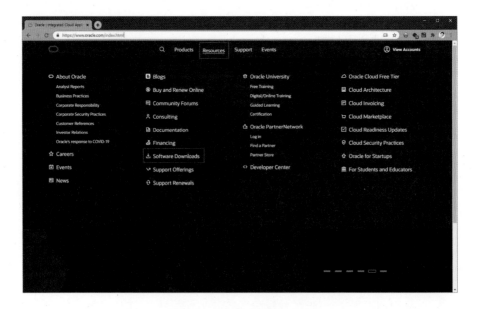

상단 Resources 메뉴를 클릭하면 하위메뉴가 나오는데, Software Downloads 메뉴를 클릭하여 다운로드 페이지로 이동한다.

우리는 자바를 다운로드 받을것이므로 Java를 클릭한다.

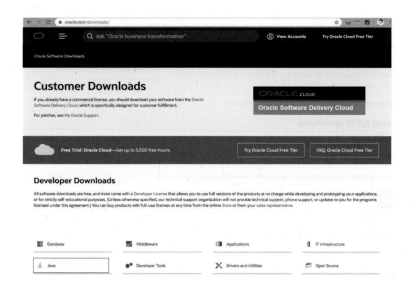

JRE는 Java Runtime Environment는 자바 실행 환경으로 자바 개발용이 아닌 자바를 사용하는 프로그램이 있는 경우 필요하며, 우리는 자바 개발 목적이므로, JDK를 클릭한다.

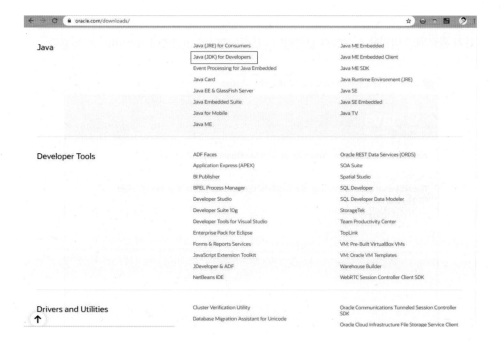

현재 시점으로 최신 버전인 Java SE 17 버전으로 설치하도록 하자.

OS별로 다운받을 수 있는 링크들이 나오는데, 지금은 윈도우즈 64비트용으로 다운받겠다. 다른 환경을 사용중이라면 본인 환경에 맞는 OS로 선택해서 다운받으면 된다. Windows 탭 선택 후 x64 Installer 를 다운 받는다.

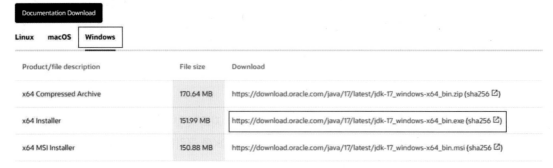

다운로드가 완료되면 파일을 실행하면 실행창이 나오고 별다른 변경없이 Next버튼을 누른다.

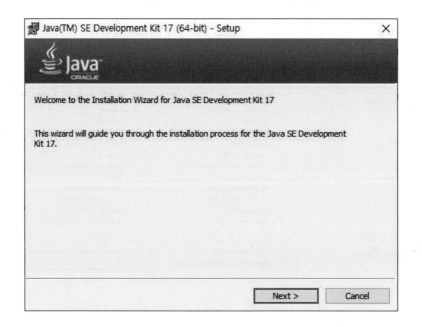

그림 2.1.7은 JDK가 설치되는 경로를 설정하는 화면인데, 변경없이 그대로 설치하도록 한다. (다른 곳에 설치하려면 Change 버튼을 눌러 원하는 곳으로 설정하면 된다.)

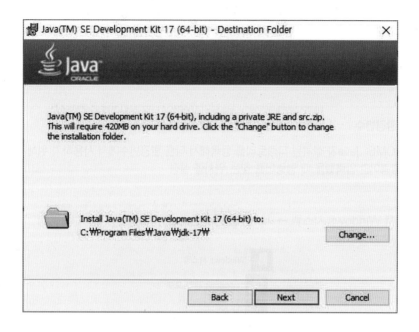

설치가 완료되면 Close버튼을 눌러 종료한다.

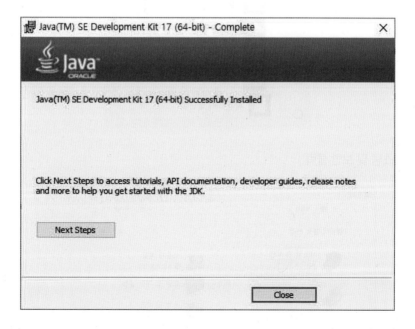

이제 자바 JDK 설치가 완료됐다.

2.2 환경변수 설정

환경변수는 시스템(여기에서는 본인PC)에서 사용하게 되는 변수를 뜻하며, 자바설치 시 환경변수를 설정하는 이유는 이클립스 외 다른 프로그램에서 자바(JDK)를 사용하는 경우 어느 경로에서나 자바를 실행하기 위해 필요한 설정이다. (Mac에서는 자동으로 환경변수를 설정하기 때문에 이 작업 필요 없음)

> ❖ **설정할 환경변수**
>
> ▸ JAVA_HOME: Java가 설치된 디렉토리를 등록해서 다른 환경변수에서 사용하기 위해서 설정
> ▸ PATH: 명령어만 입력했을 때 명령어를 찾는 위치를 설정

윈도우 메뉴에서 Windows 시스템 → 제어판을 클릭한다.

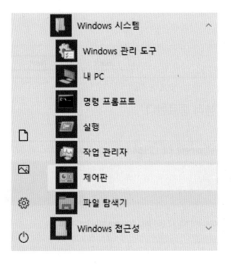

제어판에서 시스템 및 보안 클릭

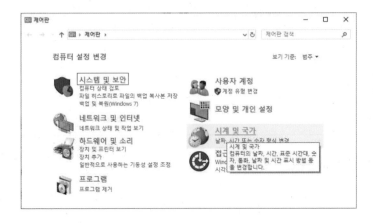

시스템 클릭

고급 시스템 설정을 클릭한다.

환경 변수 클릭

환경 변수 설정 창이 나오면 위쪽에 사용자 변수, 아래는 시스템 변수 영역이 나온다. 사용자 변수는 현재 로그인되어 있는 사용자에 대한 설정이고, 시스템 변수는 전체 사용자에 대한 변수인데, 다른 사용자가 따로 구성되어 있지 않으면 사용자 변수쪽에서 새로 만들기를 클릭한다.

아래 그림과 같이 새 사용자 변수창에서 변수 이름은 JAVA_HOME이라고 변수 값은 C:\Program Files\Java\jdk-17 라고 입력한다. 자바(JDK) 설치시 설치 경로를 변경하지 않았으면 동일한 경로로 설정하면 되고, 만약 경로를 수정하였다면, 밑에 디렉토리 찾아보기를 클릭해 자바가 설치된 경로를 찾아 선택하면 된다. 입력 후 확인 버튼을 클릭한다.

다음은 PATH 설정으로 Path라는 변수를 선택한 후 편집 버튼을 클릭하면 환경 변수 편집이라는 창이 뜨고, 새로 만들기를 클릭하면 맨 밑에 새로운 값을 입력하는 란이 추가된다.
이 입력란에 %JAVA_HOME%\bin 이라고 입력하고 확인 버튼을 클릭한다.

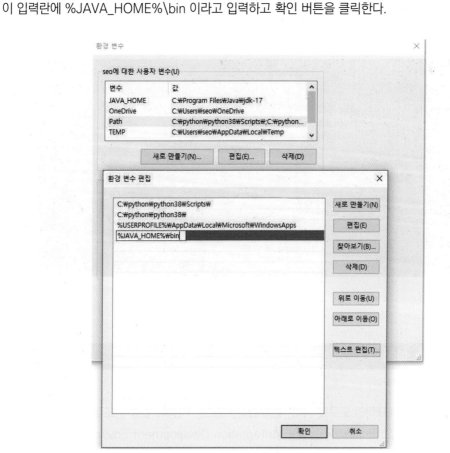

자바 설치와 환경 변수 설정이 완료 되었으면 확인 버튼을 눌러 창을 모두 닫고 윈도우키(⊞) + r 키를 눌러 cmd 라고 입력하고 엔터키를 누른다.

커서가 깜빡거리는 까만 배경화면의 창이 하나 뜨면 여기에 java -version 이라고 입력하고 엔터키를 누른다.

아래 그림과 같이 java version "17"... 라고 출력이 되면 자바 설치가 정상적을 완료된 것이다.

```
C:\WINDOWS\system32\cmd.exe                                              —  □  ×

Microsoft Windows [Version 10.0.19042.1165]
(c) Microsoft Corporation. All rights reserved.

C:\Users\seo>java -version
java version "17" 2021-09-14 LTS
Java(TM) SE Runtime Environment (build 17+35-LTS-2724)
Java HotSpot(TM) 64-Bit Server VM (build 17+35-LTS-2724, mixed mode, sharing)


C:\Users\seo>
```

2.3 이클립스 설치

이제 자바 개발을 위한 대표적인 도구로 자바 개발자들은 모르는 사람이 없을 정도로 유명하고, 가장 많이 사용되고 있는 이클립스(Eclipse)라는 IDE (Integration Development Environment, 통합 개발 환경)를 설치해 보자. 최근에는 이클립스 대신 IntelliJ라는 통합개발도구를 사용하는 경우도 있지만, 아직 많은 개발자들이 사용하고 있는 이클립스를 통해 자바를 배워볼 것이다. 이클립스가 익숙해지면 나중에 다른 개발도구를 사용하는 것도 크게 어렵지 않을 것이다.

이클립스 역시 오픈소스이므로 사용제약 없이 사용할 수 있다. 이클립스 공식 홈페이지(https://www.eclipse.org)에 접속한다.

아래 그림과 같이 진행하며 다운로드 버튼을 클릭하면 이클립스 현재 운영체제에 맞는 실행파일을 다운로드 받을 수 있다.

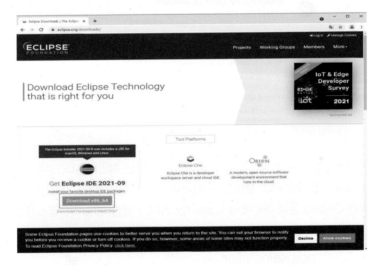

다운로드가 완료 되면 이클립스 설치파일을 실행한다.

아래 그림과 같이 이클립스 인스톨러 창이 나오는데 우리는 Enterprise Java Developer로 설치하도록
한다. 위쪽 Eclipse IDE for Java Developers로 설치해도 상관없지만, 차후 웹어플리케이션 개발이나,
다른 플러그인을 사용할 경우가 있을 테니 처음 설치할 때 Enterprise 버전으로 설치하는 것이 편하다.

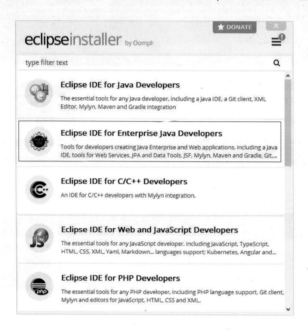

Enterprise Java Developer를 클릭하면 설치 경로를 입력하는 화면이 나오는데, 먼저 탐색기를 열어
C드라이브에서 java라는 폴더를 새로 생성한 후 아래와 같이 C:\java라고 입력한다. 그리고 INSTALL
을 클릭한다. 그러면 C:\java 폴더 하위에 eclipse라는 폴더가 생성되며, 이클립스가 설치된다.

이클립스 설치가 진행되는 동안 중간 중간 동의여부를 물어보는 경우가 있는데, 동의에 체크하고 계속 진행한다.

설치가 완료된 후 LAUNCH버튼을 클릭해 이클립스를 실행한다.

이클립스가 실행되면 아래와 같이 workspace 디렉토리를 선탁하라는 창이 나오는데, 아래와 같이 C:\java\workspace 라고 입력한 후 Launch버튼을 클릭한다. 이 경로는 앞으로 여러분이 자바 프로그램을 개발할 때 사용되는 폴더로, 이름 그대로 작업 공간이라고 생각하면 된다.

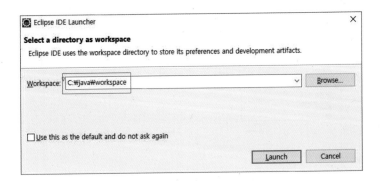

이클립스가 정상적으로 실행되면 아래 그림과 같은 화면이 나오며, 이클립스가 정상적으로 설치된 것이다. 이 Welcome 페이지를 다음에 다시 볼 필요가 없으면 하단 체크박스는 체크하지 않고 닫도록 하자.

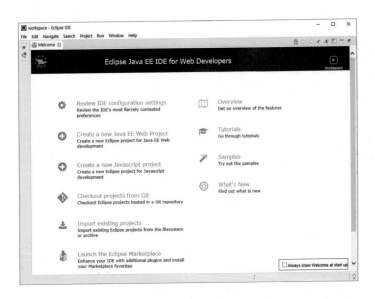

이제 자바 프로그래밍을 하기 위한 자바(JDK) 설치 및 환경 변수 설정, 자바 개발 도구인 이클립스까지 설치를 끝냈다. 자바 개발을 위한 모든 준비가 끝난 셈이다. 이제부터 본격적인 자바 프로그래밍을 시작해 보자.

2.4 Hello Java 프로그램

자바 프로그램을 만들려면 우선 프로젝트를 생성해야 한다. 메뉴에서 File 〉 New 〉 Project를 선택한다.

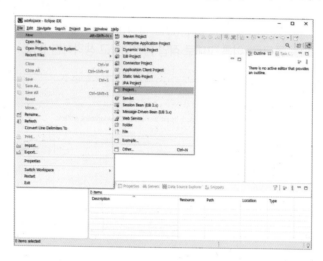

프로젝트 선택화면에서 Java Project를 선택하고 Next를 누르면 아래 그림처럼 프로젝트 생성화면이 나오는데, Project name 입력란에 프로젝트명을 test라고 입력하고 바로 Finish 버튼을 눌러 프로젝트 생성을 마쳐도 되지만, 일단 Next 버튼을 눌러보자.

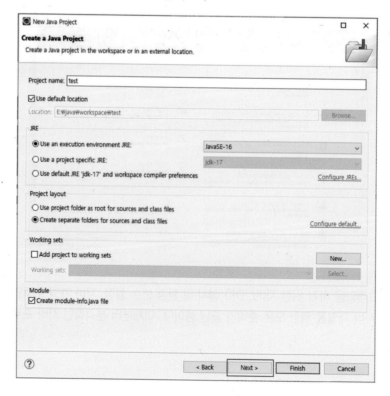

아래 그림은 이전에 배웠던 java 파일과 class 파일이 위치하는 경로를 볼 수 있는데, 위쪽 Source 탭의 src 폴더는 여러분이 직접 코딩하게 될 java 파일이 위치하는 폴더이고, 아래쪽 output folder 는 JDK가 java 파일을 컴파일한 class 파일이 위치하는 폴더를 나타낸다. 경로 설정을 변경해도 되지만, 그대로 두고 Finish 버튼을 누르자.

그러면 아래 그림처럼 module-info.java 파일을 생성하는 창이 하나 뜨는데, 이 부분은 뒤에서 패키지에 관련된 부분을 먼저 배운 후 추가로 설명할테니, 지금은 일단 생성하지 않기 위해 Don't Create 버튼을 눌러 넘어가도록 하자.

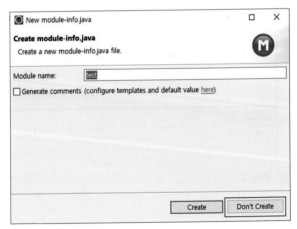

다음은 마지막으로 Java perspective를 열겠냐고 물어보는 창이 뜨게 되는데, Open Perspective 버튼을 누르게 되면 프로젝트 생성을 마치게 된다.

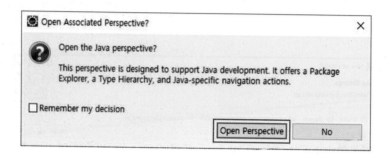

이클립스 실행화면에서 각 영역에 대해 먼저 알아보자.

1 – 패키지 탐색기로 방금 생성한 test라는 프로젝트가 보이며 트리 구조로 프로젝트 내부의 폴더와 파일들을 관리한다. 프로젝트에 대한 전반적인 관리를 할 수 있는 영역이다.

2 – 파일을 열어 내용을 작성할 수 있는 편집 영역이다. 자바 파일은 이 영역에서 코딩하게 된다.

3 – Task List는 나중에 처리해야 될 일을 따로 기록해 잊어버리지 않고, 관리할 수 있는 영역이다.

4 – 열려진 파일에 대한 전체적인 구성을 한눈에 볼 수 있는 영역이다.

5 – 로그 출력, 오류 메시지, 기타 추가 화면을 구성할 수 있는 영역이다.

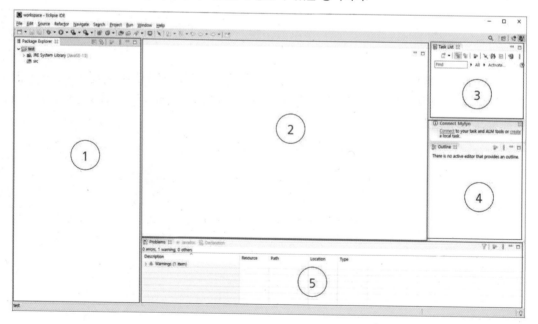

이제 자바파일을 생성해 보자. 왼쪽 패키지 탐색기에서 test라는 프로젝트 안에 src라는 폴더가 보일 것이다. 이 폴더는 자바 소스(source)가 위치하는 곳으로 앞으로 자바 파일은 이 src폴더에 생성하면 된다.

이 src 폴더를 선택하고 마우스 오른쪽 클릭, Class를 선택한다.

package는 chapter02로 Name은 HelloJava로 입력하고 Finish를 누른다.

새 파일이 생성되며, 가운데 파일을 편집할 수 있는 영역이 추가될 것이다. 이제 HelloJava 라는 문자가 출력되는 프로그램을 만들어 보자. 아직 코드에 대한 자세한 부분은 배우지 않았으니, 아래와 같이 그대로 입력해 보자.

```java
package chapter02;

public class HelloJava {
    public static void main(String[] args) {
        System.out.println("Hello Java");
    }
}
```

코드 입력 후 저장(Ctrl+s 또는 File 메뉴의 Save)한 다음 실행 해보자. 실행 단축키는 Ctrl+F11 키를 누르면 된다. 실행하고 나면 아래 그림과 같이 Console 탭에 Hello Java라고 출력되는 것을 볼 수 있다.

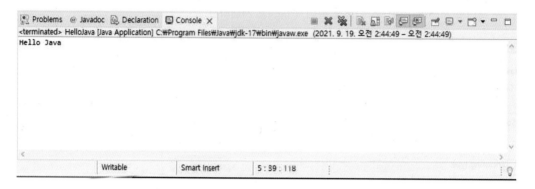

* 이클립스 인코딩 설정 변경

이클립스를 사용하다보면 간혹 인코딩 문제로 인해 한글이 깨지는 문제가 발생할 수 있다. 따라서 이클립스 설치 후 기본 인코딩 설정을 "UTF-8"로 변경해주는 것이 좋다.

상단 메뉴 Windows 〉 Preferences 클릭

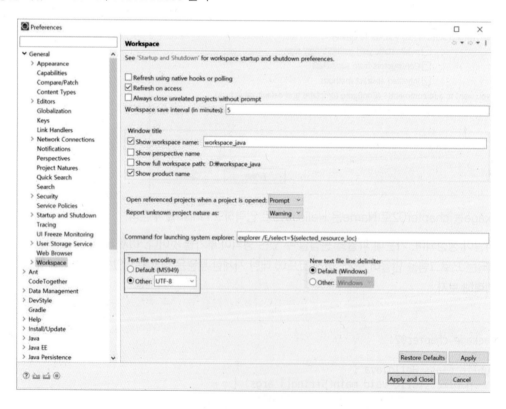

위 창에서 General 〉 Workspace 메뉴를 선택하면 Text file encoding을 Other로 선택 후 UTF-8로 선택하고, Apply and Close를 누른다.

2.5 주석과 실행문

주석이란 프로그램 내에서 실행되지 않는 영역을 표시할 때 사용한다. 주석의 종류는 한줄 주석과, 여러 줄 주석, 자바독(javadoc) 주석이 있으며, 소스 코드에 대한 설명을 작성해 두거나, 프로그램 실행이 되지 않는 영역으로 표시하기 위해 주석을 사용한다.

기호	설명
//	//부터 해당 줄(line) 끝까지 주석 (한줄 주석)
/* ... */	/*와 */ 사이의 모든 내용을 주석 (여러줄 주석)
/** ... */	Java Document 주석

주석을 사용하는 이유는 크게 세가지다. 첫 번째는 코드 상에서 해당 영역의 코드가 실행되지 않게 하기 위해서, 두 번째는 내가 작성한 코드를 다른 사람이 볼 때 쉽게 이해하기 위해서 설명 구문을 주석으로 넣는 것이다. 마지막 세 번째는 나중에 내가 다시 이 코드를 봤을 때 왜 이렇게 코딩을 했는지 메모하는 것이다. 내가 짠 코드인데, 내가 다시 보면 다 알지 않을까? 생각할 수 있지만 막상 몇일만 지나도, 내가 작성한 코드인데도 불구하고, 내가 왜 이렇게 코딩했는지 잘 기억이 나지 않는 경우가 많다. 그래서 미래의 나를 위해서도 주석은 반드시 잘 달아놓아야 한다.

"Hello Java"라고 출력했었던 HelloJava 파일을 수정해보자.

```
1.  package chapter02;
2.
3.  public class HelloJava {
4.
5.      public static void main(String [] args) {
6.
7.          // System.out.println("Hello Java");
8.
9.          /*
10.         * Hello Java를 출력하는 실행문을 주석처리 하고
11.         * 아래 안녕 자바라고 출력되는 실행문을 추가
12.         */
13.
14.         // "안녕 자바"라고 출력되는 실행문
15.         System .out.println("안녕 자바");
16.
17.     }
18.
19. }
```

7라인은 이전에 Hello Java라고 출력했던 실행문 앞에 한줄 주석(//)로 추가하여 실행되지 않도록 하였고, 9~12라인은 여러 줄을 한꺼번에 주석처리하고 싶을 때 사용한다. 14라인은 15라인의 실행문을 설명하기 위해 한줄 주석을 추가한 코드이다.

주석은 자바 파일이 컴파일 되는 단계에서 제외되고 바이트 코드로 변환되기 때문에 아무리 주석을 많이 달아도 파일 용량이 커지지 않는다. 위 예제를 실제 이클립스 상에서 보면 주석부분은 초록색으로 표시되는 것을 알 수 있는데, 실제 주석 내용을 길게 작성해도 class 파일을 확인해 보면 용량은 증가하지 않는다. 직접 확인해 보려면 우리가 프로젝트를 생성했던 C:\java\workspace\test\bin\chapter02 경로를 윈도우 탐색기를 통해 접속해 보면 용량이 증가하지 않는 것을 볼 수 있다. 반대로, System.out.println() 실행문을 여러줄 추가하고 저장하면, 위 경로의 HelloJava.class 파일의 용량이 증가하게 된다.

C:\java\workspace\test\bin\chapter02 이 경로는 우리가 이클립스 설치 후 지정했던 작업공간 경로 (C:\workspace)에서 생성했던 프로젝트(test) 안에 JVM이 java파일을 컴파일한 이후 class파일을 두는 공간이다. 이 class파일이 실제 프로그램이 실행되게 되는 파일이며, 원소스파일(.java)파일이 없어도 .class 파일만 있으면 실행을 할 수 있다. 이 모든 소스파일 생성, 컴파일 과정, 실행 등을 우리는 이클립스라는 도구를 사용하면 쉽게 처리할 수 있다.

주석을 이클립스에서 쉽게 추가/제거 할 수 있는 단축키가 있는데, 아주 자주 사용되는 단축키이니 앞으로 실습예제들을 진행하면서 코드 변경이나, 설명문구 등을 추가할 때 자주 사용하면서 익히도록 하자.

파일 편집화면에서 한줄 주석 처리를 하고자하는 영역을 클릭하거나, 여러줄인 경우는 여러줄을 드래그해서 단축키 ctrl + / 키를 누르면 자동으로 // 이 추가되며 해당 줄이 초록색으로 바뀌게 되며, 주석처리가 된 것이다. 반대로 이 상태에서 다시 ctrl + / 키를 누르게 되면 주석이 제거되며 색상도 다시 원래대로 돌아오는 것을 알 수 있다. 주의할 점은 // 주석이 해당 라인 맨 앞에 있을때만 단축키로 주석 제거가 된다.

🖥 실행문

실행문은 프로그램에서 처리하는 하나의 단위를 의미한다. 그래서 하나의 실행단위가 끝났다라는 것을 표현하기 위에 뒤에 ;(세미콜론)을 찍는다. 앞에서 작성했던 HelloJava에서는 "Hello Java" 화면에 출력하는 실행문은 System.out.println() 처럼 보통 한 줄씩 작성하며 해당 실행문의 마지막에는 반드시 ;를 붙여 실행문이 끝났음을 표현해주어야 한다.

한 줄에 하나의 실행문일 수도 있지만, 한 줄에 여러 실행문이 있을 수도 있다. 예를들어 위 코드를 아래와 같이 바꿀 수도 있다.

```
System.out.println("Hello Java");System.out.println("안녕 자바");
```

;는 실행문이 끝났다라는 뜻이기 때문에 ;를 기준으로 줄바꿈해서 다음줄에 적어도 실행결과는 완전히 동일하기 때문에 한줄로 쓰나 두줄로 쓰나 실행결과는 동일하다. 하지만 소스코드는 실행결과만을 위한 것이 아니라 나중에 다시 보고 수정해야 하는 경우도 있기 때문에 여러 실행문을 한줄로 쓰게 되면 코드가 길어지는 경우 가독성이 떨어져 여러줄로 쓰는 것이 가독성이 높다.

2.6 보기좋은 코딩 방법

지금까지 자바와 이클립스를 설치하고, 간단한 출력을 위한 프로그래밍을 실행해보았다. 그리고 코드 작성 시 설명 문구를 넣기 위해 주석을 사용하고, 실행문을 구분하는 ;(세미콜론)에 대해서도 배웠다. 이제 앞으로 배울 다양한 문법들이 있을텐데, 그 전에 반드시 알아두어야 하는 부분이 있다. 코드는 나혼자 보기 위한게 아니라 여러 사람이 같이 보는 코드라는 사실이다. 프로그램 개발 역시 혼자서 개발하는 경우보다 여러 사람이 같이 개발하는 경우가 훨씬 많기 때문에, 누가 봐도 알기 쉽게 보기 좋게 코딩하는게 중요하다. 이 부분을 본격적인 학습전에 소개하는 이유는 처음 프로그래밍을 배울 때부터 습관을 들여야 하기 때문이다. 우리가 처음 언어를 배우고 글쓰기를 배울 때 맞춤법, 띄어쓰기를 많이 연습한다. 이클립스 같은 개발도구에서 맞춤법이 틀리면 바로 알려주지만, 위에서 배웠던 주석을 이용한 코드 설명, 띄어쓰기를 이용한 줄맞춤, 줄바꿈을 이용한 실행문 구조를 잘 맞춰서 코딩하는 습관을 들여야 나중에 복잡한 프로그램을 만들 때 보기좋은 코딩을 할 수 있게 된다.

"세살 버릇 여든까지 간다"라는 속담이 있다. 지금부터 여러분 손이 익힐 수 있도록 반복적으로 많이 연습하고, 습관을 들여야 한다.

CHAPTER 03

변수와 자료형
(값을 담아두는 공간)

이번 장에서는 변수란 무엇인지, 변수의 사용방법, 자료형의 종류, 그리고 자료형의 종류를 바꿀 수 있는 방법을 알아보자.

3.1 변수란

변수(變數, Variable)

변수란 글자 그대로 해석해보면 변하는 수, 변할 수 있는 수로 이해할 수 있다. 여기서 '수'라는 글자는 숫자의 수가 아니라 셈하다라는 뜻으로, 바둑에서 "두 수까지 내다 본다" 할 때 '수'자를 의미한다.

프로그래밍에서는 "값을 담아두는 공간"으로 값이 변하거나 변할 가능성이 있으면 변수를 사용한다. 자바에서는 반드시 변수를 사용하려면 먼저 선언을 해야 한다. 자바 컴파일러에게 이 변수를 쓸 것이다 라고 미리 알려줘야 한다. 자바에서 변수를 선언하는 방법은 아래와 같다.

```
자료형 변수명;
```

변수를 선언할 때는 반드시 변수의 자료형(타입)과 변수명(이름)을 같이 써주어야 한다. 변수의 자료형은 변수에 담을 값의 종류와 범위를 잘 고려해서 결정한 후 정의한다. 위와 같이 변수를 선언한 후에만 사용할 수 있으며, 변수를 사용하려면 먼저 값을 저장(대입)해 주어야 한다. 변수에 값을 대입하는 방법은 아래와 같다. 이를 초기화라고 한다.

```
변수명 = 초기값;
```

변수 선언과 초기화를 동시에 할 수도 있다.

```
자료형 변수명 = 초기값;
```

초기값은 변수에 담을 기본값으로 프로그램 실행 중에 다른 값으로 변경될 수 있다.

위와 같이 변수를 선언하고, 초기화하는 코드를 직접 살펴보자.

```
int a;      // 변수 선언
a = 10 ;    // 변수 초기화

int b = 10 ; // 변수 선언과 초기화 동시에
```

위 예제는 정수 자료형(int)의 a라는 변수를 선언하고, 이 변수에 초기값 10을 대입한 코드이다. 그리고 b라는 변수는 선언과 초기화를 동시에 수행한 코드이다.

변수 이름을 짓는 규칙은 아래와 같다.

- 변수명은 알파벳(대/소문자), 숫자, 특수문자(_,$), 한글 사용 가능
- 숫자로 시작할 수 없음
- 공백 사용 불가
- 대/소문자를 구분 (변수 a와 변수 A는 다른 변수)
- 예약어(자바에서 사용 중인 단어) 사용 불가
- 의미를 부여하자.

변수명은 숫자로 시작할 수 없으며, 알파벳과, 숫자, 그리고 특수문자는 '_'와 '$'만 사용할 수 있으며, 공백이나, 예약어는 사용 못한다. 처음에는 복잡하게 느껴지겠지만 이부분은 외우려고 하지말고, 잘못된 변수명 규칙을 사용하면 이클립스에서 바로 빨갛게 표기해주니, 걱정하지 말고 그냥 영문으로 의미를 부여해서 작성하면 된다. 오히려 더 중요한 부분은 변수의 이름을 만들 때 의미를 부여하라는 것이다. 변수를 a,b,c라고만 짓게 되면 프로그램 실행 중의 코드를 보면 이 변수가 무슨 용도의 변수인지 알수가 없다. 변수명은 name, email, tel 과 같이 이름만 봐도 알 수 있도록 지어주면 코드를 이해하는데 많은 도움이 된다는 것을 꼭 기억하자.

사실 한글명도 변수명으로 사용 가능하다. 하지만 한글은 여러 시스템의 환경에 따라 잘못 인식되는 경우가 많으니 위에서 얘기한 것처럼 영문으로 작성하자.

자바 문법상 필수 규칙은 아니지만 개발자들 간의 암묵적인 규칙들이 몇 가지 있다. 자바 API(라이브러리)나, 다른 개발자들도 대부분 아래와 같은 규칙으로 이름을 짓고 있으니, 여러분들도 참고하도록 하자.

1. 클래스명은 첫자를 대문자로
- String, Math...
- 변수나 메서드는 첫자를 소문자로

2. 여러 단어로 이루어진 경우 두번째 이후 단어의 첫 글자를 대문자로(또는 '_')
- lastIndexOf, parseInt, studentNumber ... : (Camel 표기법)
- 변수는 단어 사이에 '_' 추가 (student_number) : (snake 표기법)

3. 상수(변하지 않는 수)는 모두 대문자로
- PI, MAX_NUMBER...

3.2 자료형 - 기본자료형

자료형은 데이터 타입(Data Type)이라고도 하며, 데이터형, 자료타입 또는 그냥 타입이라고도 부른다. (하나의 의미를 다양한 용어로 표현하는 경우가 많다. 의미가 혼동되지 않도록 기억해 두자.) 자료형은 변수에 담을 값의 종류(형태)를 뜻하며 변수를 선언할 때 이 변수가 어떤 값이 담겨질지를 미리 판단해서 선언해야 한다. 앞 예제처럼 a라는 변수는 정수가 담겨질 것을 예상하고 int라는 자료형으로 선언한 것이다.

자료형은 크게 기본자료형(Primitive Type)과 참조자료형(Reference Type)으로 나눠진다. 기본자료형은 변수가 값을 직접 가지고 있는 자료형을 말하며, 변수 선언 예제에서 봤던 int가 정수를 의미하는 기본자료형 중 하나로 성수외에 실수, 문자, 논리형이 있다. 참조자료형은 기본자료형이 아닌 모든 자료형들이 전부 참조자료형이다. 배열, 클래스, 인터페이스가 참조자료형에 속한다.

기본자료형에 대해 먼저 살펴보자

▶ 기본자료형 정리표

종류	타입명	크기	범위	기본값
정수	byte	1 byte	-128 ~ 127	0
	short	2 byte	-32768 ~ 32767	0
	int	4 byte	-2147483648 ~ 2147483647	0
	long	8 byte	-9223372036854775808 ~ 9223372036854775807	0
	char	2 byte	0 ~ 65,535	\u0000
실수	float	4 byte	-3.4028235E38 ~ 3.4028235E38	0.0
	double	8 byte	-1.7976931348623157E308 ~1.7976931348623157E308	0.0
논리	boolean	1 byte	true 또는 false	false

기본 자료형은 위 표에서 보듯이 총 8가지가 존재한다. 크게 정수/실수/논리형으로 나눠지는데 각 종류별로 크기에 따라 여러 타입으로 나눠지는 것을 볼 수 있다. 처음부터 모든 자료형을 다 외우면 좋겠지만, 우선은 빨간색으로 표기된 4가지만 기억해 두자.

"값이 정수면 일단 int 타입으로, 값이 21억이 넘으면 더 긴 자료형이 필요하니까 long 타입으로, 소수점이 있으면 double 타입, true/false는 boolean 타입"

기본자료형에 대해 한마디로 정리한 것이다. 물론 모든 자료형이 필요할 때가 있고, 값의 크기에 맞는 자료형을 사용하는 것이 맞지만, 요즘은 메모리 크기가 워낙 커져서 예전처럼 저장공간 크기에 크게 민감하게 생각하지 않아도 된다. 또한, 프로그램 운영 중에 값의 변화로 예상치 못한 큰 값이 들어오는 경우 에러가 발생하는 것보다 약간은 넉넉하게 지정하는 것이 좋다. 실제 실무에서도 0이나 1을 저장하는 경우라도 byte 타입을 쓰지 않고, int를 사용하는 경우가 많다. 즉 사용빈도 면에서도 위 4가지가 월등히 높으니 우선 4가지만이라도 확실히 기억하자.

논리형

논리형 자료형에 해당하는 타입은 boolean인데, 이 boolean 자료형 변수에는 true 아니면 false 둘 중 하나만 대입할 수 있다. 기본값은 false이다. 기본값이란 초기값을 대입하지 않으면 기본적으로 갖게 되는 값이다. 값의 종류는 true/false 밖에 없으며 메모리 크기는 1바이트이다. boolean 변수를 선언할 때는 아래와 같이 선언 한다.

```
boolean run = true ;
```

boolean 자료형의 run이라는 변수를 선언하고, true라는 값으로 초기화한 것이다. 주의할 점은 true가 모두 소문자라는 것이다. TRUE나, True라고 적으면 에러가 나게 된다.

정수형

정수형 중 byte, short, int, long에 대해 알아보고 char 자료형은 뒤에서 다시 알아보도록 하자. 정수형 중 byte, short, int, long 자료형은 값의 범위가 나열한 순서대로 2배씩 증가하는데, byte는 이름 그대로 1byte, short은 2byte, int는 4byte, long은 8byte의 범위를 갖는다. 앞에서도 얘기했지만, 작은 범위의 자료형을 사용하면 메모리를 절약할 수 있는 장점은 있지만, 대부분 int로 사용하기 때문에 int의 범위 21억이 넘어가는 값을 담아야하는 경우에만 long으로 선언하고 그렇지 않으면 int로만 사용하면 된다. 자바는 내부적으로 연산을 처리할 때 4 byte단위로 처리하기 때문에 byte나 short 자료형의 값도 저장공간은 작지만 연산할 때, 4 byte로 변환되기 때문에 int로 선언하는 것이 별도의 변환이 필요없어져 더 효율적인 부분이 있다. 하지만 무엇보다 처음 배울 때 많은 것들을 한번에 학습하기 어려우니 정수형 타입 중 int만 확실히 기억하고, 더 긴(long)게 필요하다 그러면 long 타입을 사용하면 된다.

정수형 타입의 변수를 선언하고 초기화하는 방법은 아래와 같다.

```
byte b = 1;
short s = 10;
int i = 100;
long l = 1000;
long l2 = 1000L;
```

l2라는 long타입의 변수는 1000이라는 값 뒤에 'L'이 붙어 있는데 이것은 long자료형이다라고 표시해 둔 것이다. 이렇게 리터럴 값 뒤에 'L' 또는 'l' 을 붙이면 long자료형이라는 것을 알 수 있긴 하지만, 붙여도 되고, 붙이지 않아도 상관없다. 주의할 부분은 소문자 'l'로 쓰게 되면 숫자 1로 혼동 되는 경우가 있으니, 대문자 'L'로 쓰거나 차라리 쓰지 않는 편이 나을 수도 있다.

char 자료형

char 자료형을 정수형으로 분류하긴 했지만, 문자형으로 분류하는 경우도 있다. 정수형처럼 연산이 가능한데, 이유는 내부적으로 문자에 해당하는 코드를 정수로 저장하고 있기 때문이다. 겉으로 보면 문자를 저장하는 것처럼 보이지만, 실제로는 정수값이 저장된다. 따라서 char자료형을 문자형으로 나누기도 하고, 정수형으로 나누기도 하는 것이다. 여기서는 뒤에서 배울 문자열 자료형과 혼동되는 것을 방지하기 위해 정수형으로 분류했다.

char 자료형 변수는 홑따옴표(')를 사용해서 값을 대입하거나 문자에 해당하는 코드 값을 대입한다. 즉, 대문자 A는 65, 소문자 a는 97 그리고 다음 문자들은 이 정수값에서 1씩 증가시키면 된다.

다음 예제를 실행해보면서 char 자료형을 살펴보자.

```
1. package chapter03;
2.
3. public class CharType {
4.
5.     public static void main(String[] args) {
6.
7.         char a = 'A';
8.
9.         System.out.println("a:"+a);
10.
11.        int b = a;
12.        System.out.println("b:"+b);
13.
14.        char c = 66 ;
15.        System.out.println("c:"+c);
16.
17.        int d = a+b; // 65 + 65
18.        System.out.println("d:"+d);
19.
20.    }
21.
22. }

[실행 결과]

a:A
b:65
c:B
d:130
```

char 자료형 변수는 하나의 문자만 대입할 수 있고, 만약 여러 문자를 대입하려면 String이라는 클래스를 사용해야 한다.

```
char c = 'Hello'; // 에러
String str = "Hello"; // 가능
```

문자열(여러 문자)에 대한 부분은 뒤에서 참조자료형 부분에서 다시 다뤄볼 것이다.

🖥 실수형

실수 자료형은 float과 double 두 가지가 있는데, 소수점이 있는 수를 저장할 때 사용한다. float의 크기는 4byte, double은 이름 그대로 두 배이기 때문에 8byte를 사용한다.

```
1. package chapter03;
2.
3. public class FloatDoubleEx {
4.
5.     public static void main(String[] args) {
6.
7.         float f = 3.141592653589793f;
8.         double d = 3.141592653589793d;
9.
10.        System.out.println("float : "+f);
11.        System.out.println("double : "+d);
12.
13.        double d2 = 3.141592653589793; // d 생략가능
14.        System.out.println("double : "+d2);
15.    }
16.
17. }

[실행 결과]

float : 3.1415927
double : 3.141592653589793
double : 3.141592653589793
```

float과 double 변수의 값 뒤에 f와 d는 F와 D를 사용해도 되고, 13라인처럼 double 자료형은 d나 D를 생략할 수 있다.정수형 int가 연산 시 기본적으로 처리되는 자료형이었던 것과 마찬가지로 실수형에서는 double 기본으로 처리되는 자료형이다. 그래서 실수값에 기호를 넣지 않으면 double 자료형으로 처리 된다. 따라서 소수점이 있으면 double로 선언하는 것이 편하다.

3.3 자료형 - 참조자료형

참조자료형(Reference Type)은 기본자료형과 다르게 값을 직접 저장하는 것이 아니라 메모리에 저장된 위치정보를 저장하고 있다. 우리는 관련자료를 참고하거나, 시장조사 등을 할 때 레퍼런스 한다는 표현을 자주 쓰는데, 이 레퍼런스가 참조한다는 뜻을 가지고 있다.

배열, 클래스, 인터페이스가 참조자료형에 속하는데, 앞에서 배웠던 기본자료형 외 모든 자료형들이 참조자료형에 속한다. 클래스나 인터페이스는 개발자가 직접 만들 수 있는 자료형이라서 사용자 정의 자료형이라고도 부른다. 참조자료형은 뒤에서 자세히 배울 것이니, 이번 장에서는 참조자료형 중 문자열이라는 자료형에 대해 먼저 살펴보자.

문자열은 앞서 2장에서 실습해봤던 Hello Java를 출력해봤는데, 이때 "Hello Java" 가 문자열이다. '열'이라는 표현을 쓰는데, 열이라는 의미는 줄서다, 나열하다 라는 뜻으로 문자열은 문자들이 나열되어 있는 구조이다. 즉 'H', 'e', 'l', 'l', 'o', ' ', 'J', 'a', 'v', 'a' 이렇게 각각의 문자들이 한 줄로 연결되어 있는 것이다.

문자열의 사용법은 기본자료형과 유사한데, String 이라는 타입을 사용하며, 첫 자는 대문자이다. 코드 예제를 살펴보자.

```
String name;        // 변수 선언
name = "홍길동";      // 변수 초기화

String name2 = "홍길동"; // 선언과 동시에 초기화
String name3 = null ;    // null값으로 선언
String name4 = " " ;     // " "값으로 선언
```

위 예제는 String 타입의 name 이라는 변수를 선언하고 초기화했고, name2 변수는 선언과 동시에 초기화한 것이다. name3이라는 변수는 null 이라는 값으로 선언되었는데, 이 null 이라는 값은 "참조하고 있는 데이터가 없다"라는 것이다. name4는 ""로만 값이 지정되어 있는데, 값이 없는 것이 아니라 빈값이 저장된 것이다. 다시 말해 null은 값이 없는 것이고, ""은 빈 문자열이 저장됐다는 뜻이다. 아래 예제를 실행해서 실행 결과를 확인해 보자.

```
1. package chapter03;
2.
3. public class StringEx {
4.
5.     public static void main(String[] args) {
6.
7.         String name; // 변수 선언
8.         name = "홍길동"; // 변수 초기화
```

```
 9.
10.        String name2 = "홍길동"; // 선언과 동시에 초기화
11.        String name3 = null;    // null값으로 초기화
12.        String name4 = "";      // ""값으로 초기화
13.
14.        System.out.println("name2="+name2);
15.        System.out.println("name3="+name3);
16.        System.out.println("name4="+name4);
17.    }
18.
19. }

[실행 결과]

name2=홍길동
name3=null
name4=
```

문자열을 만들 때는 반드시 쌍따옴표를 사용하여 앞,뒤로 감싸줘야 한다. 반대로 얘기하면, 어떤 값도 쌍따옴표로 감싸면 문자열이 된다. 아래 예제를 살펴보자.

```
String a = "1";
String b = "1.5";
String c = "true";
```

정수나, 실수, 논리형도 쌍따옴표로 감싸져 있으면 모두 문자열 자료형임을 명심하자.

3.4 상수와 리터럴

상수란 값을 한번 저장하면 변경 할 수 없는 수, 즉 항상 같은 수이다. 변수와는 반대되는 개념이다. 상수로 선언하려면 변수 앞에 final 이라는 키워드를 사용한다. 마지막이라는 의미로 생각하자.

```
final double PI = 3.14 ; // 상수 선언
PI = 3.141592 ;          // 상수에 값 변경 시 에러 발생
```

위 예제에서처럼 final 키워드를 이용해 상수로 선언된 변수에 새로운 값으로 변경하려고 하면 에러가 발생한다. 상수는 관례로 대문자로만 변수명을 작성하며, 프로그램 내에서 변경이 되면 안되는 값을 정의할 때 사용된다. 만약 변경이 필요하다면 final 키워드를 제거하던가 선언된 값을 수정해야만 한다.

리터럴(literal)은 소스상에서 직접 입력된 값을 뜻한다. 내부적으로 리터럴은 상수와 같은 의미라고 볼 수 있지만, 상수와 구분하기 위해 정해진 표기법을 통해 정수리터럴, 실수리터럴, 문자리터럴, 논리리터럴로 구분해서 표기한다. 즉, 모든 숫자(정수, 실수), 문자, 논리 값들이 리터럴이다.

그 외 제어문자라는 것이 있는데, 다른 말로 escape 문자라고도 한다. 이 제어문자는 원래 문자 자체의 의미와 별개로 새로운 의미가 부여된 문자로, 문자열 내에서 특별한 용도로 사용된다.

> ❖ **제어문자: \ 다음에 하나의 문자를 추가해서 특별한 의미를 부여한 문자**
>
> ▸ \n: 줄바꿈
> ▸ \t: 탭
> ▸ \\: \
> ▸ \': '
> ▸ \": "

예를 들어, 문자열 변수에 저장할 값에 "(쌍따옴표)가 포함되어야 하는 경우가 있을 수 있는데, 쌍따옴표는 이미 자바에서 문자열을 감싸기 위한 기호로 사용되기 때문에, 이런 경우가 에러가 발생하게 된다. 그래서 문자열 값 내부의 쌍따옴표 앞에 escape 문자 (역슬러시)를 넣어 사용할 수 있다. 아래 예제를 실습해 보자.

```
1. package chapter03;
2.
3. public class EscapeEx {
4.
5.     public static void main(String[] args) {
6.         String greet = "안녕하세요,\n저는 \"홍길동\"입니다.";
7.         String greet2 = "\t반갑습니다.";
8.
9.         System.out.println(greet);
10.        System.out.println(greet2);
11.     }
12.
13. }
```

[실행 결과]

안녕하세요,
저는 "홍길동"입니다.
    반갑습니다.

6번 라인에서 greet 변수에 저장하고자 하는 문자열 값은

> 안녕하세요,
> 저는 "홍길동"입니다.

이 값인데, 안녕하세요 뒤에는 줄바꿈이 홍길동에는 단어를 강조하기 위한 쌍따옴표가 추가되어 있다. 그래서 \n은 줄바꿈을 의미하는 제어문자, \"은 자바의 문자열을 감싸기위한 쌍따옴표가 아니라, 문자 자체를 나타내기 위한 제어문자로 출력되고 있는 것을 알 수 있다. 마찬가지로 \t은 탭영역 만큼 띄어쓰 기를 하는 경우 사용된다.

여기서 escape 문자를 나타내는 \(역슬러시)는 글꼴(폰트)에 따라서 \또는 ₩로 표현되는 경우도 있으 니, 혼동하지 않도록 하자.

3.5 변수의 범위(scope)

변수를 선언하면 사용 가능한 범위가 존재한다. 이를 scope라고 하며, 자바에서는 프로그램 실행 단위 를 블록단위로 구분하는데 이 블록을 나누는 기준이 { }(중괄호) 이다.

```
1. package chapter03;
2.
3. public class ScopeEx { // 1. 클래스 블럭
4.
5.     int no; // 1-1. 클래스 블럭 내에서 사용 가능한 변수
6.
7.     public static void main(String [] args) { // 2. main 메서드 블럭
8.
9.         String name; // 2-1. main 메서드 블럭 내에서 사용 가능한 변수
10.     }
11. }
```

위 예제에서 1.은 ScopeEx라는 클래스 2.는 main이라는 메서드를 정의한 구역인데, 아직 클래스와 메 서드에 대해 배우진 않았지만 1. 2. 모두 중괄호로 묶여 구분되어 있고, 그 안에 들여쓰기 되어 코드가 작성되어 있는 것을 볼 수 있다. 이 중괄호 블록이 바로 scope에 해당된다. ScopeEx class 중괄호 블 록에 int no라는 변수가 선언되어 있는데, 이 변수는 class 파일 전체 영역에서 사용될 수 있고, main 메서드 안에는 String name 이라는 변수가 선언되어 있는데 이 변수 역시 main 메서드 중괄호 블록안

에 선언되어 있으므로 main 메서드 안에서만 사용 될 수 있다. 즉 반대로 얘기하면, name 이라는 변수
는 main 메서드 밖에서는 사용 될 수 없다는 뜻이다. 이 중괄호 블록을 사용하는 구문은 클래스, 메서드,
제어문, 예외처리문 등이 있는데, 이번엔 if문 블록 안에서 변수가 선언되어 사용되는 예제를 살펴보자.

```
1. package chapter03;
2.
3. public class ScopeEx { // 1. 클래스 블럭
4.
5.     int no; // 1. 클래스 블럭 내에서 사용 가능한 변수
6.
7.     public static void main(String[] args) { // 2. main 메서드 블럭
8.
9.         String name; // 2. main 메서드 블럭 내에서 사용 가능한 변수
10.
11.         if (true) {
12.             // 메서드 블럭 안에서 선언한 변수 사용 가능
13.             name = "홍길동";
14.
15.             // if문 블럭안에서 변수 선언
16.             String email = "hong@test.com";
17.         }
18.
19.         // if문 블럭 밖에서 email 변수를 사용하면 에러 발생
20.         email = "hong@test.com";
21.     }
22. }
```

main 메서드 안에 if문을 추가한 소스이다. if문은 main 메서드 안에 있기 때문에 if문 블록(중괄호) 안
에서도 name 변수를 사용 할 수 있다. 예제에서는 name이라는 변수가 main 메서드에서 선언, if문
안에서 초기화를 하고 있다.

하지만, if문 블록안에서 선언한 email이라는 변수는 if문 블록(중괄호)가 닫힌 아래쪽에서 다른 값으로
변경하려고 하면 에러가 발생 한다.

정리하면, no라는 변수는 클래스 블록 내에서 선언되었으므로 해당 클래스의 모든 메서드에서 다 사용
가능하며 (전역변수, global variable), email 변수는 if문 블록 내에서 선언되었으므로 if문 내에서만
사용 가능하다.(지역변수, local variable)

"중괄호 안에 선언된 변수는 중괄호 안에서만 사용 가능하다."

3.6 형변환 (casting)

앞에서 배웠던 기본자료형들은 boolean(논리) 자료형을 제외한 나머지 모든 자료형 들은 서로 형변환이 가능하다. 10이 10.0으로, 100.0이 100으로 변경 될 수 있다는 것이다. 참조자료형에 대한 형변환은 클래스와 객체 학습 후 다시 다뤄보기로 하고 먼저 기본자료형의 형변환에 대해 알아보자.

형변환은 자동(묵시적) 형변환과 강제(명시적) 형변환 두가지로 나눠질 수 있다. 먼저 자동 형변환은 프로그램 실행 중에 자동으로 자료형이 변환되는 것을 말한다. 작은 크기의 자료형은 큰 크기를 가진 자료형에 저장될 때 자동 형변환이 일어난다. 예를 들면 종이컵에 담긴 물을 양동이에 담으려고 한다면 별다른 처리없이 담을 수 있는 것과 같다.

큰 크기 자료형 = 작은 크기 자료형

기본자료형의 크기 순으로 나열하면 아래와 같다.

byte 〈 short 〈 int 〈 long 〈 float 〈 double

작은 자료형 ◄ ⋯⋯⋯⋯⋯⋯⋯ ► 큰 자료형

```
1. package chapter03;
2.
3. public class CastingEx {
4.
5.     public static void main(String[] args) {
6.
7.         // 자동형변환 예시
8.         int number = 10;     // int 자료형
9.
10.        long number2 = number;  // 자동형변환 int 〈 long
11.
12.        System.out.println(number2);
13.
14.     }
15. }

[실행 결과]

10
```

예제를 살펴보자. number라는 int 자료형 변수에 10을 담았고, 이 변수를 long 자료형의 변수에 담은 것을 알 수 있다. 이렇게 크기가 작은 자료형은 큰 자료형으로 자동 형변환이 일어나므로 에러 없이 실행이 가능하다.

이번엔 강제 형변환에 대해 알아보자. 자동 형변환에서 비유했던 종이컵과 양동이의 비유를 다시 생각해보면 종이컵에 들어있는 물 양이 양동이보다 작기 때문에 양동이에 충분히 담을 수 있었는데, 반대로 양동이에 들어 있는 물은 작은 종이컵에 넣을 수가 없다. 만약 반드시 종이컵으로 옮겨 담으려면 남은 물을 다 버리고, 종이컵에 들어갈 만큼만 담을 수 밖에 없다. 이것이 바로 강제 형변환이다. 강제 형변환을 하는 방법은 값을 대입하기 전에 괄호를 사용해서 변환하고자 하는 대상의 자료형 이름을 넣어줘야 한다.

작은 크기 자료형 = (작은 크기 자료형) 큰 크기 자료형

양동이에 가득 들어 있던 물을 종이컵에 물을 담게 되면 종이컵 크기 이상의 물은 모두 버리게 된다. 이 때 값의 손실이 발생하는데, 아래 예제를 보면 이해가 될 것이다.

```
1. package chapter03;
2.
3. public class CastingEx2 {
4.
5.     public static void main(String[] args) {
6.
7.         // 강제형변환 예시
8.         double pi = 3.14 ;   // double 자료형
9.
10.         int pi2 = (int)pi;  // 강제형변환
11.
12.         System.out.println(pi2); // 값의 손실 발생
13.     }
14. }

[실행 결과]
3
```

double 자료형 pi 변수에 3.14라는 실수값을 담아 놓고, 이 변수를 int 자료형 pi2 변수에 담는다. pi 변수보다 pi2 변수가 크기가 더 작기 때문에 바로 담을 수 없고 (int) 라고 강제 형변환을 의미하는 코드를 추가해줘야 한다. 그런데 출력 결과를 보면 소수점 .14가 모두 없어지고 정수값 3만 출력된 것을 알 수 있다. 소수점이 포함된 실수는 정수 자료형에 담을 수 없기 때문에 소수점이 모두 유실되는 현상이 발생하게 된다. 아래 예제는 유실이 발생하지 않는 예제이다.

```
1. package chapter03;
2.
3. public class CastingEx3 {
4.
5.     public static void main(String[] args) {
6.
7.         // 강제형변환 예시
8.         double score = 100 ; // double 자료형
9.
10.        int score2 = (int)score;    // 강제형변환
11.
12.        System.out.println(score2); // 값의 손실 발생하지 않음
13.    }
14. }

[실행 결과]
100
```

위 예제에서는 score라는 double 자료형에 100이라는 값이 담겨 있다. 자료형은 double이지만, 값이 int 자료형의 범위에도 포함되는 값이다. 따라서 int자료형의 score2 변수에 강제 형변환을 통해 대입해도 손실이 발생하지 않는다. 100과 100.0은 출력형태만 달라졌을 뿐이다. 다시 종이컵 예를 들면, 양동이에 종이컵 크기만큼의 물만 들어있었다면, 종이컵에 옮겨 담아도 버리는 물 없이 담을 수 있는 것이다.

제3장 연습문제

01 다음 중 자바 프로그램을 실행하는 main() 메서드의 선언부로 올바르지 않은 것은?

① public static void main(String[] args)
② public static void main(String args[])
③ public static void main(String args)
④ public static void main(String[] arg)

2 다음 중 알맞은 변수명으로 선언한 것은?

① int for = 10;
② int var = 10;
③ int 111 = 10;
④ int 1var = 10;

03 전화번호를 저장하는 변수 tel을 본인 전화번호를 값으로 갖는 변수로 선언하시오.
(전화번호를 저장할 변수와 자료형을 알맞게 선언하고, 초기화하는 코드)

04 다음 중 기본 자료형이 아닌 것은?

① String
② char
③ int
④ float

05 다음 중 강제 형변환 코드를 생략할 수 있는 것은?

① int a = 3.14;
② int b = 3f;
③ float c = 3d;
④ double d = 3L;

06 다음 코드의 실행 결과를 작성하시오.

```
double a = 3.141562;
int b = (int)a;
System.out.println(b);
```

07 위 6번의 결과가 출력되는 이유를 설명하시오.

CHAPTER 04 | 연산
(계산이 필요할 때)

연산이란 데이터를 처리하고 결과를 산출하는 작업을 의미한다. 연산은 연산의 대상이 되는 피연산자와 연산기호를 뜻하는 연산자로 이루어진다. 피연산자는 데이터의 값(리터럴 값 또는 변수)이며, 연산자와 함께 나열된 식을 연산식이라고 한다. 연산은 프로그래밍 작성에 가장 기초가 되는 부분이므로, 많은 연습을 통해 몸에 익힐 수 있도록 반복하도록 하자.

또한 앞에서 배운 변수와 자료형에 대한 개념에 대해 반드시 숙지해야만 연산을 학습할 수 있다. 변수와 자료형에 대해 아직 부족한 부분이 있다면 이번 장에서 예제를 통해 앞 chapter를 다시 복습하는 차원으로 학습하면 좋을 것이다.

연산의 종류는 아래와 같이 총 8가지로 나눌 수 있다.

연산 종류	연산자	설명
대입연산	=, +=, -=, *=, /=, %=, &=, ^=, |=, 《=, 》=, 》》=	오른쪽항의 값을 왼쪽항에 대입
산술연산	+, -, *, /, %	사칙연산 + 나머지연산
증감연산	++, --	1증가, 1감소
비교연산	==, !=, 〉, 〉=, 〈, 〈=	값 비교 (boolean 결과)
논리연산	&&, ||, !, &, |	값 비교 (boolean 결과)
비트연산	&, |, ~, ^, 《, 》, 》》	비트연산
삼항연산	조건식 ? 참 : 거짓	조건식의 결과에 따라 참/거짓
문자열연산	+	문자열 연결

표에서 보듯이 종류만 8가지에 각 연산마다 연산자도 많고 한꺼번에 이해하기는 쉽지 않을 것이다. 우선 사용빈도가 높은 빨간색 연산자만 먼저 기억하도록 하자. 그리고 이 표를 먼저 정리한 이유는 전체 구조를 파악한 후 세세한 부분을 배워나가기 위함이다. 각 연산에 대한 자세한 부분들은 예제와 함께 따라하면 자연스럽게 외워지니 너무 걱정말고 자신있게 시작하자!

4.1 대입연산

단어 그대로 대입하는 연산이다. 우리는 앞에서 변수를 선언하고, 초기화하는 과정을 배웠다. 바로 초기화 하는 과정이 대입이다.

```
int a = 10;
```

위 코드는 정수(int)타입의 a라는 변수에 10을 초기화 했던 코드이다. 즉 변수 a에 10을 대입한 것이다. 이 "대입한다"라는 말은 "담는다"라는 말과 같은 의미로 생각하면 된다. = 기호를 기준으로 왼쪽 항에는 변수가 오른쪽항에는 변수, 리터럴값, 수식이 올 수 있다.

```
10 = a;        // 에러 1
a + 1 = 10;    // 에러 2
10 = 1;        // 에러 3
a = a + 10;    // 정상
```

위 예제에서 에러1부분은 왼쪽항이 리터럴값, 오른쪽항이 변수로 되어 있다. 에러2는 왼쪽항에 수식이 들어가 있으므로 에러가 나고, 에러3은 리터럴값에 리터럴값을 대입하려고 하므로 에러가 나는 것이다. 가장 마지막 라인의 코드처럼 =을 기준으로 왼쪽항이 a라는 변수, 오른쪽항이 a+10 (a 변수에 초기값 10이 담겨있었으므로 결과값은 10+10, 20)이 정상적인 코드가 된다. 이제 a변수에는 20이라는 값이 대입이 되는 것이다.

"대입은 = 기준으로 오른쪽 값을 왼쪽의 변수에 대입한다" 라는 것을 반드시 기억하자.

이제 = 외에 다양한 대입연산자를 알아보자.

```
1. package chapter04;
2.
3. public class OpEx1 {
4.
5.     public static void main(String[] args) {
6.
7.         int number1 = 10;
8.         System.out.println("number1 = 10 -> "+number1); // 10출력
9.         number1 += 10; // 더하고 대입
10.         System.out.println("number1 += 10 -> "+number1); // 20 출력
11.         number1 -= 10; // 빼고 대입
12.         System.out.println("number1 -= 10 -> "+number1); // 10 출력
13.         number1 *= 2; // 곱하고 대입
14.         System.out.println("number1 *= 2 -> "+number1); // 20 출력
15.         number1 /= 2; // 나누고 대입
16.         System.out.println("number1 /= 2 -> "+number1); // 10 출력
17.         number1 %= 3; // 나머지 대입
18.         System.out.println("number1 %= 3 -> "+number1); // 1 출력
19.
20.     }
21.
22. }

[실행 결과]

number1 = 10 -> 10
number1 += 10 -> 20
number1 -= 10 -> 10
number1 *= 2 -> 20
number1 /= 2 -> 10
number1 %= 3 -> 1
```

7번 라인에서 number1변수에 10으로 초기화한 후 +=, -=, *=, /=, %= 연산자를 이용해 다양한 대입연산 처리 결과를 출력했다. 출력 결과를 확인해보면 알 수 있듯이 각 대입연산자들은 모두 산술연산

후 대입된 것을 알 수 있다. 즉 += 은 왼쪽 변수에 오른쪽 값을 더하고 나서 대입한 것이고, -=은 빼고 나서 대입한 것이다.

정리하면 =은 대입한다는 연산기호인데, (산술연산기호)= 에 따라 먼저 산술연산 처리 후 대입이 이루어진다. 그리고 대입은 오른쪽 수식이나 변수, 또는 리터럴 값이 왼쪽 변수에 대입된다.

4.2 산술연산

산술연산은 우리가 이미 알고 있는 사칙연산(더하기, 빼기, 곱하기, 나누기)에 나머지 연산이 추가된 연산이다. 기본자료형 중 논리자료형(boolean)을 제외한 모든 기본 자료형의 연산이 가능하며, 주의할 점은 연산의 결과가 대입되는 변수에 자료형의 범위가 초과되는 경우 에러가 발생하니 주의하자. 산술 연산은 연산되는 데이터(값)의 자료형 중에서 더 큰 자료형으로 자동 형변환을 해서 수행하며 결과도 더 큰 자료형으로 리턴되고, int 보다 작은 자료형의 산술연산은 int로 변환해서 수행한다.

나머지 연산을 제외한 연산은 이미 익숙한 연산이니 예제를 통해 바로 알아보자.

```
1. package chapter04;
2.
3. public class OpEx2 {
4.
5.     public static void main(String[] args) {
6.
7.         int a = 5 + 5;
8.         System.out.println("5 + 5 = "+a);    // 10출력
9.         int b = a - 5;
10.         System.out.println("10 - 5 = "+b);  // 5출력
11.         int c = b * 2;
12.         System.out.println("5 * 2 = "+c);    // 10출력
13.         int d = c / 5;
14.         System.out.println("10 / 5 = "+d);   // 2출력
15.
16.         // 나머지 연산
17.         int e = 10 % 3; // 10 나누기 3의 결과값은 몫이 3, 나머지 1
18.         System.out.println("10 % 3 = "+e);
19.
20.     }
21.
22. }

[실행 결과]

5 + 5 = 10
10 - 5 = 5
5 * 2 = 10
```

```
10 / 5 = 2
10 % 3 = 1
```

위 예제에서 사칙연산(+, -, *, /)은 연산자, 연산식 모두 익숙한 연산이니, 오른쪽 항은 변수나, 값이, 왼쪽 항은 변수가 올 수 있고, 오른쪽 연산이 끝나고 마지막에 대입연산이 이루어 지는 것만 기억하자.

17번 라인에 나머지 연산이 있다. 10에서 3으로 나눈 나머지를 정수 타입의 변수 e에 대입한 것이다. 10에서 3을 나누면 몫 3과 나머지 1이므로 변수 e에는 정수 1이 대입되는 것이다. 그럼 이 몫만 구할 수 있는 방법은 없을까? 위에서 봤던 사칙연산 중 나누기 연산이 바로 몫을 구하는 연산이다. 즉, 나누기의 몫을 구하는 연산자는 /, 나머지를 구하는 연산자는 %이다.

다음 연산식의 결과값은 무엇일까?

```
10 / 4 = ?
```

10에서 4로 나눈 값은 소수점까지 계산해보면 2.5가 나온다. 그러나 자바에서는 결과값이 2가 나온다.

```
int a = 10;
int b = 4;

System.out.println("10 / 4 = "+a / b); // 결과값 2
```

위 예제의 소스를 보면 2.5가 나올것으로 예상되지만 실행 결과는 2로 출력된다.

"자바에서는 정수와 정수의 연산 결과는 항상 정수" 이것을 항상 기억하자.

그럼 반대로 2가 아니라 2.5가 출력되도록 하려면 a, b 이 두 변수 중 하나 이상이 실수인 경우 결과값이 실수가 된다.

```
double a = 10;
int b = 4;

System.out.println("10 / 4 = "+a / b); // 결과값 2.5
```

위 예제처럼 변수 a가 double 자료형인 경우 연산의 결과값은 2.5 실수가 나온다. 이 예제를 응용해 정수간의 연산시에도 실수형태의 값이 나오게 하려면 강제형변환을 적용할 수 있다는 것을 알 수 있다. 아래 예제로 강제형변환하는 경우를 살펴보자.

```
int a = 10;
int b = 4;

System.out.println("10 / 4 = "+ (double)a / b);
```

이 예제는 변수 a와 b가 모두 정수인데, 나누기 연산을 하면 정수끼리의 연산으로 결과값이 2.5가 나오게 하기 위해 변수 a를 double로 강제 형변환을 한 후 나누기 연산을 한 것이다. 역시 실수와 정수의 연산이므로 실수 결과값이 나오게 된다.

추가로 부호연산이 있는데 부호연산은 항이 하나인 경우 이 항 앞에 +나 -의 부호를 지정하는 연산자이다. 조심해야될 부분은 +연산자가 있더라도 무조건 양수로 바뀌는 것은 아니니 조심하자.

```
1. package chapter04;
2.
3. public class OpEx2_1 {
4.
5.     public static void main(String[] args) {
6.
7.         int a = 5;
8.
9.         System.out.println("+a = " + +a);
10.        System.out.println("-a = " + -a);
11.
12.        a = -5;
13.
14.        System.out.println("+a = " + +a);
15.        System.out.println("-a = " + -a);
16.
17.    }
18.
19. }

[실행 결과]

+a = 5
-a = -5
+a = -5
-a = 5
```

4.3 증감연산

증감연산은 단어 그대로 증가, 감소시키는 연산이다. 증감연산자의 종류는 ++와 --가 있는데, 변수의 값을 1증가 시키거나 1감소시키는 연산이다. 그리고 증감연산은 변수에만 사용할 수 있다. 증감연산은 두가지 종류가 있는데, 연산자가 변수 앞에 있으면 전위연산, 뒤에 있으면 후위연산이다.

전위연산 : ++변수명, 먼저 변수에 1증가 시킨 후 다른 연산을 실행.
후위연산 : 변수명++, 다른 연산 실행 후 변수에 1증가

```
1. package chapter04;
2.
3. public class OpEx3 {
4.
5.     public static void main(String[] args) {
6.
7.         int a = 10 ;
8.         int b = 10 ;
9.
10.        ++a; // 전위연산
11.        b++; // 후위연산
12.
13.        System.out.println(a);
14.        System.out.println(b);
15.
16.    }
17. }
```

이 예제의 실행 결과는 11로 같은 결과를 나타낸다. 전위연산, 후위연산 모두 단독으로 사용됐을 경우는 차이가 없는 것을 알 수 있다. 하지만 다른 연산자와 함께 사용되는 경우 결과의 차이가 있다. 예제를 통해 확인해보자.

```
1. int a = 10;
2. int b = ++a;
3.
4. System.out.println("전위연산 결과 : "+b);
5.
6. int x = 10;
7. int y = x++;
8. System.out.println("후위연산 결과 : "+y);
9. System.out.println("x : "+x);
```

```
[실행 결과]

전위연산 결과 : 11
후위연산 결과 : 10
x : 11
```

변수 a는 전위연산을 변수 y는 후위연산 결과를 대입한 변수이다. 각각 출력한 결과를 확인해보면 변수 y의 결과가 10으로 출력된 것을 알 수 있다. 7번 라인에서 변수 x는 후위연산이 적용되었는데, 대입연산보다 나중에 실행되어, 변수 y에 10이 대입되고나서 x에 1이 증가된 것이다. 그래서 y의 실행 결과는 10, x의 실행 결과는 11이 되는 것이다.

증감연산은 연산자가 앞에 있는지 뒤에 있는지에 따라 연산 순서가 달라지는 것을 알 수 있었다. 전위연산과 후위연산을 혼용해서 사용하게 되면 코드해석 시 어려움을 느끼게 되므로, 헷갈리면 후위연산만 써도 코드 작성에 아무런 문제는 없을 것이다. 실무에서도 사용빈도가 후위연산이 훨씬 높으니 후위연산은 반드시 기억하도록 하자. 아래 예제를 보면서 증감연산 결과를 비교해보자.

```
1. int a = 10;
2. a++;
3. System.out.println("a++ : " + a);
4. int b = 10;
5. b += 1;
6. System.out.println("b += 1 : " + b);
7. int c = 10;
8. c = c + 1;
9. System.out.println("c = c + 1 : " + c);

[실행 결과]

a++ : 11
b += 1 : 11
c = c + 1 : 11
```

a++ 은 a 변수에 1을 증가하는 연산이므로 11이 출력되고, b += 1도 b변수의 10에 1을 더하고 대입했기 때문에 11이 출력됐다. 변수 c 역시 c + 1은 10 + 1 이므로 11이 출력된다. 이 세가지 코드 방식은 다르지만 모두 11이 출력되는 같은 결과를 보이고 있는 것을 알수 있다.

4.4 비교연산

비교연산은 두 항의 관계를 나타내는 연산자로 크기를 비교하거나 같은지 여부를 비교하는 연산이다.

연산식	설명
A > B	A항이 B항보다 큰지 비교
A >= B	A항이 B항보다 크거나 같은지(이상) 비교
A < B	A항이 B항보다 작은지 비교
A <= B	A항이 B항보다 작거나 같은지(이하) 비교
A == B	A항과 B항이 같은지 비교
A != B	A항과 B항이 다른지 비교

비교연산 기호를 기준으로 왼쪽항과 오른쪽항을 비교하게 되며, 모든 비교연산은 결과값이 true / false 둘 중 하나로만 나오게 된다. 두 항을 비교한 결과가 맞는지(참), 맞지 않는지(거짓)를 비교하는 것이다. 6종류 연산자 중 크기를 비교하는 4가지 연산(>, >=, <, <= : 숫자 데이터만 사용 가능)과 같은지(==) 다른지(!=)를 비교하는 연산자로 이루어져 있다. 대입연산과는 다르게 같다라는 비교는 = 기호가하나가 아니라 두 개라는 것을 꼭 기억하자. 그리고 ! 기호는 반대라는 뜻이되어 != 연산자는 '같지 않다' 라는 의미를 가지게 된다. ==, != 연산자는 모든 종류의 데이터에 사용이 가능하다. 예제를 보며 결과를 출력해보자.

```
1. int a = 10;
2. int b = 5;
3.
4. System.out.println(a > b);  // true
5. System.out.println(a >= b); // true
6. System.out.println(a < b);  // false
7. System.out.println(a <= b); // false
8. System.out.println(a == b); // false
9. System.out.println(a != b); // true
```

위 예제는 변수 a는 10을 변수 b는 5를 대입하고, 이 두 변수를 비교연산하여 출력한 소스이다. a가 b보다 크므로, a > b, a >= b 모두 true이고, a < b, a <= b의 결과는 false를 출력했다. 같은지 비교하는 == 연산결과는 10과 5는 같지 않으므로 false를 출력하고, != 연산은 같지 않은지 비교하는 연산자이므로 true를 출력한다. 이렇게 모두 true 아니면 false의 결과를 나타내며 이는 boolean 연산자 이므로 이 연산의 결과 역시 boolean 자료형 변수에 대입할 수 있다.

```
boolean c = a == b; // c 변수에 결과값 대입
System.out.println("c = "+c);
boolean d = c == false ; // d 변수에 결과값 대입
System.out.println("d = "+d);

[실행 결과]

c = false
d = true
```

이 예제에서 c라는 boolean 자료형 변수에 a와 b의 == 연산결과 10과 5가 같은지 비교 결과 (false)가 대입되어 c변수를 출력하면 false가 출력되고, 변수 d는 앞의 c변수가 false이므로 false == false 는 값이 같으므로 true가 대입된다.

비교연산의 결과는 항상 boolean 값이며, 그래서 이 값 역시 boolean 자료형에 대입될 수 있는 것이다.

4.5 논리연산

논리연산의 개념은 수학에서 논리연산과 동일하다. 논리곱(AND), 논리합(OR), 배타적 논리합(XOR), 논리부정(NOT) 4가지가 있으며, 연산의 대상이 되는 피연산자, 연산의 결과 모두 boolean 자료형만 가능하다. 아래 표를 확인해보자.

종류	A항	연산자	B항	결과	설명
AND	true	&& (&)	true	true	양쪽 항 모두 true인 경우만 결과값 true
	true		false	false	
	false		true	false	
	false		false	false	
OR	true	|| (|)	true	true	두 항 중 하나 이상의 항이 true인 경우 결과값 true
	true		false	true	
	false		true	true	
	false		false	false	
XOR	true	^	true	false	두 항 중 하나의 항만 true인 경우 결과값 true
	true		false	true	
	false		true	true	
	false		false	false	
NOT		!	true	false	반대의 값
			false	true	

먼저 and 연산은 연산자를 기준으로 왼쪽항과 오른쪽항이 모두 true인 경우 결과값이 true이다. and는 '그리고'라는 의미가 있으므로, A항도 true이고, 그리고 B항도 true이면 결과는 true이다. 연산자 기호는 &&나 &를 사용한다.

or 연산은 '또는'이라는 의미이다. A항 또는 B항이 true인 경우이다. 즉 두 항 중 하나 이상이 true이면 결과는 true인 것이다. 하나 이상인 경우이기 때문에 양쪽항 모두 true인 경우도 결과는 true이다. or 연산자는 ||나 |를 사용한다.

xor 연산은 양쪽 항 중 하나의 항이 true인 경우인데, 다르게 표현하면, 두 항의 값이 다르면 true이다. 한쪽은 true, 한쪽은 false인 경우이다. 연산자는 ^기호를 사용한다.

그리고 NOT은 우리말로 반대라는 뜻을 가지고 있고, 연산기호 역시 비교연산에서도 봤던 반대의 의미를 가지고 있는 !기호를 사용한다. 값이 true이면 false를 값이 false이면 true를 나타낸다. 즉, 가지고 있는 값의 반대 값으로 나타낸다고 생각하면 된다. &&, ||, ! 연산자는 boolean 타입의 데이터에만 사용해야 하고 결과도 boolean 타입이지만 &, ^, | 연산자는 boolean 타입의 데이터와 정수 타입의 데이터 모두 사용 가능한데, boolean 타입의 데이터의 경우는 boolean 타입으로 결과가 리턴되고 정수 타입 데이터의 경우는 정수를 2진수로 변환해서 1은 true로 0은 false로 간주하고 각 비트별로 연산한 후 10진수로 결과를 리턴한다.

```
1. package chapter04;
2.
3. public class OpEx5 {
4.
5.     public static void main(String[] args) {
6.
7.         int a = 10;
8.         int b = 5;
9.
10.         // AND 연산
11.         System.out.println(a > b && a == 10 );   // true
12.         System.out.println(a > b && a == b);      // false
13.
14.         // OR 연산
15.         System.out.println(a > b || a == b);      // true
16.         System.out.println(a < b || a == b);      // false
17.
18.         // XOR 연산
19.         System.out.println(a > b ^ a == 10 );     // false
20.         System.out.println(a > b ^ a == b);       // true
21.
22.         // NOT 연산
23.         System.out.println(!(a > b));   // false
24.         System.out.println(!(a < b));   // true
25.
26.     }
27.
28. }

[실행 결과]

true
```

```
false
true
false
false
true
false
true
```

위 예제에서 11~12라인 소스는 AND 연산의 결과값을 출력한 코드이다. 변수 a는 10, 변수 b는 5가 대입되어 있고, 왼쪽, 오른쪽항이 모두 true인 경우 출력된 결과도 true가 출력된다. 12라인 a == b는 false 이므로 논리연산의 결과는 false가 된다. OR 연산은 두 항 중 하나 이상의 항이 true인 경우 결과가 true인데 16라인의 a 〈 b와 a == b 이 두 항 모두 false이므로 false가 출력되었고, XOR 연산은 양쪽 항이 모두 true일 때 결과값은 false, 둘 중 하나만 true인 경우 true값이 출력되었다. 마지막 NOT 연산은 반대의 뜻이며 !(a 〉 b)처럼 괄호로 감싼 이유는 ! 부정 연산 전에 a 〉 b라는 비교연산을 먼저 실행하기 위해 우선순위를 적용한 것이다. 이 비교연산의 결과는 true이며 true의 반대는 false가 된다.

그런데, AND연산과 OR연산을 보면 &기호가 두 개, |기호가 두 개씩 사용된걸 알 수 있다. && 연산자와 &연산은 아래 예제와 같이 동일한 결과를 나타낸다.

```java
int a = 10;
int b = 5;

// 모두 false
System.out.println(a == b && a > b);
System.out.println(a == b & a > b);
```

위 예제를 실행해 보면 모두 false를 출력한다. 그럼 &&와 &는 어떤 차이가 있는 것일까? 최종 결과는 양쪽 항이 모두 true일때만 결과도 true라는 연산결과를 나타낸다는 것은 같지만 && 연산은 만약 왼쪽 항이 false라면 오른쪽항은 확인을 하지 않는다. 위 예제처럼 a == b라는 비교연산의 결과값은 false이다. 따라서 a 〉 b의 결과가 true인지, false인지 여부와 상관없이 이미 왼쪽항이 false 이므로 최종 논리연산의 결과는 무조건 false가 된다. 따라서 왼쪽 항 a가 b보다 큰지 확인하지 않는다. 반대로 OR연산에서 ||를 사용하는 경우 왼쪽항이 true라면 오른쪽항 여부(true인지 false인지)와 상관없이 무조건 true이므로 오른쪽항은 확인하지 않는다. 그림으로 확인해보자.

AND (&&) 연산

OR (||) 연산

이렇게, AND연산과 OR연산에서 왼쪽항의 결과에 따라 오른쪽항의 여부에 상관없이 이미 결과값이 정해졌다면 오른쪽항을 확인하지 않는 것을 숏컷(shortcut)이라고 부른다. 이 숏컷이 사용되는 경우를 예제를 통해 살펴보자.

```
1. package chapter04;
2.
3. public class OpEx5_2 {
4.
5.     public static void main(String[] args) {
6.
7.         int a = 10;
8.         int b = 5;
9.
10.        // & 연산
11.        System.out.println(a == b & test());
12.
13.        // && 연산
14.        System.out.println(a == b && test());
15.    }
16.
17.    public static boolean test() {
18.        System.out.println("test()메서드 실행됨");
19.        return true ;
20.    }
21.
22. }

[실행 결과]

test()메서드 실행됨
false
false
```

아직 메서드를 배우지 않았지만 이 예제에서 17~20라인 소스는 "test()메서드 실행됨"이라고 출력하고 true값을 돌려주는 기능을 하는 것이라고 일단 알아두자. 11라인은 &연산을 한것인데, &를 기준으로 왼쪽항 a == b는 false이고, 오른쪽항 test()는 true값을 돌려주고 있기 때문에 true이다. 따라서 false & true 논리연산식이 되어 결과값은 false가 출력되는데, 실행 결과를 보면 false라고 출력되기 전 "test()메서드 실행됨"이라고 출력된 것을 볼 수 있다. test() 메서드가 실행된 것이다. 14라인 && 연산을 보면 11라인과 동일하지만 false만 출력되고 test() 메서드가 실행되지 않았다.

즉, a == b가 이미 false이므로 &&를 기준으로 오른쪽항이 true이던, false이던 이미 이 논리연산의 결과값이 false라고 결정이 되어 오른쪽항을 확인하지 않는 것이다. 그럼 이러한 차이를 어떤 경우에 사용하는 것일까? 첫 번째는 프로그램의 실행속도를 높일 수 있다. 미세한 차이지만 복잡한 프로그램일수록 오른쪽 항을 실행해보지 않는다면 약간의 속도를 높일 수 있으며, 두 번째는 방어코드를 작성할 수 있다. 방어코드란 에러를 사전에 예측해서 프로그램이 중단되는 현상을 막을 수 있는 것이다. 중요한 개념이므로 예제를 통해 반드시 이해하고 넘어가자.

```
1. package chapter04;
2.
3. public class OpEx5_3 {
4.
5.     public static void main(String[] args) {
6.
7.         int a = 10;
8.         int b = 0;
9.
10.        // & 연신
11.        System.out.println(b > 0 & (a / b > 0 ));
12.
13.     }
14.
15. }

[실행 결과]

Exception in thread "main" java.lang.ArithmeticException : / by zero
        at chapter04.OpEx5_3.main(OpEx5_3.java:11 )
```

위 예제에서 변수 b의 값을 어떤값이 올지 알수 없는 사용자 입력값이나 데이터베이스의 값이라고 가정하고 나누기 연산을 해야하는 프로그램이라고 생각해보자. 만약 0값이 오는 경우 0으로 나누면 에러가 난다. 11라인 논리연산에서 b > 0, b 변수가 0보다 크다라는 비교연산이 들어가긴 했지만, 오른쪽항에서 a / b, 변수 a를 0으로 나누는 연산에서 에러가 발생하게 된다. 이를 막기 위해 아래 예제처럼 & 대신 &&를 쓰게된다.

```
1. package chapter04;
2.
3. public class OpEx5_3 {
4.
5.     public static void main(String[] args) {
6.
7.         int a = 10;
8.         int b = 0;
9.
10.        // && 연산
11.        System.out.println(b > 0 && (a / b > 0 ));
12.
13.     }
14.
15. }
```

```
[실행 결과]

false
```

예제 OpEx5_3 파일은 동일한 소스에 논리연산기호만 &에서 &&로 바꾼 것이다. 그러면 (a / b > 0)
이 연산식은 실행되지 않기 때문에 실행 결과가 false가 나온다. 지금은 조금 어려운 개념일 수 있지만,
&&와 &, ||와 |는 같은 결과를 나타낸다고 해서 혼용해서 사용하지 말고, 논리연산을 하는 경우 우선
습관적으로 and연산과 or연산자 기호는 두 개를 사용하도록 하자.

4.6 비트연산

비트연산은 비트단위로 연산하는 것을 말하며, 비트(bit)는 0과 1로 이루어진 컴퓨터에서 데이터를 다루
는 최소단위이다. 자바의 자료형 중 0과 1로 나타낼 수 있는 정수 자료형만 비트연산이 가능하다. 따라
서, 실수 타입은 비트연산이 불가능하다. 비트연산은 비트 논리연산과 비트 쉬프트연산이 있으며, 비트
논리연산은 앞에서 배운 논리연산과 동일하며 비트 쉬프트연산은 비트를 좌,우로 이동하는 연산이다.
먼저 비트 논리연산부터 알아보자.

종류	A항	연산자	B항	결과	설명
AND	1	&& (&)	1	1	양쪽 비트 모두 1인 경우만 결과값 1
	1		0	0	
	0		1	0	
	0		0	0	
OR	1	|| (|)	1	1	두 비트 중 하나 이상의 비트가 1인 경우 결과값 1
	1		0	1	
	0		1	1	
	0		0	0	
XOR	1	^	1	0	두 비트 중 하나의 비트만 1인 경우 결과값 1
	1		0	1	
	0		1	1	
	0		0	0	
NOT		~	1	0	반대의 값(보수)
			0	1	

앞에서 배운 논리연산과 아주 비슷한 표인 것을 알 수 있다. 연산식에서 true를 1로 바꿔서 계산하면 어
렵지 않게 이해할 수 있을 것이다. 먼저 2진수에서 대한 이해가 필요한데, 사람들은 보통 0~9까지의 10
진수를 사용한다. 9다음의 수는 10이 되는 0부터 9까지의 총 10개의 숫자를 사용하여 수를 만드는 것

이다. 2진수는 0과 1, 2개의 숫자를 사용하여 수를 만드는 것이므로 1다음에는 2가 아니라 10이 된다. 마찬가지로 11다음엔 100이 된다.

10진수	2진수
0	0
1	1
2	10
3	11
4	100

위 표처럼 10진수로 0~4까지 1씩 증가하는것과 2진수로 1씩 증가하는 것을 비교해서 보면 쉽게 이해할 수 있다. 10진수를 2진수로 변환하는 방식도 있지만, 자바에서 제공하는 기능을 사용하면 쉽게 변환할 수 있다.

```
Integer.toBinaryString(3);
```

이 코드는 10진수 3을 2진수로 변환해주는 메서드로 System.out.println()으로 출력해보면 11이 출력된다. 아래 예제를 보면서 비트 논리연산 결과를 확인해보자.

```
1. package chapter04;
2.
3. public class OpEx6 {
4.
5.     public static void main(String[] args) {
6.
7.         System.out.println("2:"+Integer.toBinaryString(2)); // 10진수 2를 2진수로 변환
8.         System.out.println("3:"+Integer.toBinaryString(3)); // 10진수 3을 2진수로 변환
9.
10.        // 비트 논리연산
11.        System.out.println("2&3 : "+(2 &3));
12.        System.out.println("2|3 : "+(2 |3));
13.        System.out.println("2^3 : "+(2^3));
14.        System.out.println("~3 : "+~3);
15.
16.        // 첫자리는 부호를 나타내는 비트를 포함하여 모든 비트를 반대로 변환
17.        System.out.println("~3을 이진수로 :"+Integer.toBinaryString(~3));
18.
19.        // ~3의 2진수값의 길이
20.        // 첫자리는 부호를 나타내는 비트 나머지 31자리로 정수자료형을 메모리에
```

```
        저장
21.           System.out.println(Integer.toBinaryString(~3).length());
22.
23.           System.out.println(Integer.MAX_VALUE); // 정수자료형의 최대값 (2의 31
    승 -1)
24.           System.out.println(Integer.parseInt("111111111111111111111111111100
    ",2)
25.                           -Integer .MAX_VALUE-1 );
26.      }
27.
28. }

[실행 결과]

2 :10
3 :11
2&3 : 2
2|3 : 3
2^3 : 1
~3 : -4
~3을 이진수로 :111111111111111111111111111100
32
2147483647
-4
```

2진수 10과 11을 각 자리수끼리 논리연산을 해보면 십의 자리 1과 1을, 일의 자리는 0과 1을 연산하게 된다. & 연산을 표형태로 나타내면,

10진수	2진수	
2	1	0
3	1	1
2	**1**	**0**

& 연산결과는 1,0이 되고 이를 다시 10진수로 변환하면 2가 된다. 나머지 |, ^ 연산도 일반 논리연산과 동일하게 각 자리수의 비트끼리 연산해서 10진수로 변환하면 결과값을 알 수 있고, ~ 연산자는 보수라고 하는 컴퓨터에서 음수를 처리하기 위해 별도의 비트를 사용해 처리한다. 정수(int)는 4바이트로 구성되어 있는데, 비트로 계산하면 1바이트는 8비트이므로, 총 32비트를 사용한다. 이 중 첫 1비트는 양수/음수를 나타내는 부호비트로 사용되어 나머지 31비트를 정수값을 저장하는 메모리 공간으로 사용하게 된다. 따라서 10진수 3의 2진수는 1,1인데 나머지 29개 비트는 0으로 되어있고, 이를 보수로 처리하면 0이 모두 1로 변한다. ~3 즉 3(1,1)의 보수를 연산한 결과는 부호비트도 1로 되면서 총30개의 1과 0두 개로 이루어진 값으로 출력된다. 이를 10진수로 변환하면 -4가 되는데 25라인은 3의 보수에서 부호비트를 제외한 나머지 2진수를 10진수로 변환한 후 계산한 것이다. 자료형의 최대 저장값을 초과하면 최저값부터 초과된만큼 새로 할당되는데 이것을 오버플로우(overflow)라고 하며, 정수 최대값-1한 값을

빼준 것이다. 그러면 ~3의 값 −4가 출력된다.

다음은 비트 쉬프트연산에 대해 알아보자.

```java
1. package chapter04;
2.
3. public class OpEx6_1 {
4.
5.     public static void main(String[] args) {
6.
7.         // << 연산
8.         System.out.println(3 << 2 );
9.         System.out.println("3의  이진수 : "+Integer.toBinaryString(3));
10.        System.out.println("12의 이진수 : "+Integer.toBinaryString(12));
11.
12.        // >> 연산
13.        System.out.println(8 >> 2 );
14.        System.out.println("8의 이진수 : "+Integer.toBinaryString(8));
15.        System.out.println("2의 이진수 : "+Integer.toBinaryString(2));
16.
17.        // >>> 연산
18.        System.out.println(-8 >>> 3 );
19.        System.out.println("-8의 이진수 : "+Integer.toBinaryString(-8));
20.        System.out.println("-8 >>> 3 : "+Integer.toBinaryString(-8 >>> 3));
21.    }
22.
23. }
```

[실행 결과]

```
12
3의  이진수 : 11
12의 이진수 : 1100
2
8의 이진수 : 1000
2의 이진수 : 10
536870911
-8의    이진수 : 11111111111111111111111111111000
-8 >>> 3 : 11111111111111111111111111111
```

비트 쉬프트 연산은 > 기호가 가리키는 방향으로 이동하는 연산이다.

연산기호는 <<, >>, >>> 세가지가 있으며, 세 연산자를 정리하면, 아래와 같다.

연산자	설명
<<	왼쪽 비트를 오른쪽 수만큼 이동 (빈자리는 0으로 채움)
>>	왼쪽 비트를 오른쪽 수만큼 이동 (빈자리는 부호비트로 채움)
>>>	왼쪽 비트를 오른쪽 수만큼 이동 (빈자리는 0으로 채움)

예제 OpEx6_1에서 3 《 2는 10진수 3의 2진수는 110이며, 11을 왼쪽으로 2만큼 이동하며 오른쪽의 빈자리는 0으로 채우면 11000이 된다. 이 2진수를 다시 10진수로 변환하면 12가 되는 것이다. 마찬가지로 8 》 2는 8의 2진수 1000을 오른쪽으로 2칸 이동하는데, 왼쪽의 빈자리는 부호비트로 채운다. 8의 부호비트는 0이므로 10이 되어 10진수 2가 된 것이다. 》》 연산자는 이와 다르게 왼쪽 비트를 0으로 채워지도록 하는 연산자이다.

비트 연산자(비트 논리, 비트 쉬프트)는 사용빈도가 높은 연산은 아니기 때문에, 필요할 때 찾아 써도 충분하므로, 2진수에 대한 이해와 비트 연산은 이런것들이 있구나 하고 넘어가도 괜찮을 것이다.

4.7 삼항연산

삼항연산은 이름 그대로 3개의 항으로 이루어진 연산이다. 특정 조건식에 따라 조건이 참이냐 거짓이냐에 따라 다르게 실행할 수 있는 연산으로, 뒤에서 배울 if문을 이용한 조건문과 동일한 역할을 하며, if문으로도 구현가능해 사용빈도가 아주 높진 않다. 하지만, 짧은 코드로 간단하게 조건식을 구현할 때 종종 사용되므로 최소한 소스를 보고 이해할 수 있는정도는 필요하다.

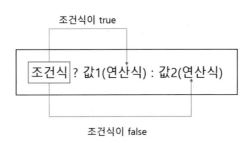

위 그림은 삼항연산의 구조를 나타낸 그림이다. 조건식이 참(true)이면 값1 또는 연산식이 실행되며, 그렇지 않으면(false) 값2가 실행된다.

```java
1. package chapter04;
2.
3. public class OpEx7 {
4.
5.     public static void main(String[] args) {
6.
7.         int score = 80 ;
8.         String pass = score >= 60 ? "합격" : "불합격";
9.         System.out.println(pass);
10.
11.     }
12.
```

```
13. }
```
[실행 결과]

합격

이 예제는 score라는 변수에 80이 대입되어 있고, 삼항연산을 이용해 pass라는 문자열 변수에 score
가 60이상이면 "합격"이라는 문자열을, 그렇지 않으면(60 미만이면) "불합격"이라는 문자열을 대입하
고, 출력하는 소스이다. score 변수의 값에 따라서 다른값을 출력하게 된다. 만약 score 변수에 50을
대입하면 출력값은 "불합격"으로 출력될 것이다.

4.8 문자열연산

지금까지 봤던 연산들은 숫자나 논리자료형으로 연산했는데 비해 문자열도 연산이 가능하다. 문자열 연
산은 + 연산자만 사용 가능하며, 문자열과 문자열을 연결해 주는 연산이다. 다양한 상황에서 문자열 연
산을 사용하는데 예제를 통해 확인해보자.

```
1. package chapter04;
2.
3. public class OpEx8 {
4.
5.     public static void main(String[] args) {
6.
7.         String name = "홍길동";
8.         System.out.println("안녕하세요 " + name + " 입니다.");
9.
10.        int height = 180 ;
11.        System.out.println("저의 키는 " + height + "cm입니다.");
12.
13.        //String weight = 75.5; //에러발생(문자자료형 변수에는 숫자 대입 못함)
14.        String weight = 75.5 + "";
15.        System.out.println("제 몸무게는 " + weight + "kg입니다.");
16.
17.        int ageInt = 30;        // 정수
18.        String ageStr = "30";   // 문자열
19.
20.
21.     }
22.
23. }
```
[실행 결과]

```
안녕하세요 홍길동 입니다.
저의 키는 180cm입니다.
제 몸무게는 75.5kg입니다.
```

예제 8라인의 출력문을 보면 "안녕하세요 "와 "홍길동", "입니다." 세 문자열이 연결된 것을 알 수 있고, 11라인 출력문은 "저의 키는 "과 180, "cm입니다." 세 개가 연결됐는데, 가운데 height라는 변수는 정수자료형인데도 연산이 가능한 것을 알 수 있다. 숫자는 문자열과 계산이나 연산이 불가능하다. 그런데 정상적으로 출력이 된 것은 180이라는 값이 자동으로 문자열로 형변환 된 것이다라고 추측할 수 있다. 14번 라인에도 보듯이 숫자는 문자열과 +연산이 되면 문자열로 자동형변환이 일어난 것을 알 수 있다.

그리고, 처음 문자열을 배울 때 실수 하는 부분이 많은데, 숫자가 들어있다고 해서 무조건 정수/실수 타입으로 생각하면 안된다. 17~18라인에서 보듯이 같은 30이라는 숫자값이 대입되고 있지만, ageInt와 ageStr은 전혀 다른 변수다. ageInt는 정수타입 변수이며, ageStr은 문자열 변수인 것이다. 가장 큰 차이점은 문자열 변수는 지금까지 배운 연산들을 사용할 수 없다는 점이다.

4.9 연산자 우선순위

지금까지 자바에서 사용하는 연산에 대해서 배웠다. 마지막으로 연산에 우선순위에 대해 살펴보겠다.

연산자	우선 순위
( ) (괄호)	1
증감 (++, --), 부호(+, -), 비트(~), 논리(!)	2
산술 (*, /, %)	3
쉬프트 (⟨⟨, ⟩⟩, ⟩⟩⟩)	4
비교 (⟩, ⟩=, ⟨, ⟨=)	5
비교 (==, !=)	6
비트논리 (&)	7
비트논리 (^)	8
비트논리 (|)	9
논리 (&&)	0
논리 (||)	10
조건 (? :)	11
대입 (+=, -=, *=, /=...)	12

```
1. package chapter04;
2.
3. public class OpEx9 {
4.
5.     public static void main(String[] args) {
6.
7.         int a = 5 ;
8.         int b = 4 ;
9.         int c = 3 ;
10.
11.        // * 연산이 먼저 실행됨
12.        System.out.println(a + b * c);
13.
14.        // 괄호로 묶어 우선순위를 높여줌
15.        System.out.println((a + b) * c);
16.
17.    }
18.
19. }

[실행 결과]

17
27
```

예제 13라인을 보면 a + b * 3을 나타내는데, + 연산보다 *연산이 우선순위가 높기 때문에 b * c가 먼저 곱하기 연산이 되고 a변수를 더한 것이다. 우리는 사칙연산에서 우선순위 몇 개는 이해하고 있지만 위 표에서처럼 무수히 많은 연산들의 우선순위를 전부 외우기는 쉽지 않다. 그래서 코딩 중에 우선순위를 지정하고 싶은데, 우선순위 표가 기억이 안나면 찾아보거나 고민하지 말고, 괄호로 감싸주면 된다. 위 표를 다시 보면 가장 위에 있는 우선 순위가 높은 것이 괄호이고, 맨 밑에 우선순위가 가장 낮은 것은 대입연산이다. 이 우선순위표에서 이 두 개만은 반드시 기억하자.

제4장 연습문제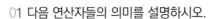

01 다음 연산자들의 의미를 설명하시오.

a) += _____

b) -= _____

c) %= _____

02 다음 코드의 실행 결과를 작성하시오.

```
1.  package chapter04;
2.
3.  public class Excercise02 {
4.
5.      public static void main(String[] args) {
6.
7.          int var = 7 - 1 * 20 / 5 ;
8.          System.out.println(var);
9.      }
10. }
```

03 한 반에 27명인 학급이 있다. 미술 수업을 위해 색연필을 5다스를 받았다면, 각 학생에게 나누어 줄 수 있는 색연필 수와 나눠주고 남은 색연필 수를 출력하는 프로그램을 작성하고자 한다. 아래 코드에서 빈 칸에 들어갈 내용을 작성하시오.

```
1.  package chapter04;
2.
3.  public class Excercise3 {
4.
5.      public static void main(String[] args) {
6.
7.          int colorPen = 5 * ___[1]___;
8.          int studentCount = 27;
9.
10.
```

```
11.         int divColorPen = ___[2]___;
12.         System.out.println("학생당 나눠가지는 색연필수 :"+divColorPen);
13.
14.         int remainColorPen = ___[3]___;
15.         System.out.println("똑같이 나눠가지고 남은 볼펜수 : "+remainColorPen);
16.
17.     }
18. }
```

04 아이와 함께 놀이동산에 놀러가서 롤러코스터를 타려고 하는데, 안내 문구가 아래와 같이 적혀 있다.

1) 6세 이상 탑승 가능(단, 키가 120cm 이상이면 보호자 동반하에 탑승 가능)

2) 키 120cm 이상 탑승 가능

3) 심장관련 질환자 탑승 불가

나이변수는 age, 키는 height, 보호자 동반여부는 parent, 심장질환여부는 hearchDease라고 지정하고 조건식을 작성하시오.

05 다음 코드는 입력된 연도가 윤년인지 아닌지 판단하는 코드이다. 빈칸에 들어갈 조건식을 작성하시오.

[윤년 조건]

1. 연도를 4로 나누어 떨어지면 윤년,

2. 100으로 나누어 떨어지는 연도는 윤년이 아님

3. 400으로 나누어 떨어지면 윤년

```
1. package chapter04;
2.
3. public class Excercise5 {
4.
5.     public static void main(String[] args) {
6.
7.         int year = 2020 ;
8.
9.         boolean leapYear = _____;
10.
11.         // 윤년이면 true, 윤년이 아니면 false
12.         System.out.println(leapYear);
13.
14.
15.     }
16. }
```

06 가게에서 물건을 구매하고 금액을 지불하려고 한다. 지불해야할 금액이 187,000원인데, 5만원권과
1만원권, 5천원권, 1천원권 지폐를 가장 적은 지폐수량으로 지불하는 코드를 작성하시오.

```
1. package chapter04;
2.
3. public class Excercise6 {
4.
5.     public static void main(String[] args) {
6.
7.         int price = 187000 ;
8.         int oman = _____;
9.         int ilman = _____;
10.         int ochun = _____;
11.         int ilchun = _____;
12.
13.         System .out.println("5만원권 : "+oman+"장");
14.         System .out.println("1만원권 : "+ilman+"장");
15.         System .out.println("5천원권 : "+ochun+"장");
16.         System .out.println("1천원권 : "+ilchun+"장");
17.
18.     }
19. }

[실행 결과]

5만원권 : 3장
1만원권 : 3장
5천원권 : 1장
1천원권 : 2장
```

07 아래 코드에서 정수 타입 변수 number에서 십의 자리 이하를 버리는 코드를 작성하려고 한다. 빈 칸
에 들어갈 코드를 작성하시오.

예) 1234 → 1200, 123 → 100

```
1. package chapter04;
2.
3. public class Excercise7 {
4.
5.     public static void main(String[] args) {
6.
7.         int number = 1234 ;
8.         int result = _____;
9.         System.out.println(result);
10.
11.     }
12. }
```

CHAPTER 05

제어문
(프로그램의 흐름을 바꿔보자)

5.1 프로그램의 실행제어
5.2 조건문
5.3 반복문

프로그램이 실행되는 순서를 이해하고, 특정 조건에 맞춰 실행하고 동일한 작업을 정해진 횟수만큼 반복 작업을 시킬 수 있는 원하는 방향으로 제어할 수 있는 방법을 배워보자.

아

5.1 프로그램의 실행제어

우리가 만든 자바 프로그램을 실행하면 main이라는 메서드가 가장 먼저 실행되고, 그 main 메서드에서 위에서부터 차례대로 실행된다.

1. 변수 선언
2. 변수 대입
3. 변수 연산
4. 변수 출력

위와 같은 프로그램을 만들었다면 1번부터 4번까지 차례대로 실행되는 것이다. 그런데 만약 3번의 변수 연산을 특정 경우에만 실행되게 한다면 이 프로그램은 3번을 건너 뛰고 1,2,4번 순으로 실행되게 될 것이다. 또한 3번 변수 연산을 여러번 반복 실행되게 할 수도 있는 것이다. 이렇게 개발자가 직접 프로그램의 실행 순서를 제어할 수 있으며, 이 실행 순서를 제어하는 구문을 제어문이라고 부른다.

회사에 입사지원하는 예를 생각해보자.

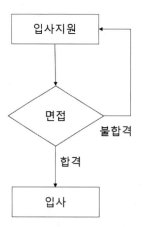

A회사에 입사지원하면 면접을 보게 되는데, 면접결과에 대한 조건이 발생한다. 면접에 합격했는가라는 조건이다. 이 조건이 만족(합격)하면 입사라는 부분이 실행될 것이고, 만족하지 않으면(불합격) 입사를 하지 못한다. 즉 다음 프로그램은 실행되지 않는다. 또한 불합격한 경우 다시 입사지원으로 돌아가 B라는 회사에 입사 지원할 수 있으며, 역시 또 다른 조건(면접 여부)을 만나게 될 것이다. 이 부분은 면접 합격이라는 조건을 만날 때까지 또는 입사지원을 하는 동안은 계속 반복될 것이다. 실제 입사지원 과정은 이보다 훨씬 복잡할 것이다. 이력서, 자기소개서 작성, 1차, 2차 면접 입사 시험 등등 아주 다양한 조건들이 복잡하게 얽혀 수행되게 된다. 이렇게 다양한 사건들을 들여다보면 여러 조건과 반복이 특정 결과를 만들어 내게 되는데, 이러한 순서와 절차를 우리는 자바라는 프로그래밍 언어를 통해 컴퓨터에게 지

시하게 된다.

모든 프로그램은 이 제어문을 사용하여 아주 다양하게 개발되어지므로, 프로그래밍 기술을 높이기 위해서 반드시 많은 연습이 필요한 구문이다.

제어문은 조건문과 반복문이 있으며, 조건문은 if문과, switch문이 있고, 반복문은 for문, while문, do~while문이 있다. 이 5가지만 완벽히 익히면 아주 복잡한 프로그램의 실행 순서 제어도 충분히 가능하다.

5.2 조건문

조건문은 if문과 switch문이 있으며, 먼저 if문에 대해 알아보자.

5.2.1 if문

if문은 구조에 따라 세가지로 구분할 수 있는데, if문, if~else문, if~else if문으로 나눌 수 있다. if문은 조건식의 결과에 따라 실행문의 실행여부가 결정된다.

위 그림은 if문의 구조를 나타낸 그림이다. 프로그램의 실행 중에 if문을 만나면 조건을 확인한다. if라는 영어 단어는 우리말로 만약 ~라면이라는 뜻을 가지고 있는데, 프로그램에서도 "만약 조건식이 참이라면" 이라고 생각해도 된다. if 뒤에 괄호안에 있는 조건식을 확인해서 이 조건식이 참(true)이라면 중괄호{} 블록 안의 실행문이 실행되고, 그렇지 않다면(false) if문의 블럭 밑으로 넘어가며 다음 프로그램으로 실행되게 된다. 만약 실행문이 한줄이라면 중괄호를 생략하고 사용할 수 있다. 하지만 코드의 가독성을 위해 if문의 실행문은 중괄호를 생략하지 않고 코딩하도록 하자. 복잡한 소스코드일수록 if문의 블록을 작성하지 않으면 가독성이 떨어져 소스 해석이 어렵게 되므로 실행문이 한줄일땐 생략가능하지만 가능하면 중괄호는 포함해서 작성하도록 하자.

if문의 괄호안에는 조건식이 오는데, 이 조건식의 판단결과는 true아니면 false의 결과를 갖는다. 즉 참과 거짓 둘 중 하나이다. 이 결과값이 나오는 경우는 앞장에서 배운 연산 중 비교연산과 논리연산이 있다. 이 두 연산식과 boolean 자료형이 올 수 있다. 결국 어떤 연산이던, 변수이던 뒤에서 배울 메서드가 오던 무조건 true, false 둘 중 하나만 올 수 있는 것이다.

다음 예제의 소스를 보자.

```
1. package chapter05;
2.
3. public class IfEx {
4.
5.     public static void main(String[] args) {
6.
7.         int score = 70 ;
8.
9.         System.out.println("시험 시작");
10.         if (score >= 60) {
11.             System.out.println("합격입니다.");
12.         }
13.         System.out.println("시험 끝");
14.
15.     }
16.
17. }

[실행 결과]

시험 시작
합격입니다.
시험 끝
```

7라인에서 정수타입의 score라는 변수를 선언하고 70이라는 값으로 초기화하였다. 다음 9라인에서는 "시험 시작"이라고 출력하고, 10라인에서 if문이 있는데 조건식이 score >= 60 이다. score변수에는 70이 담겨 있으므로 이 조건식은 참(true)이 된다. 따라서 if문 중괄호 블록 안에 있는 "합격입니다."라는 문자열이 출력되며, 이제 if문을 빠져나와 마지막으로 "시험 끝"이라는 문자열이 출력되고 프로그램이 종료된다. 이제 score라는 변수의 값을 50으로 수정해보자. "합격입니다."라는 문자열은 출력되지 않는걸 알 수 있다. 9라인과 13라인은 if문과는 별개로 항상 실행되며, if문 중괄호 블록 안의 실행문만 조건이 참인 경우에만 실행된다.

if~else문은 else라는 블록과 함께 사용되어 조건식의 결과에 따라 실행되는 블록을 결정한다. else라는 단어는 "그렇지 않으면", "그밖에" 라는 뜻이다. if문의 조건식이 true이면 if문의 블록이 실행되고, false이면 else문의 블록이 실행되는 것이다.

그림은 if~else문의 구조를 나타낸 그림이다.

이전 if 하나만 있는 구조에서 else문이 추가됐는데, else 문 역시 중괄호 블록을 가지고 있다. if문의 조건식이 true이면 실행문1이 실행되고, 그렇지 않으면 else 블록의 실행문2가 실행된다. 여기서 주의할 점은 조건식이 true이냐, false이냐에 따라 실행문1과 실행문2 둘 중 하나만 실행된다는 것이다. 예제를 통해 살펴보자.

```
1. package chapter05;
2.
3. public class IfEx1 {
4.
5.     public static void main(String[] args) {
6.
7.         int score = 50 ;
8.
9.         System.out.println("시험 시작");
10.        if (score >= 60) {
11.            System.out.println("합격입니다.");
12.        } else {
13.            System.out.println("불합격입니다.");
14.        }
15.        System.out.println("시험 끝");
16.
17.    }
18.
19. }

[실행 결과]

시험 시작
불합격입니다.
시험 끝
```

이 예제에서는 7라인에서 score 변수에 50으로 초기화하고 10라인에서 if문의 조건식은 score >= 60
이라는 비교식으로 구성되어 있는 if문이다. 여기에 if문의 블록에서 끝나는 중괄호가 위치하는 12라인
에 else문이 추가되고 또다시 중괄호가 나온다. 이 else문의 중괄호 블록은 if문의 조건이 false인 경우
실행되는 구문이므로, score 변수에 50이 담겨 있는 상태에서 60 이상이라는 조건이 만족하지 않아
else 중괄호 블록의 실행문 "불합격입니다."를 출력 후 전체 if문은 종료되고 "시험 끝"이라는 문자열이
출력된다.

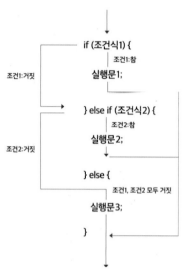

그림에서 보듯이 if문에 else if가 추가된 구조이다. 또 다른 조건식이 추가된 것이다. 프로그램 실행 순
서에 의해 처음 if문의 조건식1을 만나 해당 조건식이 true이면 실행문1을 실행하고, false이면 두 번째
else if문의 조건식2을 만나 조건을 확인하여 true이면 실행문2를 실행하는데, 이 조건식2도 false라면
마지막 else문의 블록 안에 실행문3이 실행된다. 이 구조에서도 조건식1이나 조건식2, else문 중 하나
의 실행문만 실행되며 조건식1이나 조건식2 중 하나라도 true이면 이 전체 if문은 종료하고 다음 프로
그램으로 실행을 이어가게 된다.

else if문은 몇 개라도 추가될 수 있으며, 아무리 추가되도 전체 조건 중 하나라도 만족하면 if문 자체가
종료된다는 점 꼭 기억하자. 이번 예제는 점수 비교해서 학점을 출력하는 소스이다.

```
1. package chapter05;
2.
3. public class IfEx2 {
4.
5.     public static void main(String[] args) {
6.
7.         int score = 80 ;
8.         String grade = "";
9.
10.        System.out.println("학점부여 시작");
11.        if (score >= 95) {
```

```
12.               grade = "A+";
13.          } else if (score>= 90 ){
14.               grade = "A";
15.          } else if (score>= 85 ) {
16.               grade = "B+";
17.          } else if (score>= 80 ) {
18.               grade = "B";
19.          } else if (score>= 70 ) {
20.               grade = "C";
21.          } else if (score>= 60 ) {
22.               grade = "D";
23.          } else {
24.               grade = "F";
25.          }
26.          System.out.println("당신의 학점은 "+grade+"입니다.");
27.          System.out.println("학점부여 끝");
28.
29.      }
30.
31. }
```

[실행 결과]

학점부여 시작
당신의 학점은 B입니다.
학점부여 끝

이 예제의 main 메서드 처음부터 살펴보자. 7라인에서는 score변수에 80을 대입하고, 8라인에서는 grade라는 변수는 학점을 담을 변수인데, ""로 빈문자열로 초기화하였다. 학점부여 시작이라고 출력 후 if문이 시작되는데, 11라인에서 첫 번째 조건식을 만나게 된다. 조건식은 score >= 95 라는 조건식은 score 변수에 80이 담겨있기 때문에 false가 되어 해당 실행문이 실행되지 않고, 다음 조건식으로 넘어가는데 score >= 90 도 false여서 또다시 다음 조건식으로 넘어가고, 이번 조건식 score >= 85 역시 false이므로 또 다음 조건식인 score >= 80을 확인하게 되고, 이조건식의 결과는 true이므로 해당 중괄호 블록 내의 실행문인 grade 변수에 "B"를 대입하고 if문 전체는 종료된다. 26라인에 grade라는 변수를 문자열로 연결하여 "당신의 학점은 B입니다."라고 출력한 후 다음 실행문 "학점 부여 끝"을 출력하고 프로그램은 종료된다. 이 예제에서 score변수를 다양한 값으로 바꿔보면서 실행해보면 조건에 맞는 학점이 출력되는 것을 알 수 있다.

```
score >= 95 이면 grade = A+
score >= 90 이면 grade = A
score >= 85 이면 grade = B+
score >= 80 이면 grade = B
score >= 70 이면 grade = C
score >= 60 이면 grade = D
score < 60 이면 (else) grade = F
```

이런 형태로 출력이 되는데, 만약 score변수가 95라고 가정하면 모든 조건이 true가 된다. 90이상이기도 하고, 85이상이기도 하며, 80이상, 70이상, 60이상 모든 조건이 전부 true인 것이다. 하지만 if문에서는 위쪽에서부터 조건을 하나하나 비교하면서 false이면 다음 조건으로 넘어가고 true이면 해당 실행문을 실행하며 종료되기 때문에 grade변수에 A+라는 값이 대입되고 전체 if문은 종료되는 것이다.

5.2.2 중첩 if문

if문의 중괄호 블록 안에 또 다른 if문이 포함되는 것을 중첩 if문이라고 한다. 프로그래밍을 처음 배울 때 어려워지기 시작하는 부분이 소스가 중첩되기 시작하면서이다. 왜냐하면 소스가 중첩될수록 프로그램의 실행 순서나 절차를 이해하기 어려워지기 때문이다. 그래서 더더욱 구조를 정확히 이해 해둘 필요가 있다. 이 if문 외에도 앞으로 배울 다양한 제어문과 반복문 모두 중첩이 가능하다. 중첩이라는 개념에 대해서 꼭 이해하고 넘어가자.

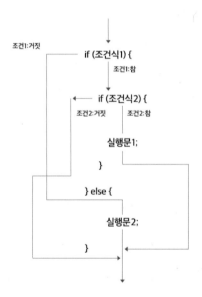

위 그림은 앞에서 살펴봤던 if~else문에서 하나의 if문이 추가되어 중첩된 구조이다. 처음엔 이렇게 한번 중첩된 구문도 복잡해 보이고, 어려워 보이겠지만, 천천히 하나씩 분리해서 보면 어렵지 않게 이해할 수 있을 것이다. 실제 프로그램에서는 2~3단계 이상의 중첩구문도 많이 사용되기 때문에 중첩된 코드를 외우거나 하지 말고, 개념을 이해하도록 하자. 안쪽의 if문은 비깥쪽의 if문의 조건식이 true인 경우에만 실행된다. 조건식1이 true이면 바깥 if문의 블록이 실행되는데, 그 실행되는 구문이 또 다른 if문인 것이다. 안쪽 if문 역시 true, false에 따라 다르게 실행되며 이 안쪽 if문의 모든 실행이 끝나면 바깥 if문의 true일 때의 실행 블록이 종료되고 전체 if문이 종료된다. 결국 실행문2는 조건식1과 조건식2가 모두 true일때만 실행되는 것이 된다.

```
1. package chapter05;
2.
3. public class IfEx3 {
4.
5.     public static void main(String[] args) {
6.
7.         int math = 90 ;
8.         int eng = 95 ;
9.
10.         if (math >= 60 ) {
11.             if (eng >= 60 ) {
12.                 System.out.println("통과");
13.             }
14.         } else {
15.             System.out.println("탈락");
16.         }
17.
18.     }
19.
20. }
```

[실행 결과]

통과

이 예제는 7라인에서 수학점수 값을 담을 math변수에 90을, 8라인에서는 영어점수 값을 담기 위해 eng라는 변수에 95를 대입했다. 10 라인에서 if문을 통해 조건식을 비교하는데, math는 90이기 때문에 math >= 60 조건은 참이 되어 해당 블록 11~13라인이 실행된다. 이 블록 안에 또 다른 if문이 있으므로 다시 조건식을 확인하는데, eng >= 60이 true가 되어 "통과"라고 출력된 것이다. 이제 math 변수를 50으로 수정하고 실행해보자. 아직 eng >= 60 이지만 바깥 if문이 false 이므로 "탈락"이라고 출력이 된다. 즉 "통과"라고 출력이 되려면 math도 60이상이어야 하고, eng도 60이상일 때만 출력이 되는 것이다. 앞에서 배웠던 논리연산이다. 이 논리연산을 적용해서 하나의 if문으로 작성해보자.

```
1. package chapter05;
2.
3. public class IfEx4 {
4.
5.     public static void main(String[] args) {
6.
7.         int math = 90 ;
8.         int eng = 95 ;
9.
10.         if (math >= 60 && eng >= 60 ) {
11.             System.out.println("통과");
12.         } else {
```

```
13.              System.out.println("탈락");
14.          }
15.
16.      }
17.
18. }
```

[실행 결과]

통과

10라인에서 if문 조건식을 살펴보면 math >= 60 && eng >= 60은 and 연산으로 math >= 60 조건
도 true이고, eng >= 60도 true이면 true가 되므로 출력결과는 통과라고 출력이 된다.

5.2.3 switch문

switch문도 if문과 같이 조건문 중 하나지만, 조건식의 결과(true/false) 여부에 따라 중괄호 블록 내부
의 실행문이 실행되는 것이 아니라, 변수의 값에 따라 실행문을 선택하게 되는 구문 이다.

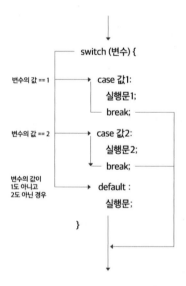

switch문의 실행 순서는 switch 괄호안에 변수를 넣어 각 case의 값과 비교해서 같은 값을 갖는 case
구문의 실행문을 실행하고, break를 만나 전체 switch문을 종료하고 빠져나오게 된다. 같은 값을 갖는
case가 없다면 default 구문의 실행문이 실행된다. 주의할 점은 break를 쓰지 않으면, break를 만날
때까지, 또는 break가 없으면 모든 case가 계속 실행되므로 반드시 각 case마다 실행문 밑에 break를
넣어줘야 한다.

예제를 통해 switch문을 살펴보자.

```
1. package chapter05;
2.
3. public class SwitchEx {
4.
5.     public static void main(String[] args) {
6.
7.         int number = 3;
8.
9.         switch (number) {
10.            case 1 :
11.                System.out.println("1번");
12.                break;
13.            case 2 :
14.                System.out.println("2번");
15.                break;
16.            case 3 :
17.                System.out.println("3번");
18.                break;
19.            case 4 :
20.                System.out.println("4번");
21.                break;
22.            case 5 :
23.                System.out.println("5번");
24.                break;
25.            default :
26.                System.out.println("6번");
27.        }
28.
29.    }
30.
31. }

[실행 결과]

3번
```

7라인에서 number 변수에 정수 3을 대입하고 이 변수를 switch 괄호 안에 넣어 각 case로 비교한다. case 3: 에 해당되므로 "3번"이 출력되고 18라인의 break를 만나 swtich문이 종료된다.

다음 예제는 콘솔에서 점수를 입력받아 학점을 출력하는 프로그램이다. break를 넣지 않은 경우 어떻게 출력되는 확인해보자.

```
1. package chapter05;
2.
3. import java.util.Scanner;
4.
5. public class SwitchEx {
```

```
6.
7.     public static void main(String[] args) {
8.
9.         System.out.println("점수를 입력하세요.");
10.        Scanner scan = new Scanner(System.in);
11.
12.        int score = scan.nextInt();
13.        String grade = "";
14.        switch (score / 10 ) {
15.            case 9 :
16.                grade = "A";
17.            case 8 :
18.                grade = "B";
19.            case 7 :
20.                grade = "C";
21.            case 6 :
22.                grade = "D";
23.            default :
24.                grade = "F";
25.        }
26.        System.out.println("학점 : "+grade);
27.
28.    }
29.
30. }
```

[실행 결과]

```
점수를 입력하세요.
90
학점 : F
```

10라인은 콘솔에서 사용자에게 값을 입력받기 위한 소스라고만 일단 알아두고, 실행하면 콘솔에 커서가 나오면서 값을 입력할 수 있다. 90을 입력해 보자. 학점이 A가 출력이 되어야 하는데, F가 출력이 된다. 이유는 score/10의 값이 9이므로 15라인의 case 9에 해당되어 grade 변수에 "A"가 대입되었지만, break를 넣지 않았기 때문에 다음 case문의 "B", "C", "D", "F"까지 모두 대입되는 코드가 실행되게 되어, 결국 F가 출력되게 된 것이다. 이렇게 프로그램 상에 오류가 나지는 않지만, 실수로 break를 넣지 않으면 엄청난 오류가 발생하게 되어 switch문을 사용할 때는 주의를 해야 한다. 이 코드의 오류를 수정하려면 각 case 구문마다 break를 넣어주면 된다.

```
1. package chapter05;
2.
3. import java.util.Scanner;
4.
5. public class SwitchEx {
6.
```

```
7.     public static void main(String[] args) {
8.
9.         System .out.println("점수를 입력하세요.");
10.        Scanner scan = new Scanner(System.in);
11.
12.        int score = scan.nextInt();
13.        String grade = "";
14.        switch (score / 10 ) {
15.            case 9 :
16.                grade = "A";
17.                break ;
18.            case 8 :
19.                grade = "B";
20.                break ;
21.            case 7 :
22.                grade = "C";
23.                break ;
24.            case 6 :
25.                grade = "D";
26.                break ;
27.            default :
28.                grade = "F";
29.        }
30.        System.out.println("학점 : "+grade);
31.
32.    }
33.
34. }
```

[실행 결과]

```
점수를 입력하세요.
90
학점 : A
```

switch문의 괄호안에 값에 올수 있는 자료형은 byte, short, int, char, String 만 가능하다. 이 중
String은 자바1.7 이상에서만 가능하므로 참고하자.

```
35. package chapter05;
36.
37. public class SwitchExStr {
38.
39.     public static void main(String[] args) {
40.
41.         String addr = "서울";
42.
43.         switch(addr) {
44.             case "서울":
45.                 System.out.println("저희 집은 서울입니다.");
```

```
46.                break;
47.            case "제주":
48.                System.out.println("저희 집은 제주입니다.");
49.                break;
50.            default:
51.                System.out.println("주소 없음");
52.        }
53.
54.    }
55.
56. }
```

[실행 결과]

저희 집은 서울입니다.

5.3 반복문

반복문은 주어진 조건이 true인 동안 반복문의 중괄호 블록의 실행문을 반복적으로 실행하고자 할 때 사용한다. 모든 반복문은 조건문이 포함되어 있으며, 반복문의 종류는 for문, while문, do~while문이 있다. 세가지 모두 개념적으로는 비슷하기 때문에 하나만 기억하면 나머지는 크게 어렵지 않게 익힐 수 있을 것이다.

5.3.1 for문

for라는 단어를 찾아보면 "~를 위하여"라는 뜻도 있지만, "~하는 동안"이라는 뜻도 있다. 즉, for문은 조건식이 true인 동안 반복되는 것이다. for문의 구조를 살펴보자.

①   ②   ④

for (초기화식; 조건식; 증감식) {

실행문; ③ 조건식이 true인 경우에만 실행

}

for문의 구조를 살펴보면 괄호 안에 초기화식, 조건식, 증감식이 존재한다. 초기화식은 말 그대로 변수를 초기화하는 식이, 조건식은 비교연산 또는 논리연산이, 증감식은 1증가, 1감소하는 식이 오게 된다. for문의 실행 흐름을 살펴보면 먼저 1번 초기화식이 실행되고, 2번 조건식을 확인해서 true이면 중괄호 블록 내의 실행문이 실행되고, 증감식을 실행한다. 그 이후 2→3→4가 반복되면서 조건식이 true인 동안 계속 반복 실행되고, false일 때 for문을 빠져나가고 종료된다. for문에서 반복횟수의 조절은 증감식에 따른 조건식의 true여부를 알 수 있으면 원하는 만큼 반복을 지정할 수 있다. 즉 변수 i가 0으로 초기화 되고, 조건식은 i < 10, 증감식은 i에 1씩 증가하면 I는 0부터 9까지 총 10번이 반복되게 되는 것이다. 이 3개의 식은 모두 생략 가능하고, 각각의 식에는 ,를 이용하여 2개 이상의 연산식을 작성할 수 있다. 두번째 조건식을 생략하는 경우 이 조건식의 결과가 false가 될 수 없으므로 실행문이 무한반복하게 된다. 예제로 살펴보자.

```
1. package chapter05;
2.
3. public class ForEx {
4.
5.    public static void main(String[] args) {
6.
7.        for (int i=0; i<10; i++) {
8.            System.out.println("i = "+i);
9.        }
10.
11.    }
12.
13. }
```

[실행 결과]

```
i = 0
i = 1
i = 2
i = 3
i = 4
i = 5
i = 6
i = 7
i = 8
i = 9
```

7라인에 int i=0; 은 정수 타입의 변수 i에 0으로 초기화했고, i < 10; 변수 i가 10보다 작다라는 비교 연산 조건식이, 증감식은 i++, i를 1씩 증가하는 것이다. 조건이 만족할 때 실행되는 실행문은 for문 블록 내의 8라인이 된다. 그래서 i의 변화는 0 → 1 → 2 → 3 → 4 → 5 → 6 → 7 → 8 → 9로 변하면서 10이 되는 순간 조건이 만족하지 않아 for문이 종료된다. 이 i가 변하는 과정을 출력했기 때문에 위와 같은 실행결과가 나오게 된 것이다.

이번엔 1부터 100까지의 합을 구해보자. 변수의 초기값은 1이고 i <= 100이라는 조건식이 만족할 때까지 1씩 증가하면 될 것이다. 실행문은 변수에 i를 계속 더해주며 누적 합계를 구한다. 그럼 반복되는 구문을 먼저 생각해보자.

" sum += i; "

이 구문이 i가 1부터 100까지 변하면서 sum이라는 변수에 +=로 더하고 대입해주면 전체 합계를 구할 수 있다. 이제 예제로 살펴보자.

```
1. package chapter05;
2.
3. public class ForEx2 {
4.
5.     public static void main(String[] args) {
6.
7.         int sum = 0;
8.
9.         for (int i=1; i<=100; i++) {
10.            sum += i;
11.        }
12.
13.        System.out.println("합계 : "+sum);
14.
15.    }
16.
17. }
[실행 결과]

합계 : 5050
```

for문 괄호 안에 있는 i변수 초기값 1부터 100까지 1씩 증가하면서 총 100번이 반복되는데, 반복 실행되는 구문은 sum += i; 이다. 이 실행문의 실행 결과를 살펴보자.

반복 횟수	i 값	실행문
1	1	sum += 1;
2	2	sum += 2;
3	3	sum += 3;
4	4	sum += 4;
5	5	sum += 5;
...		
100	100	sum += 100;

표를 살펴보면 반복 횟수에 따라 i값의 변화를 볼 수 있고, 실행문이 실행되는 흐름도 살펴 볼 수 있다. 이렇게 총 100번이 실행되며, sum 변수에는 1부터 100까지의 누적 합계가 되어 5050이 되면서 반복은 중지된다. 여기서 주의할 점은 합계값을 대입할 sum 변수는 for문 안에 있는 것이 아니라 7라인처럼 for문 전에 선언이 되어있어야 한다는 것이다. 만약 for문 블록 안에 있으면 변수 선언이 반복되어 출

력값은 5050이 아니라 100이 출력될 것이다. 매 반복마다 변수를 선언하고 0으로 초기화해서 i값을 대입하기 때문이다.

for문은 보통 이렇게 반복횟수를 미리 알고 있는 경우에 많이 사용하게 된다.

5.3.2 while 문

while문은 조건에 따라 반복여부를 결정하며 조건식이 true인 경우에만 블록 내의 실행문이 반복 실행되게 된다.

while (조건식) {

    실행문; 조건식이 true인 경우에만 실행

}

while이라는 단어 역시 우리말로 해석하면 "~하는 동안"이라는 의미를 가지고 있다. while문의 구조는 for문에 비해 간단하다. while문 괄호안에 조건식만 넣고 조건식이 true인 경우에만 실행문이 실행된다. 위 for문에서 실행했던 1부터 100까지의 합을 구하는 소스를 while문으로 작성해보자.

```java
1.  package chapter05;
2.
3.  public class WhileEx {
4.
5.      public static void main(String[] args) {
6.
7.          int sum = 0;
8.          int i = 1;
9.
10.         while (i <= 100) {
11.             sum += i;
12.             i++;
13.         }
14.
15.         System.out.println("합계 : "+sum);
16.
17.     }
18.
19. }
```

[실행 결과]

합계 : 5050

예제를 보면 for문과 구조는 다르지만 실행순서는 비슷하다. 누적합계를 구할 변수 sum을 미리 선언해 놓고, 1부터 100까지 변하면서 sum에 += 연산을 수행할 변수 역시 while문 바깥에 선언하고 조건은 i <= 100 이 조건이 만족하는 동안 중괄호 블록의 실행문이 실행되며 sum += i; 가 반복 실행되어 누적 합계를 구하게 된다. for문과 다른점은 i 변수가 1씩 증가해야 하기 때문에 while 문 중괄호 블럭 가장 하단에 다른 실행문이 실행되고 나서 1증가 시키는 것을 볼 수 있다. 그래서 결과는 for문과 동일하게 5050을 출력했다. while문을 사용할 때 주의할 점은 1씩 증가되는 변수 i를 중괄호 블록 안에서 1증가 시키지 않는 경우 이 while문은 무한 반복 실행되게 된다. 프로그램이 종료되지 않는 것이다. i는 계속 1이고, 조건 역시 계속 만족하기 때문에 반복이 종료되지 않고, 계속 실행되게 된다. 이를 무한 루프(무한 반복) 이라고 한다. 간혹 일부러 무한 반복되는 프로그램을 만들게 되는 경우도 있지만, 실수하지 않도록 조심하자.

5.3.3 do~while문

while문과 유사하지만 앞에 do가 추가됐다. do는 ~하다라는 의미로 생각해보면 while문의 조건 확인 전에 일단 실행문을 실행한다라고 이해하자. 그래서 최소한 무조건 한번은 실행되게 된다. do~while문의 구조를 살펴보자.

```
do {
    실행문;   처음 실행문은 한번 실행되고
             조건식을 확인해서 true이면 반복
} while (조건식);
```

do~while문 구조에서 보듯이 구문 가장 위쪽에 do { 로 시작한다. 중괄호 안에 먼저 실행문을 만나게 되므로, 실행문이 처음은 일단 한번 실행되고 나서 그 아래에 있는 while(조건식)을 만난다. 그 이후부터는 조건식이 참인 경우에만 반복 실행되게 된다.

while문에 구현했던 1~100까지의 합계를 구하는 예제를 do~while문을 이용해 같은 결과가 출력되도록 해보자.

```
1. package chapter05;
2.
3. public class DoWhileEx {
4.
5.     public static void main(String[] args) {
6.
7.         int sum = 0;
8.         int i = 1;
9.
10.        do {
11.            sum += i;
12.            i++;
```

```
13.         } while (i <= 100);
14.
15.         System.out.println("합계 : "+sum);
16.
17.     }
18.
19. }
```

[실행 결과]

합계 : 5050

역시 while문과 동일한 실행 결과가 출력되었다. 차이점은 조건식이 true이던 false이던 무조건 한번은 실행된다는 것인데, 다음 예제를 통해 조건과 실행문을 확인해보자.

```
1. package chapter05;
2.
3. public class DoWhileEx {
4.
5.     public static void main(String[] args) {
6.
7.         int i = 10 ;
8.
9.         do {
10.             System.out.println("i = "+i);
11.         } while (i < 10);
12.
13.     }
14.
15. }
```

[실행 결과]

i = 10

위 예제에서 i 변수에 10으로 초기화하고, do~while문의 조건식은 i<10이다. 조건식이 만족하지 않는데도 "i = "+i 의 출력문이 실행된 것을 볼 수 있다. 조건식이 밑에 있기 때문에 조건식 확인 전에 출력을 먼저하고 조건식의 결과 false이므로 반복되지 않고 종료된 것이다. 주의할 점은 do~while문의 마지막 부분의 조건식 뒤에는 다른 제어문과는 다르게 ;(세미콜론)이 반드시 들어가야 한다.

5.3.4 중첩 반복문

중첩 반복문은 반복문 블록 안에 반복문이 존재하는 경우이다. 중첩 반복문 역시 중첩 if문과 같이 2중, 3중 이상 중첩될 수 있기 때문에, 어려워 질 수 있다. 특히 반복문이 중첩되는 경우 프로그램의 실행 순서에 대한 이해가 어려울 수 있으니 반드시 예제를 통한 반복학습을 통해 이해하고 넘어가도록 하자.

중첩 반복문은 처음에는 조금 어렵게 느껴지기 때문에, 구구단을 통해서 먼저 하나씩 이해하고 나서 예제를 보도록 하자. 구구단의 출력 형태를 살펴보자.

2 * 1 = 2 2 * 2 = 4 2 * 3 = 6 2 * 4 = 8 2 * 5 = 10 ... 2 * 9 = 18	3 * 1 = 3 3 * 2 = 6 3 * 3 = 9 3 * 4 = 12 3 * 5 = 15 ... 3 * 9 = 27	4 * 1 = 4 4 * 2 = 8 4 * 3 = 12 4 * 4 = 16 4 * 5 = 20 ... 4 * 9 = 36	5 * 1 = 5 5 * 2 = 10 5 * 3 = 15 5 * 4 = 20 5 * 5 = 25 ... 5 * 9 = 45	9 * 1 = 9 9 * 2 = 18 9 * 3 = 27 9 * 4 = 36 9 * 5 = 45 ... 9 * 9 = 81

2단부터 9단까지의 출력형태를 각 단별로 표현한 것이다. 이렇게 출력이 되도록 프로그램을 구현해야 하는데, 우리는 for문을 이용해서 2단부터 9단까지 하나하나 전부 출력하는 것이 아니라, 반복문을 사용해서 출력하도록 프로그래밍 해야 한다. 출력해야 하는 형태를 살펴보면, 반복의 패턴이 있는것을 알 수 있는데, 먼저 2단을 살펴보면, 두번째 숫자(곱하는 값)는 1부터 9까지 1씩 증가하면서 반복되고 세번째 숫자(곱한 값)은 두번째 숫자에서 2를 곱한 값으로 출력되고 있다.

```
2 * 1 = 2
2 * 2 = 4
2 * 3 = 6
2 * 4 = 8
2 * 5 = 10
...
2 * 9 = 18
```

이 구문을 변수(변하는 수)와 함께 출력형태로 표현해보면 "2 * " + i + " = " + (2*i) 가 되고, 변수 i를 1부터 9까지 반복하게 만들어주면 2단이 완성될 것이다. 2단만 먼저 출력해보자.

```
1. package chapter05;
2.
3. public class Gugu2Dan {
4.
5.     public static void main(String[] args) {
6.         for (int i=1; i<=9; i++) {
7.             System.out.println("2 * " + i + " = " + 2 * i);
8.         }
9.     }
10.
11. }

[실행결과]

2 * 1 = 2
```

```
2 * 2 = 4
2 * 3 = 6
2 * 4 = 8
2 * 5 = 10
2 * 6 = 12
2 * 7 = 14
2 * 8 = 16
2 * 9 = 18
```

구구단 중 2단만 출력해 본 것이다. 변하는 부분과 변하지 않는 부분을 잘 구분하고 변하는 부분을 변수로 처리한 것인데, 이 부분이 이해되면 이제 단수가 2~9단까지 반복되게만 하면 된다.

```
"2 * " + i + " = " + 2 * i
"3 * " + i + " = " + 3 * i
"4 * " + i + " = " + 4 * i
"5 * " + i + " = " + 5 * i
"6 * " + i + " = " + 6 * i
"7 * " + i + " = " + 7 * i
"8 * " + i + " = " + 8 * i
"9 * " + i + " = " + 9 * i
```

이제 2부터 9까지의 숫자가 또 다른 변수(j)로 반복이 되게 만들어 보자. 중첩반복문은 처음에 조금 복잡해 보이지만, 천천히 이해될 때까지 반복적으로 다시 봐야한다. 단수의 반복 변수 j는 2일때, 각 단의 곱하는 값 i 변수는 1에서 9로 반복되고, 다시 j가 3이 되면 또 다시 i는 1에서 9로 반복된다. 즉 각 단별로 i가 1~9로 반복되는 것이다. 표로 각 변수의 변화를 살펴보자.

j	i	j	i	j	i		j	i
2	1	3	1	4	1		9	1
	2		2		2			2
	3		3		3			3
	4		4		4	...		4
	5		5		5			5
	...		...		...			...
	9		9		9			9

프로그램 실행순서에 따라 변수 i와 j가 변하는 과정을 표와 화살표로 나타낸 것이다. 중첩 for문으로 바깥쪽 for문에는 j가 반복되고, 안쪽 for문에는 i가 반복되도록 구현하면 된다. 글로 설명하는 것보다는 예제로 변화 과정을 직접 살펴 보자.

```
1. package chapter05;
2.
3. public class Gugu {
4.
5.     public static void main(String[] args) {
6.
7.         for (int j=2; j<10; j++) {
8.             for (int i=1; i<10; i++) {
9.                 System.out.println("j = "+j+" , i = "+i);
10.            }
11.        }
12.
13.    }
14.
15. }
```

[실행결과]

```
j = 2 , i = 1
j = 2 , i = 2
j = 2 , i = 3
j = 2 , i = 4
j = 2 , i = 5
j = 2 , i = 6
j = 2 , i = 7
j = 2 , i = 8
j = 2 , i = 9
j = 3 , i = 1
j = 3 , i = 2
j = 3 , i = 3
j = 3 , i = 4
j = 3 , i = 5
j = 3 , i = 6
j = 3 , i = 7
j = 3 , i = 8
j = 3 , i = 9
...
j = 9 , i = 1
j = 9 , i = 2
j = 9 , i = 3
j = 9 , i = 4
j = 9 , i = 5
j = 9 , i = 6
j = 9 , i = 7
j = 9 , i = 8
j = 9 , i = 9
```

실행결과를 살펴보면 처음에 i가 2,3,4...9로 변할 때 j는 계속 2이고, j의 다음 반복 3이 되면 다시 i가 2,3,4...9로 반복된다. 이제 제대로 된 구구단을 출력해보도록 하겠다.

```
1. package chapter05;
2.
3. public class Gugu2 {
4.
5.     public static void main(String[] args) {
6.
7.         for (int j=2; j<10; j++) {
8.             System.out.println("["+j+"단]");
9.             for (int i=1; i<10; i++) {
10.                 System.out.println(j + " * " + i + " = " + j*i);
11.             }
12.         }
13.
14.     }
15.
16. }
```

[실행 결과]

[2단]
2 * 1 = 2
2 * 2 = 4
2 * 3 = 6
2 * 4 = 8
2 * 5 = 10
2 * 6 = 12
2 * 7 = 14
2 * 8 = 16
2 * 9 = 18
[3단]
3 * 1 = 3
3 * 2 = 6
3 * 3 = 9
3 * 4 = 12
3 * 5 = 15
3 * 6 = 18
3 * 7 = 21
3 * 8 = 24
3 * 9 = 27
...
[9단]
9 * 1 = 9
9 * 2 = 18
9 * 3 = 27
9 * 4 = 36
9 * 5 = 45
9 * 6 = 54
9 * 7 = 63
9 * 8 = 72
9 * 9 = 81

2단만 출력했을 때의 코드에서 2대신 j변수가 들어가고 바깥쪽에 j가 for문을 통해 2부터 9까지 반복되게 구현한 것이다. 구현된 소스는 크게 어렵거나 양이 많지 않지만, 실무에서나 앞으로 점점 복잡한 프로그램을 만들수록 2단계 이상의 중첩반복문을 사용하게 되니, 반복문이 중첩 실행되는 순서와 변수의 값이 변하는 흐름을 이해하고 넘어가기 바란다.

5.3.5 반복문의 중지 (break와 continue)

반복문이 실행되는 도중 특정 조건에 따라 반복이 중지되도록 해야되는 경우가 발생할 수 있는데, 이때 break와 continue를 사용한다.

break문은 이름 그대로 반복문을 아예 중지할때 사용한다. 자동차 운전중에 브레이크를 밟으면 멈추는 것처럼 반복중에 break를 만나면 반복문이 멈추고, 빠져나오게 된다. 이전 조건문 중 switch문에서 배웠던 break문도 switch문을 종료하는 역할을 했었다.

반복문에서 보통 if문과 함께 사용되는 경우가 많으며 해당 조건에 따라 반복을 중지해야 되는 경우 쓰인다.

```
1.  package chapter05;
2.
3.  public class BreakEx {
4.
5.      public static void main(String[] args) {
6.
7.          for (int i=0; i<10; i++) {
8.              if (i == 5 ) {
9.                  break;
10.             }
11.             System.out.println(i);
12.         }
13.
14.     }
15.
16. }

[실행 결과]

0
1
2
3
4
```

이 예제는 for문을 통해 i가 0부터 9까지 10번 반복되며 출력되는 코드인데, if문 조건으로 i == 5 이면 break 문이 실행된다. i가 4일때까지는 11라인의 출력문이 실행되는데, i가 5가되면 for문이 중지되기 때문에 break 아래쪽의 11라인은 실행되지 않는다. 즉 4까지만 출력되고 종료되는 것이다.

만약 중첩 반복문인 경우 안쪽 반복문에서 break되는 경우 안쪽만 중지되고 바깥쪽 for문은 중지되지 않는다. 아래 예제를 실행해보자.

```
1. package chapter05;
2.
3. public class BreakEx2 {
4.
5.     public static void main(String[] args) {
6.
7.         for (int i=0; i<5; i++) {
8.             for (int j=0; j<5; j++) {
9.                 if (j==3 ) {
10.                    break;
11.                }
12.                System.out.println("i="+i+", j="+j);
13.            }
14.        }
15.
16.    }
17.
18. }
```

[실행 결과]

```
i=0 , j=0
i=0 , j=1
i=0 , j=2
i=1 , j=0
i=1 , j=1
i=1 , j=2
i=2 , j=0
i=2 , j=1
i=2 , j=2
i=3 , j=0
i=3 , j=1
i=3 , j=2
i=4 , j=0
i=4 , j=1
i=4 , j=2
```

안쪽 for문에서 j가 3이 되면 break문을 만나게 되어 반복문이 종료되는데 i는 계속 1씩 증가하면서 출력되고 있다. 즉 i가 0~4까지 증가하는 동안 각각 j가 0부터 반복되면서 3이되면 종료되는 구문이 반복되는 것이다. 만약 바깥쪽 for문을 중지시키려면 반복문에 이름을 붙이고 종료해야 한다.

```
1. package chapter05;
2.
3. public class BreakEx3 {
4.
5.     public static void main(String[] args) {
6.
7.         target:for (int i=0; i<5; i++) {
8.             for (int j=0; j<5; j++) {
9.                 if (j==3) {
10.                    break target;
11.                }
12.                System.out.println("i="+i+", j="+j);
13.            }
14.         }
15.
16.     }
17.
18. }

[실행 결과]

i=0 , j=0
i=0 , j=1
i=0 , j=2
```

바깥 for문 앞에 target: 이라고 추가했는데, 이부분은 임의로 이름을 붙여준 것이다. 다른 이름으로 직접 지정할 수도 있다. 이 바깥쪽 for문이 반복을 중지하고자 하는 구문이고, 안쪽 for문에서 if문의 조건이 j==3 인 경우 break 뒤에 target이라는 이름을 붙여서 종료 대상을 지정할 수 있다. 실행 결과는 바깥 for문의 i변수가 1로 증가하지 않고 종료된 것을 알 수 있다.

continue는 영어 의미로 "계속하다"라는 의미가 있다. 반복문 실행 도중 continue를 만나면 실행문을 더 이상 실행하지 않고 다음 반복으로 계속된다. 즉 해당 반복문만 중지 하는 것이다. 예제를 통해 살펴보자.

```
1. package chapter05;
2.
3. public class ContinueEx {
4.
5.     public static void main(String[] args) {
6.
7.         for (int i=0; i<10; i++) {
8.             if (i == 5) {
9.                 continue;
10.            }
11.            System.out.println(i);
12.         }
```

```
13.
14.      }
15.
16. }
```

[실행 결과]

```
0
1
2
3
4
6
7
8
9
```

for문 실행도중 if문의 조건 i==5 인 경우 continue구문이 실행되는데, 해당 반복만 중지되고 반복은 계속되기 때문에 i가 5인 경우만 continue 아래 실행문 11라인이 실행되지 않고, 다른 반복은 모두 실행된다. 따라서 실행 결과를 보면 0부터 9까지 출력되는 중 5만 출력되지 않게 된다.

break문은 반복문 자체가 중지되고, continue는 현재 반복만 중지되고, 다음 반복으로 계속된다는 것을 기억하자.

5.3.6 무한반복문 만들기

프로그램을 작성하다보면 프로그램을 일부러 무한반복 되도록 하는 경우가 존재하는데, 앞에서 배운 for문, while문, do~while문을 이용해 무한 반복문을 만들 수 있다. 하나씩 살펴 보자.

```
// for문 이용
for (;;) {
    실행문;
}

// while문 이용
while (true) {
    실행문;
}

// do~while문 이용
do {
    실행문;
} while (true);
```

for문의 조건식이 생략되거나, while문, do~while문의 조건식이 true인 경우 무한반복되며, 프로그램을 작성할 때 특정 조건에 따라 프로그램을 종료할 수 있도록 적절히 작성해야 한다. 또한 이런 무한반복문 작성법을 정확히 알고 있어야 반대로 적절하게 종료되어야 하는 프로그램을 실수로 무한 반복되지 않도록 작성할 수 있게 된다.

※ 제어문 작성 시 주의 사항

1. 제어문 작성 시 do~while문 뒤에만 콜론(;)이 들어가며 나머지 제어문에는 콜론을 넣으면 안된다.

2. 무한반복문 아래에 다른 코드를 넣으면 실행할 수 없는 코드이므로 컴파일 에러가 발생한다. 이런 경우 무한반복문 안에 특정 조건에 해당하는 경우 중지할 수 있는 코드(break)를 추가하면 에러를 제거할 수 있다.

3. 가장 많이 사용하는 무한반복문은 while문을 이용한 반복문이며, for문이나 do~while문을 이용하는 경우 의도치 않은 결과가 발생하거나 에러가 발생할 수 있으니 주의해야 한다.

제5장 **연습문제**

01 1부터 100까지의 정수 중 5의 배수의 합계를 출력하는 프로그램을 작성하시오. 아래 코드에서 반복
문을 이용하여 합계 연산을 처리하는 코드를 추가하시오.

```java
1. package chapter05;
2.
3. public class Excercise1 {
4.
5.     public static void main(String[] args) {
6.
7.         int sum = 0 ;
8.
9.         // for문을 이용하여 반복 합계 연산
10.
11.
12.         System.out.println("5의 배수의 합계는 "+sum);
13.
14.     }
15. }

[실행 결과]

5의 배수의 합계는 1050
```

02 1부터 100까지의 수 중 짝수와 홀수의 합을 각각 구하시오.

```java
1. package chapter05;
2.
3. public class Excercise2 {
4.
5.     public static void main(String[] args) {
6.
7.         int evenSum = 0 ;
8.         int oddSum = 0 ;
9.
10.         // for문을 이용하여 반복 합계 연산
11.         for (int i=1; i<=100; i++) {
12.             // 코드 작성
13.
14.         }
15.         System.out.println("짝수의 합계는 "+evenSum);
16.         System.out.println("홀수의 합계는 "+oddSum);
```

```
17.
18.        }
19. }
```

[실행 결과]

```
짝수의 합계는 2550
홀수의 합계는 2500
```

03 두 개의 주사위의 두 눈의 합이 6이 되는 모든 경우의 수를 출력하는 프로그램을 작성하시오.

```
1. package chapter05;
2.
3. public class Excercise3 {
4.
5.     public static void main(String[] args) {
6.
7.         for (int x=1; x<=6; x++) {
8.             for (int y=1; y<=6; y++) {
9.                 // 코드 작성
10.             }
11.         }
12.
13.     }
14. }
```

[실행 결과]

```
(1,5)
(2,4)
(3,3)
(4,2)
(5,1)
```

04 이중 for문을 이용하여 아래와 같은 실행 결과가 출력되도록 코드를 작성하시오.

[실행 결과]

```
*
**
***
****
*****
```

05 이중 for문을 이용하여 아래와 같은 실행 결과가 출력되도록 코드를 작성하시오.

[실행 결과]

```
*****
****
***
**
*
```

06 이중 for문을 이용하여 아래와 같은 실행 결과가 출력되도록 코드를 작성하시오.

[실행 결과]

```
    *
   ***
  *****
 *******
*********
```

07 주사위의 눈이 6이 나올때까지 계속 반복해서 굴리고, 눈이 6이 되면 지금까지 주사위를 굴린 횟수까지 출력하는 코드를 작성하시오. (while문으로 반복, 주사위는 Math.random()으로 작성)

[실행 결과]

```
(3)
(6)
총 주사위 굴린 횟수는 : 2회
```

CHAPTER 06

배열
(여러 값을 하나의 변수로 저장)

배열이라는 단어는 나누다/짝을 짓다는 의미의 '배'자와 줄 세우다는 의미의 '열'자가 합쳐진 단어이다. 나누어 줄세우 다라는 뜻으로 해석하면 된다.

우리가 점수를 변수에 담기 위해 score라는 변수를 선언하 고 값을 대입했는데, 만약 한반에 50명인 반 전체의 점수를 변수에 담아야한다면 변수 50개가 필요할 것이다. 이렇게 여러 값들을 저장할 필요가 있을 때, 갯수만큼 변수를 선언 하는 것이 아니라, 하나의 변수에 순서에 따라 줄세워서 저 장할 수 있는 자료구조가 배열이다.

하나의 배열 변수는 같은 데이터타입의 값만 저장할 수 있으 며, 여러 값들 중 필요한 값만 추출해서 사용하거나, 맨 앞의 값부터 순서대로 반복해서 사용하는 경우가 많다. 그리고 배 열은 한번 크기가 결정되면 변경할 수 없다. 배열을 사용하 기 위해 선언, 초기화, 다양한 사용법에 대해 알아보자.

6.1 배열 선언

앞에서 변수에 대해서 배웠는데, 배열도 마찬가지로 먼저 변수를 선언하고 사용해야 한다. 배열 변수를 선언하는 방법은 두가지가 있다.

데이터 타입[] 변수명;	데이터 타입 변수명[];

데이터 타입(자료형) 뒤에 대괄호 [] 를 넣거나 변수명 뒤에 대괄호를 넣으면 배열 변수를 선언한 것이다. 실제 코드로 배열 변수를 선언해보자.

```
int[] arrInt;
int arrInt2[];

double[] arrDouble;
String[] arrString;
```

arrInt 변수와 arrInt2 변수는 모두 정수타입의 배열 변수이고, 대괄호가 데이터타입 뒤에 있거나, 변수 뒤에 있어도 모두 동일한 의미이다. int 타입 외에도 double 이나 String도 뒤에 대괄호가 들어가면 모두 배열 변수로 선언된 것이다.

배열도 참조자료형으로 위치정보를 참조하는 자료형이다. 위 예제처럼 값이 초기화 되지 않은 상태에서는 값을 사용할 수 없고, 초기화를 해줘야 하는데, 배열 역시 객체이므로 null 값으로 초기화 할 수 있다.

```
1. package chapter06;
2.
3. public class ArrEx1 {
4.
5.     public static void main(String[] args) {
6.
7.         int[] arrInt;
8.         int arrInt2[] = null;
9.
10.        System.out.println(arrInt[0]); // 에러 발생
11.        System.out.println(arrInt2[0]); // 에러 발생하지 않음
12.
13.    }
14.
15. }
```

예제의 7라인 arrInt 변수는 초기화하지 않았고, arrInt2 변수는 null로 초기화하였다. 첫번째 출력문 (10라인)은 값이 초기화되지 않은 상태로 사용하려고 하니 컴파일단계에서 에러가 발생하고, 11라인은 null로 초기화한 변수이므로 에러가 발생하지 않는다. 배열은 반드시 사용하기 전에 선언과 초기화가 먼저 이루어져야 한다.

배열 변수를 선언할 때 객체를 생성할 수 있는데, new 연산자를 이용해서 배열 객체를 생성할 수 있다. new 연산자로 배열 객체를 생성하면 배열의 값은 기본값으로 초기화된다. 예제를 통해 배열 객체를 생성하는 방법을 살펴보자.

```
int[] arrInt = new int[5]; // 길이가 5개인 배열 객체 생성
```

int 데이터타입의 배열변수 arrInt에 new 연산자로 길이가 5개인 배열 객체를 생성하는 소스이다. 즉 5개의 정수를 순서대로 넣을 수 있는 배열이다. 지금은 아무런 값을 대입하지 않은 상태로 초기화를 하지 않았지만 객체로 생성되는 순간 int 타입의 기본값인 0으로 초기화된다. 5개의 자리에 모두 0이 들어가 있는 것이다.

값	0	0	0	0	0
순번	0	1	2	3	4

위 표는 arrInt변수를 5개의 공간이 있는 구조로 표현한 것이다. 모든 자리에 0값이 들어가 있으며, 각 값들은 순서대로 번호값을 가지고 있다. 이 순번을 배열에서 인덱스(index)라고 부른다. 은행에서 번호표를 뽑듯이 각 값들은 맨 앞에서부터 줄서있는 순서대로 인덱스를 가지고 있다. 중요한점은 1부터 시작하는것이 아니라 0부터 시작한다는 것이다. 이 인덱스번호를 가지고 초기화 하는 방법을 알아보자.

```
int[] arrInt = new int[5]; // 길이가 5개인 배열 객체 생성

arrInt[0] = 1;
arrInt[1] = 2;
arrInt[2] = 3;
arrInt[3] = 4;
arrInt[4] = 5;
```

인덱스 0번부터 4번까지 순서대로 1부터 5까지의 값을 대입했다. 이렇게 대입된 값들을 다시 표형태로 살펴보자.

값	1	2	3	4	5
인덱스	0	1	2	3	4

이제 각 인덱스 위치의 값들이 바뀐것을 알 수 있다. 인덱스는 변함이 없지만 0번 인덱스에는 값 1이 1번 인덱스에는 값2가 대입되어 있는 것이다.

이번엔 문자열로 배열을 선언해 보자. 문자열은 타입이 String이다.

```
1. package chapter06;
2.
3. public class ArrEx4 {
4.
5.     public static void main(String[] args) {
6.
7.         String[] arrStr = new String[5];
8.
9.         System.out.println(arrStr[0]);
10.
11.     }
12.
13. }

[실행 결과]

null
```

문자열 타입인 String은 클래스이기 때문에 기본자료형과 달리 첫자가 대문자이다. 이 문자열 타입도 참조자료형이며 참조자료형의 기본값은 null 이다. 이 null은 값이 없다는 뜻으로 ""와는 다르다. 문자열을 사용할 때,

```
String str = " ";
Sring str = null;
```

위 두 코드는 완전히 다르다. ""는 빈문자열이 있는것이고, null은 값 자체가 존재하지 않는 것이므로 혼동하지 않도록 하자.

이렇게 참조자료형의 기본값은 null이 되며, 기본자료형의 각 종류별로 기본값이 차이가 있다.

분류	데이터 타입	초기값
정수타입 기본 자료형	byte[]	0
	char[]	'\u0000' (0과 같음)
	short[]	0
	int[]	0
	long[]	0L
실수타입 기본자료형	float[]	0.0F
	double[]	0.0
논리타입 기본자료형	boolean[]	false
참조자료형 (모든 클래스)	클래스[]	null

이번엔 배열 변수를 선언과 동시에 초기화 하는 방법을 알아보자.

```
String[] arrStr = {"홍길동", "이순신", "김유신"};
```

arrStr이라는 이름의 문자열 타입의 배열 변수를 선언함과 동시에 중괄호 { }를 사용하여 "홍길동", "이순신", "김유신" 세 문자열을 배열의 값으로 초기화 하였다.

변수의 0번 인덱스에는 "홍길동"이, 1번 인덱스는 "이순신"이 2번 인덱스는 "김유신"이 순서대로 열맞춰 차례대로 대입된 것이다.

배열을 선언하는 방법은 여러가지 방법이 있지만, 주의할 점은 처음 배열을 선언할 때 배열의 길이가 정해지며, 나중에 길이를 변경할 수 없다. 그리고, 각 값의 위치를 나타내는 인덱스는 0번부터 시작한다는 점 꼭 기억하자.

6.2 배열 사용

배열은 여러 값들을 하나의 변수에 넣어두고, 각 위치의 인덱스를 통해 값을 사용할 수 있다. 인덱스는 0번부터 시작하기 때문에 마지막 인덱스 번호는 배열의 길이에서 -1 값이 된다. 배열의 길이를 알 수 있는 방법은 배열변수명.length이다.

```
1. package chapter06;
2.
3. public class ArrEx6 {
```

```
4.
5.    public static void main(String[] args) {
6.
7.        String[] arrStr = {"홍길동", "이순신", "김유신"};
8.
9.        System.out.println("배열의 길이 : "+arrStr.length);
10.
11.    }
12.
13. }
```

[실행 결과]

배열의 길이 : 3

배열은 주로 for문을 이용해 사용되는 경우가 많다. 인덱스는 0부터 배열길이의 -1 값까지이기 때문에 for문을 통해 변수 i를 0부터 마지막 인덱스까지 반복시키면 배열의 각 값들을 사용할 수 있게 된다. 위 문자열 배열의 모든 값들을 for문을 이용해 출력해보자.

```
1. package chapter06;
2.
3. public class ArrEx7 {
4.
5.    public static void main(String[] args) {
6.
7.        String[] arrStr = {"홍길동", "이순신", "김유신"};
8.
9.        for (int i=0; i<arrStr.length; i++) {
10.            System.out.println(arrStr[i]);
11.        }
12.
13.    }
14.
15. }
```

[실행 결과]

홍길동
이순신
김유신

9라인의 for문을 살펴보자. 변수 i는 초기값 0으로, 조건은 i < arrStr.length, 증감식은 1씩 증가한다. 배열의 길이 arrStr.length는 3이기 때문에 for문 블록에서 변수 i는 0,1,2 총 3번이 반복된다. 반복 실행되는 출력문은 아래와 같다.

```
System.out.println(arrStr[0]);
System.out.println(arrStr[1]);
System.out.println(arrStr[2]);
```

이렇게 배열의 모든 값들의 인덱스를 for문의 변수를 이용해 사용할 수 있게 된다.

이번엔 1부터 100까지의 값을 갖는 길이가 100인 배열변수를 생성해 보자. 인덱스는 0부터 99까지로 이루어져 있으며, 모든 값들을 각각 대입할 수도 있겠지만, 우리는 for문을 배웠으니 쉽게 처리할 수 있다.

```
1. package chapter06;
2.
3. public class ArrEx8 {
4.
5.     public static void main(String[] args) {
6.
7.         int[] number = new int[100];
8.
9.         // 배열 변수에 대입
10.        for (int i=0; i<number.length; i++) {
11.            number[i] = i+1 ;
12.        }
13.
14.        // 배열 변수 출력
15.        for (int i=0; i<number.length; i++) {
16.            System.out.println(number[i]);
17.        }
18.
19.     }
20.
21. }

[실행 결과]

1
2
3
4
5
...
100
```

7라인에서 number라는 이름의 정수타입 변수를 길이는 100개로 new 연산자를 사용해 선언했다. 이때 각 값들은 기본값 0으로 초기화된다. 10라인~12라인은 for문을 통해 i변수를 인덱스로 이용해 모든 값을 i+1로 대입했는데, 인덱스 0은 1을 인덱스 1은 2를, 마지막 인덱스 99에는 100을 대입하게 된다. 그리고 15~17라인은 이 배열변수를 앞에서부터 차례대로 출력하는 소스이다. 변수 i가 0부터 99까지 반복되며 모든 배열값들을 순서대로 출력하고 있는 것이다.

지금까지 배운 내용과 배열을 이용하여 로또번호를 생성하는 프로그램을 만들어 보자. 우선 코드를 보기 전에 먼저 해야될 일을 순서대로 정리해보자. 프로그래밍을 할땐 항상 먼저 흐름을 그려놓고 타이핑해야 한다.

첫번째, 로또 번호를 담아둘 길이가 6개인 정수 타입의 배열 변수 생성
두번째, 1~45까지의 번호 중에 하나를 뽑는다.
세번째, 만약 뽑은 번호가 배열에 있다면 다시 뽑고, 없다면 배열에 넣는다.
네번째, 6개의 번호를 다 뽑을 때까지 반복한다.
다섯번째, 6개의 번호를 출력한다.

이 다섯가지의 순서 중에 두번째와 세번째는 반복되어야 되는 부분인데, 두번째 1부터 45까지의 숫자 중에 랜덤으로 하나를 뽑는 방법을 알아야 하고, 이 반복문의 횟수는 알 수 없다. 왜냐하면, 랜덤이기 때문에 이미 뽑은 번호가 다시 뽑힐 수도 있기 때문이다. 반복횟수를 알 수 없을 때는 while문을 쓰면 되고, 배열 변수의 인덱스 5번의 값까지 채워졌으면 반복문을 중지하면 된다. 이제 어느 정도 순서가 정리됐으니 예제를 실행해 보자. 예제 역시 그냥 받아쓰기처럼 따라 치는 것에 그치지 말고, 타이핑 하면서 코드 내용을 머리속으로 그려보는 것이 중요하다.

```java
1. package chapter06;
2.
3. public class Lotto {
4.
5.     public static void main(String[] args) {
6.
7.         int[] lotto = new int[6];
8.
9.         int idx = 0;
10.        while (true) {
11.            int number = (int)(Math.random()*45)+1 ;
12.
13.            boolean insert = true ;
14.            for (int i=0; i<=idx; i++) {
15.                if (lotto[i] == number) {
16.                    insert = false ;
17.                    break;
18.                }
19.            }
```

```
20.              if (insert == true) {
21.                  lotto[idx] = number;
22.                  idx++;
23.              }
24.
25.              if (idx == 6 ) break ;
26.          }
27.
28.          for (int i=0; i<lotto.length; i++) {
29.              System.out.println(lotto[i]);
30.          }
31.
32.      }
33.
34. }
```

[실행 결과]

```
16
29
9
25
26
17
```

지금까지의 예제에 비해 소스가 다소 길어졌다. 겁먹지 말고, 차근차근 하나씩 살펴보면 어렵지 않으니, 지금까지 배운 내용을 전체적으로 복습한다 생각하고 이해될때까지 소스를 파악하도록 하자.

먼저 7라인에서 정수타입의 길이가 6인 배열 변수를 선언했다.

9라인에서는 idx라는 변수를 선언했는데, 이 변수는 로또번호의 인덱스 값을 담을 변수로 초기값은 0으로 초기화했다.

10라인은 while문을 이용해 반복시킬 내용을 중괄호 블록안에 넣고 조건은 true라고 지정했다. 중복된 번호가 몇번 나올지 모르므로 반복횟수를 알수 없어 일단 무한반복되도록 하고, while문 안에서 로또번호를 다 채우면 반복이 중지되도록 한다.

11라인은 1~45사이의 랜덤수를 구하는 코드인데 Math.random()은 Math라는 클래스의 random() 메서드를 실행한 것으로 다음 챕터에서 클래스에 대해 배울테니, 지금은 0부터 1미만의 랜덤 실수를 구해주는 기능을 한다고만 알아두자. 이 랜덤수에 45를 곱하면 0부터 45미만의 소수점이 있는 실수가 되는데, 우선순위를 적용하고자 괄호를 이용해 45를 먼저 곱하고 (int) 정수로 강제 형변환을 했다. 강제 형변환을 하면 소수점이 사라지게 되므로 이 랜덤 수는 0부터 44 사이의 랜덤수가 된다. 그래서 1을 더한 것이다.

13라인은 boolean 자료형 변수를 초기값 true로 선언했는데, 이 변수의 이름은 insert로 지었다. 밑에서 번호 중복여부를 확인해 중복된 번호면 false로 변경해 로또 변수에 추가되지 않도록 하기 위한 변수로 사용한다.

14~19라인은 인덱스를 0부터 idx변수까지 하나씩 반복하면서 좀전에 구한 1~45 사이의 랜덤수와 중복된 번호가 있는지 확인한다. 만약 같은 번호(중복된 번호)가 있다면 insert 변수를 false로 바꾸고, 이 반복문을 중지한다. 이미 중복된 번호가 있었기 때문에 그 뒤의 값들을 확인할 필요가 없기 때문이다.

20라인은 insert 변수가 true일 때 로또 배열변수의 idx 인덱스번호에 랜덤수를 대입하고, idx변수에 1을 더한다. 위에서 중복된 번호라고 판별이 됐다면 이 구문은 실행되지 않는다. 로또배열에 대입도 하지 않고, idx변수에 1을 더하지도 않는다.

25라인에서는 idx변수의 값이 6이 되면 while문을 중지시킨다. 6이 되려면 중복 없이 0~5까지의 인덱스의 값에 랜덤수가 채워졌다는 얘기이다.

마지막으로 28~30라인은 이 로또 배열변수를 for문으로 변수를 반복시키며 인덱스로 출력하는 구문이다.

이 소스를 실행해보면 랜덤이기 때문에 위의 실행결과와는 다르게 나올 수 있다.

로또번호를 생성하는 코드는 뒤에서 배울 클래스와 메서드를 통해 조금 더 쉽고 간결하게 구현할 수 있는 방법이 있다. 아마 검색해보면 아주 다양한 로또번호 코드를 쉽게 찾아볼 수 있을 것이다. 하지만 여러분들은 6개의 로또번호를 출력하는 결과가 중요한게 아니라, 지금까지 배웠던 것들을 종합적으로 정리하고, 복습하는 차원에서 연습하는 것이니 다시 새로운 파일을 생성해 혼자 힘으로 직접 구현해보길 바란다. 중간 중간 막히는 부분만 찾아보는 식으로 처음부터 끝까지 몇번 반복해보면 지금까지 배웠던 내용들이 자연스럽게 여러분들 것으로 남게 될 것이다.

이번엔 우리가 지금까지 사용했던 main() 메서드를 한번 살펴보자. 위 로또 예제의 5라인에서도 나와있는데, main 뒤의 괄호안에 String[] args 라는 부분이 있다. 지금까지는 별생각 없이 사용해왔지만 이제 배열을 배웠으니 이 args라는 변수가 String배열이라는 것을 알 수 있다. 이 변수에 배열로 값을 전달할 수 있는데, 예제를 먼저 보고 의미를 알아보자.

```java
1. package chapter06;
2.
3. public class ArrEx9 {
4.
5.     public static void main(String[] args) {
6.
7.         System.out.println("첫번째 값 : "+args[0]);
8.         System.out.println("두번째 값 : "+args[1]);
9.
10.     }
11.
12. }
```

이 소스를 바로 실행하면 에러가 난다. 명령프롬프트를 실행해보자. 윈도우키+s를 눌러 명령프롬프트를 검색해서 실행하거나, 윈도우키+r을 눌러 cmd라고 입력하자. 우리는 처음 이클립스를 설치하고 workspace 위치를 설정할 때 동일한 경로로 설정했다면 같은 방법으로 하면 된다. workspace 밑에 프로젝트명 폴더 그리고 클래스파일이 있는 bin이라는 폴더이다.

```
cd C:\java\workspace\test\bin\
java chapter06.ArrEx9 홍길동 이순신

첫번째 값 : 홍길동
두번째 값 : 이순신
```

CLI (Command Line Interface)으로 직접 클래스 파일을 실행시킨 것이다. java라는 명령어를 통해 ArrEx9 클래스명 뒤에 값을 두개 적으면 main() 메서드의 args변수로 배열로 전달이 되는 것이다. 이 것을 이클립스를 통해 실행해보자.

상단 실행버튼 (초록색 플레이 모양)옆의 화살표를 눌러보면 아래와 같은 메뉴가 나오는데, 여기서 Run Configurations를 클릭한다.

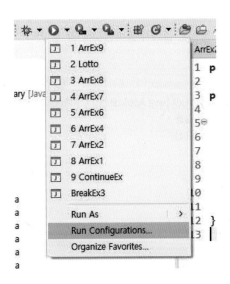

그러면 아래와 같은 팝업창이 뜨는데 두번째 탭메뉴 Arguments를 클릭하고 Program arguments 영역에 홍길동 이순신이라고 입력한 후 아래 Run 버튼을 클릭해보자.

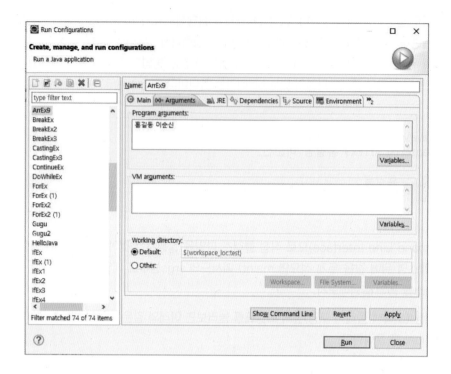

명령프롬프트에서 실행했던것과 동일한 결과가 출력된것을 알 수 있다.

6.3 다차원 배열

지금까지 값들이 한줄로 나열되어 있는 일차원 배열을 다뤄봤는데, 다차원 배열은 2차원 이상의 배열을 말한다. 쉽게 생각하면 수학시간에 배웠던 행렬을 생각하면 되고, 자바에서는 배열 안에 배열이 존재한다고 생각하면 된다. 3 * 3 행렬의 구조를 생각해보자.

열

(0,0)	(0,1)	(0,2)
(1,0)	(1,1)	(1,2)
(2,0)	(2,1)	(2,2)

행

3 X 3의 행렬

3행 3열의 행렬인데, 각 좌표를 보면 (행번호,열번호)로 이루어져 있다. (2,0)은 행의 2번 인덱스, 열의 0번 인덱스가 좌표가 된다. 이제 예제를 통해 3x3 행렬의 2차원 배열은 선언하고, 1~9까지의 값을 순서대로 대입해 보자.

```
int[][] matrix = new int[3][3];

matrix[0][0] = 1;
matrix[0][1] = 2;
matrix[0][2] = 3;
matrix[1][0] = 4;
matrix[1][1] = 5;
matrix[1][2] = 6;
matrix[2][0] = 7;
matrix[2][1] = 8;
matrix[2][2] = 9;
```

2차원 배열이므로 []가 두개가 되고, new int[3][3]은 3x3의 행렬 구조를 의미한다. 왼쪽위부터 오른쪽으로 차례대로 값을 대입했는데, 2차원 행렬구조로 값을 확인해보자.

열

1 (0,0)	2 (0,1)	3 (0,2)
4 (1,0)	5 (1,1)	6 (1,2)
7 (2,0)	8 (2,1)	9 (2,2)

행

3 X 3의 행렬

2차원 배열 변수의 [][] 안의 숫자는 행렬의 좌표의 숫자와 같다. matrix[0][0]의 값은 행렬 (0,0)의 값과 같은 1이다. 2차원 배열은 배열안의 배열과 같다고 했다. 이 배열을 다르게 선언할 수 있다.

```
int[][] matrix2 = {{1, 2, 3}, {4, 5, 6}, {7, 8, 9}};

int[][] matrix3 = {
        {1, 2, 3},
        {4, 5, 6},
        {7, 8, 9}
};
```

matrix2 변수와 matrix3 변수는 완전히 동일한 값을 가지는 배열 변수이다. matrix3는 가독성을 위해 줄바꿈을 해서 코딩한 것이고, matrix2는 한줄로 코딩한것이다. matrix2 변수의 값들을 보면 첫번째 0번 인덱스의 값은 {1,2,3} 이다. 즉 하나의 값이 배열이 된것이다. matrix2[0] = {1,2,3} 이므로, matrix2[0][2]는 matrix2의 0번 인덱스의 값(배열)의 2번 인덱스가 된다. 값은 3이 되는 것이다.

이제 이 3가지의 배열변수 matrix, matrix2, matrix3를 중첩 for문을 통해 행렬구조로 출력하는 예제를 살펴보자.

```
 1. package chapter06;
 2.
 3. public class ArrEx10 {
 4.
 5.     public static void main(String[] args) {
 6.
 7.         // 첫번째
 8.         int[][] matrix = new int[3][3];
 9.
10.         matrix[0][0] = 1;
11.         matrix[0][1] = 2;
12.         matrix[0][2] = 3;
13.         matrix[1][0] = 4;
14.         matrix[1][1] = 5;
15.         matrix[1][2] = 6;
16.         matrix[2][0] = 7;
17.         matrix[2][1] = 8;
18.         matrix[2][2] = 9;
19.
20.         // 두번째
21.         int[][] matrix2 = {{1,2,3}, {4,5,6}, {7,8,9}};
22.
23.         // 세번째
24.         int[][] matrix3 = {
25.                 {1,2,3},
26.                 {4,5,6},
27.                 {7,8,9}
28.         };
29.
30.         System.out.println("[첫번째]");
31.         for (int i=0; i<matrix.length; i++) {
```

```
32.            for (int j=0; j<matrix[i].length; j++) {
33.                System.out.print(matrix[i][j]+" ");
34.            }
35.            System.out.println();
36.        }
37.        System.out.println("[두번째]");
38.        for (int i=0; i<matrix2.length; i++) {
39.            for (int j=0; j<matrix2[i].length; j++) {
40.                System.out.print(matrix2[i][j]+" ");
41.            }
42.            System.out.println();
43.        }
44.        System.out.println("[세번째]");
45.        for (int i=0; i<matrix3.length; i++) {
46.            for (int j=0; j<matrix3[i].length; j++) {
47.                System.out.print(matrix3[i][j]+" ");
48.            }
49.            System.out.println();
50.        }
51.
52.
53.    }
54.
55. }
```

[실행 결과]

[첫번째]
1 2 3
4 5 6
7 8 9
[두번째]
1 2 3
4 5 6
7 8 9
[세번째]
1 2 3
4 5 6
7 8 9

첫번째, 두번째, 세번째 모두 2차원 배열로 선언된 형태이다. 이 세개의 배열 변수를 for문으로 출력한 결과 역시 모두 똑같은 것을 알수 있다. for문을 잘 살펴보면 중첩 for문으로 되어있는데, 바깥쪽 for문은 행(2차원 배열의 길이)이 반복되고, 안쪽 for문은 각 행 배열의 길이만큼 반복되면서 출력된다.

3차원 배열도 마찬가지다. 배열안에 배열이 또 이 배열안에 배열이 3겹으로 중첩된 것인데, 아래 예제를 보면 대괄호[]가 하나 더 추가된 것으로 이해하면 그렇게 어렵지 않을 것이다.

```
 1. package chapter06;
 2.
 3. public class ArrEx11 {
 4.
 5.     public static void main(String[] args) {
 6.
 7.         int[][][] arrInt = new int[3][3][3];
 8.
 9.         int value = 0 ;
10.         // 값 대입
11.         for (int i=0; i<=2; i++) {
12.             for (int j=0; j<=2; j++) {
13.                 for (int k=0; k<=2; k++) {
14.                     arrInt[i][j][k] = value++;
15.                 }
16.             }
17.         }
18.
19.         // 값 출력
20.         for (int i=0; i<=2; i++) {
21.             for (int j=0; j<=2; j++) {
22.                 for (int k=0; k<=2; k++) {
23.                     System.out.print(arrInt[i][j][k]+"\t");
24.                 }
25.                 System.out.println();
26.             }
27.         }
28.
29.
30.     }
31.
32. }
```

[실행 결과]

```
0    1    2
3    4    5
6    7    8
9    10   11
12   13   14
15   16   17
18   19   20
21   22   23
24   25   26
```

배열이 세번 중첩되면서 복잡해 보일 수 있지만, 이 소스를 한번만 이해하면 앞에서 배운 1차원, 2차원 배열이 더 쉬어지니, 그냥 넘어가지 말고 꼭 예제를 실행해 보기 바란다. 사실 3차원 이상의 다차원 배열은 그렇게 많이 사용되는 편은 아니나, 배열의 이해와 중첩 배열, 중첩 for문을 복습하는 차원에서 실행해보면 도움이 될 것이다.

1차원 배열에서 배열 변수 선언, 초기화 시 배열의 길이가 정해지고, 변할 수 없다고 했다. 하지만 2차원 배열 이상에서는 길이를 미리 초기화하지 않아도 된다. 다차원의 첫번째 차원값만 미리 정하고 나머지는 나중에 배열객체를 생성하면서 지정할 수 있다.

```
1. package chapter06;
2.
3. public class ArrEx12 {
4.
5.     public static void main(String[] args) {
6.
7.         int[][] arrInt = new int[3][];
8.
9.         arrInt[0] = new int[] {1};
10.         arrInt[1] = new int[] {2, 3};
11.         arrInt[2] = new int[] {4, 5, 6};
12.
13.         for (int i=0; i<arrInt.length; i++) {
14.             for (int j=0; j<arrInt[i].length; j++) {
15.                 System.out.print(arrInt[i][j]);
16.             }
17.             System.out.println();
18.         }
19.
20.
21.     }
22.
23. }

[실행 결과]

1
23
456
```

7라인에서 2차원 배열 생성 시 두번째 배열길이 값이 빠져 있다. 첫번째 차원은 3으로 지정되었기 때문에 변할 수 없지만 각 값들은 길이가 1인 배열, 길이가 2인 배열, 길이가 3인 배열로 모두 다른 길이의 2차원 배열이 가능하다.

6.4 배열 복사

한번 생성된 배열 객체는 개수를 늘리거나 줄일 수 없어, 새로운 배열을 생성해 값들을 복사해서 옮겨야 한다. 배열을 복사하는 방법은 3가지가 있는데, 첫번째는 for문을 이용한 방법, 두번째는 System.arrayCopy()를 이용한 방법, 세번째는 Arrays 클래스를 이용하는 방법이 있다.

먼저 for문을 이용한 배열 복사방법을 알아보자.

```
1. package chapter06;
2.
3. public class ArrEx13 {
4.
5.     public static void main(String[] args) {
6.
7.         // 원본 배열
8.         int[] arrInt = {1,2,3};
9.
10.        // 복사할 배열
11.        int[] arrInt2 = new int[5];
12.
13.        // 복사할 배열에 값 대입
14.        for (int i=0; i<arrInt.length; i++) {
15.            arrInt2[i] = arrInt[i];
16.        }
17.
18.        // 배열 값 출력
19.        for (int i=0; i<arrInt2.length; i++) {
20.            System.out.println(arrInt2[i]);
21.        }
22.
23.    }
24.
25. }

[실행 결과]

1
2
3
0
0
```

arrInt변수는 1,2,3 세개의 정수값이 들어있는 배열인데, 2개의 자리가 더 필요해서 길이가 5인 arrInt2라는 변수를 생성했다. 14~15라인은 arrInt의 각 인덱스의 값들을 arrInt2의 인덱스 값으로 차례대로 대입한다.

arrInt2[0] = arrInt[0];

arrInt2[1] = arrInt[1];

arrInt2[2] = arrInt[2];

이런 형태로 실행되는데, arrInt2의 3,4 인덱스는 대입되지 않은것을 알 수 있다. arrInt2를 출력해보면 3번 4번 인덱스는 정수 타입의 기본값인 0으로 출력된다.

두번째는 System.arraycopy() 메서드를 이용하는 방법이다. 아직 클래스를 배우진 않았지만, 우리가 콘솔창에 출력할 때 사용했던 System.out.println()도 System이라는 클래스를 사용하는 것인데 이 arraycopy() 메서드도 System 클래스 안에 있는 메서드로 이름만 봐도 알 수 있듯이 배열을 카피(복사)하는 메서드 이다. 예제를 살펴보자.

```
1. package chapter06;
2.
3. public class ArrEx14 {
4.
5.     public static void main(String[] args) {
6.
7.         // 원본 배열
8.         int[] arrInt = {1,2,3};
9.
10.        // 복사할 배열
11.        int[] arrInt2 = new int[5];
12.
13.        System.arraycopy(arrInt, 0, arrInt2, 2, arrInt.length);
14.
15.        // 배열 값 출력
16.        for (int i=0; i<arrInt2.length; i++) {
17.            System.out.println(arrInt2[i]);
18.        }
19.
20.    }
21.
22. }

[실행 결과]

0
0
1
2
3
```

8~11라인은 위 예제와 동일하게 원본 배열과 복사할 배열을 선언한 것이고, 13라인에 System. arraycopy() 메서드가 있는데, 괄호 안에 ,(컴마)를 구분으로 총 5개의 변수 또는 리터럴 값이 있다. 이

것을 매개변수라고 하는데, arraycopy() 메서드에 값을 전달해주는 역할을 한다. 첫번째 매개변수는 원본 배열이, 두번째는 복사할 시작 인덱스값, 세번째는 복사할 대상이 되는 배열, 네번째는 대상 배열의 복사 위치 시작 인덱스, 마지막 5번째는 복사할 길이를 넣어준 것이다. 다시 말하면, arrInt의 0번 인덱스부터 복사하는데, 대상은 arrInt2의 2번 인덱스부터 값을 넣어주고, 복사할 값의 길이는 arrInt의 길이 3개만큼 복사하게 된다. 그래서 실행 결과값은 인덱스 0,1은 기본값 0이 2번 인덱스부터 3개의 값이 1,2,3으로 출력된다.

"메서드에 매개변수가 너무 복잡해요, 어떻게 다 외우나요?" 다음 챕터에서 다시 설명하겠지만, 절대 외울 필요 없다. 우리는 통합개발도구인 이클립스를 사용하고 있기 때문에 외우거나, 매번 검색해서 찾아보지 않아도, 쉽게 매개변수의 각 값들의 위치를 알 수 있다. 이미 위 예제를 코딩하다가 이미 눈치 챈 독자들도 있을 것이다. 자바 파일을 코딩하다보면 커서 하단에 자동완성이 구문들이 힌트처럼 보여지고 각 매개변수의 이름과 설명까지 보여준다. 아래 그림을 보자.

```
System.arr
                  ⊕⁸ arraycopy(Object src, int srcPos, Object dest, int destPos, int length) : vo
// 배열 값
for (int
    Syst
}
```

System.arr 까지 타이핑했는데, 아래쪽에 해당 문자로 시작하는 메서드가 표시되며 괄호안에 각 매개변수 이름들이 표시된다. 첫번째 변수 src는 source의 줄임말로 원본이 들어오고, 두번째 srcPos 원본의 position(위치), 세번째 dest는 destination의 줄임말로 목적지(대상 객체), destPos는 목적지의 위치, 마지막 length는 길이다. 이렇게 모든 메서드의 정확한 이름과 매개변수들을 모두 외우지 않아도, 배열(arry)을 복사(copy)하는 게 있었는데? 라는 기억만 있으면 충분히 코드를 완성할 수 있게 되는 것이다.

세번째는 Arrays.copyOf()이다. Arrays 클래스의 copyof() 메서드를 사용하는 것이다.

```
1. package chapter06;
2.
3. import java.util.Arrays ;
4.
5. public class ArrEx15 {
6.
7.     public static void main(String[] args) {
8.
9.         // 원본 배열
10.        int[] arrInt = {1,2,3};
11.
12.        // 복사할 배열
13.        int[] arrInt2 = null ;
```

```
14.
15.          arrInt2 = Arrays.copyOf(arrInt, 5);
16.
17.          // 배열 값 출력
18.          for (int i=0; i<arrInt2.length; i++) {
19.              System.out.println(arrInt2[i]);
20.          }
21.
22.      }
23.
24. }
```

[실행 결과]

```
1
2
3
0
0
```

이번엔 13라인을 보면 배열을 선언만하고, 초기화를 하지 않은 상태에서 15라인에서 Arrays.copyOf() 메서드를 통해 arrInt배열을 5개의 길이로 생성해서 arrInt2 변수에 대입했다. 나머지 2개 자리에는 기본값 0으로 출력된다.

6.5 향상된 for문

향상된 for문은 기존의 for문에 비해 간단하게 사용할 수 있는 for문이다. 앞 챕터의 for문에서 다루지 않고 이번 배열에서 다룬 이유는 향상된 for문은 배열이나 뒤에서 배울 Collection 자료형의 요소를 하나씩 순서대로 처리할 수 있는 for문이라서 배열 챕터에서 다루게 되었다.

향상된 for문은 간편하게 사용할 수 있으나, 값을 읽을 수만 있고, 변경할 수 없다. 또한 인덱스를 사용할 필요가 없어 오히려 불편할 때가 있다. 물론 while문처럼 별도의 변수를 생성해 인덱스처럼 사용할 수는 있다. 앞에서 배웠던 배열 변수를 인덱스를 일반 for문을 이용해 출력하는 방법과 향상된 for문을 이용해 출력하는 코드를 비교해 보자.

```
1. package chapter06;
2.
3. public class ArrEx16 {
4.
5.     public static void main(String[] args) {
6.
```

```
7.          // 배열
8.          int[] arrInt = {1,2,3,4,5};
9.
10.         // 기존 for문을 이용한 출력
11.         for (int i=0; i<arrInt.length; i++) {
12.             System.out.println(arrInt[i]);
13.         }
14.
15.         // 향상된 for문을 이용한 출력
16.         for (int number : arrInt) {
17.             System.out.println(number);
18.         }
19.
20.     }
21.
22. }
```

[실행 결과]

```
1
2
3
4
5
1
2
3
4
5
```

향상된 for문은 16~18라인이다. for문 괄호 안에 변수가 선언 되어 있고, : 뒤에 반복 가능한 배열이 있다. 이 배열의 첫번째 요소부터 차례대로 변수 number에 대입되는 것이다. for문은 이처럼 반복하면서 배열처럼 여러 값들을 하나의 실행문으로 처리하기 위해 많이 사용되는데, 굳이 인덱스가 따로 필요없는 경우 사용하면 편하다.

이번엔 인덱스가 필요한 경우를 살펴보자. 두개의 배열에 하나는 학생명을 하나는 점수를 담아두고 반복문을 이용해 출력해보겠다.

```
1. package chapter06;
2.
3. public class ArrEx17 {
4.
5.     public static void main(String[] args) {
6.
7.         // 배열선언
8.         String[] names = {"홍길동", "이순신", "김유신"};
9.         int[] scores = {90, 80, 100};
```

```
10.
11.            int i = 0; // 인덱스 변수
12.            for (String name : names) {
13.                System.out.println(name + " : " + scores[i]);
14.                i++;
15.            }
16.        }
17.
18. }
```

[실행 결과]

```
홍길동 : 90
이순신 : 80
김유신 : 100
```

11라인의 변수 i는 for문 내부에서 인덱스로 사용할 변수를 미리 선언해 놓고 12라인의 향상된 for문에서는 names변수를 반복하기 위해 정의했는데, 출력문에서 점수의 값도 함께 출력해야 하기 때문에 scores 변수에 변수 i를 인덱스로 사용했다. 이 인덱스 변수 역시 1씩 증가해야 하기 때문에 14라인에서 1씩 증가하도록 만들어준 것이다.

6.6 참조자료형

자바에서의 데이터 타입(자료형)은 기본자료형과 참조자료형으로 나누어진다. 기본자료형(Primitive Type)은 앞에서 배웠던 정수나 실수, 논리 자료형의 리터럴 값을 저장하는 타입인데, 우리는 지금까지 대부분 기본자료형으로 예제들을 살펴봤다. 참조자료형(Reference Type)은 리터럴값을 직접 갖고 있는 것이 아니라 값이 저장된 위치의 주소를 참조하는 변수를 말한다. 참조자료형은 위에서 배운 배열이나, 클래스, 인터페이스가 이에 해당된다.

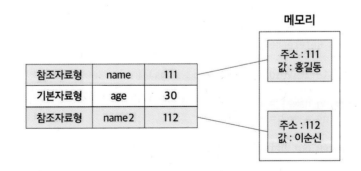

기본자료형 age 변수는 30이라는 리터럴값을 직접 저장하고 있지만 참조자료형 name과 name2 변수는 값을 직접 저장하고 있는것이 아니라 메모리 주소값만 저장하고 있다. 값은 메모리에 저장하고 있고 변수는 메모리의 주소만 저장하고 있는 것이다. 이름 그대로 참조만 하고 있는 것이다.

참조자료형은 변수만 선언하고 메모리 영역을 참조하지 않는 상태가 있는데, 이때는 null 값을 가지게 된다. 문자열도 String 타입의 객체이므로 new 연산자를 통해 객체를 생성할 수 있다. 먼저 문자열을 비교하는 예제를 살펴보자.

```
1. package chapter06;
2.
3. public class ReferenceType {
4.
5.     public static void main(String[] args) {
6.
7.         String name1 = "홍길동";
8.         String name2 = "홍길동";
9.
10.         System.out.println(name1 == name2);
11.
12.     }
13.
14. }

[실행 결과]

true
```

예제에서 name1과 name2 변수는 따로 선언하고 초기화했지만 "홍길동"과 "홍길동"을 == 비교하면 당연히 같다고 생각이 든다. 하지만 값끼리 비교한 것이 아니라, 메모리 주소를 참조하고 있는 값을 비교한 것이다. 이번엔 같은 값을 new 연산자를 통해 객체를 생성해서 비교해 보자.

```
1. package chapter06;
2.
3. public class ReferenceType2 {
4.
5.     public static void main(String[] args) {
6.
7.         String name1 = new String("홍길동");
8.         String name2 = new String("홍길동");
9.
10.         System.out.println(name1 == name2);
11.
12.     }
13.
```

```
14. }
[실행 결과]

false
```

같은 "홍길동" 문자열 값을 통해 객체를 생성하였지만 name1 == name2 의 결과값은 false이다. 즉 참조하고 있는 메모리 주소가 다른 것이다. 이렇게 문자열인 경우는 ==로 비교하면 안되고 equals 메서드를 사용해야 한다.

```
1. package chapter06;
2.
3. public class ReferenceType2 {
4.
5.     public static void main(String[] args) {
6.
7.         String name1 = new String("홍길동");
8.         String name2 = new String("홍길동");
9.
10.        System.out.println(name1.equals(name2));
11.
12.     }
13.
14. }

[실행 결과]

true
```

== 연산자 말고, equals() 메서드를 이용해서 비교하면 문자열값 자체를 비교할 수 있다.

이제 배열 객체로 비교해 보도록 하겠다. 배열도 객체이고, 참조자료형이라는 점을 다시 한번 기억하자.

```
1. package chapter06;
2.
3. import java.util.Arrays ;
4.
5. public class ReferenceType4 {
6.
7.     public static void main(String[] args) {
8.
9.         // 배열 변수 생성
10.        int[] arr1 = {1, 2, 3};
11.        int[] arr2 = {1, 2, 3};
```

```
12.
13.         System.out.println("arr1 == arr2 : " + (arr1 == arr2));
14.
15.         int[] arr3 = arr1;
16.         System.out.println("arr1 == arr3 : " + (arr1 == arr3));
17.
18.         arr3[0] = 4 ;
19.         System.out.println("arr3[0] : "+arr3[0 ]);
20.         System.out.println("arr1[0] : "+arr1[0 ]);
21.
22.     }
23.
24. }
```

[실행 결과]

```
arr1 == arr2 : false
arr1 == arr3 : true
arr3[0] : 4
arr1[0] : 4
```

10, 11라인에서 생성한 변수 arr1, arr2는 모두 1,2,3 세 개의 정수 값을 담고 있는 정수타입의 배열이다. 값은 같지만 == 로 비교하면 false 이다. 주소값이 다르기 때문이다. 15라인에서는 arr3 변수에 arr1을 대입했다. 이번엔 arr1 == arr3을 비교해 보면 true로 출력이 된다. 주소값이 같기 때문이다. 이제 18라인에서는 새로운 배열로 생성한 arr3의 0번 인덱스에 4의 값으로 대입을 했는데, 20라인에서 arr1변수의 0번 인덱스 값도 같이 4로 바뀐것을 알 수 있다. arr1과 arr3은 모두 같은 주소값을 가리키고 있기 때문에 변수하나로 값을 바꾸면 같이 바뀌게 된다. 정확히 말하면 같이 바뀌는게 아니라, 그 값을 참조하고 있는 모든 참조자료형 변수들은 바뀐 값을 참조하게 되는 것이다. 조금 어려운 개념일 수 있지만, 앞으로 배울 모든 클래스들을 이용해 객체를 만들면 참조자료형이 되기 때문에 반드시 이해하고 넘어가도록 하자.

그럼 이 배열 객체의 값을 그대로 이어받으면서 별개의 주소값을 갖는 참조자료형으로 만들려면 어떻게 해야 할까?

```
1. package chapter06;
2.
3. import java.util.Arrays ;
4.
5. public class ReferenceType5 {
6.
7.     public static void main(String[] args) {
8.
9.         // 배열 변수 생성
10.         int[] arr1 = {1, 2, 3};
11.
12.         int[] arr2 = Arrays.copyOf(arr1, 3);
```

```
13.
14.          arr2[0] = 4;
15.          System.out.println("arr1[0] : "+arr1[0]);
16.          System.out.println("arr2[0] : "+arr2[0]);
17.
18.      }
19.
20. }
```

[실행 결과]

```
arr1[0] : 1
arr2[0] : 4
```

12라인에서 arr2 변수에 arr1 변수를 카피(복사)해서 대입했다. 14라인에서 arr2[0]에 4를 대입하였지만 실행 결과를 보면 arr1[0]은 그대로 1로 남아 있다. 배열 객체를 복사하고 나서 각각 for문을 출력해 보면 모두 1,2,3으로 출력이 될 것이다. 값은 같지만, 다른 주소에 담긴 객체라는 것이다.

제6장 연습문제

01 다음 배열 선언 초기화 코드 중 잘못된 것을 고르시오.

① int[] arr = {1,2,3};

② int arr[3];

③ int[] arr = new int[3];

④ int arr[3] = new int[3];

02 다음 2차원 배열의 길이와 2번 인덱스의 길이를 작성하시오.

```java
1. package chapter06;
2.
3. public class Excercise2 {
4.
5.     public static void main(String[] args) {
6.
7.         int [][] arr = {
8.                 {1},
9.                 {1, 2},
10.                {1, 2, 3},
11.                {1, 2, 3,4}
12.         };
13.         System.out.println("arr의 길이 : "+arr.length);
14.         System.out.println("arr[2]의 길이 : "+arr[2 ].length);
15.
16.     }
17.
18. }
```

03 다음 배열에 담긴 점수들의 합계 점수와 평균점수를 출력하는 코드를 완성하시오.

```java
1. package chapter06;
2.
3. public class Excercise3 {
4.
5.     public static void main(String[] args) {
6.
7.         int[] score = {90, 80, 60, 100};
8.
9.         int totalScore = 0;
```

```
10.        double avgScore = 0;
11.
12.        // 코드 작성
13.
14.        System.out.println("합계 점수 : "+totalScore);
15.        System.out.println("평균 점수 : "+avgScore);
16.
17.    }
18.
19. }
```

04 하나의 배열엔 1부터 10까지 10개의 정수가 저장되어 있다. 각각의 값을 다른 배열의 해당 인덱스 값
   에 제곱값을 대입하는 코드를 완성하시오

   예) num1 = {1,2,3};
       num2 = {1,4,9};

```
20. package chapter06;
21.
22. public class Excercise4 {
23.
24.    public static void main(String[] args) {
25.
26.        int[] num1 = {1, 2, 3, 4, 5, 6, 7, 8, 9, 10};
27.        int[] num2 = new int[10];
28.
29.        // 코드 작성
30.
31.        // num2 출력
32.        for (int i=0; i<num2.length; i++) {
33.            System.out.println(num2[i]);
34.        }
35.    }
36. }

[실행 결과]

1
4
9
16
25
36
49
64
81
100
```

CHAPTER 07

클래스
(객체지향 프로그래밍의 꽃)

이번 챕터에서는 자바 프로그램의 가장 큰 특징이라 할 수 있는 클래스와 객체에 대해서 배워보겠다. 내용도 많고, 특히 처음 프로그래밍 언어를 배울 때 어렵게 느껴지는 부분이므로, 한번에 완벽하게 이해하려고 하지 말고, 우선은 개념적인 이해부터 하고 사용하다 보면 자연스럽게 알게되니, 부담 갖지 말고 배우도록 하자.

실제 실무에서도 자바 개발자들이 객체를 정확히 이해하려면 1년은 걸린다는 말을 한다. 개발자 스스로 객체에 대한 개념을 소스에 녹여서 코딩할 수 있으려면 그만큼 많은 시간과 반복적인 연습이 필요하다는 얘기다.

7.1 객체지향 프로그래밍

객체지향 프로그래밍 (Object Oriented Programming)을 줄여서 OOP라고 부른다. 한마디로 주위 모든 사물을 뜻하는 객체라는 개념을 프로그래밍에 도입해서 실제 세상에서 사물의 속성과 기능, 사물 간의 관계를 컴퓨터 프로그램에서도 사용할 수 있게 프로그래밍하는 방법이다.

예전에는 컴퓨터 프로그램을 명령어나 실행문, 함수의 집합으로 이해하고 구현하였는데, 그렇다 보니, 개발하는 시간도 오래걸리고, 높은 기술적인 지식도 필요했으며, 유지보수도 어려워 높은 비용(Cost)이 필요했다. 이를 개선하고자 객체라는 개념을 도입하여 독립적인 부품형태로 개발하여, 이러한 부품들을 모아 서로 유기적인 관계를 갖고 하나의 소프트웨어로 개발하게 되는 기법이 바로 객체지향 프로그래밍 이다.

객체지향 프로그래밍은 객체간에 독립적이기 때문에, 수정이나 추가사항에 대한 작업이 수월하고, 객체 들간의 관계를 파악하면 되기 때문에 소프트웨어 설계측면에서도 보다 직관적으로 분석이 가능하다. 무 엇보다 프로그래밍을 수년간 전공지식을 쌓거나, 특별한 능력이 있는 사람만이 하는 것이 아닌 초보자 들도 쉽게 배울 수 있는 언어로 사람들에게 인식되어진 계기가 되었다.

쉽게 생각하면, 자동차를 비유해보자.

자동차는 셀수 없이 많은 부품들이 모여 하나의 완성된 자동차가 된 다. 초창기에는 이 자동차를 작은 부품들부터 새로 만들었을 것이다. 그만큼 시간도 오래 걸리게 되고, 금액도 비쌌으며, 특정 부분만 교체 하거나 업그레이드를 하려면, 만든 당사자가 아닌 이상 쉽지 않았다. 하지만 요즘은 부품들만 따로 미리 만들어 놓고, 자동차 업체는 이 부 품들을 조립만해서 자동차를 완성한다. 생산 시간도 줄일 수 있으며, 부품단위로 교체가 가능해진 것이다. 예를 들면 바퀴만 따로 갈아 끼 울수도 있고, 신차가 나와도 엔진이나 중요부품은 그대로고 외장만 바꿔서 만들 수도 있는 것이다.

❖ 객체지향 프로그래밍 언어의 특징

▶ 상속(일반화)

▶ 다형성

▶ 추상화

▶ 캡슐화

상속(Inheritance)

상속은 일상 생활에서 사용하고 있는 상속이라는 말과 비슷하다. 부모의 재산을 자식에게 물려 주듯이 객체지향 프로그래밍에서도 부모가 가지고 있는 여러 속성과 기능들을 자식이 그대로 물려받을 수 있게 된다. 그래서 자식들은 똑같은 코드를 중복해서 작성할 필요가 없으므로, 반복된 코드의 중복을 줄여준다. 따라서 개발 시간이나 유지보수 시간을 줄일 수 있다.

다형성(Polymorphism)

다형성은 한자로 多形性, 많을 다(多), 모양 형(形), 성질 성(性) 이다. 즉 다양한 모양(타입)을 갖는 성질(특성)이다. 다양한 데이터 타입을 갖을 수 있다는 말인데, 부모/자식간의 관계가 있는 클래스는 자식이 부모의 타입으로 변환이 가능하다. 컴퓨터를 예로 들면 컴퓨터 메인보드에는 그래픽카드를 꽂을 수 있는 슬롯이 있다. 최근의 메인보드는 다 똑같은 슬롯을 가지고 있는데, 이 슬롯에 꽂을 수 있는 그래픽 카드를 부품화 하여 여러 제조사의 다양한 그래픽카드를 슬롯에 맞게 구현하면 어떤 그래픽 카드도 다 꽂을 수 있게 된다. 다양한 형태의 그래픽 카드를 모두 합쳐서 그래픽 카드라고 부르지만 실제 동작하는 방식은 각각의 그래픽 카드마다 다르다. 이처럼 동일한 메시지(그래픽 카드)에 대하여 다르게 반응하는(그래픽 카드마다 다르게 동작)것을 다형성이라고 한다.

추상화(Abstraction)

추상은 뽑을 추(抽)에, 형상 상(象)자 이다. 모양을 뽑아낸 것(추출)이라고 할 수 있다. 반대말은 구체화 이다. 추상화는 사물에서 속성이나 특징들을 추출하는 것을 의미한다. 즉 개발자들이 구현하기 전에 객체들의 특징이나 속성들을 파악하고 설계하는 과정을 말한다.

캡슐화(Encapsulation)

캡슐화는 객체의 실제 기능들을 숨겨서 감춰놓는 것을 말한다. 캡슐화의 의미는 크게 두가지로 나눌 수 있는데, 하나는 관련있는 속성이나 기능들을 하나로 묶어 담아둬서 관리하기 편하도록 하기 위함이고, 다른 하나는 속성이나 기능들을 객체 내부에 숨겨 놓고 외부에서 불필요한 정보를 볼 수 없도록 해서 객체 내부에 문제가 생기지 않도록 보호하며 꼭 필요한 속성이나 기능만 외부로 노출하는 것이다. 이를 정보 은닉(hiding information) 이라고 한다. 대표적인 예로 TV 리모콘을 생각해보자. 리모콘 내부의 회로나 전기신호가 어떻게 전송되고, 변하는지 볼륨을 올리거나 내릴때, 채널을 바꾸려면 리모콘 내부의 처리가 어떻게 되는지 숨겨 놓는다. 우리는 리모콘의 볼륨업/다운 버튼, 채널 버튼, 전원 버튼 등 만 누르면 어떻게 동작하는지만 알면 사용할 수 있게 되는 것이다.

7.2 클래스와 객체

클래스와 객체를 한마디로 정리하면 클래스는 설계도, 객체는 이 설계도로 만들어진 피조물이다. 클래스 자체만으로 구체화 될 수 없고, 객체를 생성하기 위해 미리 설계도를 만들어 놓고, 이 설계도를 가지고 실제 객체를 만들게 되는 것이다. 예를 들면 이번에 신차를 만들기 위해, 자동차 엔진과, 편의 기능, 옵션, 외장 등등을 미리 설계를 하게 되는데 이것이 클래스고 이 설계도를 가지고 신차를 만들어 내게 되면 객체가 된다. 설계도는 하나지만, 설계도로 만들어진 객체는 모두 다른 자동차가 된다.

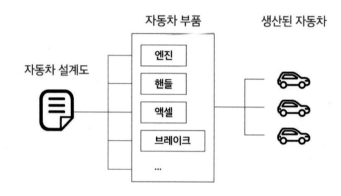

이번에 출시한 신차 이름을 "ABC"이고, 이 자동차를 내가 샀고, 내 친구가 샀다고 가정해보자. "ABC" 자동차의 설계도로 만들어진 이 자동차는 모두 "ABC"일 것이다. 하지만 내가 산 자동차와 내 친구가 산 자동차는 같은 자동차가 아니다. "ABC"라는 같은 차종일 뿐이지, 같은 자동차는 아니라는 것이다. 즉 자동차의 종류(타입)은 ABC로 같지만 자동차의 이름은 내자동차, 친구자동차로 다른 자동차가 된다.

주위를 살펴보면 모든 것의 사물들이 객체로 볼 수 있다. 똑같이 생긴 의자가 모델명도 같고 같은 부품으로 만들어졌지만, 우린 같은 의자라고 부르지 않는다. 객체지향 프로그램에서도 마찬가지다.

자바에서 클래스(설계도)를 만들고 객체(피조물)을 생성하는 방법을 알아보자.

객체 선언과 초기화 별도로	객체 선언과 초기화 동시에
클래스명 변수명; 변수명 = new 클래스명();	클래스명 변수명 = new 클래스명();

처음에 배웠던 변수를 선언하고 초기화했던 방법과 동일하다. 변수명 앞에 클래스명이 오는데, 이 클래스명이 데이터 타입, 즉 자료형이 되는 것이다. 이렇게 클래스를 이용해 객체를 생성하는 것을 인스턴스(instance)화 한다고 표현한다. 내가 직접 만든 클래스도 타입으로 지정할 수 있다. 이를 사용자 정의 자료형이라고 한다. 사용자 정의 자료형도 참조 자료형 중 하나이므로, new 연산자로 생성된 모든 객체는 참조자료형이 된다. 먼저 Member라는 클래스를 만들어 보자.

```
package chapter07;

public class Member {

}
```

자바에서는 클래스가 곧 파일이 되므로 반드시 파일명도 Member.java라고 만들어야 한다. 지금은 내용이 비어 있는 Member 클래스지만 이 설계도로 객체를 생성해보도록 하겠다. 다음 예제는 MemberMain이라는 클래스이다.

```
 1. package chapter07;
 2.
 3. public class MemberMain {
 4.
 5.     public static void main(String[] args) {
 6.
 7.         Member m = new Member();
 8.         Member m2 = new Member();
 9.
10.         if (m == m2) {
11.             System.out.println("m개체와 m2객체는 같다.");
12.         } else {
13.             System.out.println("m개체와 m2객체는 같지 않다.");
14.         }
15.     }
16.
17. }

[실행 결과]

m개체와 m2객체는 같지 않다.
```

7,8 라인에서 Member 타입의 m과 m2 라는 변수를 생성하고 new 연산자를 통해 생성한 객체를 대입했다. m, m2 변수 모두 객체변수로 같은 자료형이지만 저장된 주소값은 다르다. 그래서 m == m2 비교연산의 결과는 false가 된 것을 알 수 있다. 즉, 서로 독립된 다른 객체라는 것이다. 이 부분이 객체에 대한 개념 중에 기초적이지만 아주 중요한 개념이다. 이 예제에서 두 개의 클래스 파일의 관계를 살펴보자. Member라는 클래스가 있고, MemberMain이라는 클래스는 main() 메서드에서 Member 클래스의 객체를 생성한 것이다. MemberMain 클래스는 프로그램을 실행하기 위해 Member 클래스는 다른 클래스에서 사용하기 위해 만든 것이다. main() 메서드는 프로그램을 실행하기 위한 시작점이라고 했는데, 결국 전체 프로그램에서 실행의 시작점이 되는 main() 메서드가 있는 클래스는 하나이고, 나머지는 전부 다른 클래스에서 사용되기 위한 클래스라는 것이다. 이렇게 대부분이 다른 클래스에서

실행하기 위해 만들어지는 클래스 형태로 만들어 진다. 다른 파일로 만들어진다는 것이다. 다음 예제는 main() 메서드에서 자신의 객체를 생성한 예이다.

```
1. package chapter07;
2.
3. public class MemberMain2 {
4.
5.     public static void main(String[] args) {
6.
7.         MemberMain2 m = new MemberMain2();
8.         MemberMain2 m2 = new MemberMain2();
9.
10.         if (m == m2) {
11.             System.out.println("m개체와 m2객체는 같다.");
12.         } else {
13.             System.out.println("m개체와 m2객체는 같지 않다.");
14.         }
15.     }
16.
17. }
```

[실행 결과]

m개체와 m2객체는 같지 않다.

MemberMain2라는 클래스의 main() 메서드에서 자기 자신 클래스인 MemberMain2 타입의 객체를 생성한 것이다. 위에서 봤던 예제와 실행 결과는 동일 하다. 하지만 객체 지향 프로그램에서는 객체를 부품으로 나눠서 조립하는 형태로 실행하는 것이 좋다. 이 예제도 그렇지만 아직은 왜 이렇게 분리해서 개발하는 것이 좋은지 잘 이해되지 않을 것이다. 부품은 따로 따로 만들어 놓고, 이 부품들을 결합해 실행하는 곳은 따로 만들어 놓게 되면, 나중에 원하는 부품만 갈아 끼우는 형태로 관리하기도 편하고 찾기도 편하게 된다. 그래서 처음부터 객체에 대한 개념을 이해하고 습관을 잘 들여 놓는것이 중요하다

이제 설계도 역할을 하는 클래스에 대해 좀 더 자세히 알아보자.

7.3 클래스의 구조

클래스는 크게 속성과 기능으로 나눌 수 있다. 속성은 클래스가 가지고 있는 특징, 변수로 표현하고, 기능은 메서드라고 표현한다. 클래스의 구조를 조금 더 세분화하면 필드(Field), 생성자(Constructor), 메서드(Method)로 이루어진 구조이다.

클래스
필드
생성자
메서드

이 클래스를 구성하는 각각의 멤버들은 생략될 수도 있고, 여러개로 작성할 수 있다.

📖 필드

필드(Field)는 객체의 특징이나, 특성 값을 저장하는 곳이다. 클래스안에 있는 변수라고 생각하면 쉽게 이해될 수 있다. 하지만 생성자나 메서드 안에 있는 변수와는 다르다. 생성자와 메서드 안의 변수는 그 안에서만 사용되지만 필드는 클래스 내부의 전체에서 사용된다.

📖 생성자

생성자(Constructor)는 말 그대로 객체를 생성할 때 사용되는 부분으로 메서드와 비슷하게 생겼지만, 클래스명과 이름이 같고, 리턴값이 없다.

📖 메서드

메서드(Method)는 객체의 기능에 해당하는 영역으로 특정 기능 단위로 묶어 하나의 메서드로 정의되어 있다. 프로그램이 실행되는 곳에서 이 메서드로 값을 전달하고 메서드는 전달받은 값을 처리하거나 기능을 실행한 후 처리 결과를 실행한 곳으로 돌려주기도 한다.

📖 자료구조적인 개념의 클래스

클래스를 자료구조적인 개념으로 생각해보면 데이터와 기능이 합쳐진 것이라고 볼 수 있다. 앞에서 배운 변수와 배열, 그리고 자바에는 존재하지 않지만 C의 구조체나 파이썬의 리스트와의 차이점에 대해 살펴보자.

변수	하나의 공간에 하나의 값만 저장할 수 있는 자료구조
배열	하나의 변수에 같은 자료형의 여러 값을 저장할 수 있는 자료구조
구조체	다양한 데이터타입의 값을 여러개 저장할 수 있는 자료구조
클래스	**데이터와 기능을 함께 저장할 수 있는 자료구조**

대표적인 예로 자바에서 문자열을 정의할 때 사용했던 String 이라는 클래스가 있다. 이 String 클래스 자료형은 단순히 여러 문자들을 배열처럼 나열한 자료구조가 아니라 클래스로 정의되어 있는 이유는 문자열 데이터 값과 문자열을 다양하게 처리할 수 있는 기능도 포함되어 있기 때문이다.

자료형적인 개념의 클래스

자료형(데이터 타입)적인 개념을 클래스는 이미 만들어진 자료형이 아니라 사용자가 직접 정의한 자료형으로 표현할 수 있다. 그래서 사용자 정의 자료형이라고도 부른다. 자동차라는 클래스를 정의하고 자동차의 속성(색상, 제조사, 종류 등...)과 기능(진진하다. 후진하다 등...)으로 설계한 후 각 자동차 클래스를 자료형으로 지정해서 객체를 생성하게 된다. Car라는 클래스를 정의해보자.

```java
1. package chapter07;
2.
3. public class Car {
4.
5.     // 필드
6.     String color;
7.     String company;
8.     String type;
9.
10.    // 메서드
11.    public void go() {
12.        System.out.println("전진하다.");
13.    }
14.    public void back() {
15.        System.out.println("후진하다.");
16.    }
17. }
```

이 Car 클래스도 main() 메서드가 없다. 이 클래스는 실행하기 위한 클래스가 아니라 다른 클래스에서 실행에 필요한 기능을 제공하는 클래스이다. 이 Car 클래스를 이용해 객체를 생성하는 예제를 살펴보자.

```java
1. package chapter07;
2.
3. public class CarMain {
4.
5.     public static void main(String[] args) {
6.
7.         Car tico = new Car();
8.         Car pride = new Car();
9.
10.        tico.color = "화이트";
11.        tico.company = "대우";
12.        tico.type = "경차";
13.
14.        pride.color = "블랙";
15.        pride.company = "기아";
16.        pride.type = "소형";
17.
```

```
18.        tico.go();
19.        pride.go();
20.        System.out.println(tico.color);
21.        System.out.println(tico.company);
22.        System.out.println(tico.type);
23.        System.out.println(pride.color);
24.        System.out.println(pride.company);
25.        System.out.println(pride.type);
26.
27.    }
28. }
```

[실행 결과]

전진하다.
전진하다.
화이트
대우
경차
블랙
기아
소형

CarMain이라는 클래스의 main() 메서드에서 7라인은 Car 타입의 tico라는 객체 변수에 new 연산자를 통해 Car 객체를 생성했고, 8라인은 Car 타입의 pride라는 객체 변수를 생성했다. tico 객체의 color 필드에는 "화이트"를 pride 객체의 color 필드에는 "블랙"을 대입했다. 앞의 예제 Car 클래스는 설계도 작성하듯 자동차의 특징과 속성을 필드로 정의했고, 전진과 후진을 기능으로 정의하여 설계하였다. 이 설계도를 가지고 tico와 pride라는 데이터 타입은 같지만 전혀 다른 독립적인 객체를 생성한 것이다. 실행결과를 보면 tico와 pride 객체의 go() 메서드는 "전진하다." 문자열을 출력했고, color, type, company는 각각 다르게 출력된 것을 알 수 있다.

다음 예제는 객체를 배열에 저장하는 예제이다. 배열은 같은 자료형의 값을 담을 수 있다고 했기 때문에 Car 타입의 배열을 선언하면 여러 개의 Car 객체를 저장할 수 있다. 또한 객체 역시 참조 자료형이기 때문에 메모리 주소값을 참조한다. 예제 코드와 출력결과를 비교해서 확인해 보자.

```
1. package chapter07;
2.
3. public class CarMain2 {
4.
5.     public static void main(String[] args) {
6.
7.         // Car 타입의 배열객체 생성
8.         Car[] cars = new Car[3];
9.
10.        // car 객체 생성
11.        Car tico = new Car();
```

```
12.          tico.color = "화이트";
13.          tico.company = "대우";
14.          tico.type = "경차";
15.
16.          // 모든 인덱스에 tico 객체 저장
17.          for (int i=0; i<cars.length; i++) {
18.              cars[i] = tico;
19.          }
20.
21.          System.out.println("2번 인덱스 color : "+cars[2].color);
22.
23.          cars[0].color = "블랙"; // 0번 인덱스 객체의 color 필드에 "블랙" 대입
24.
25.          System.out.println("2번 인덱스 color : "+cars[2].color);
26.
27.      }
28. }

[실행 결과]

2번 인덱스 color : 화이트
2번 인덱스 color : 블랙
```

8라인은 배열변수를 선언한 것인데, 앞 챕터에서 배웠던 배열 선언과 동일하다 차이점은 기본 자료형이 아니라 사용자 정의 자료형 Car가 들어간것 뿐이다. 길이가 3인 배열 객체이고 11~14 라인은 Car 타입의 tico 객체를 생성해 각 필드에 문자열 값을 대입했고, 17~19라인은 이 tico 객체를 cars 배열에 0부터 2번 인덱스에 반복하면서 차례대로 대입했다. 21라인은 2번 인덱스의 color 필드를 출력했는데 화이트가 출력되었다. 0,1,2 인덱스 모두 동일하게 화이트로 저장되어 있다. 그런데 23 라인에서 0번 인덱스의 color 필드에 블랙을 대입하고 다시 2번 인덱스의 color 필드를 출력했더니 블랙이 출력되었다. 어떻게 된것일까?

이유는 Car 역시 참조자료형이기 때문이다. cars[0], cars[1], cars[2] 모두 같은 주소값을 갖고 있기 때문에 하나의 객체에 필드의 값을 변경해도 모두 변경이 되는 것이다. 정확히 얘기하면 모두 바뀌는 것이 아니라, 값이 저장된 곳은 하나고 이 값을 바꾸면 이 값을 참조하고 있는 모든 변수도 바뀐 값으로 참조하게 된다. 역시 말보다는 예제로 직접 비교해서 확인해 보자.

```
1. package chapter07;
2.
3. public class CarMain3 {
4.
5.     public static void main(String[] args) {
6.
7.         // Car 타입의 배열객체 생성
8.         Car[] cars = new Car[3];
9.
```

```
10.         // 모든 인덱스에 new 연산자로 객체 생성 후 저장
11.         for (int i=0; i<cars.length; i++) {
12.             cars[i] = new Car();
13.             cars[i].color = "화이트";
14.             cars[i].company = "대우";
15.             cars[i].type = "경차";
16.         }
17.
18.         System.out.println("0번 인덱스 color : "+cars[0].color);
19.         System.out.println("1번 인덱스 color : "+cars[1].color);
20.         System.out.println("2번 인덱스 color : "+cars[2].color);
21.
22.         cars[0].color = "블랙"; // 0번 인덱스 객체의 color 필드에 "블랙" 대입
23.
24.         System.out.println("0번 인덱스 color : "+cars[0].color);
25.         System.out.println("1번 인덱스 color : "+cars[1].color);
26.         System.out.println("2번 인덱스 color : "+cars[2].color);
27.
28.     }
29. }

[실행 결과]

0번 인덱스 color : 화이트
1번 인덱스 color : 화이트
2번 인덱스 color : 화이트
0번 인덱스 color : 블랙
1번 인덱스 color : 화이트
2번 인덱스 color : 화이트
```

이번 예제에서는 for문안에서 new 연산자를 통해 객체를 반복해서 생성하였다. 18~19라인의 출력문에서 0,1,2번 인덱스의 car 객체의 color 필드를 출력했는데 실행 결과를 보면 모두 화이트로 출력이 되었고 22라인에서 0번 인덱스의 color 필드에 블랙으로 값을 변경했는데, 다시 출력해보니 1번, 2번 인덱스의 car 객체의 color 필드는 변경되지 않고, 그대로 화이트로 출력이 되었다.

정리하면 클래스는 사용자 정의 자료형이고, 사용자 정의 자료형은 모두 참조 자료형이다. 참조 자료형은 값을 직접 저장하는게 아니라, 저장된 위치의 주소값을 저장하기 때문에 독립된 별도의 객체를 생성하려면 new 연산자를 통해 다른 객체로 생성해야 한다. 자료형 개념적인 클래스에 대한 개념도 중요한 부분이므로 이해하고 넘어가도록 하자.

7.4 필드

필드는 객체의 고유한 속성이나 상태값을 저장하는 곳이다. 위 예제에서 봤던 Car라는 클래스의 색상이나, 종류, 제조사는 Car가 갖는 고유한 속성으로 필드로 선언된다. 필드는 클래스 중괄호 블록안에 어디서든 선언될 수 있으며, 필드를 선언하는 방법은 변수의 선언 방법과 동일하다. 초기값 역시 선언 시 넣어줄 수도 있고, 생략할 수도 있다. 필드는 멤버 변수라고도 부르며, 멤버 변수는 클래스 변수와 인스턴스 변수로 나눌 수 있다.

변수는 크게 세가지로 분류 할수 있는데, 클래스 변수, 인스턴스 변수, 지역변수로 나눠진다.

종류	위치	선언 방법	생성 시기
클래스 변수	클래스 블록 내	static int number;	클래스가 메모리에 로드
인스턴스 변수		int number;	객체 생성
지역 변수	메서드등 기타 블록 내	int number;	해당 실행문이 실행될 때

클래스 변수(class variable)은 클래스 블록 내의 영역에 선언되며, 선언 방법은 변수의 자료형 앞에 static이라는 키워드를 붙이면 된다. 이 클래스 변수는 모든 객체가 공유되는 변수이다. 객체를 생성하지 않아도 바로 사용할 수 있다. 사용 방법은 클래스명.클래스변수명 형태로 사용한다. 자바에서는 객체가 클래스변수를 호출할 수 있는데 경고가 발생한다.

인스턴스 변수(instance variable)도 클래스 변수와 같이 클래스 블록 내의 영역에 선언되지만, static 키워드는 붙지 않는다. 일반적인 변수 선언 방법으로 선언하면 된다. 인스턴스 변수는 객체를 생성할 때 생성되며, 객체는 서로 독립적이기 때문에 이 인스턴스 변수 역시 객체마다 독립적인 값을 갖는다. 사용 방법은 객체명.인스턴스변수명 형태로 사용된다.

클래스 변수와 인스턴스 변수를 예제를 통해 확인해 보자.

```
1. package chapter07;
2.
3. public class VarEx {
4.
5.    public static void main(String[] args) {
6.
7.        // 클래스 변수 사용
8.        System.out.println("Avante 제조사 : "+Avante.company);
9.
10.       Avante a1 = new Avante();
11.       Avante a2 = new Avante();
12.
13.       // 인스턴스  변수의 값 변경
```

```
14.        a1.color = "화이트";
15.        a2.color = "블랙";
16.
17.        // 인스턴스  변수 출력
18.        System.out.println("a1 색상 : "+a1.color);
19.        System.out.println("a2 색상 : "+a2.color);
20.
21.        // 클래스 변수를 인스턴스 객체로 출력
22.        System.out.println("a1 제조사 : "+a1.company);
23.        System.out.println("a2 제조사 : "+a2.company);
24.
25.        // 클래스 변수의 값   변경
26.        a1.company = "기아";
27.
28.        // 클래스 변수의 값   변경 후 클래스변수와 인스턴스변수 출력
29.        System.out.println("Avante 제조사 : "+Avante.company);
30.        System.out.println("a1 제조사 : "+a1.company);
31.        System.out.println("a2 제조사 : "+a2.company);
32.
33.    }
34.
35.
36. }
37.
38. class Avante {
39.
40.    String color;    // 인스턴스 변수
41.    static String company =   "현대"; // 클래스 변수
42.
43. }
```

[실행 결과]

```
Avante 제조사 : 현대
a1 색상 : 화이트
a2 색상 : 블랙
a1 제조사 : 현대
a2 제조사 : 현대
Avante 제조사 : 기아
a1 제조사 : 기아
a2 제조사 : 기아
```

이번 예제는 하나의 파일에 클래스가 두개 있는 형태로 구성했다. 파일명은 VarEx이고, 밑에 Avante라
는 클래스가 하나 더 있는 것이다. 이 Avante라는 클래스는 두 개의 필드로 이루어져 있는데 color는
인스턴스 변수, company는 클래스 변수이다. 프로그램이 실행되는 main() 메서드가 있는 클래스는
VarEx이며 8라인에서 클래스명.변수명으로 사용됐다. 10,11라인에서는 두 개의 객체를 생성했으며,
14,15라인은 각 객체의 color 인스턴스 변수에 화이트와 블랙 문자열을 대입했다. 18,19라인은 이 인
스턴스 변수를 출력하는데, 객체마다 다르게 출력되었고, 22,23라인은 클래스변수지만, 인스턴스변수

처럼 사용할 수도 있다.

이번엔 26라인에서 클래스변수를 기아라고 변경했는데, 29~31라인에서 클래스변수를 출력하고, a1, a2객체를 이용해서도 클래스변수를 출력해 보았다. 실행결과를 보면 모두 기아로 바뀐 것을 알 수 있다.

다시 정리하면, 인스턴스 변수(static이 없는)는 객체마다 독립적인 값을 갖고, 클래스 변수(static이 있는)는 모든 객체들이 공유되는 변수이다. 또한 클래스 변수는 객체 생성 없이도 클래스명 만으로 사용할 수 있지만, 인스턴스 변수는 반드시 객체를 먼저 생성하고 객체를 통해 사용해야만 한다. 그렇지 않으면 에러가 나게 된다.

지역변수와 함께 변수의 범위(scope)에 대해 알아보자. 변수를 사용할 수 있는 범위가 정해져 있는데, 먼저 예제를 보는 것이 더 이해가 빠를 것이다.

```java
1. package chapter07;
2.
3. public class LocalValEx {
4.
5.     public static void main(String[] args) {
6.
7.         Local local = new Local();
8.
9.         System.out.println(local.name); // null
10.
11.         local.process();
12.         System.out.println(local.name); // 홍길동
13.
14.         local.printAge1();
15.         local.printAge2();
16.
17.         // for문 블록 내에서의 변수 선언
18.         for (int i=0; i<10; i++) {
19.             int temp = 0;
20.             temp += i;
21.         }
22.
23.         System.out.println(temp); // 에러
24.
25.     }
26.
27. }
28.
29. class Local {
30.
31.     String name;
32.
33.     void process() {
34.         name = "홍길동";
35.     }
36.
```

```
37.     void printAge1() {
38.         int age = 20; // 지역변수
39.         System.out.println(age);
40.     }
41.
42.     void printAge2() {
43.         int age = 30; // 지역변수
44.         System.out.println(age);
45.     }
46.
47. }
```

이 예제도 파일명은 LocalValEx이고 내부에 Local 이라는 클래스가 하나 더 있는 구조다. 7라인에서 Local 객체를 생성하고 9라인에서 name 인스턴스 변수를 출력했다. 이 변수는 아직 초기화 되지 않았기 때문에 null로 출력이 된다. 11라인에서 process() 메서드가 실행되는데, Local 클래스의 process() 메서드를 보면 name 변수에 홍길동 문자열을 대입하고 있다. 이 인스턴스 변수는 클래스 블록에 있기 때문에 사용 범위(scope)는 클래스 전체가 된다. 그래서 이 process() 메서드가 실행되고 나서 12 라인에서 다시 name 인스턴스 변수를 출력하면 이제 홍길동이라고 출력이 된다. 14,15 라인은 printAge1()과 printAge2() 메서드를 실행하고 있다. Local 클래스의 해당 메서드 영역을 살펴보면 37~44 라인이다. printAge1() 메서드 블록 안에는 int age = 20;이 printAge2() 메서드 블록 안에는 int age = 30; 이 정의되어 있다. 이 age라는 변수는 지역변수로 각 메서드 안에서만 사용되는 변수이다. 그래서 두 변수는 서로 전혀 관계없이 별개의 변수이다. 그리고 18~21 라인의 for문 블록 안에는 temp라는 변수가 정의되어 있는데, 이 변수 역시 for문 안에서만 사용되는 변수이며 지역변수이다. 그래서 23 라인에서 temp변수를 출력하려고 하면 에러가 나게 된다. for문의 i 변수 역시 지역변수이다. 이 지역변수들의 공통점은 변수가 선언된 곳(중괄호 블록 내부)에서만 사용가능하다는 것이다.

지역변수의 사용가능한 범위를 쉽게 구분 지을 수 있는 방법은 범위(scope)는 중괄호 블록으로 구분 지으면 쉽게 이해할 수 있다. 선언된 중괄호 안에서는 모두 사용 될 수 있다. Local 클래스의 인스턴스 변수는 지역변수가 아니라, 전역변수이다. 즉 메서드안에 선언된 변수는 아니지만, 클래스 블록(중괄호) 안에 선언 되었기 때문에 클래스 중괄호 안에서는 모두 사용 될 수 있다. printAge1() 메서드의 age 변수도 마찬가지이다. printAge1() 메서드의 중괄호가 곧 사용범위(scope)가 되는 것이다. for문도 마찬가지이다.

7.5 메서드

메서드는 클래스 멤버 중 기능에 해당하는 중괄호 블록이다. 이 블록은 이름을 가지고 있으며, 이 이름을 통해 메서드를 실행하게 되면 중괄호 블록에 있는 실행문들이 실행되게 된다.

메서드의 구조

```
접근제한자 리턴타입 메서드명 (매개변수...) {
    실행문
    ...
    return 값;
}
```

메서드는 선언부와 실행부로 나눠지는데, 선언부에는 접근제한자, 리턴타입, 메서드명, 매개변수가 정의되고, 중괄호로 블록의 영역을 구분한다. 중괄호가 끝나는 부분까지가 해당 메서드의 영역이 되는 것이다.

접근제한자

말 그대로 접근을 제한하는 키워드가 들어오는 자리다. 특정 키워드에 따라 이 메서드를 실행할 수 있는 권한을 제한할 수 있다.

리턴타입

메서드의 선언부 앞쪽에 리턴타입이 오는데, 리턴타입이란 리턴되는 타입이다. 리턴은 돌려준다라는 의미로 돌려주는 데이터 타입이 된다. 메서드는 특정 기능을 실행한 후 어떤 값을 실행한 곳으로 돌려줄 수 있는데, 이 돌려주는 값의 데이터 타입(자료형)을 이 곳에 정의한다. 돌려주는 값을 리턴값이라고 하는데, 메서드는 리턴값이 있을 수도 있고 없을 수도 있다. 만약 리턴값이 없다면 void라고 적어줘야 한다. 우리가 지금까지 만들었던 main() 메서드도 리턴값이 없기 때문에 리턴타입이 void로 정의한 것이다. 만약 리턴값이 정수라면 int, 문자열이라면 String이라고 적어줘야 한다. 반대로 메서드 선언부에 String이라고 적었다면 메서드 중괄호 블록 내에서 반드시 String을 리턴값으로 정의해줘야 한다.

메서드명 작성 규칙

메서드명도 변수명 작성 규칙과 같다. 숫자로 시작하면 안되고, 특수 기호는 $와 _만 사용가능하다. 역시 변수 때와 마찬가지로 영문으로 작성하면 되니 외울필요 없다. 그런데 이렇게 메서드명 작성 규칙이라는 영역을 따로 구분한 이유가 있다. 반드시 지켜야하는 법칙은 아니지만, 대부분의 개발자들이 따르고 있는 관례가 있다. 영문 소문자로 작성하되 만약 두 단어 이상으로 이루어져 있다면 두번째 단어부터는 첫 문자를 대문자로 작성하는 것이다. 예를 들면 회원 등록 기능을 하는 메서드라면 member+regist 두 단어를 합쳐서 메서드명을 작성해야 하므로, memberRegist()라고 작성하면 된다.

그리고 또 하나 중요한 점 변수명을 작성할 때도 강조했던 부분이다. 프로그램을 대부분 나 혼자 개발하는 것이 아니고, 여러 사람들과 함께 개발하는 것이고, 다른 사람이 아니더라도 미래에 내가 다시 봤을 때도 메서드 이름만 봐도 이 메서드가 무슨 기능을 하는 메서드인지 쉽게 알 수 있도록 이름을 잘 지어줘야 한다.

매개 변수

매개역할을 하는 변수이다. 매개라는 말처럼 한쪽과 한쪽을 연결해주는 역할을 하는데, 메서드 블록 안쪽과 메서드가 실행되는 곳을 변수로 연결해준다. 메서드 입장에서 외부로부터 변수를 입력받기 위해 사용된다. 예를 들면 두 수의 합계를 리턴해주는 메서드라면 두 개의 수를 매개변수로 입력받아야 한다.

두 수의 합계를 구하는 메서드는 매개변수의 개수가 2개로 이미 정해져 있다. 이렇게 이미 매개변수의 개수가 정해져 있는 경우가 대부분이지만, 간혹 매개변수가 몇개가 올지 알수 없는 경우가 있다. 예를 들어, 두 수가 아니라 여러 수의 합을 구하는 메서드라면 2개 올수도, 10개가 올수도 있는 것이다. 이럴 때 첫번째 방법은 매개변수를 배열로 선언하는 방법이고, 두번째는 매개변수를 선언할 때 타입과 변수명 사이에 … 을 추가하고 선언하는 것이다.

```
1. package chapter07;
2.
3. public class ParamEx {
4.
5.     public static void main(String[] args) {
6.
7.         Param p = new Param();
8.         p.add(10,5);
9.         //p.add("10", "5"); //에러
10.
11.         p.add2(10, 5);
12.
13.         p.add3(1,2,3,4,5,6,7,8,9,10);
14.
15.     }
16.
17. }
```

```
18.
19. class Param {
20.
21.     void add(int x, int y) {
22.         int z = x + y;
23.         System.out.println(z);
24.     }
25.
26.     void add2(double x, double y) {
27.         double z = x + y;
28.         System.out.println(z);
29.     }
30.
31.     void add3(int ... x) {
32.         int sum = 0;
33.         for (int i=0; i<x.length; i++) {
34.             sum += x[i];
35.         }
36.         System.out.println(sum);
37.     }
38. }

[실행 결과]

15
15.0
55
```

Param 클래스에 add()와 add2(), add3() 메서드가 정의되어 있고, ParamEx 클래스의 main() 메서드에서 Param 클래스의 객체를 생성해서 메서드를 호출하고 있다. 8 라인 add(10, 5) 메서드는 매개변수 값으로 x=10을, y=5를 넘겨주면서 실행하고 있다. 이제 21~24라인을 보자. 메서드 입장에서는 두 매개변수를 입력받아 z변수에 두 매개변수의 합을 대입하고 출력하는 기능을 하고 있다. 8라인에서 메서드의 호출결과는 10과 5의 합계 15가 출력되는 실행 결과이다. 다음 9라인은 정수가 아닌 문자열 "10"과 "5"를 매개변수로 넘겨주는데, 타입이 맞지 않아 에러가 난다. add()메서드는 정수를 입력받도록 설계했는데, 실제 실행코드에서는 정수가 아니라 문자열을 넘겨주기 때문에 에러가 나는 것이다. 매개변수의 타입은 정확히 맞춰줘야 한다. 그런데, 26~29라인을 보면 add2() 메서드의 매개변수는 double 자료형을 입력받도록 정의되어 있다. 그런데 11라인에서 double이 아닌 int 자료형 10과 5를 넘겨주는데도, 에러 없이 정상 실행이 된다. 타입은 정확히 맞춰 줘야한다고 했는데, 왜 에러가 나지 않는 걸까?

그렇다. 정수는 실수 자료형으로 자동 형변환이 가능하기 때문이다. 범위가 작은 자료형은 큰 자료형으로 자동 형변환이 될 수 있다. 반대로 큰 범위의 자료형은 작은 범위의 자료형을 변환하려면 강제로 형변환을 해야만 한다.

그리고 13라인은 매개변수가 몇 개가 있을지 모르는 경우인데, 예제처럼 10개일 수도, 그 이상일 수도 있다면, 31라인처럼 매개변수는 하나만 지정하고, 변수명 앞에 ...을 넣어주면 된다. 그러면 이 매개변수는 내부적으로 몇 개 올지 모르는 여러 값들을 배열로 담아주게 되고, 메서드 내에서는 33라인처럼 for문으로 처리하는 등의 배열로서 사용이 가능하다.

```
 1. package chapter07;
 2.
 3. public class ParamEx2 {
 4.
 5.     public static void main(String[] args) {
 6.
 7.         Param p = new Param();
 8.         //p.add(10.5, 5.5); 에러
 9.
10.         p.add((int)10.5, (int)5.5);
11.
12.     }
13.
14. }

[실행 결과]

15
```

8라인은 에러가 나게 된다. 앞의 예제에서 add() 메서드의 매개변수는 정수 타입인데 10.5와 5.5는 실수이기 때문이다. 그래서 10라인처럼 각 매개변수 앞에 (int)를 추가해서 강제로 형변환을 해준 것이다. 정수로 형변환이 되면 소수점이 없어지기 때문에 10과 5의 합 15가 출력된다.

리턴값

메서드를 선언할 때 선언부에 리턴타입을 지정해둔 경우 반드시 리턴값을 지정해야 한다. 반대로 선언부에 리턴타입을 void로 선언한 경우는 리턴값을 지정할 수 없다. 따라서 메서드는 리턴값이 있을 수도, 없을 수도 있다. 키워드는 return을 사용하는데, return 문의 용도는 두 가지로 기억하자. 하나는 값을 가지고 돌아가거나, 다른 하나는 그냥 돌아가는 경우이다. return은 돌아간다는 의미로, 해당 메서드를 실행한 곳으로 돌아가는데, return 뒤에 값이 있으면 값을 가지고 돌아가고, 없으면 그냥 돌아가게 된다. 그래서 return문을 메서드의 실행을 중지하는 용도로도 사용한다.

```
 1. package chapter07;
 2.
 3. public class ReturnEx {
 4.
 5.     public static void main(String[] args) {
 6.
 7.         Return obj = new Return();
```

```
 8.
 9.          String name = obj.getName();
10.          int age = obj.getAge();
11.
12.          System.out.println(name);
13.          System.out.println(age);
14.          System.out.println(obj.getName());
15.          System.out.println(obj.getAge());
16.
17.     }
18.
19. }
20.
21.
22. class Return {
23.
24.     String getName() {
25.         return "홍길동";
26.     }
27.
28.     int getAge() {
29.         return 30;
30.     }
31. }

[실행 결과]

홍길동
30
홍길동
30
```

Return 클래스에 메서드가 두개 있는데 getName() 메서드는 리턴타입이 String 이라고 정의했기 때문에 반드시 문자열을 리턴 해줘야 한다. 만약 리턴하지 않거나, 문자열이 아닌 다른 문자열을 리턴하면 에러가 나게 된다. getAge() 메서드도 마찬가지다. 선언부에 int라고 정의했기 때문에 반드시 int 타입을 리턴해야 한다. ReturnEx 클래스를 보면 Return 클래스 타입의 obj라는 객체를 생성한 후 9 라인은 String 변수 name에 obj.getName() 메서드의 리턴값 "홍길동"이 대입되고, 10 라인은 int 변수 age에 obj.getAge() 메서드의 리턴값 30이 대입된다. 14~15라인은 System.out.println() 메서드 안에 obj.Name(), obj.getAge() 메서드가 들어가 있는데 메서드가 출력되는 것이 아니라 메서드의 리턴값 "홍길동"과 30이 출력된다.

이번엔 return문을 이용해 메서드를 중지시키는 경우이다.

```
 1. package chapter07;
 2.
 3. public class ReturnEx2 {
```

```
4.
5.    public static void main(String[] args) {
6.
7.        Return2 obj = new Return2();
8.
9.        obj.getTest(0);
10.       obj.getTest(1);
11.
12.       System.out.println(obj.getName(0));
13.       System.out.println(obj.getName(1));
14.
15.   }
16.
17. }
18.
19.
20. class Return2 {
21.
22.     void getTest(int type) {
23.         System.out.println("getTest() 메서드 시작");
24.
25.         if (type == 1) {
26.             return;
27.         }
28.
29.         System.out.println("getTest() 메서드 끝");
30.     }
31.
32.     String getName(int type) {
33.
34.         if (type == 1) {
35.             return "";
36.         }
37.
38.         return "홍길동";
39.     }
40. }
```

[실행 결과]

```
getTest() 메서드 시작
getTest() 메서드 끝
getTest() 메서드 시작
홍길동
```

ReturnEx2 클래스에서 Return2 객체를 생성해서 메서드를 호출하는 예제이다. 23~31라인의 getTest() 메서드는 리턴타입이 void이고, 매개변수 type을 입력받아 type이 1이면 그냥 return문만 있다. 이 경우 "getTest() 메서드 끝"을 출력하는 실행문이 실행되지 않는다. 리턴값이 없어서 return문 뒤에 아무 값도 없지만, 메서드가 종료되는 것이다. 아래 getName() 메서드도 마찬가지다. type이

1이면, "" 빈 문자열을 리턴하고 메서드는 종료된다. type이 1이 아니라면 "홍길동"이 리턴 된다. 그럼 if문 없이 return문을 여러 개 쓰면서 중단 시킬 수 있을까?

```
String getAge(int type) {

    return "";

    return "홍길동"; // 에러발생
}
```

return문은 두개 이상 존재할 수 없다. 이 전 예제는 if문을 통해 특정 조건에만 return문을 만나게 되므로, 무조건 하나의 return문만 실행된다. 이런 부분은 이클립스에서 코딩할 때 친절히 알려주므로 외울 필요는 없고, '이런게 있구나'하고만 넘어가도록 하자.

📝 메서드의 실행(호출)

메서드는 보통 하나의 기능 단위로 선언하고, 다른 곳에서 그 기능이 필요할 때 실행하게 된다. 문서나 대화 중 메서드를 실행 또는 호출한다는 표현을 혼용해서 사용하는데, 영어 원문 용어가 call 이라는 단어이다. 이 call을 번역하는 과정에서 호출이라는 표현도 같이 쓰므로, 실행과 호출은 같은 의미로 받아들이면 된다.

메서드를 실행하는 곳을 크게 같은 클래스 내부에서 호출하는 경우와 다른 클래스 외부에서 호출하는 경우로 나눌 수 있는데, 메서드 선언부의 접근 제한자 부분은 뒤에 좀 더 자세히 다룰테니 여기서는 메서드를 실행하는 방법을 배워보자.

클래스 내부에서 즉, 같은 클래스에서 실행하는 경우는 그냥 메서드 이름만 적어주면 실행이 가능하다. 하지만 클래스 외부, 다른 클래스에 있는 메서드를 실행하는 경우는 먼저 해당 클래스를 객체로 생성한 후 객체를 통해 메서드를 실행해야 한다. 메서드를 실행할 때 주의할 점은 매개변수의 타입과 개수에 맞게 값을 넘겨줘야 한다. 그리고 리턴값 역시 값을 돌려 받을 때 리턴타입에 맞춰서 받아야 한다. 여기서 매개변수의 타입과 리턴값의 타입이 앞에서 배웠던 자료형에서 형변환이 가능한 경우에만 실행이 가능하다.

메서드도 변수와 마찬가지로 클래스 메서드와 인스턴스 메서드가 있다. 클래스 메서드는 클래스명으로 직접 실행이 가능하고, 인스턴스 메서드는 객체를 통해 실행할 수 있다. 객체 생성 없이 바로 실행 할 수 있는 메서드는 선언부에 static을 붙여 주면 된다.

```
1. package chapter07;
2.
3. public class MethodCall {
4.
```

```
 5.     public static void main(String[] args) {
 6.
 7.         // 직접 실행
 8.         Method.printName();
 9.
10.         // 객체를 생성해서 실행
11.         Method m = new Method();
12.         m.printEmail();
13.
14.     }
15. }
16. }
17.
18. class Method {
19.
20.     static void printName() {
21.         System.out.println("printName() 실행");
22.     }
23.
24.     void printEmail() {
25.         System.out.println("printEmail() 실행");
26.
27.         printId(); // 다른 메서드 실행
28.     }
29.
30.     void printId() {
31.         System.out.println("printId() 실행");
32.     }
33. }
```

[실행 결과]

```
printName() 실행
printEmail() 실행
printId() 실행
```

Method 클래스를 보면 20라인에 printName() 메서드의 선언부 앞쪽에 static이라는 키워드가 붙어있다. 이 메서드는 객체 생성없이 클래스명으로 직접 실행이 가능하다. 8라인에서 Method.printName()로 실행하고 있다. printEmail() 메서드와 printId() 메서드는 static 키워드가 없으므로 객체 생성 후 실행해야 하며, 27라인을 보면 printEmail() 메서드 안에서 printId() 메서드를 실행하고 있다. 12라인에서 printEmail() 메서드를 실행하면 printId() 메서드도 같이 실행되었다. printEmail() 메서드 안에서 다른 메서드를 실행할 때도 객체 생성 없이 실행이 가능하다.

메서드의 실행순서

자료구조 중에 스택(stack)이라는 자료구조가 있다. 이 스택은 가장 나중에 들어온 데이터가 가장 먼저 출력되는 자료구조이다.(Last In First Out)

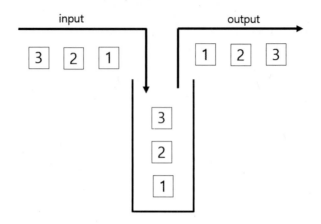

그림처럼 input에서 1이 먼저 들어가고, 2,3 순으로 저장이 되는데, 스택이라는 자료구조는 1을 먼저 꺼낼 수가 없어 3을 먼저 꺼내게 된다. 따라서 output 순서는 3, 2, 1 순이 된다. 이것을 스택 자료구조 라고 하고, 메서드는 실행될 때 이 하나의 스택이라는 자료구조로 만들어진 메모리를 생성해서 실행한 다. 메소드 내부에서 다른 메소드를 실행하면 스택에 저장된 상태에서 실행되기 때문에 스택처럼 먼저 실행된 메서드가 나중에 종료 된다.

```java
1. package chapter07;
2.
3. public class MethodOrder {
4.
5.     public static void main(String[] args) {
6.
7.         MethodEx me = new MethodEx();
8.
9.         me.one(); // 메서드 실행
10.
11.     }
12.
13. }
14.
15. class MethodEx {
16.
17.     void one() { // 1.
18.         two();
19.         System.out.println("one");
20.     }
21.
22.     void two() { // 2.
23.         three();
24.         System.out.println("two");
25.     }
26.
27.     void three() { // 3.
```

```
28.          System.out.println("three");
29.      }
30. }
```

[실행 결과]

```
three
two
one
```

이 예제는 main() 메서드에서 one() 메서드를 실행하고, one() 메서드는 two() 메서드를, two() 메서드는 three() 메서드를 실행한다. 실행 순서는 one() → two() → three() 인데, 출력결과를 보면 three → two → one 순으로 출력이 되었다. 위의 스택 자료구조를 다시 비교해 보자. 메서드도 스택처럼 나중에 실행된 메서드가 먼저 끝나게 된다.

이 실행 순서는 나중에 메서드가 여러 개 중첩된 소스를 보고 해석할 때 도움이 될 것이다. 다음 예제를 보고 실행순서를 그려보며 결과를 예상해보자.

```
1. package chapter07;
2.
3. public class MethodEx2 {
4.
5.    public static void main(String[] args) {
6.
7.        System.out.println(divide(pow(add(3, 3))));
8.
9.    }
10.
11.   static int add(int x, int y) {
12.       return x + y;
13.   }
14.
15.   static int pow(int x) {
16.       return x * x;
17.   }
18.
19.   static int divide(int x) {
20.       return x / 2 ;
21.   }
22.
23.
24. }
```

[실행 결과]

```
18
```

main() 메서드에서 실행문은 7번 라인 한줄 밖에 없다. println() 메서드 안에 divide() 메서드 안에 pow() 메서드, 그 안에 add() 메서드가 있다. 4개의 메서드가 중첩되어 있지만 밖에서부터 해석하는 것이 아니라 가장 안쪽부터 해석해야 한다. 메서드는 가장 나중에 실행된 것이 가장 먼저 실행이 끝난다. 실행이 끝나는 시점은 가장 안쪽 부터 add() → pow() → divide() → println() 순이다. add(3,3)은 두 매개변수를 더해서 리턴 하므로 pow(6) 이 되고, 이 메서드의 리턴값은 6*6 = 36이 되므로 divide(36) 이 되어 36 / 2를 리턴하므로, 최종적으로 println(18)이 된다. 프로그램 코드를 해석할 땐 중첩된 코드가 많아 복잡해 보이지만, 천천히 하나씩 따로 떼어 해석하는 연습을 하면, 금방 실력이 좋아지는 것을 느끼게 될 것이다.

📖 메서드 오버로딩

클래스 내에서 이름이 같은 메서드가 여러개 있을 수 있는데 이것을 오버로딩(overloading)이라고 한다. 단어의 의미만 보면 over 과하게, load 적재하다 사전적으로는 과하게 많이 적재한다는 의미이다. 조금 더 확장해서 생각해보면 같은 이름을 가진 메서드이면서 매개변수의 자료형, 매개변수의 개수, 순서 중에 하나 이상이 달라야 한다. 메서드 오버로딩이 필요한 이유는 매개변수를 다양하게 입력받게 하기 위함이다. 예를 들면 두 수의 곱을 구해주는 메서드를 만들어 보자.

```java
1. package chapter07;
2.
3. public class Overloading {
4.
5.     public static void main(String[] args) {
6.
7.         Operator op = new Operator();
8.
9.         System.out.println(op.multiply(4, 3));
10.
11.     }
12.
13. }
14.
15. class Operator {
16.
17.     int multiply(int x, int y) {
18.         return x * y;
19.     }
20. }

[실행 결과]

12
```

multiply() 메서드는 정수 타입의 매개변수 2개를 입력받아 두 변수의 곱을 리턴하는 메서드 이다. 실행 결과 역시 정상적으로 12가 출력된다. 여기까지는 아무런 문제가 없지만, 정수 타입이 아니라, 실수 타입의 곱을 구해야 한다면 이 메서드를 사용할 수 없다. 다른 메서드 이름으로 만들어도 상관없지만, 만약 2개의 매개변수가 둘다 정수이거나, 실수가 아니라, 정수, 실수라면 또 다른 이름의 메서드를 하나 더 만들어야 한다. 이렇게 되면 multiply라는 이름만으로 메서드를 관리하기가 힘들어진다. 그래서 같은 이름의 매개변수의 타입이나 개수, 순서만 다르게 처리할 수 있다. 이것을 오버로딩(overloading)이라고 한다.

```java
1.  package chapter07;
2.
3.  public class Overloading {
4.
5.      public static void main(String[] args) {
6.
7.          Operator op = new Operator();
8.
9.          System.out.println(op.multiply(4, 3));
10.         System.out.println(op.multiply(4.5, 3.5));
11.         System.out.println(op.multiply(4, 3.5));
12.         System.out.println(op.multiply(4.5, 3));
13.
14.     }
15.
16. }
17.
18. class Operator {
19.
20.     int multiply(int x, int y) {
21.         System.out.println("(int, int)");
22.         return x * y;
23.     }
24.
25.     double multiply(double x, double y) {
26.         System.out.println("(double, double)");
27.         return x * y;
28.     }
29.
30.     double multiply(int x, double y) {
31.         System.out.println("(int, double)");
32.         return x * y;
33.     }
34.
35.     double multiply(double x, int y) {
36.         System.out.println("(double, int)");
37.         return x * y;
38.     }
39. }
```

[실행 결과]

```
(int, int)
12
(double, double)
15.75
(int, double)
14.0
(double, int)
13.5
```

Operator 클래스에는 multiply 메서드가 총 4개가 있다. 모두 이름은 같지만 매개변수 타입이 다른 오 버로딩된 메서드들이다. 9~12라인에서 각 메서드를 실행해서 결과를 출력하고 있는데, 실행 결과를 보 면 모두 다른 메서드가 실행된 것을 알 수 있다. 대표적인 오버로딩 메서드는 여러분들이 지금까지 매 예제 마다 사용해 왔던 println() 메서드 이다. 이 메서드의 매개변수로 어떤 값들을 넣어도 전부 에러없 이 출력이 잘 된다.

```
1. package chapter07;
2.
3. public class Overloading2 {
4.
5.     public static void main(String[] args) {
6.
7.         System.out.println(1);
8.         System.out.println(5.5);
9.         System.out.println((long)100 );
10.        System.out.println("홍길동");
11.        System.out.println('a');
12.        System.out.println(true);
13.        System.out.println(new Overloading2());
14.        System.out.println(new int[5]);
15.
16.    }
17.
18. }
```

[실행 결과]

```
1
5 .5
100
홍길동
a
true
chapter07.Overloading2@28a418fc
[I@5305068a
```

어떤 값을 넣어도 출력이 되는 것을 알 수 있다. 객체는 알아볼 수 없는 형태로 출력되긴 했지만 에러없이 출력이 된다. 이클립스에서 컨트롤키를 누른 상태에서 println() 메서드를 클릭해보자.

```java
/**
 * Prints a double and then terminate the line.  This method behaves as
 * though it invokes {@link #print(double)} and then
 * {@link #println()}.
 *
 * @param x  The {@code double} to be printed.
 */
public void println(double x) {
    if (getClass() == PrintStream.class) {
        writeln(String.valueOf(x));
    } else {
        synchronized (this) {
            print(x);
            newLine();
        }
    }
}
```

새로운 탭으로 PrintStream class 클래스의 해당 println() 메서드로 이동될 것이다. 소스를 살펴보면 예상대로 오버로딩된 메서드들이 있는 것을 알 수 있다. 이클립스 우측에 Outline을 보면 이 클래스의 전체 구조가 한눈에 보인다.

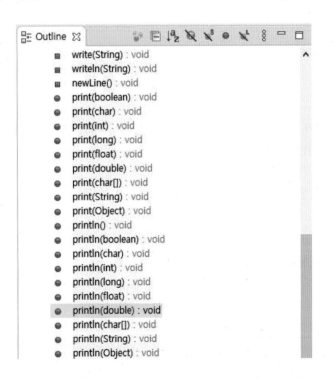

println() 메서드만 10개가 존재한다. 이제 왜 오버로딩이 필요한지 감이 올 것이다.

7.6 생성자

생성자(Constructor)는 new 연산자와 함께 객체를 생성할 때 사용한다. 지금까지 우리는 생성자를 알지 못했지만, 클래스를 이용해 객체를 생성할 때 항상 생성자를 사용해 왔다. 생성자는 메서드와 비슷하게 생겼지만, 클래스 이름과 생성자 이름이 동일해야 하고, 리턴값이 없어서, 리턴 타입을 아예 적어주지 않는다. 생성자는 객체가 생성될 때 가장 먼저 실행되므로, 객체 내의 필드(변수)를 초기화하거나, 객체를 사용하기 전에 준비하는 실행문을 생성자 블록 안에 넣는 경우가 많다. 즉 생성자의 용도는 객체의 초기화 목적이다.

생성자의 구조를 살펴보자.

클래스명 (매개변수...) {
초기화 실행문

...

}

생성자명이 곧 클래스명이다. 생성자도 매개변수가 있을 수도 있고, 없을 수도 있다. 중괄호로 블록이 구분되며, 리턴값은 존재하지 않는다.

기본 생성자

모든 클래스는 생성자가 반드시 하나 이상 존재한다. 지금까지 예제들은 생성자를 만든적이 없지만, 아무 기능도 없으며, 매개변수도 없는 생성자가 컴파일 시 자동으로 추가된다. 만약 여러분이 직접 생성자를 만들었다면 컴파일러는 추가하지 않는다. 뒤에 다시 나오지만, 만약 매개변수가 존재하는 생성자를 직접 작성한 경우 기본 생성자는 자동으로 추가되지 않는다.

Member.java

public class Member {
...
}

Member.class

public class Member {
public Member() { ⟶ 기본 생성자 자동 생성
}
...
}

Member라는 java 파일을 새로 만들고 생성자를 만들지 않았지만, 컴파일되어 class파일의 바이트코드로 변환되면 Member()라는 기본 생성자가 자동으로 추가된다. 그래서 우리는 객체를 생성할 때 기본 생성자를 실행해서 객체를 생성시킬 수 있다.

```
Member member = new Member();
```

new 연산자 뒤의 Member() 가 바로 기본 생성자이다.

📖 변수 초기화

기본 생성자가 아닌 직접 생성자를 정의할 수 있는데, 생성자는 메서드와 비슷하게 생겼으나, 리턴값이 없고, 생성자명이 클래스명과 동일하다. 생성자의 용도는 객체를 생성할 때 초기화하는 목적이다. Student라는 클래스로 객체를 생성할 때 필드를 초기화하는 예제를 살펴보자.

```
1. package chapter07;
2.
3. public class Student {
4.
5.     // 필드
6.     String name; // 학생명
7.     int grade; // 학년
8.     String department; // 학과
9.
10.     Student(String n, int g, String d) {
11.         name = n;
12.         grade = g;
13.         department = d;
14.     }
15. }
```

```
1. package chapter07;
2.
3. public class StudentMain {
4.
5.     public static void main(String[] args) {
6.
7.         Student stu = new Student("홍길동", 4, "소프트웨어공학");
8.
9.         System.out.println(stu.name);
10.         System.out.println(stu.grade);
11.         System.out.println(stu.department);
12.     }
13. }
```

[실행 결과]

홍길동
4
소프트웨어공학

Student 클래스의 10~14 라인이 생성자이고 이 생성자는 매개변수 3개를 입력받아 name, grade, department 세 개의 필드에 대입하고 있다. 즉 변수의 초기값을 세팅하고 있다. 객체가 생성될 때 필드의 초기값이 없으면 기본값으로 자동 설정되는데 이 생성자는 매개변수로 초기값을 설정해주고 있다. StudentMain 클래스에서는 7 라인에서 Student 객체를 생성했다. new 연산자 뒤에 생성자가 오는데 매개변수가 3개 있는 Student 클래스의 생성자 임을 알 수 있다. 이 "홍길동"과 4, "소프트웨어공학" 이 세개의 매개변수를 필드로 초기화 해줬기 때문에 9~11 라인의 출력결과가 실행 결과와 같이 출력된 것이다. 이번엔 StudentMain 클래스에서 새로운 객체를 추가해보자.

```
1. package chapter07;
2.
3. public class StudentMain {
4.
5.     public static void main(String[] args) {
6.
7.         Student stu = new Student("홍길동", 4, "소프트웨어공학");
8.
9.         System.out.println(stu.name);
10.        System.out.println(stu.grade);
11.        System.out.println(stu.department);
12.
13.        Student stu2 = new Student("이순신", 3, "디자인");
14.
15.        System.out.println(stu2.name);
16.        System.out.println(stu2.grade);
17.        System.out.println(stu2.department);
18.    }
19. }
```

[실행 결과]

홍길동
4
소프트웨어공학
이순신
3
디자인

stu 객체와 stu2 객체는 독립적인 객체이며 각 객체의 name, grade, department 필드에는 모두 다른 값들이 저장되어 있다.

이번엔 기본 생성자를 통해 객체를 생성해 보자.

```
1. package chapter07;
2.
3. public class StudentMain {
4.
5.     public static void main(String[] args) {
6.
7.         Student stu = new Student("홍길동", 4, "소프트웨어공학");
8.
9.         System.out.println(stu.name);
10.         System.out.println(stu.grade);
11.         System.out.println(stu.department);
12.
13.         Student stu2 = new Student("이순신", 3, "디자인");
14.
15.         System.out.println(stu2.name);
16.         System.out.println(stu2.grade);
17.         System.out.println(stu2.department);
18.
19.         // 기본 생성자로 객체 생성
20.         Student stu0 = new Student(); // 에러 발생
21.
22.     }
23. }
```

20 라인에서 Student() 기본 생성자로 객체를 생성하려고 하는데, 에러가 발생한다. 만약 매개변수가 있는 생성자를 정의한 경우는 기본 생성자가 자동으로 추가되지 않는다. 그래서 위 예제와 같이 Student(String name, int grade, String department) 생성자가 정의되면 Student() 생성자는 사용할 수 없으므로 직접 정의를 해줘야 한다.

```
1. package chapter07;
2.
3. public class Student {
4.
5.     // 필드
6.     String name; // 학생명
7.     int grade; // 학년
8.     String department; // 학과
9.
10.     Student(String n, int g, String d) {
11.         name = n;
```

```
12.        grade = g;
13.        department = d;
14.    }
15.
16.    // 기본 생성자
17.    Student() {
18.
19.    }
20. }
```

```
1. package chapter07;
2.
3. public class StudentMain {
4.
5.    public static void main(String[] args) {
6.
7.        Student stu = new Student("홍길동", 4, "소프트웨어공학");
8.
9.        System.out.println(stu.name);
10.       System.out.println(stu.grade);
11.       System.out.println(stu.department);
12.
13.       Student stu2 = new Student("이순신", 3, "디자인");
14.
15.       System.out.println(stu2.name);
16.       System.out.println(stu2.grade);
17.       System.out.println(stu2.department);
18.
19.       // 기본 생성자로 객체 생성
20.       Student stu0 = new Student();
21.
22.    }
23. }
```

Student 클래스에 생성자를 추가했다.(17~19 라인) 이제 StudentMain에서 기본 생성자로 객체를 생성해도 에러가 발생하지 않는다.

📖 생성자 오버로딩

앞에서 배웠던 메서드 오버로딩과 동일하다. 생성자는 객체를 초기화 할 때 필요한 다양한 매개변수들이 필요한데, 매개변수 타입이나 개수가 다른 동일한 이름의 생성자를 사용해 여러개를 정의할 수 있다.

```
1. package chapter07;
2.
3. public class Student {
4.
5.     // 필드
6.     String name; // 학생명
7.     int grade; // 학년
8.     String department; // 학과
9.
10.     // 1번 생성자
11.     Student() {
12.
13.     }
14.
15.     // 2번 생성자
16.     Student(String n) {
17.         name = n;
18.     }
19.
20.     // 3번 생성자
21.     Student(String n, int g) {
22.         name = n;
23.         grade = g;
24.     }
25.
26.     // 4번 생성자
27.     Student(String n, int g, String d) {
28.         name = n;
29.         grade = g;
30.         department = d;
31.     }
32. }
```

```
1. package chapter07;
2.
3. public class StudentMain {
4.
5.     public static void main(String[] args) {
6.
7.         Student stu1 = new Student(); // 1번 생성자
8.         Student stu2 = new Student("홍길동"); // 2번 생성자
9.         Student stu3 = new Student("홍길동", 4); // 3번 생성자
10.         Student stu4 = new Student("홍길동", 4, "소프트웨어공학");//4번 생성자
11.
12.     }
13. }
```

Student 클래스에서 총 4개의 생성자가 오버로딩 되어 있다. 매개변수에 따라 각각 다른 초기화 작업을 수행한다. StudentMain 클래스에서 4개의 객체를 생성하는데 각 생성자는 1번 ~ 4번 생성자 각각 다른 생성자를 이용해 객체를 생성하였다. 생성자 중에 이름과 학년을 매개변수로 받는 3번 생성자가 있는데, 이번엔 학과명과 학년을 매개변수로 받는 생성자를 추가해 보자.

```
 1. package chapter07;
 2.
 3. public class Student {
 4.
 5.     // 필드
 6.     String name; // 학생명
 7.     int grade; // 학년
 8.     String department; // 학과
 9.
10.     // 1번 생성자
11.     Student() {
12.
13.     }
14.
15.     // 2번 생성자
16.     Student(String n) {
17.         name = n;
18.     }
19.
20.     // 3번 생성자
21.     Student(String n, int g) {
22.         name = n;
23.         grade = g;
24.     }
25.
26.     // 4번 생성자
27.     Student(String n, int g, String d) {
28.         name = n;
29.         grade = g;
30.         department = d;
31.     }
32.
33.     // 학과와 학년을 매개변수로 받는 생성자 (에러 발생)
34.     Student(String d, int g) {
35.         department = d;
36.         grade = g;
37.     }
38. }
```

34~37 라인은 학과와 학년을 매개변수로 지정한 생성자인데, 에러가 발생한다. 이 생성자와 위 3번 생성자에 빨간 밑줄이 쳐지면서 에러 표시가 나타난다. 분명히 이름과 학과는 다른 변수인데, 마우스를 빨간 밑줄에 갖다대보면 중복됐다고 메시지를 보여준다. 왜 다른 변수인데, 중복되는 것일까?

```
Student(String n, int g) { ... }
Student(String d, int g) { ... }
```

이 두 생성자는 매개변수명은 분명히 다르지만 매개변수 타입과 순서가 완전히 동일하다. 매개변수는 이 생성자 안에서만 사용되는 지역변수 이름일 뿐, 자바 컴파일러는 이 매개변수가 이름으로 사용되는 지, 학과로 사용되는지 학년으로 사용되는지 중요하지 않다. 단지 매개변수 타입이 (문자열, 정수) 이기 때문에 에러가 발생 하는 것이다.

7.7 this

this 생성자

같은 클래스의 메서드를 실행할 수 있는것처럼 생성자간에도 서로 실행이 가능하다. 이때 생성자명 대신 this라는 키워드를 사용한다. 주의할 점은 다른 생성자를 실행할 때는 반드시 첫줄에서 실행해야 한다.

this 키워드가 사용되는 또 하나는 참조변수로서의 객체 자기자신을 가리킨다. 객체 외부에서 객체 내부의 멤버에 접근하기 위해 객체변수(참조변수)를 사용하듯이 객체 내부에서도 객체의 멤버에 접근하기 위해 this 키워드를 사용한다. 그냥 편하게 this는 "객체 자신"이라고 생각하면 된다.

```
 1. package chapter07;
 2.
 3. public class Car2 {
 4.
 5.     // 필드
 6.     String color;
 7.     String company;
 8.     String type;
 9.
10.     Car2() {
11.         this("white", "기아", "경차");
12.     }
13.
14.     Car2(String color, String company, String type) {
15.         this.color = color;
16.         this.company = company;
17.         this.type = type;
18.     }
19.
20.     Car2(String com, String t) {
21.         this("white", com, t);
```

```
22.      }
23.
24.     Car2(String t) {
25.         this("white", "기아", t);
26.     }
27.
28.     public String toString() {
29.         return color + "-" + company + "-" + type;
30.     }
31. }
```

```
1. package chapter07;
2.
3. public class Car2Main {
4.
5.     public static void main(String[] args) {
6.
7.         Car2 c1 = new Car2();
8.         Car2 c2 = new Car2("중형차");
9.         Car2 c3 = new Car2("현대", "대형차");
10.        Car2 c4 = new Car2("black", "기아", "화물차");
11.
12.        System.out.println("c1 = "+c1);
13.        System.out.println("c2 = "+c2);
14.        System.out.println("c3 = "+c3);
15.        System.out.println("c4 = "+c4);
16.
17.     }
18.
19. }
```

[실행 결과]

c1 = white-기아-경차
c2 = white-기아-중형차
c3 = white-현대-대형차
c4 = black-기아-화물차

Car2 클래스에 총 4개의 생성자가 있는데 this() 키워드를 사용해 매개변수가 3개인 생성자를 실행하고 있다. 그리고 매개변수가 3개인 생성자 14~18 라인을 보면 this.color, this.company, this.type 이라는 구문이 보인다. this는 객체 자신이기 때문에 자기 자신객체의 color 변수, company 변수, type 변수가 된다. 이렇게 this.을 붙인 이유는 매개변수 이름과 필드의 이름이 같은데, 구분하기 위해 this를 붙여 자기 자신 객체의 필드에 매개변수를 대입하였다. 이렇게 this는 메소드 내에서 선언한 변수와 인스턴스 변수의 이름이 같을 때 인스턴스 변수를 지정하기 위해서 사용한다. 메소드 내에서 변수 이름을 이용할 때 아무런 설정이 없으면 블록 내에서 먼저 찾고 블록에 없으면 바깥쪽 블록으로 이동하면서 찾는다. this를 붙이면 메소드 외부, 즉 자신의 클래스에 만든 변수 그리고 상위 클래스에 만들어진 변수 순서대로 찾는다. 객체를 초기화하거나, 필드에 값을 세팅 하는 경우 자주 사용되는 구문이니 기억해두도록 하자.

7.8 초기화 블록

초기화 블록은 static 초기화 블록과 인스턴스 초기화 블록이 있는데, static 초기화 블록은 클래스가 메모리에 로드될 때 한번만 실행된다. 인스턴스 초기화 블록은 객체가 생성될 때 마다 실행되는 블록이다. 여기서 블록은 중괄호 { 와 }를 의미한다. 초기화 블록은 이름 그대로 클래스를 초기화 할 때 사용한다. 앞에서 생성자도 초기화 용도로 사용된다고 했는데, 초기화 블록은 생성자 보다도 먼저 실행된다. 예제를 통해 실행되는 순서를 이해해 보자.

```
1.  package chapter07;
2.
3.  public class InitEx {
4.
5.      // 생성자
6.      InitEx() {
7.          System.out.println("생성자 호출");
8.      }
9.
10.     //static 초기화블럭
11.     static {
12.         System.out.println("클래스 초기화 블럭 실행");
13.     }
14.
15.     // 인스턴스 초기화 블럭
16.     {
17.         System.out.println("인스턴스 초기화 블럭 실행");
18.     }
19.
20.     public static void main(String[] args) {
21.         System.out.println("main 메서드시작");
22.         System.out.println("main init1 객체 생성");
23.         InitEx init1 = new InitEx();
24.         System.out.println("main init2 객체 생성");
25.         InitEx init2 = new InitEx();
26.     }
27. }
```

```
[실행 결과]

클래스 초기화 블럭 실행
main 메서드시작
main init1 객체 생성
인스턴스 초기화 블럭 실행
생성자 호출
main init2 객체 생성
인스턴스 초기화 블럭 실행
생성자 호출
```

앞에서 main()메서드가 가장 먼저 실행되는 시작점이라고 했었다. 자바 프로그램이 실행되면 실행되는 소스가 main() 메서드에 있는 소스인데, 이 예세를 보면 "main 메서드시작"이라는 문자열 출력보다 "클래스 초기화 블럭 실행" 문자열이 더 먼저 출력이 되었다. main() 메서드보다 static 중괄호 블록이 먼저 실행된 것이다. 이 static 블록은 처음 한번만 실행되고 그 후엔 실행되지 않는다. 처음 한번만 메모리에 로드되기 때문이다. 이 static 블록이 실행되고 나서야 비로소 main() 메서드가 실행되기 시작한다. "main 메서드시작"과 "main init1 객체 생성"이 출력되고 23 라인에서 init1이라는 객체를 생성하는데 이때 인스턴스 블록이 실행되며 "인스턴스 초기화 블록 실행"이 출력 되었다. 생성자 보다 먼저 실행된 것이다. 다음에 "생성자 호출"이 출력되고, 다시 main() 메서드에서 "main init2 객체 생성"이 출력되고, init2 객체를 생성하는 new InitEx()에서 생성자 호출 전에 "인스턴스 초기화 블록 실행"이 다시 한번 출력 되었다. 인스턴스 블록은 객체 생성 시 마다 생성자 보다 먼저 실행되는 블록이기 때문이다.

정리하면, 초기화 블록은 static이 붙은 블록과 그렇지 않은 블록이 있는데, static은 '정적인, 고정된' 이라는 뜻으로 클래스의 고정된 멤버이다. 주의할 점은 객체 생성 없이도 실행되기 때문에, 블록 내에 인스턴스 변수나, 인스턴스 메서드를 사용할 수 없다. 또한 this 키워드도 사용할 수 없다. static 블록이나 메서드는 객체 생성 시점이 아니라 클래스를 메모리에 로드될 때 고정되기 때문에 객체 자신을 가리키는 this를 사용할 수 없다.

```
1. package chapter07;
2.
3. public class InitEx2 {
4.
5.     // static 변수
6.     static int sVar;
7.     // static 메서드
8.     static void sMethod() {
9.
10.    }
11.
12.    // 인스턴스 변수
13.    int var;
14.    // 인스턴스 메서드
```

```
15.      void method() {
16.
17.      }
18.
19.      //static 초기화블럭
20.      static {
21.          sVar = 0 ; // static 변수
22.          sMethod(); // static 메서드
23.
24.          // 에러(인스턴스 변수,메서드 사용 불가)
25.          var = 0 ; // 인스턴스 변수
26.          method(); // 인스턴스 메서드
27.      }
28.
29.      // static 메서드
30.      static void sMethod2() {
31.
32.          // 에러 (static 메서드에서 this 키워드 사용불가)
33.          this.sVar = 0 ; // static 변수
34.          this.sMethod(); // static 메서드
35.      }
36.
37.
38. }
```

static 초기화 블록은 주로 클래스 변수(static 변수)의 초기화 목적으로 많이 사용하고, 인스턴스 초기화 블록은 인스턴스 변수의 초기화를 주로 담당한다. 하지만 생성자도 인스턴스 변수의 초기화로 많이 사용되기 때문에 인스턴스 블록은 자주 사용하지 않는 편이다.

7.9 패키지

패키지는 폴더라고 생각하면 쉽게 이해할 수 있다. 우리가 포장한다고 할 때 패키징한다고 말한다. 자바에서 클래스들을 폴더 별로 묶어서 관리하기 위한 단위라고 보면 된다. 원래 클래스의 이름은 패키지명까지 포함된다. 사실 정확히 얘기하면 String 클래스의 이름은 String이 아니고 java.lang.String이다. 그래서 클래스의 이름을 식별하기 위한 식별자이기도 하다. 즉, 클래스명이 같아도 패키지 명이 다르면 (다른 폴더에 있으면) 다른 클래스 이다. 우리가 한 폴더에 같은 파일명은 보관할 수 없지만, 다른 폴더에는 보관할 수 있는 것과 같은 원리다.

패키지를 상위, 하위로 구분하기 위한 기호는 도트(.)을 사용해서 다음과 같이 표현한다.

상위패키지. 하위패키지.클래스명

```
com.test.Member.class
com.abc.Member.class
```

Member.class 파일명은 같지만 위 이름은 com이라는 폴더 안에 test라는 폴더 안에 있는 Member.class이고, 아래는 com이라는 폴더 안에 abc라는 폴더 그 안에 있는 Member.class이다.

패키지 선언은 반드시 파일 제일 윗 줄에 선언해야 한다. 하나의 파일에 여러개의 클래스가 존재하는 경우도 같은 패키지의 클래스이다. 패키지 선언 후 자바 파일을 클래스로 컴파일하게 되면 자동으로 패키지 구조에 맞는 폴더가 자동으로 생성된다.

```
package test1.test2.test3;

public class 클래스명 {
    ...
}
```

예를 들어 위와 같이 패키지를 선언하면 이 클래스는 test1이라는 폴더를 생성하고 그 안에 test2폴더를 또 그 안에 test3 폴더를 생성하고 그 안에 컴파일한 클래스파일을 생성한다.

패키지 이름을 작성하는 규칙이 몇 가지 있다.

* 숫자로 시작할 수 없고, _,$외 특수문자 사용 불가
* 관례적으로 소문자로 작성
* 회사에서는 회사 도메인으로 많이 사용

변수 명명규칙과 비슷하기 때문에 역시 그냥 영문 소문자로 지으면 큰 문제 없이 사용할 수 있고, 만약 잘 못 작성했다면 이클립스에서 바로 알려주니 걱정할 필요 없다. java로 시작하는 패키지명은 java에서 제공하는 기본 API에서 이미 사용 중이기 때문에 쓸 수 없다.

import

같은 패키지에 있는 클래스들은 아무 코드 없이 객체를 생성하거나 사용할 수 있지만, 다른 패키지에 있는 클래스를 사용하려면 패키지의 이름까지 전부 기술해야 사용할 수 있다. 현재 작업하고 있는 패키지 chapter07 밑에 test라는 패키지를 생성해서 클래스파일을 생성해보자.

```
package chapter07.test;

public class TestPackage {

    public void method() {
        System.out.println("chapter.test 패키지의 TestPackage 클래스");
    }

}
```

이 TestPackage 라는 클래스는 main() 메서드가 없고, method()라는 메서드 하나만 존재하는 클래스이다. 이 클래스는 실행하기 위한 클래스가 아니라 다른 곳에서 사용되기 위한 클래스이다. 패키지는 가장 상단에 chapter07.test 라고 선언되었으며 실제 폴더구조를 보면 해당 폴더가 그대로 생성되어 있다.

자바파일은 src/chapter07/test 폴더에, 클래스파일은 bin/chapter07/test 폴더에 있는 것을 확인
할 수 있다. 이제 이 클래스를 다른 패키지에 있는 클래스에서 사용해 보자.

```
1. package chapter07;
2.
3. public class PackageEx {
4.
5.     public static void main(String[] args) {
6.
7.         chapter07.test.TestPackage test = new chapter07.test.TestPackage();
8.         test.method();
9.
10.     }
11.
12. }

[실행 결과]

chapter.test 패키지의 TestPackage 클래스
```

PackageEx 클래스는 chapter07 패키지에 있는 클래스이다. 위에서 만든 TestPackage 클래스와는
다른 패키지(폴더)에 있는 것이다. 같은 패키지에 있다면 패키지명을 다 써주지 않아도 되지만, 다른 패
키지에 있기 때문에 클래스명을 사용할 때 예제처럼 패키지명까지 전부 풀네임으로 작성해야 한다. 하
지만 패키지 구조가 더 깊어지거나 패키지이름이 길어지면 이런식으로 코드를 작성하면 너무 지저분해
지고, 코드 작성도 어렵기 때문에 사용하고 싶은 클래스를 import 문을 이용해서 정의할 수 있다.
import라는 단어는 수입이라는 뜻이 있다. im(안에) + port(항구) 항구 안으로 들어오는 것을 수입이라

고 단어를 지은것이다. 반대말은 ex + port 수출이다. IT쪽에서 import는 다른 모듈이나 프로그램을 사용하기 위해 불러올 때 사용하고, 내보낼 때 export를 사용한다. 자바에서도 다른 클래스를 사용하기 위해 불러올 때 import 키워드를 사용한다.

```
1. package chapter07;
2.
3. import chapter07.test.TestPackage;
4.
5. public class PackageEx2 {
6.
7.     public static void main(String[] args) {
8.
9.         TestPackage test = new TestPackage();
10.        test.method();
11.
12.     }
13.
14. }

[실행 결과]

chapter.test 패키지의 TestPackage 클래스
```

3 라인에 import chapter07.test.TestPackage; 라는 코드가 추가 되면서, 9라인을 보면 이전 예제처럼 패키지명을 전부 쓰지 않고, 클래스명만 적어주면 사용할 수 있다. 위 예제는 chapter07.test 패키지 안에 TestPackage라는 클래스를 import 한 것인데, 만약 test 패키지 안에 다른 클래스도 사용하려면 import문을 하나 더 정의해야 한다.

```
import chapter07.test.TestPackage;
import chapter07.test.TestPackage2;
```

이럴 때 클래스명 대신 *를 사용하면 해당 패키지의 모든 클래스를 import 하겠다는 의미가 된다.

```
import chapter07.test.*;
```

이렇게 선언하면 TestPackage, TestPackage2 클래스 모두 사용할 수 있게 된다. 주의할 점은 *이 모든 클래스를 의미하지만 하위 패키지까지 포함하지 않는다는 것이다.

```
import chapter07.*
```

이 구문은 chapter07 패키지 안에 있는 모든 클래스를 사용하겠다는 의미이지 chapter07 아래 있는 test 패키지의 클래스까지 포함하지 않는 다는 것이다. 만약 두 패키지 모두 사용하고 싶다면 아래와 같이 두 개의 import 문을 작성해야 한다.

```
import chapter07.*
import chapter07.test.*
```

프로그램 작성 시 패키지명을 생략 가능한 경우는 아래 세가지이다.

1. 작성 중인 클래스와 사용하고자 하는 클래스가 같은 패키지에 존재하는 경우

2. 상단 import 구문에 정의되어 있는 경우

3. java.lang 패키지에 있는 클래스를 사용하는 경우

우리가 지금까지 자주 사용해왔던 String 클래스나 System 클래스는 같은 패키지에 있지도 않고, import 도 하지 않았지만, 패키지명 없이 사용 가능한 이유는 자바 설치 시 같이 설치된 java.lang 이라는 패키지에 있는 클래스이기 때문이다.

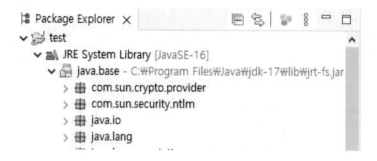

이클립스의 package explorer의 현재 작업 중인 test라는 프로젝트의 JRE (Java Runtime Environment) System Library를 눌러보면 java.base 안에 java.lang 패키지가 보인다. 이 안에 String, System 외에도 무수히 많은 클래스들이 존재한다. 자바에서 기본 제공하는 클래스들이다. 뒤에서 자주 사용하는 기본 클래스들을 다시 살펴보도록 하자.

팁으로 이클립스에서 코딩하다보면 자바 기본 클래스 외에도 무수히 많은 클래스들을 import 하게 되는데, 모든 패키지를 다 외울 수 없으니 자동으로 import 해주는 단축키는 기억해두자. 위 3가지 조건에 해당되지 않는 경우 이클립스는 에러를 표시해주는데, 이 때, ctrl + shift + o 를 누르면 자동으로 import를 해준다. 만약 동일한 클래스명이 다른 패키지에도 존재하는 경우 직접 원하는 패키지를 선택

할 수 있는 팝업이 뜨며 선택할 수 있다. 아주 자주 사용하는 단축키이므로 잊지 말도록 하자.

module-info.java

앞에서 처음 test 프로젝트를 생성할 때, module-info.java 파일을 생성하지 않고, 프로젝트를 생성했었는데, 이 module-info 파일을 사용하면 다른 프로젝트에 있는 클래스를 import 해서 사용할 수 있다.

지금 실습 중인 test라는 프로젝트에서 새로 만든 프로젝트의 클래스를 사용하는 예제를 작성해볼 것이다. 그럼 먼저 test2라는 이름으로 새로운 프로젝트를 생성해보자.

프로젝트 생성 중 아래 그림과 같이 module-info.java 파일을 생성하겠냐고 물어보면 Create 버튼을 눌러 생성한 후, 아래 내용처럼 작성해 보자.

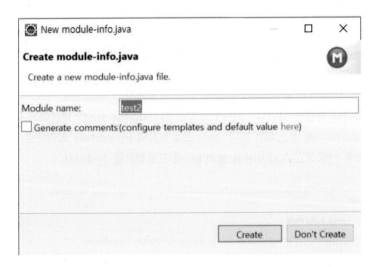

▸ module-info.java (test2)

```
module test2 {
    exports test2;
}
```

이 파일은 test2 프로젝트의 test2 패키지를 외부 프로젝트에서 사용할 수 있도록 설정한 것이다. 그럼 test2 패키지안에 클래스를 만들어 보자.

```
1. package test2;
2.
3. public class Member {
4.     public void test() {
```

```
5.            System.out.println("test2 프로젝트의 Member");
6.      }
7. }
```

다음은 test 프로젝트의 최상위 패키지 경로인 src 밑에 module-info.java 파일을 작성한다.

▶ module-info.java (test)

```
module test {
    requires test2;
}
```

우리는 test 프로젝트에서 test2 프로젝트의 Member 클래스를 사용할 것이기 때문에 위 test2 프로젝트의 module-info 파일에서는 exports라는 키워드를 사용해서 test2 패키지를 외부에서 사용가능하도록 설정한 것이고, test 프로젝트의 module-info 파일에서는 requires 키워드를 사용해서 test2 패키지를 사용하겠다고 설정한 것이다. 그런데 아직은 이 requires test2 부분에서 에러가 나는데, 프로젝트에서 module path를 설정해야 한다. test 프로젝트의 Properties 화면으로 이동해 아래 화면에서 Modulepath를 선택하고 Add 버튼을 눌러 test2 프로젝트를 선택하자.

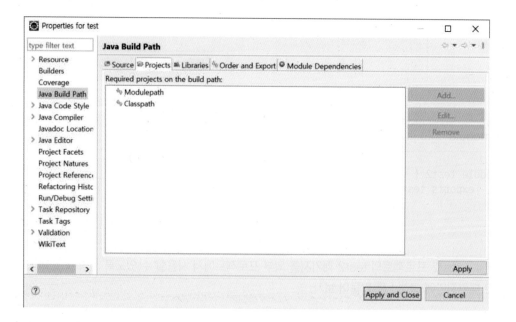

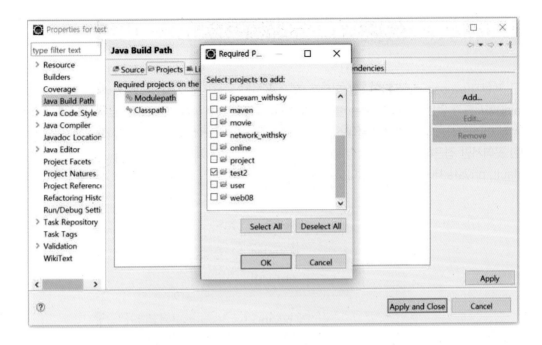

다음은 test2 프로젝트의 Member 파일을 불러서 사용하기 위한 파일을 작성해서 실행해 보자.

```
1. package chapter07;
2.
3. import test2.Member;
4.
5. public class ModuleTest {
6.
7.     public static void main(String[] args) {
8.         Member m = new Member();
9.         m.test();
10.    }
11.
12. }

[실행 결과]

test2 프로젝트의 Member
```

3라인의 import 구문은 test 프로젝트가 아닌 test2 프로젝트의 test2.Member 클래스를 import 한 것이다. 실행결과를 확인해보면 정상적으로 test2.Member 클래스의 test() 메서드가 실행된 것을 확인할 수 있다. 이 module-info.java를 사용한 기능은 jdk 1.9 이상 버전에서 사용할 수 있다.

7.10 접근 제한자

접근 제한자(access modifier), 말 그대로 접근 제한하는 용도로 사용 한다. 자바 어플리케이션은 main()메서드가 없는 직접 실행하는 클래스가 아닌, 다른 곳에서 사용되는 클래스로 만들어진다. 라이브러리 형태로 사용되는 것이다. 클래스를 설계할 때 다른 아무 곳에서나 접근해서 사용할 수 있거나 지정한 곳에서만 접근해서 사용 가능할 수 있도록 설계한다. 접근 제한자의 종류는 public, protected, default, private 네가지 종류가 있다.

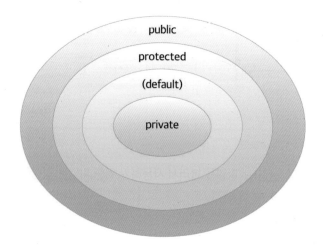

이 그림에서 보듯이 public이 가장 넓은 범위로 순서는 public → protected → default → private 순이다. 먼저 public은 단어 그대로 공용의 의미이다. 아무나, 어디에서도 사용 가능하다는 의미이다. protected는 같은 패키지이거나, 뒤에서 배울 상속관계의 클래스에서 사용 가능하고, default는 같은 패키지에서만 사용 가능하다. 가장 안쪽의 private은 개인적인이라는 의미로 같은 클래스 내에서만 사용 가능하다. 표를 통해서 확인해 보자.

접근 제한자	접근 제한 범위			
	모든 클래스	상속관계	동일패키지	동일클래스
public	O	O	O	O
protected	X	O	O	O
(default)	X	X	O	O
private	X	X	X	O

가장 많이 사용하는 접근 제한자는 public, private이다. 우선 이 두개를 정확히 기억해 두자. public은 공용이라는 뜻이므로 아무데서나 다 사용할 수 있고, private은 반대로 개인적인 것이기 때문에 해당 클래스 내부에서만 사용할 수 있도록 개인화 하는 것이다. default를 괄호로 표기해놓은 이유는 접근제한자를 아무것도 적지 않는 경우를 말한다. 반대로 얘기하면 접근제한자가 없으면 default 접근 제한자라는 얘기다. default와 protected는 공통적으로 같은 패키지인 경우 사용 가능한데, protected만 뒤에서 배울 상속관계(정확히 얘기하면 자식 클래스)에서 사용 가능하다.

접근제한자를 사용할 수 있는 곳은 클래스, 메서드/생성자, 변수에 모두 사용할 수 있는데 이중 파일 이름으로 만들어진 클래스는 public과 default만 사용 가능하다. 하나의 파일에 여러 개의 클래스를 작성하는 경우 public class는 하나만 만들어야 하며 이 클래스가 파일의 이름이 되어야 한다. private과 protected는 클래스 안에 만들어지는 내부 클래스에서만 사용이 가능하다.

```
1. package chapter07.test;
2.
3. public class ClassA {
4.
5.     public static void main(String[] args) {
6.
7.         ClassB cb = new ClassB();
8.         cb.print();
9.
10.     }
11.
12.     public void print() {
13.         System.out.println("여기는 ClassA");
14.     }
15.
16. }
17.
18. class ClassB {
19.     void print() {
20.         System.out.println("여기는 ClassB");
21.     }
22. }
```

[실행 결과]

여기는 ClassB

ClassB는 접근제한자가 생략되어 있다. default라는 얘기다. 그래서 같은 패키지에 있는 ClassA의 main() 메서드에서 ClassB를 사용할 수 있다. 이번엔 다른 패키지에 클래스를 생성해 보자.

```
 1. package chapter07.test.test2;
 2.
 3. import chapter07.test.*;
 4.
 5. public class ClassC {
 6.     public static void main(String[] args) {
 7.
 8.         ClassA ca = new ClassA();
 9.         ca.print();
10.
11.         ClassB cb = new ClassB(); // 접근제한자 때문에 에러
12.
13.     }
14. }
```

ClassC가 있는 패키지는 chapter07.test.test2이다. ClassB 클래스와는 다른 패키지에 있기 때문에 chapter07.test 패키지에 있는 default 접근 제한자인 ClassB를 사용하려고하면 에러가 발생한다. (11 라인)

클래스 외에도 생성자나 메서드, 변수에도 4가지 접근 제한자를 모두 사용할 수 있다. 특히 생성자에 접근 제한자를 활용하면 객체 생성을 어디에서 가능하도록 제어할 수 있게 된다. 특히 생성자를 정의하지 않아 자동으로 생성된 기본 생성자는 해당 클래스의 접근 제한자와 동일하게 생성된다. 자주 사용되는 public과 private 접근제한자만 잘 기억하고 나머지는 코딩하다 보면 자연스럽게 외워 질테니, 너무 어렵게 생각하지말자. 초반 실수는 이클립스가 친절하게 알려줄테니...

7.11 싱글톤

앞에서 배운 접근제한자 중 private 접근 제한자를 활용해서 싱글톤(singleton)을 배워보자. 자바 프로그램에서 객체의 무분별한 생성을 막기 위해 싱글톤을 사용하는데, 객체를 생성할 때 new 연산자를 이용해 생성하게 되면, 이 때 실행된 횟수만큼 새로운 객체가 생성되기 때문에 시간이 흐르면 흐를수록 메모리가 부족해지거나, 시스템이 느려지는 현상이 생길때가 있다. 이럴 때 특정 클래스는 하나의 객체만 생성되도록 프로그래밍을 하는 기법이 있는데, 이를 싱글톤 기법, 이 객체를 싱글톤 객체라고 부른다. 이렇게 클래스가 객체를 생성하는 방법을 별도로 정의하는 것을 디자인 패턴(Design Pattern)이라고 한다.

new 연산자는 생성자를 통해 객체를 생성하므로, 생성자에 private 접근 제한자를 붙여 외부 클래스에서는 실행할 수 없도록 제한을 둔다. private은 클래스 내부에서만 실행할 수 있으므로, static 변수로 객체를 생성해 두는 것이다. 그리고 static 메서드를 통해 이 객체를 리턴하도록 정의하면 단 하나의 객체만 생성해서 사용하게 된다. 싱글톤 객체를 생성하는 예제를 확인해 보자.

```
1.  package chapter07;
2.
3.  public class Singleton {
4.
5.      // static 변수
6.      private static Singleton instance = new Singleton();
7.
8.      // 생성자에 private 접근 제한자
9.      private Singleton() {
10.         System.out.println("객체 생성");
11.     }
12.
13.     // static 메서드
14.     public static Singleton getInstance() {
15.         System.out.println("객체 리턴");
16.         return instance;
17.     }
18. }
```

6 라인에 private 접근 제한자를 갖는 static 변수로 instance 변수에 객체를 생성하였다. new Singleton() 은 생성자로 9 라인에 private으로 선언했기 때문에 해당 클래스 내부에서만 실행이 가능하다. 이 static 변수는 클래스가 로드될 때 초기 한번만 실행되기 때문에 이미 객체는 생성되어 공유할 수 있는 변수가 되어 있는 것이다. 객체가 생성되는 시점을 확인하기 위해 10 라인에 "객체 생성"이라고 출력하였고, getInsatnce() 메서드는 public 접근제한자로 외부에서는 이 메서드를 통해서만 이미 만들어 놓은 객체를 가져갈 수 있도록 정의했다. 이 메서드 역시 static 메서드로 객체 생성 없이 직접 호출할 수 있는 메서드이다. 이 클래스를 사용하는 SingletonMain 클래스를 확인해보자.

```
1.  package chapter07;
2.
3.  public class SingletonMain {
4.
5.      public static void main(String[] args) {
6.
7.          //Singleton s = new Singleton(); // 에러 발생
8.
9.          Singleton s1 = Singleton.getInstance();
10.         Singleton s2 = Singleton.getInstance();
11.         Singleton s3 = Singleton.getInstance();
12.
13.     }
14.
15. }
```

```
[실행 결과]

객체 생성
객체 리턴
객체 리턴
객체 리턴
```

SingletonMain 클래스의 main() 메서드에서 Singleton 클래스의 객체를 생성하려고 하면 에러가 난다. new 연산자 뒤의 생성자가 private 접근 제한자이기 때문이다. 그래서 static 메서드인 getInstance() 메서드를 통해 s1, s2, s3 객체에 각각 대입했다. 실행 결과를 보면 "객체 생성"이라는 문자열은 생성자에서 출력하는데, 초기 한번만 출력됐고 나머지는 "객체 리턴"만 출력 됐다. 이 s1, s2, s3는 변수명은 다르지만 모든 같은 객체이다. 참조 자료형이기 때문이다.

싱글톤이 만능은 아니다. 객체가 무분별하게 생성되지 않고, 메모리도 절약할 수 있어 좋은게 아닐까? 생각될 수 있는데, 모든 객체를 싱글톤으로 개발하지는 않는다. 회원정보를 처리하는 예를 들어보자. Member 클래스로 각 회원의 객체를 생성해야 하는데, 회원 100명을 하나의 객체에 담을 수 없다. 100개의 객체에 담아야 모두 다른 회원의 값이 저장되기 때문이다. 싱글톤은 보통 기능적인 요소가 많은 클래스, 유틸 등에 많이 사용된다.

7.12 final

final은 마지막이라는 뜻이 있다. 의미 그대로 final 변수는 마지막 변수라는 뜻이다. 다른 값으로 변경할 수 없다는 뜻이다. final 키워드는 클래스, 메서드, 변수 앞에 붙일 수 있다. 클래스와 메서드 앞에 붙은 final 키워드는 뒤에서 다시 자세히 다룰테니 이번 챕터에서는 간단히 읽고 넘어가도록 하자.

final 클래스

마지막 클래스로 상속이 불가능한 클래스이다. 부모한테 자식에게 물려줄 수 있는 상속관계가 있는데, final 클래스는 더이상 자식에게 상속시킬 수 없다. 대표적인 final 클래스로는 String, Math가 있다. String 클래스를 상속받을 수 없다는 이야기다.

final 메서드

마지막 메서드로 재정의가 불가능한(오버라이딩) 메서드이다. 상속관계에서 자식은 부모의 메서드를 재정의(변경)할 수 있는데 final이 붙은 메서드는 변경할 수 없다.

final 변수, 상수

마지막 변수, 값이 변경되지 않는 변수이다. final 변수는 초기값을 지정한 후 변경 할 수 없는데 생성자에서 초기화하는 경우 변경이 가능하다.

```
1. package chapter07;
2.
3. public class FinalEx {
4.
5.     public static void main(String[] args) {
6.
7.         Final f = new Final();
8.         f.number = 200; // 에러
9.     }
10.
11. }
12.
13. class Final {
14.     final int number;
15.
16.     Final() {
17.         number = 100;
18.     }
19. }
```

Final 클래스의 14 라인에 final 키워드로 선언되어 있는데, 17라인의 생성자에서 number = 100으로 초기화 해주고 있다. 8라인은 f.number로 200이라는 값을 대입하려고하면 에러가 난다. final 키워드로 선언된 변수는 더 이상 값을 변경할 수 없다. final은 마지막이라는 뜻인데, 생성자를 통해 초기화를 가능하게 해준 이유는 객체마다 다른 값을 가질 수 있도록 하기 위함이다.

상수(static final)

상수란 항상 같은 수이다. 원주율처럼 이미 고정된 값은 변하지도 않고, 변하면 안되는 값이다. 이를 상수라고 부르며, 모든 곳에서 공유되야하는 값이다. 그래서 공유되기 위해 static을 마지막이기 때문에 final을 붙여 static final을 함께 쓴다. 인스턴스 블록에서도 초기값을 지정할 수는 있지만, 보통은 선언할 때 초기값을 지정해 준다. 그리고 상수는 관례적으로 변수명을 모두 대문자로 사용한다. 만약 두 단어 이상으로 연결되는 경우 단어와 단어 사이를 _로 구분한다.

```
1. package chapter07;
2.
3. public class ConstantEx {
4.
```

```
5.      static final double CARD_COMMISSION = 1.5 ;
6.
7.      public static void main(String[] args) {
8.
9.          System.out.println("원주율 : " + Math.PI);
10.         System.out.println("카드 수수료율 : " + CARD_COMMISSION);
11.         // CARD_COMMISSION = 1.8; // 에러
12.
13.     }
14.
15. }

[실행 결과]

원주율 : 3.141592653589793
카드 수수료율 : 1.5
```

5라인은 static final로 CARD_COMMISSION 이라는 변수에 1.5 실수값으로 초기화며 상수를 선언했다. 9라인은 Math라는 클래스의 PI라는 원주율 값이 담긴 상수를 출력해봤다. Math 클래스도 자바에서 기본제공하는 클래스이지만 상수를 모두 대문자로 정의해둔 것을 알 수 있다. CARD_COMMISSION은 카드 수수료율이 담긴 상수인데, 절대 변하지 않는 값은 아니다. 자주 변경되진 않겠지만 원주율처럼 불변의 값이라고는 할 수 없다. 카드사의 정책에 따라 가끔 바뀌는 경우가 생기기 때문이다. 그러면 왜 static final로 선언했을까. 카드 수수료율은 프로그램 중간 중간에 실수나, 또는 악의에 의해 변경되서도 안되는 값이다. 어떤 경우라도 현재 프로그램 내에서는 바뀌면 안되는 값이기 때문이다. 정말 카드사의 정책에 따라 수수료율이 조정이 된다면 상수의 초기값을 변경하는 것이 안전할 수 있다. 이렇게 절대로 변하지 않는 값이거나, 변하면 안되는 값인 경우 상수(static final)을 사용한다는 점을 기억하자. 그리고 static final은 클래스 내부의 메소드에서 입력 값을 제한해야 하는 경우에 입력값을 제한하거나 읽기 쉽게 만들기 위해서 주로 사용한다.

javadoc

javadoc은 주석과 유사하게 작성하며, 문서화 작업을 통해 다양한 포맷으로 출력할 수 있는 기능이다. 클래스나 필드, 메서드 등에 대한 설명문구를 작성하여 문서화 해서, 코드 유지보수나 관리를 위해 사용된다.

클래스(인터페이스)를 포함해서 모든 구성요소(필드, 메서드)에 사용가능하지만, 보통 실무에서는 메서드에 javadoc을 많이 사용하는데, 간단하게 사용방법을 알아보도록 하자.

먼저 javadoc을 작성하는 JavadocTest 클래스와 사용하기 위한 클래스 JavadocMain클래스를 작성해 보자.

▸ JavadocTest.java

```
1. package chapter07;
2.
3. public class JavadocTest {
4.
5.    /**
6.     * 두 배견수의 합 리턴
7.     * @param a
8.     * @param b
9.     * @return
10.    */
11.    public int add(int a, int b) {
12.        return a+b;
13.    }
14. }
```

▸ JavadocMain.java

```
1. package chapter07;
2.
3. public class JavadocMain {
4.
5.    public static void main(String[] args) {
6.        JavadocTest jdt = new JavadocTest();
7.        int a = 10;
8.        int b = 20;
9.        jdt.add(a, b);
10.    }
11. }
```

JavadocTest.java에서 메서드 위에 /** 작성 후 엔터를 누르면 자동으로 해당 메서드의 매개변수(@param)와 리턴(@return) 개수에 맞춰 자동완성이 된다. 이 안에 적절한 주석문구를 넣어주기만 하면 된다.

그리고 JavadocTest.java에서 9라인처럼 메서드를 호출하는 부분에서 .을 통해 코드를 보면 아래처럼 javadoc 구문들이 보이는 것을 알 수 있다.

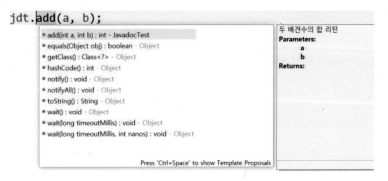

또는 이미 작성된 코드에서도 메서드명에 커서를 두고 F2키를 누르면 직접 해당 파일로 이동하지 않아도 메서드의 선언부와 javadoc 구문을 확인할 수 있게 된다.

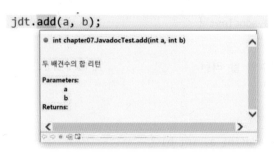

앞으로 자바 파일 개수가 많아져 여러 클래스파일이 존재하게 되면, 이렇게 javadoc을 사용해서 메서드에 적절한 설명문구를 넣어주면 실행되는 코드쪽에서 쉽게 메서드에 대한 설명을 확인할 수 있어, 코드작성에 도움이 된다.

제7장 연습문제

01 다음 중 클래스의 구성 멤버가 아닌 것은?

① 필드
② 생성자
③ 로컬 변수
④ 메서드

02 객체에 대한 설명으로 올바르지 않은 것은?

① 클래스를 new 연산자로 생성한다.
② 클래스는 객체를 생성하기 위한 설계도이다.
③ 생성자를 통해 객체를 생성한다.
④ 하나의 클래스는 하나의 객체만 생성 가능하다.

03 다음 표에 나와있는 필드를 갖는 Person 클래스를 작성하시오.

자료형	필드명	설명
String	name	이름
String	gender	성별
int	age	나이
int	height	키
int	weight	몸무게

04 생성자에 대한 설명으로 올바르지 않은 것은?

① 클래스에는 생성자가 반드시 하나 이상 포함 된다.
② 생성자는 오버로딩할 수 없다.
③ 모든 생성자는 클래스와 이름이 동일하다.
④ 생성자를 정의하지 않으면 컴파일러가 자동으로 기본 생성자를 추가한다.

05 메서드에 대한 설명으로 올바르지 않은 것은?

① 클래스 내에 특정 기능을 수행하는 역할을 한다.

② 리턴값은 있을 수도 있고, 없을 수도 있다.

③ 매개변수는 있을 수도 있고, 없을 수도 있다.

④ 리턴값이 없는 메서드는 리턴타입을 명시하지 않는다.

06 메서드 오버로딩이 무엇인지 서술하시오.

07 다음 코드에서 가장 나중에 실행이 종료되는 메서드는?

```
System.out.println(getAverage(getTotal(getScore())));
```

08 다음 예제의 실행 결과를 작성하시오.

```
1. package chapter07;
2.
3. public class Excercise8 {
4.
5.     public static void main(String[] args) {
6.
7.         String number = "123";
8.
9.         System.out.println("출력값 : " + add(number));
10.
11.     }
12.
13.     public static String add(String number) {
14.         return number + "456";
15.     }
16.
17. }
```

09 Excercise 클래스를 싱글톤으로 정의하려고 한다. 아래 주어진 코드에 Excercise의 getInstance()
메서드를 호출하면 싱글톤으로 객체가 리턴되도록 코드를 완성하시오.

```
1. package chapter07;
2.
3. public class Excercise9 {
4.
5.     public static void main(String[] args) {
6.
7.         Excercise ex1 = Excercise.getInstance();
8.         Excercise ex2 = Excercise.getInstance();
9.
10.        System.out.println("ex1 == ex2 : "+ (ex1 == ex2));
11.
12.    }
13.
14. }
15.
16. class Excercise {
17.
18.     // 코드 작성
19.
20. }
```

10 클래스 내부에서 자신의 주소를 참조하는 예약어는 [　　　　　] 이다.

11 다음과 같이 정의된 클래스를 작성하고, 객체를 생성해 메서드를 호출하시오.

클래스명 Math
메서드명 : max
　기능 : 매개변수로 입력받은 배열 값 중 최대값을 리턴
　매개변수 : 정수타입 배열
　리턴값 : 정수
메서드명 : min
　기능 : 매개변수로 입력받은 배열 값 중 최소값을 리턴
　매개변수 : 정수타입 배열
　리턴값 : 정수

실전 예제로 배우는 자바 프로그래밍

```
1. package chapter07;
2.
3. public class Excercise11 {
4.
5.     public static void main(String[] args) {
6.
7.         int[] arr = {9, 5, 24, 13, 3, 21};
8.
9.         Math m = new Math();
10.        int max = m.max(arr);
11.        int min = m.min(arr);
12.
13.        System.out.println("최대값 : "+max);
14.        System.out.println("최소값 : "+min);
15.
16.     }
17.
18. }
19.
20. class Math {
21.
22.
23. }

[실행 결과]

최대값 : 24
최소값 : 3
```

12 접근 제한자에 대한 설명으로 올바르지 않은 것은?

① private은 같은 패키지 내에서 접근할 수 있다.

② public은 어디서나 접근할 수 있는 접근 제한자이다.

③ 접근 제한자는 클래스나 필드, 생성자, 메서드에 지정할 수 있다.

④ 프로그램 실행시 시작점인 main 메서드는 반드시 public으로 선언해야 한다.

CHAPTER 08

상속
(부모에게 물려 받는 상속)

객체 지향 프로그래밍의 중요한 특징 중에 하나가 재사용성 이다. 이 재사용성을 가장 잘 나타내고 있는 부분이 바로 상 속이다. 상속은 부모로부터 클래스의 변수나 메서드를 물려 받는 것으로, 클래스를 만들 때 처음부터 모든 것을 새로 만 드는 것이 아니라, 부모로부터 물려 받고 추가 되는 것만 새 로 만들면 되는 것이다. 프로그램 관점으로 볼 때도 역시 프 로그램을 전부 개발하는게 아니라 추가되는 것만 개발하면 되니, 개발 시간도 단축되고, 이미 사용중인 프로그램을 재 사용하게 되니 안정성도 높아지게 된다.

8.1 클래스 상속

이미 만들어져 있는 클래스로 상속을 해주는 클래스를 부모 클래스, 또는 상위 클래스라고 부른다. 반대로 부모 클래스로부터 기존 변수나 메서드들을 그대로 물려받는 즉, 상속을 받는 클래스를 자식 클래스 또는 하위 클래스라고 부른다. 용어 또한 다양하게 사용되고 있으니 먼저 정리해보자.

상속 해주는 클래스	상속 받는 클래스
부모 클래스	자식 클래스
슈퍼 클래스	서브 클래스
상위 클래스	하위 클래스
베이스 클래스	파생 클래스

사람마다, 책마다, 자료마다 다르게 사용되는 경우가 많으니, 외우는것보다 개념적으로 이해하는 것이 중요하다. 또한 프로그래밍 언어에서의 상속이란 개념은 일상에서의 상속과 약간 다르다. 일상에서는 부모가 자식을 선택에서 물려주지만, 프로그래밍 언어에서는 자식이 부모를 선택하게 된다. 자식 클래스들에 공통된 부분이 있으면 공통된 부분을 중복해서 만들지 않기 위해서 부모 클래스를 만들어서 작성하는 것이므로 자식 클래스들이 부모를 생성하는 방식이라서 자식이 부모를 선택한다.

많이 사용할 만한 부모 클래스를 미리 만들어 둔 것이 바로 프레임워크나 라이브러리 등이다.

자바에서 상속을 정의할 때 extends라는 키워드를 사용한다. extend는 확장하다라는 의미로 부모에게 물려받는 것 외에 추가로 확장할 수 있다라고 이해하면 된다. 상속의 정의 방법은

```
class 자식클래스 extends 부모클래스 {
    ...
}
```

위와 같이 클래스를 정의한다.

📖 상속의 특징

1. 단일 상속만 가능 – 자식 클래스는 하나의 부모 클래스에서만 상속 받을 수 있다.
2. 자식 클래스를 객체로 생성할 때, 부모 클래스가 먼저 객체화 된다.
3. 모든 클래스는 Object 클래스로 부터 시작하는 상속관계의 하위 객체이다. – 모든 클래스의 가장 상위 클래스는 Object 클래스이다.

다음 예제는 부모 클래스가 Phone이고, 이 부모클래스를 상속받는 클래스기 SmartPhonc이라는 클래스이다. 그리고 SmartPhoneMain 클래스의 main() 메서드에서 부모 클래스와 자식 클래스의 객체를 각각 생성해서 변수 값도 변경하고 메서드도 실행하자.

▶ Phone.java

```
1. package chapter08;
2.
3. public class Phone {
4.
5.     String name;
6.     String color;
7.     String company;
8.
9.     void call() {
10.         System.out.println("전화를 건다");
11.     }
12.
13.     void receive() {
14.         System.out.println("전화를 받다");
15.     }
16.
17. }
```

▶ SmartPhone.java

```
1. package chapter08;
2.
3. public class SmartPhone extends Phone {
4.
5.     public void installApp() {
6.         System.out.println("앱 설치");
7.     }
8.
9. }
```

▶ SmartPhoneMain.java

```
1. package chapter08;
2.
3. public class SmartPhoneMain {
4.
5.     public static void main(String[] args) {
6.
7.         Phone p = new Phone();
8.         p.name = "전화기";
```

```
 9.          p.company = "현대";
10.          p.color = "화이트";
11.
12.          System.out.println("Phone 출력");
13.          System.out.println(p.name);
14.          System.out.println(p.company);
15.          System.out.println(p.color);
16.          p.call();
17.          p.receive();
18.
19.          SmartPhone sp = new SmartPhone();
20.          sp.name = "갤럭시";
21.          sp.company = "삼성";
22.          sp.color = "블랙";
23.
24.          System.out.println("SmartPhone 출력");
25.          System.out.println(sp.name);
26.          System.out.println(sp.company);
27.          System.out.println(sp.color);
28.          sp.call();
29.          sp.receive();
30.          sp.installApp();
31.
32.      }
33. }
```

[실행 결과]

```
Phone 출력
전화기
현대
화이트
전화를 건다
전화를 받다
SmartPhone 출력
갤럭시
삼성
블랙
전화를 건다
전화를 받다
앱 설치
```

이번엔 자바 파일이 세개라 조금 어려워 보일 수 있지만, 상속관계를 나타내기 위해 파일을 분리한 것이다. Phone → SmartPhone의 관계를 머리속으로 잘 그려놓고 소스를 확인해 보자. 먼저 Phone 클래스는 name, company, color 세 개의 변수와 call(), receive() 메서드 두 개를 가지고 있다. 메서드는 출력만 하는 단순한 기능으로 정의되어 있다. 이제 SmartPhone 클래스를 확인 해보자. 3 라인에 extends Phone 이라고 정의되어 있다. Phone 클래스를 상속받겠다는 의미이다. SmartPhone 클래스는 installApp() 이라는 메서드 하나밖에 없지만 실제로는 name, company, color, call(), receive() Phone 클래스에 있던 모든 구성 요소와 추가로 installApp() 까지 가지고 있는 것이다. extends (확장) 한 것이기 때문이다. 이제 SmartPhoneMain이라는 클래스는 이 두 클래스를 객체로 생성하고 있는데 먼저, 7~10 라인은 Phone 클래스를 p라는 객체로 생성해서 name, company, color 변수에 값을 대입했고 12~15라인은 p 객체의 변수를 출력하고 16,17 라인에서 p 객체의 메서드를 실행한다. 이제 19~22 라인은 SmartPhone 클래스의 객체를 sp 변수에 생성하고 마찬가지로 name, company, color 변수에 각각 값을 대입한다. 24~30 라인은 sp 객체의 변수를 출력하고 메서드를 실행했다. SmartPhone 클래스는 installApp() 메서드 밖에 없었지만 Phone 클래스에 있던 모든 변수와 메서드는 그대로 전부 사용할 수 있다. SmartPhone 클래스에 있는것처럼 말이다. 이 관계를 그림으로 그려보자.

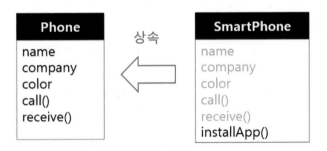

SmartPhone 클래스는 Phone 클래스를 상속 받는 관계를 표현할 때는 자식 클래스에서 부모 클래스 쪽으로 화살표 방향이 가도록 표현한다. SmartPhone 클래스의 회색 영역은 실제 구현되어 있지 않은 변수와 메서드지만 Phone 클래스로 부터 상속 받아 존재한다고 생각하면 된다. 그리고 부모-자식, 상위-하위 관계이지만 Phone 클래스의 p객체, SmartPhone 클래스의 sp 객체는 전혀 연관이 없는 별개의 독립적인 객체이다.

super

super는 자식 객체에서 부모 객체를 가리키는 참조변수이다.

```
super.변수명;
super.메서드명();
```

위 형태로 부모 객체의 변수와 메서드를 사용하게 된다. super.을 사용하게 되면 자신이 속한 클래스에서 찾지 않고 상위 클래스에서만 멤버를 찾게 된다.

또하나의 형태는 super() 인데, 괄호가 붙어서 메서드처럼 사용하고, 부모 객체의 생성자를 실행할 때 사용한다. 앞 챕터에서 배웠던 this와 super 모두 static 메서드에서는 사용할 수 없다. 따라서 main() 메서드 내에서도 사용할 수 없다.

```
 1. package chapter08;
 2.
 3. public class SuperEx {
 4.
 5.     public static void main(String[] args) {
 6.
 7.         Child child = new Child();
 8.         child.print();
 9.
10.     }
11.
12. }
13.
14. class Parent {
15.
16.     int number = 3;
17.
18.     Parent() {
19.         System.out.println("부모 객체 생성");
20.     }
21.
22. }
23.
24. class Child extends Parent {
25.
26.     int number = 2;
27.
28.     Child() {
29.         System.out.println("자식 객체 생성");
30.     }
31.
32.     void print() {
33.         int number = 1;
34.         System.out.println(number); // 메서드 지역변수 number
35.         System.out.println(this.number); // 자신 객체의 number
36.         System.out.println(super.number); // 부모 객체의 number
37.
38.     }
39. }
```

[실행 결과]

부모 객체 생성
자식 객체 생성
1
2
3

부모 클래스인 Parent 클래스는 number 변수가 3를 대입했고, Parent 클래스를 상속받고 있는 Child 클래스는 number 변수에 2를 대입했다. Child 클래스의 print() 메서드의 number 변수는 1로 대입되어 있다. 이 변수는 print() 메서드 안에서 선언된 것으로 Child 클래스의 인스턴스 변수 number와는 다른 변수이다. 이제 출력 결과를 확인해 보자. 먼저 "부모 객체 생성"이라는 출력 구문은 Parent 클래스의 생성자에서 정의되어 있는데, 이 예제는 Parent 객체를 생성하지 않았다. Child 객체만 생성했는데, 부모 클래스인 Parent() 클래스의 객체가 더 먼저 생성된 것을 알 수 있다. 그리고 나서 "자식 객체 생성"이라고 출력 됐으니 객체 생성 순서는 부모 객체 → 자식 객체 순이 된다. 그리고 print() 메서드에서 34 라인은 그냥 number 변수로만 출력하고 있는데, 변수 앞에 아무것도 붙이지 않으면 가장 가까이에 있는 메서드내 지역변수 number 1이 출력되었고, 35 라인은 this.number, this는 자기 자신 객체를 가리키는 참조변수라고 했다. Child 클래스의 객체 child의 인스턴스 변수 number의 값 2가 출력되고, 36 라인의 super.number의 super는 부모 객체를 가리키는 참조변수 이기 때문에 부모(Parent) 객체의 인스턴스 변수 number의 값 3이 출력되었다. 만약 이 예제에서 Child 클래스의 인스턴스 변수 number가 존재 하지 않는다면 this.number와 super.number는 동일한 값으로 출력된다.

```
1. class Child extends Parent {
2.
3.     // int number = 2;
4.
5.     Child() {
6.         System.out.println("자식 객체 생성");
7.     }
8.
9.     void print() {
10.         int number = 1;
11.         System.out.println(number); // 메서드 지역변수 number
12.         System.out.println(this.number); // 자신 객체의 number
13.         System.out.println(super.number); // 부모 객체의 number
14.
15.     }
16. }

[실행 결과]

부모 객체 생성
자식 객체 생성
1
3
3
```

12, 13 라인의 출력값이 동일하게 3으로 출력되는 것을 알 수 있다.

super()

super라는 키워드에 메서드처럼 ()가 붙어 있는데, 바로 부모 객체의 생성자를 의미한다. 이 super() 로 부모 객체의 생성자를 실행할 수 있는데, 아래 예제와 같이 부모 클래스의 생성자에 매개변수가 있는 경우 자식 클래스의 생성자에서 반드시 super() 로 부모 생성자를 실행해줘야 한다.

```
1. package chapter08;
2.
3. public class SuperEx2 {
4.
5. }
6.
7. class Parent2 {
8.
9.     String name;
10.
11.     Parent2(String name) {
12.         this.name = name;
13.     }
14.
15. }
16.
17. class Child2 extends Parent2 { // 에러 발생
18.
19.
20. }
```

부모 클래스인 Parent2 클래스는 기본 생성자가 없고, String 문자열을 매개변수로 받는 생성자만 존재한다. 객체를 생성할 때 생성자를 사용하는데, 지금 Parent2 클래스는 name을 매개변수로 넘겨줘야만 객체를 생성할 수 있는 것이다. 앞 예제에서 보았듯이 자식 클래스의 객체가 생성되기 전 부모 클래스의 객체가 먼저 생성된다는 것을 배웠다. 그래서 Child2의 생성자에서 반드시 부모 생성자를 실행해주어야 한다. Child2 클래스를 아래와 같이 수정해 보자.

```
1. class Child2 extends Parent2 {
2.
3.     Child2(String name) {
4.         super(name);
5.     }
6.
7. }
```

Child2 생성자에서 name 매개변수를 부모 클래스의 생성자 super(name) 형태로 실행한 것이다. 이제 에러가 사라졌다. 이 Child2 생성자가 반드시 매개변수를 받아야만 하는 것은 아니다. super() 에 매개변수만 전달해주면 된다. 앞의 예제들은 생성자를 따로 정의하지 않아도 정상적으로 컴파일도 잘 되고, 실행도 잘 되었는데, 이는 컴파일러가 자식 클래스의 기본생성자를 자동 생성할때 super()도 추가해서 컴파일한다는 것을 알 수 있다. 메서드 안에 메서드가 있는 경우 안 쪽 메서드가 먼저 실행이 끝나게 된다고 했다. 그래서 안쪽 메서드는 super()가 먼저 실행되어, 부모 객체가 먼저 생성되는 것이다.

8.2 메서드 재정의

상속관계에서 부모 클래스의 메서드를 자식 클래스가 변경해서 정의하는 것을 메서드 재정의 (overriding) 이라고 한다. overriding(오버라이딩)은 중단하다, 우선시 하다라는 의미를 가진 단어인데, 상속관계에서도 동일한 이름의 메서드를 자식 클래스가 똑같이 생성했다면 부모클래스의 메서드보다 우선적으로 적용된다. 메서드 재정의가 가능하려면 첫번째, 부모 클래스의 메서드와 자식 클래스의 메서드의 선언부가 동일해야 한다. 다르면 메서드 재정의가 아니라 오버로딩이 되기 때문이다. 두번째는 자식클래스의 재정의된 메서드의 접근 제한자가 부모 클래스의 메서드 접근제한자보다 사용 범위가 같거나 커야 한다. 예를 들어 부모 클래스의 메서드가 private 이라면 자식 클래스의 재정의된 메서드가 public이 가능하지만, 반대로 부모 클래스의 메서드가 public이라면 재정의된 메서드는 private으로 선언이 불가능하다. 다시 말하면, 부모 클래스에서 정의된 접근 제한자를 자식 클래스에서 더 좁은 제한자로 정의할 수 없다는 뜻이다.

▶ Car.java

```
1. package chapter08;
2.
3. public class Car {
4.
5.     String color;
6.     String name;
7.
8.     public void go() {
9.         System.out.println("전진");
10.    }
11.
12.    void back() {
13.        System.out.println("후진");
14.    }
15. }
```

▶ Taxi.java

```
1. package chapter08;
2.
3. public class Taxi extends Car {
4.
5.     public void go() {
6.         System.out.println("미터기를 켜고 전진");
7.     }
8. }
```

▶ TaxiMain.java

```
1. package chapter08;
2.
3. public class TaxiMain {
4.
5.     public static void main(String[] args) {
6.
7.         Taxi t = new Taxi();
8.         t.go();
9.
10.     }
11. }
```

[실행 결과]

미터기를 켜고 전진

이번 예제는 Car 클래스를 상속받는 Taxi 클래스를 생성하고 Taxi 클래스에서 go() 메서드를 재정의 했다. TaxiMain 클래스에서는 Taxi 클래스를 객체로 생성해서 go() 메서드를 실행한 것이다. 실행 결과는 재정의된 메서드가 우선 적용되어, Taxi 클래스에서 재정의된 go() 메서드의 "미터기를 켜고 전진"이 출력되었다.

처음 자바와 객체지향을 배울 때 오버라이딩과 오버로딩이라는 용어가 이름이 비슷해서 많이 혼동되는데, 표로 정리해서 살펴 보자.

구분	오버라이딩	오버로딩
관계	상속 관계	같은 클래스
메서드명	동일	동일
매개변수	동일	다름
리턴타입	동일	상관없음
접근 제한	같거나 넓은 범위	상관없음

조금 더 쉽게 기억할 수 있도록 오버로드, 로드(적재)를 오버한 것이다. 메서드에 2개의 매개변수만 넣을 수 있는데, 3개, 4개 오버해서 적재하는 경우는 오버로드(오버로딩), 오버라이트, overwrite는 덮어쓴다라는 뜻으로 부모의 메서드를 자식이 새로 정의해서 덮어 쓰는 것이 오버라이드(오버라이딩)이다. 조금 더 쉽게 기억할 수 있을것이다.

8.3 다형성

다형성, 영어로는 polymorphism, 한자로는 多形性이라고 한다. 먼저 용어의 의미를 정확히 이해하고 넘어가야 한다. ploymorphism은 poly + morphism의 합성어로 poly는 '다양한', '여러' 의 뜻인데, polyglot은 여러 언어를 할줄 아는 사람을 뜻한다. morphism은 사상(寫像) 베낄 사자에 모양 상자다 거울에 비친 상이라고 생각할 수 있는데, 형태를 뜻하는 morphology를 생각하면 쉽게 연상이 될 것이다. 다형성은 한자로는 多形性인데, 있는 그대로 의미를 해석해도 다양한 형태의 특성인데, 우리는 형태라는 말을 타입, 자료형으로 이미 배웠기 때문에, 다양한 자료형을 갖는 특성인 된다. 이렇게 용어의 의미를 정확히 이해해야 코드를 작성하고, 해석할 때 도움이 된다. 개념을 정확히 정리하고 넘어가자.

객체지향 프로그래밍 언어에서의 다형성에 대한 개념을 이해하려면 자료형과 상속 관계를 이해하고 있어야 하는데, 간단히 한마디로 정리하면,

"하위클래스 객체를 상위 클래스 자료형으로 변환이 가능하다"

우리가 변수와 자료형을 배울 때 작은 범위의 자료형은 큰 범위의 자료형으로는 자동형변환이 되고, 큰 범위의 자료형을 작은 범위의 자료형을 변환하려면 강제형변환을 해줘야 한다고 했다. int는 double로 자동형변환이 되지만, double을 int로 형변환하려면 강제형변환을 해야 하는 것이다.

```
int a = 10;
double b = a; // 자동형변환

double c = 10.5;
int d = c; // 에러

//강제형변환
int d = (int)c;
```

위 예에서 변수 a는 int 자료형이므로 변수 b에 대입이 된다. b에 들어가 있는 값을 출력해 보면 10.0이 나온다. 이번엔 double 자료형의 c 변수에 10.5를 넣고 정수 d에 담으면 에러가 난다. c 앞에 (int)를 넣어 강제형변환을 해줘야 한다. d를 출력해보면 10이 출력된다. 소수점 이하 0.5는 사라지게 된다. 이렇게 되는 이유는 double 자료형이 int 자료형보다 범위가 크기 때문이다. 이 범위가 넓다라는 개념을 상속관계에도 적용해 보자.

부모 클래스

```
  Parent          Phone

    ↑               ↑

  Child         SmartPhone
```

자식 클래스

앞의 예제들에서 봤던 상속관계의 클래스 들인데 Parent 클래스를 상속받는 Child 클래스와 Phone 클래스를 상속받는 SmartPhone 클래스가 있었다. 부모(상위) 클래스는 자식(하위) 클래스보다 상위에 있다. 더 넓은 범위인 것이다. 부모님은 자식보다 마음이 넓으신것처럼 클래스도 부모 클래스가 범위가 더 넓다. 이 상속관계에서의 범위를 잘 기억하고, 예제를 확인해보자. 앞에서 만들었던 예제파일과 클래스명이 겹치므로 패키지를 하위에 하나 더 만들어서 진행하였다.

▶ Parent.java

```java
1. package chapter08.poly;
2.
3. public class Parent {
4.
5.     String name;
6.
7.     void walk() {
8.         System.out.println("부모가 걷는다.");
9.     }
10.
11.     void run() {
12.         System.out.println("부모가 달린다.");
13.     }
14.
15. }
```

▶ Child.java

```java
1. package chapter08.poly;
2.
3. public class Child extends Parent {
4.
5.     String name;
6.
7.     // 재정의 메서드
8.     void run() {
```

```
9.            System.out.println("자식이 달린다.");
10.       }
11.
12.       // 추가된 메서드
13.       void eat() {
14.            System.out.println("자식이 먹는다.");
15.       }
16. }
```

▶ PolyEx.java

```
1. package chapter08.poly;
2.
3. public class PolyEx {
4.
5.       public static void main(String[] args) {
6.
7.            Child c = new Child();
8.
9.            c.run();
10.
11.           // 부모클래스의 자료형으로 선언 (자동형변환)
12.           Parent p = new Child();
13.           p.run(); // 재정의된 메서드가 실행
14.           // p.eat(); // 에러
15.
16.
17.      }
18.
19. }

[실행 결과]

자식이 달린다.
자식이 달린다.
```

부모(상위) 클래스는 Parent 클래스, 이 클래스를 상속받는 클래스는 Child 클래스이며, run() 메서드를 재정의하고 있다. PolyEx 클래스를 확인해보자. 7 라인에서는 Child 클래스 객체를 생성해서 9 라인에서 run() 메서드를 실행했다. 앞에서도 배웠던 자식(하위) 클래스에서 부모클래스에게 물려받은 메서드를 그대로 사용하지 않고 다시 정의해서 만든 재정의 메서드이다.(오버라이딩), 정상적으로 자식이 달린다 라고 출력되었다. 12 라인을 보면 자료형(타입)은 Parent 인데 객체는 Child() 생성자를 통해 생성된 Child 객체이다. Parent 클래스는 Child 클래스의 부모 클래스이기 때문에 더 넓은 범위의 자료형이라 형변환 코드 없이 자동으로 형변환 된 것을 알 수 있다. 이 p라는 객체는 Child 객체이지만, Parent 타입으로 변환된 것이다. 이것이 바로 다형성이 적용된 것이다. Child 객체는 Child 자료형이 될수도, Parent 자료형이 될 수가 있다. 이번엔 반대로 적용해보자.

```
1. package chapter08.poly;
2.
3. public class PolyEx2 {
4.
5.     public static void main(String[] args) {
6.
7.         Parent p = new Child();
8.
9.         p.run();
10.
11.         // 자식클래스의 자료형으로 변환 (강제형변환)
12.         Child c = (Child)p;
13.         c.eat();
14.
15.     }
16.
17. }
```

[실행 결과]

자식이 달린다.
자식이 먹는다.

PolyEx2 클래스는 Parent 자료형의 p 변수에 Child 객체를 대입하고. run() 메서드를 실행하면 "자식이 달린다."가 출력된다. 이 객체는 다시 자식클래스로 형변환이 가능한데, 이번엔 Parent 자료형을 Child 자료형으로 변환해야 한다. 넓은 범위 자료형을 좁은 범위 자료형으로 변환되어야 한다. 그래서 12 라인에서 Child 로 강제형변환을 적용했다. Child 자료형이기 때문에 Child 클래스에만 존재하는 eat() 메서드를 사용할 수 있게 된 것이다.

그런데 여기서 주의할 점은 12라인에서 변수 p가 원래는 Child 클래스의 객체였다가 Parent로 형변환된 객체라는 것이다. 이렇게 자식클래스의 객체가 부모클래스의 객체로 형변환된 경우에만 다시 자식클래스의 객체로 형변환이 가능하다. 만약 처음부터 Parent 클래스의 객체였다면 형변환 도중 에러가 발생하게 된다. 그래서 이 부분은 이클립스에서 미리 에러를 체크해 주지 못한다. 실행을 해봐야만 알 수 있는 에러이기 때문에 아래 예제를 통해 반드시 기억해 놓길 바란다.

```
12. package chapter08.poly;
13.
14. public class PolyEx3 {
15.
16.     public static void main(String[] args) {
17.
18.         Parent p = new Parent();
19.         p.run();
20.
```

```
21.        // 에러 발생
22.        Child c = (Child)p;
23.        c.run();
24.    }
25. }
```

[실행 결과]

```
부모가 달린다.
Exception in thread "main" java.lang.ClassCastException: class chapter08.poly.Paren
t cannot be cast to class chapter08.poly.Child (chapter08.poly.Parent and chapter08.
poly.Child are in unnamed module of loader 'app')
        at chapter08.poly.PolyEx3.main(PolyEx3.java:11)
```

위 예제를 실행해보면 실행 결과처럼 에러가 발생하게 되는데, 에레 메시지를 살펴보면, Parent 클래스는 Child 클래스로 변환할 수 없다고 나온다.

그런데 왜 다형성이라는 개념이 필요할까? 그냥 따로 자료형을 지정하면 될것 같은데, 부모 클래스의 자료형으로 사용하는 것인지 잘 이해가 되지 않을 것이다. 쉬운 예로, 조립 컴퓨터를 생각해보자. 여러 부품들이 모여 컴퓨터로 만들어 진다. 메인보드가 있고, 여기에 그래픽카드를 꽂아 사용한다. A사의 그래픽카드를 사용하다가 더 성능이 좋은 그래픽카드를 사용하려면 다른 회사의 그래픽카드를 사서 메인보드로 교체하면 된다. 다른 회사의 다른 모델의 그래픽카드라도 메인보드에 꽂기만 하면 된다. A사의 그래픽카드만 사용가능하다면 그래픽 기능을 업그레이드하기 위해 컴퓨터 부품 전체를 새로 구매해야 되는데, 우리는 그래픽카드라는 동일한 개념을 상위에 두고 A사의 그래픽 카드도, B사의 그래픽 카드도 메인보드 입장에서는 그냥 그래픽카드이다. 그래픽카드가 하는 일도 같고, 꽂는 위치도 같다. 이렇게 소프트웨어에서도 하드웨어 처럼 원하는 부품만 교체하듯이 개발할 수 있도록 만든 개념이 객체 지향 프로그래밍이고, 이 개념을 적용하기 위해 상속, 오버라이딩, 다형성 개념을 이용하는 것이다.

그래픽카드라는 부모클래스에 AMD, Nvidia라는 자식 클래스의 상속관계를 코드로 작성해보자.

▶ GraphicCard.java

```
1. package chapter08.poly;
2.
3. public class GraphicCard {
4.
5.     int memory;
6.
7.     public void process() {
8.         System.out.println("그래픽 처리");
9.     }
10.
11. }
```

▶ Amd.java

```java
1. package chapter08.poly;
2.
3. public class Amd extends GraphicCard {
4.
5.     public void process() {
6.         System.out.println("AMD 그래픽 처리");
7.     }
8.
9. }
```

▶ Nvidia.java

```java
1. package chapter08.poly;
2.
3. public class Nvidia extends GraphicCard {
4.
5.     public void process() {
6.         System.out.println("Nvidia 그래픽 처리");
7.     }
8.
9. }
```

▶ Computer.java

```java
 1. package chapter08.poly;
 2.
 3. public class Computer {
 4.
 5.     public static void main(String[] args) {
 6.
 7.         GraphicCard gc = new GraphicCard();
 8.         gc.process(); // 원래 그래픽카드 process
 9.
10.         gc = new Amd();
11.         gc.process();
12.
13.         gc = new Nvidia();
14.         gc.process();
15.
16.     }
17.
18. }
```

[실행 결과]

그래픽 처리

```
AMD 그래픽 처리
Nvidia 그래픽 처리
```

Amd 클래스, Nvidia 클래스는 모두 GraphicCard 클래스를 상속받고 있는 클래스이다. Computer.java 에서 7,8라인은 GraphicCard 객체를 생성해서 process() 메서드를 사용하는 소스인데, 이 GraphicCard 자료형의 gc 변수에 10 라인은 Amd 객체를 생성해서 대입하고 11 라인에서는 process() 메서드를 호출했다. 13 라인도 gc 변수에 Nvidia 객체를 생성해서 대입하고 process() 메서드를 호출하는 소스이다. 실행결과는 두 메서드 모두 재정의한 메서드이기 때문에 자식 클래스의 메서드가 실행된 것을 알 수 있다. 지금 이 Computer 클래스 예제는 비교하기 위해 한꺼번에 출력했지만, 객체지향 프로그래밍의 핵심 개념인 부품 교체하듯이 코딩하게 되면,

```
GraphicCard gc = new GraphicCard();
gc.process();
```

이 소스를

```
GraphicCard gc = new Amd();
gc.process();
```

또는

```
GraphicCard gc = new Nvidia();
gc.process();
```

형태로 변수의 타입은 그대로고, 객체 생성하는 연산자 부분만 업그레이드된 새로운 부품으로 교체하는 것처럼 간단히 수정할 수 있게 된다. 뒤에서 배울 인터페이스 부분에서도 같은 개념으로 다시 나오게 되니, 어렵더라도 우선, 지금은 자료형의 범위와 자동형변환, 강제형변환에 대한 개념으로 정리하고 넘어가자.

🖥 매개변수의 다형성

객체 변수에 다양한 타입의 값을 대입할 때도 다형성 개념을 적용하지만, 메서드의 매개변수에서도 다형성 개념을 많이 사용한다. 메서드 입장에서는 다양한 자료형을 매개변수로 받기 위해서 메서드를 정의할 때 매개변수의 자료형을 상위 클래스 타입으로 지정하는 것이다. 만약 Game이라는 클래스에서 display() 메서드가 앞에서 만들었던 GraphicCard 자료형의 변수를 매개변수로 받는다고 생각해보자.

```
1. package chapter08.poly;
2.
3. public class Game {
4.
5.     void display(GraphicCard gc) {
6.         gc.process();
7.     }
8.
9. }
```

이 display() 메서드를 호출하려면

```
Game g = new Game();
GraphicCard gc = new GraphicCard();
g.display(gc);
```

이렇게 구현이 될 것이다. 그럼, 만약 위 소스의 display() 메서드의 매개변수에 GraphicCard 타입 객체 말고 다른 타입의 객체도 넘겨주려면 어떻게 해야 할까?

물론 Amd, Nvidia 객체를 모두 받을 수 있도록 display() 메서드를 오버로딩해도 된다.

```
void display(GraphicCard gc) {
    gc.process();
}

void display(Amd gc) {
    gc.process();
}

void display(Nvidia gc) {
    gc.process();
}
```

그러면, Game 클래스에서 GraphicCard, Amd, Nvidia 어떤 객체를 매개변수로 넘겨줘도 정상적으로 실행이 될 것이다. 하지만, 다형성 개념을 이용하면 맨 위의 첫번째 매개변수가 GraphicCard 자료형인 메서드 하나만 있어도 세가지 모두 처리할 수 있게 된다. 기존 GraphicCard 클래스와 Amd, Nvidia 클래스가 있는 chapter08.poly 패키지 안에 Computer2.java 파일을 만들어보자.

```
1. package chapter08.poly;
2.
```

```
 3. public class Computer2 {
 4.
 5.     public static void main(String [] args) {
 6.
 7.         Game g = new Game();
 8.
 9.         GraphicCard gc = new GraphicCard();
10.         g.display(gc);
11.
12.         Amd gc2 = new Amd();
13.         g.display(gc2);
14.
15.         Nvidia gc3 = new Nvidia();
16.         g.display(gc3);
17.
18.     }
19.
20. }

[실행 결과]

그래픽 처리
AMD 그래픽 처리
Nvidia 그래픽 처리
```

10,13,16 라인 모두 Game 클래스의 display() 메서드를 사용하고 있지만 GraphicCard 객체, Amd 객체, Nvidia 객체 어떤 객체가 와도 정상적으로 실행되며, 해당 객체의 process 메서드가 호출되고 있는 것을 실행 결과를 통해 알 수 있다. 이제 약간 감이 올 것이다. 매개변수도 변수다. 이 변수가 선언할 때 Game 클래스에서 GraphicCard 자료형으로 정의해놨기 때문에, 이 메서드를 호출할 때 매개변수는 GraphicCard 클래스의 하위 클래스들이 자동형변환이 일어난 것이다. 결국,

GraphicCard gc = new Amd();

GraphicCard gc = new Nvidia();

이렇게 형변환이 일어난것이라 생각하면 된다.

만약 모든 클래스를 매개변수로 받고 싶으면, 메서드를 정의할 때 매개변수 자료형을 Object로 선언하면 된다.

```
26. package chapter08.poly;
27.
28. public class ObjectEx {
29.
30.     public static void main(String[] args) {
31.
```

```
32.          allObject(new GraphicCard());
33.          allObject(new Amd());
34.          allObject(new Nvidia());
35.          allObject("안녕");
36.
37.      }
38.
39.      public static void allObject(Object obj) {
40.
41.          System.out.println(obj.toString());
42.
43.      }
44. }
```

[실행 결과]

chapter08.poly.GraphicCard@5305068a
chapter08.poly.Amd@279f2327
chapter08.poly.Nvidia@54bedef2
안녕

위 예제의 allObject() 메서드의 매개변수 자료형은 Object이다. 7~8 라인의 GraphicCard, Amd, Nvidia 클래스의 객체도 모두 가능하고, 심지어 "안녕" 문자열도 가능하다. 문자열은 String 클래스의 객체이기 때문이다. 어떻게 이렇게 코딩이 가능할까? 바로 Object는 모든 클래스의 최상위 클래스이기 때문이다.

또한 GraphicCard, Amd, Nvidia, String 클래스의 객체가 Object 클래스 타입으로 자동형변환이 되었기 때문이다. Nvidia 클래스를 아래처럼 수정 후 다시 실행해 보자.

```
1. package chapter08.poly;
2.
3. public class Nvidia extends GraphicCard {
4.
5.      public void process() {
6.          System.out.println("Nvidia 그래픽 처리");
7.      }
8.
9.      // toString() 메서드 재정의(오버라이딩)
10.     public String toString() {
11.         return "Nvidia";
12.     }
13. }
```

이전 예제 ObjectEx 클래스를 다시 실행해보면 실행 결과가 달라졌을 것이다.

```
chapter08.poly.GraphicCard@5305068a
chapter08.poly.Amd@279f2327
Nvidia
안녕
```

이렇게 3번째 Nvidia 클래스의 재정의된 toString() 메서드가 실행된 것을 알 수 있다.

8.4 상속관계에서 접근제한자

앞에서 접근 제한자 public, protected, default, private 네가지를 배웠는데, public은 아무데서나 자유롭게, private은 자신의 클래스 내에서만(개인적인) 사용가능하다고 했다. default와 protected가 패키지내에서만 사용가능하다는 공통점이 있지만, 그 중 protected가 상속관계와 관련이 있어, 이 부분을 여기서 다루고자 한다. 아래 예제를 통해 protected 접근제한자를 확인 해보자.

▶ Aclass.java

```
1. package chapter08.pkg1;
2.
3. public class Aclass {
4.
5.     protected String varA;
6.     String varA2;
7.
8.     protected void methodA() {
9.         System.out.println("methodA");
10.     }
11.
12.     void methodA2() {
13.         System.out.println("methodA2");
14.     }
15. }
```

▶ AclassMain.java

```
1. package chapter08.pkg1;
2.
3. public class AclassMain {
4.
5.     public static void main(String[] args) {
6.
```

```
 7.          Aclass ac = new Aclass();
 8.          ac.varA = "varA";
 9.          ac.varA2 = "varA2";
10.          ac.methodA();
11.          ac.methodA2();
12.
13.      }
14. }
```

Aclass와 AclassMain 클래스는 chapter08.pkg1 이라는 패키지에 같이 존재하기 때문에 protected, default 접근제한자를 가지고 있는 변수와 메서드 모두 사용이 가능하다. 이번엔 다른 패키지에 있는 클래스에서 사용해보자.

▸ BClass.java

```
 1. package chapter08.pkg2;
 2.
 3. import chapter08.pkg1.Aclass;
 4.
 5. public class Bclass {
 6.
 7.     public void methodB() {
 8.         Aclass ac = new Aclass();
 9.         ac.varA = "varA"; // 사용 불가
10.         ac.varA2 = "varA2"; // 사용 불가
11.         ac.methodA(); // 사용 불가
12.         ac.methodA2(); // 사용 불가
13.     }
14.
15. }
```

▸ CClass.java

```
 1. package chapter08.pkg2;
 2.
 3. import chapter08.pkg1.Aclass;
 4.
 5. public class CClass extends Aclass {
 6.
 7.     CClass() {
 8.         this.varA = "varA"; // 사용 가능
 9.         this.varA2 = "varA2"; // 사용 불가
10.         this.methodA(); // 사용 가능
11.         this.methodA2(); // 사용 불가
12.     }
13. }
```

BClass와 CClass는 chapter08.pkg2 패키지에 존재하는 파일이다. Aclass가 있는 chapter08.pkg1
과 다른 패키지이기 때문에 먼저 상단에 import를 해줘야 하고, BClass를 보면 protected 접근제한자
변수/메서드, default 접근제한자 변수/메서드 모두 사용할 수 없다. 이클립스에서도 에러로 표기해준다.
CClass 파일을 보면 생성자안에 this.varA와 this.methodA()는 사용이 가능하다. 이 변수와 메서드는
접근제한자가 protected인데, protected 접근제한자는 같은 패키지에서만 사용이 가능한데, 예외로 다
른 패키지여도 상속관계에 있으면 생성자에서 this 참조변수를 사용해서 사용이 가능하다.

8.5 추상클래스

추상적이다라는 단어의 의미는 대상을 추려서 나타낸 것을 말한다. 구체적이다라는 말과 반대되는 말이
다. 영어로는 abstract라고 한다.

일반적인 메서드는 선언부와 구현부(몸통, 중괄호{})를 가지고 있는 메서드들이다. 지금까지 예제들도
전부 일반 메서드들이었고, 이 일반 메서드들로 이루어진 클래스만 다뤘었는데, 구현부가 없고, 선언부
만 가지고 있는 메서드(추상 메서드)가 하나라도 있으면 이 클래스는 추상 클래스가 되어야 한다. 이 추
상 클래스는 new 연산자를 사용해서 객체화할 수 없으며, 부모 클래스로만 사용된다. 상속받는 자식 클
래스는 부모 클래스의 메서드 중 추상메서드가 있다면 이 추상메서드를 반드시 구현해야 한다. 구현한
다는 말은 구현부(몸통)이 빠져 있는 추상메서드의 구현부를 채워준다는 얘기다. 즉 메서드를 재정의(오
버라이딩) 해야 한다.

추상 메서드를 선언하는 방법은

```
접근 제한자 abstract 리턴타입 메서드명(매개변수);
```

abstract 키워드를 사용하며, 나머지는 메서드의 선언부와 동일하다. 그리고, 구현부(몸통)이 존재하지
않는데, 중괄호가 없고, 선언부만 표기하고 세미콜론으로 끝낸다.

```
 1. package chapter08;
 2.
 3. abstract class Shape {
 4.     String type;
 5.     Shape(String type) {
 6.         this.type = type;
 7.     }
 8.     abstract double area();
 9.     abstract double length();
10. }
```

```
11.
12. class Circle extends Shape{
13.     int r;
14.     Circle(int r) {
15.         super("원");
16.         this.r = r;
17.     }
18.     @Override
19.     double area() {
20.         return r * r * Math.PI;
21.     }
22.     @Override
23.     double length() {
24.         return 2 * r * Math.PI;
25.     }
26.     @Override
27.     public String toString() {
28.         return "Shape [type=" + type + ", r=" + r + "]";
29.     }
30. }
31.
32. class Rectangle extends Shape {
33.     int width, height;
34.     Rectangle(int width, int height) {
35.         super("사각형");
36.         this.width = width;
37.         this.height = height;
38.     }
39.
40.     @Override
41.     double area() {
42.         return width * height;
43.     }
44.     @Override
45.     double length() {
46.         return 2 * (width + height);
47.     }
48.     @Override
49.     public String toString() {
50.         return "Shape [type=" + type + ", width=" + width + ", height=" + height+"]";
51.     }
52.
53. }
54.
55. public class ShapeEx {
56.     public static void main(String[] args) {
57.         Shape[] shapes = new Shape[2];
58.         shapes[0] = new Circle(10);
59.         shapes[1] = new Rectangle(5,5);
```

```
60.          for(Shape s : shapes) {
61.              System.out.println(s);
62.              System.out.println("넓이:"+s.area()+" 둘레:"+s.length());
63.          }
64.      }
65. }
```

[실행 결과]

```
Shape [type=원, r=10]
넓이:314.1592653589793 둘레:62.83185307179586
Shape [type=사각형, width=5, height=5]
넓이:25.0 둘레:20.0
```

3~10 라인은 Shape라는 추상 클래스이다. 클래스 선언부에 abstract라는 키워드가 붙어 있다. 이 추상 클래스는 area(), length() 두 개의 메서드가 추상메서드로 구현부가 없고, 선언부만 정의되어 있다. 이렇게 추상메서드는 기능은 필요하지만, 구체화 되어야 기능을 구현할 수 있는 경우에 사용한다. area()는 넓이, length()는 길이를 구하는 기능임을 추상적으로 정의할 수 있지만, 어떤 도형이냐에 따라 넓이, 길이를 구하는 식이 달라지므로 설계단계에서는 메서드를 구현할 수가 없다. 어느 도형인지가 정해져야 구현될 수 있다. 그래서 Shape 클래스를 상속받아 원이라는 도형이 정해지려면 Circle 클래스를 정의하기 위해 반드시 abstract 메서드인 area()와 length() 메서드를 구현해야 한다. 같은 방식으로 사각형 도형을 정의하기 위해 Rectangle() 클래스 역시 area()와 length() 메서드를 모두 구현하였다. Circle, Rectangle 클래스 모두 Shape라는 추상 클래스를 상속받아 그 틀에 맞춰 구현된것을 알 수 있다. ShapeEx 클래스의 main() 메서드에서는 57라인에서 Shape 자료형의 길이가 2인 배열을 선언하였는데, 다형성의 개념으로 Shape가 부모클래스이기 때문에 Circle, Rectangle 클래스 모두 객체를 생성하여 대입할 수 있다. 0번 인덱스엔 Circle이, 1번 인덱스엔 Rectangle 객체를 생성해 각각 대입하였다. 마지막으로 60~63 라인은 배열에 있는 각 객체들을 향상된 for문으로 반복하면 toString() 메서드를 통해 출력하고, 넓이, 길이를 각각 출력하고 있다.

그럼 추상메서드, 추상클래스를 왜 만드는 것일까? 위 예제도 마찬가지지만 추상클래스나 추상메서드 없이도 프로그램을 구현할 수 있는데, 굳이 클래스를 하나 더 만들면서까지 추상클래스를 만들까.

첫번째로 클래스를 설계할 때 변수와 메서드의 이름을 공통적으로 적용시키기 위함이다. 유사한 특성을 가진 클래스들을 모아 공통 변수나 메서드의 이름을 통일 시켜 각 클래스에 맞게 재정의하게 할 수 있다. 두번째는 중복 소스들을 줄일 수 있다. 상속관계는 기본적으로 모든 변수, 메서드를 물려받기 때문에 개발시간을 줄일 수 있다. 그리고 세번째는 다형성의 개념을 적용시킬 수 있어, 소스의 수정이나 변경사항이 있을 때, 전체를 변경하거나 바꾸는 것이 아니라 부품 교체하듯이 특정 클래스만 새 클래스로 바꾸면 쉽게 수정이 가능하다.

8.6 객체를 배열로 처리

앞 예제에서 Shape라는 타입의 배열을 생성해서 Circle과 Rectangle 객체를 배열로 처리해봤다. 이미 배열을 배워서 잘 알고 있겠지만, 클래스도 하나의 자료형이기 때문에 배열로 여러개의 객체를 쉽게 처리가 가능하다. 배열은 동일한 자료형의 값들을 하나의 변수로 대입할 수 있는 자료구조인데, 상속의 개념을 응용하면, 좀 더 다양한 처리가 가능하다. 또한 배열은 반복문과 함께 자주 사용되기 때문에, 앞으로 자바를 이용해 데이터베이스 등을 다룰 때 많은 양의 데이터를 쉽게 처리할 수 있어, 도움이 될 것이다.

이번 예제에서는 Animal이라는 클래스를 만들고 이 클래스를 상속받는 Eagle과 Tiger, Lion, Shark라는 클래스를 만들어 볼 것이다. 그리고 이 4개의 클래스를 하나의 배열에 담은 다음 for 문을 이용해 한번에 출력할 것이다. 먼저 소스를 보기 전에 머리속으로 구조를 그려보기 바란다.

▸ Animal.java

```
1.  package chapter08;
2.
3.  public class Animal {
4.
5.      String type;
6.      String name;
7.
8.      Animal(String type, String name) {
9.          this.type = type;
10.         this.name = name;
11.     }
12.
13.     void sleep() {
14.         System.out.println(this.name +"은(는) 잠을 잔다.");
15.     }
16. }
```

▸ Eagle.java

```
1.  package chapter08;
2.
3.  public class Eagle extends Animal {
4.
5.      Eagle(String type, String name) {
6.          super(type, name);
7.      }
8.
9.      void sleep() {
10.         System.out.println(this.name +"은(는) 하늘에서 잠을 잔다.");
11.     }
```

```
12.
13.
14. }
```

▸ Tiger.java

```
1. package chapter08;
2.
3. public class Tiger extends Animal {
4.
5.     Tiger(String type, String name) {
6.         super(type, name);
7.     }
8.
9.     void sleep() {
10.         System.out.println(this.name +"은(는) 산속에서 잠을 잔다.");
11.     }
12.
13.
14. }
```

▸ Lion.java

```
1. package chapter08;
2.
3. public class Lion extends Animal {
4.
5.     Lion(String type, String name) {
6.         super(type, name);
7.     }
8.
9.     void sleep() {
10.         System.out.println(this.name +"은(는) 숲속에서 잠을 잔다.");
11.     }
12.
13.
14. }
```

▸ Shark.java

```
1. package chapter08;
2.
3. public class Shark extends Animal {
4.
5.     Shark(String type, String name) {
6.         super(type, name);
```

```
 7.        }
 8.
 9.        void sleep() {
10.            System.out.println(this.name +"은(는) 물속에서 잠을 잔다.");
11.        }
12.
13.
14. }
```

▶ AnimalMain.java

```
 1. package chapter08;
 2.
 3. public class AnimalMain {
 4.
 5.    public static void main(String[] args) {
 6.
 7.        Animal[] ani = new Animal[4];
 8.
 9.        Animal eagle = new Eagle("조류", "독수리");
10.        Animal tiger = new Tiger("포유류", "호랑이");
11.        Animal lion = new Lion("포유류", "사자");
12.        Animal shark = new Shark("어류", "상어");
13.
14.        ani[0] = eagle;
15.        ani[1] = tiger;
16.        ani[2] = lion;
17.        ani[3] = shark;
18.
19.        for (int i=0; i<ani.length; i++) {
20.            ani[i].sleep();
21.        }
22.    }
23. }
```

[실행 결과]

```
독수리은(는) 하늘에서 잠을 잔다.
호랑이은(는) 산속에서 잠을 잔다.
사자은(는) 숲속에서 잠을 잔다.
상어은(는) 물속에서 잠을 잔다.
```

Animal, Eagle, Tiger, Lion, Shark 클래스의 상속관계는 Animal 클래스가 부모(상위) 클래스이고, 나머지 Eagle, Tiger, Lion, Shark 클래스는 자식(하위) 클래스이다. Animal 클래스는 type, name 변수와 sleep() 메서드, 생성자를 가지고 있는데, 이 클래스를 상속받는 클래스들은 모두 sleep() 메서드를 재정의(오버라이딩) 했다. 이제 AnimalMain 클래스를 자세히 보자. 7라인에서 Animal 자료형의 길이가 4인 배열을 먼저 선언했다. 자식 클래스들을 배열에 담기 위해 4개의 자리를 마련해 놓은 것이다. 9~12라인은 Eagle, Tiger, Lion, Shark 클래스의 객체를 생성하고 있는데 생성자를 통해 동물의 분류와 동물 이름을 초기화하였다. 14~17라인은 각 인덱스에 객체들을 대입하고, 19라인의 for문에서는 i변수를 0부터 i<ani.length 조건이 만족할 때까지 1씩 증가하면서 반복하고 있다. 배열의 인덱스는 0부터 시작하기 때문에 변수 i를 0으로 초기화하였고, 조건이 ani.length = 4 이기 때문에 작거나 같다가 아니라 작다라고 비교해야한다. 만약 실수로 = 를 넣어 작거나 같다로 비교하면 에러가 나게 된다. 배열의 마지막 인덱스는 항상 배열 길이에서 1뺀 값이다. 자, 그럼 이 for문은 배열의 인덱스로 활용된 i 변수를 0,1,2,3 이렇게 변하면서 총 4번이 반복될 것이다. for문 중괄호 블록을 보면 ani[i] 는 ani 배열의 i번째 인덱스를 의미한다. i에 0~3까지의 값이 한번씩 대입되는 것이다. 이 for문의 모든 실행문은

```
ani[0].sleep();
ani[1].sleep();
ani[2].sleep();
ani[3].sleep();
```

이렇게 각 객체의 sleep() 메서드를 호출(실행)한다. 실행해 보면, 모두 다른 객체로 출력결과도 각 클래스에서 재정의한 메서드로 실행된 것을 알 수 있다. 실무나, 앞으로 여러분이 만들고 싶은 프로그램에서 위 예제처럼 배열의 인덱스(순번), 객체의 자료형, for문을 이용하여 처리하는 경우가 아주 많으니, 심플한 예제이긴 하지만, 이 예제를 조금 응용해서 다른 객체들을 배열로 처리하게끔 혼자 해보는 것도 좋은 방법이다.

8.7 final 제어자

변수 앞에 사용되었던 final과 마찬가지로 클래스와 메서드 앞에 final 이라는 키워드를 사용할 수 있다. 여기서도 역시 마지막이라는 의미를 생각하면 된다.

먼저 final 클래스는 상속이 불가능한 클래스이다. 즉 다른 클래스의 부모(상위) 클래스가 될 수 없다. 대표적인 final 클래스로는 String, Math 등의 클래스가 있다.

```
public class SubClass extends String { // 사용불가
    ...
}
```

final 메서드는 재정의(오버라이딩)가 불가능한 메서드이다. 부모(상위) 클래스에서 해당 메서드를 상속받는 자식 메서드들이 변경하지 못하도록 하기 위해 final 키워드를 사용한다.

```
1. package chapter08;
2.
3. public class FinalMethod {
4.
5.     // 재정이 가능한 메서드
6.     void method() {
7.
8.     }
9.
10.     // 재정의가 불가능한 메서드
11.     final void finalMethod() {
12.
13.     }
14. }
15.
16. class SubFinalMethod extends FinalMethod {
17.
18.     void method() { // 재정의 가능
19.         System.out.println("method() 재정의");
20.     }
21.
22.     void finalMethod() { // 재정의 불가
23.         System.out.println("finalMethod() 재정의");
24.     }
25.
26. }
```

제8장   연습문제

01 다음 ParentEx 클래스와 이 클래스를 상속받는 ChildEx 클래스를 보고 각 생성자의 코드를 보고 출력되는 순서를 작성하시오.

```
1. package chapter08;
2.
3. public class Excercise1 {
4.
5.     public static void main(String[] args) {
6.
7.         ChildEx ce = new ChildEx();
8.
9.     }
10.
11. }
12.
13. class ParentEx {
14.     ParentEx() {
15.         this (1);
16.         System.out.println("(1)");
17.     }
18.     ParentEx(int x) {
19.         System.out.println("(2)");
20.     }
21. }
22.
23. class ChildEx extends ParentEx {
24.     ChildEx() {
25.         this (1);
26.         System.out.println("(3)");
27.     }
28.     ChildEx(int x) {
29.         System.out.println("(4)");
30.     }
31. }
```

02 위 문제의 ParentEx와 ChildEx 클래스의 객체간 형변환에 대해 올바르지 않은 것을 고르시오.

```
ChildEx ce = new ChildEx();
ParentEx pe = new ParentEx();

pe = ce;              // 1
```

```
pe = (ParentEx)pe;      // 2
ce = pe;                // 3
ce = (ChildEx)pe;       // 4
```

03 아래 3개의 클래스가 있다. 이 클래스를 살펴 보고 공통적인 부분을 뽑아 상위 클래스를 생성해 상속 받고자 한다. Character 라는 클래스를 만들어 3개의 클래스들이 Character 클래스를 상속받도록 코드를 작성해보자. (Character 클래스를 생성하고 아래 3개의 클래스는 다시 작성)

```
1.  package chapter08;
2.
3.  class Warrior {
4.      int hp;
5.      int power;
6.      int weapon;
7.
8.      public void attack (Object target) {
9.          System.out.println("공격");
10.     }
11.     public void defence(Object target) {
12.         System.out.println("방어");
13.     }
14. }
15.
16. class Gladiator {
17.     int hp;
18.     int power;
19.     int shield;
20.
21.     public void attack (Object target) {
22.         System.out.println("공격");
23.     }
24.
25.     public void powerAttack(Object target) {
26.         System.out.println("파워공격");
27.     }
28. }
29.
30. class Wizard {
31.     int hp;
32.     int power;
33.     int heal;
34.
35.     public void attack (Object target) {
36.         System.out.println("공격");
37.     }
38.
39.     public void healing(Object target) {
```

```
40.        System.out.println("치료마법");
41.    }
42. }
```

04 final에 대한 설명으로 올바른 것은?

① final 필드는 값이 대입되면 수정할 수 없다.

② final 메서드는 재정의 할 수 있다.

③ final 클래스는 상속 받을 수 있다.

④ 상수는 private final로 정의한다.

CHAPTER 09
인터페이스
(클래스의 공통 규격)

이번 챕터에서는 인터페이스가 무엇인지, 자바에서 사용하는 방법과, 앞에서 배운 다형성의 개념을 응용해서 배워보자.

9.1 인터페이스의 개념

인터페이스는 interface라고 한다. inter + face로 단어를 나눠보면 inter라는 단어는 ~사이에 라는 의미를 가지고 있다. 인터스텔라라는 영화도 스텔라는 별, 행성이라는 뜻이므로 행성과 행성 사이라는 뜻으로 해석할 수 있다. 그리고 face는 얼굴이라는 뜻 말고, 면, 표면이라는 뜻이 있다. 그럼 interface는 표면과 표면 사이라는 의미가 된다.

프로그램과 프로그램 사이에 표면을 연결해주는 인터페이스라는 것을 두면 프로그램A는 이 인터페이스를 실행하고 인터페이스에서 프로그램B를 실행하게 된다. 실행이 끝나면 프로그램B는 인터페이스로 실행결과를 리턴하고, 인터페이스는 프로그램A로 다시 리턴하게 된다. 이것이 인터페이스의 역할이다.

대표적인 인터페이스가 활용되는 예가 있다. 여러분들 웹사이트를 돌아다니다 보면 네이버지도나 구글지도가 들어가 있는 웹사이트를 봤을 것이다. 이 웹사이트에서 직접 네이버나 구글 지도 프로그램을 실행하지 않는다. 정확히 얘기하면 실행할 수 없다. 웹사이트에서는 지도 API를 사용해서 필요한 기능을 웹사이트에서 사용하게 된다. 이 API가 Application Programming Interface의 약자이다. 요즘은 데이터분석을 위한 통계데이터를 제공하는 공공기관이나 민간기관도 점점 늘고 있다. 이때 파일을 직접 제공해주는 기관도 있지만 API를 통해 데이터를 제공해주는 경우도 많이 있다. 또 여러분이 컴퓨터와 상호작용하기 위해 모니터에 출력되는 화면을 UI라고 한다. 이 UI를 통해 사용자는 버튼을 클릭하고, 컴퓨터는 결과를 화면에 출력한다. 이 UI가 User Interface이다. 상호작용은 interaction = inter+action

이렇게 직접 프로그램이나 시스템에 접근해서 실행하는 것이 아니라 중간에 인터페이스를 이용해서 처리한다.

위 그림을 자바로 적용해서 다시 확인해보자.

프로그램이 실행 중 객체A를 실행하고자 할때 직접 실행(호출)하는 것이 아니라 인터페이스를 실행(호출)하게 된다. 그러면 이제 도대체 왜 실행 코드에서 객체A를 직접 실행하지 않고 힘들게 인터페이스를 하나 더 만들어서 불편하게 만들었을까?

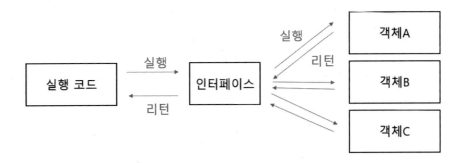

다시 객체지향 프로그래밍 관점으로 생각해보자. 객체A, 객체B, 객체C는 부품이다. 프로그램이 수정되거나, 새로운 기능이 추가되어도, 실행코드를 직접 수정하지 않고, 부품만 추가하거나 교체하면 되는 것이다.

9.2 인터페이스 선언

인터페이스를 정의할 때는 class 키워드 대신 interface 키워드를 사용해서 선언한다. 인터페이스는 상수와 메서드들로 구성되는데, 인터페이스 파일을 생성할 때 이클립스에서 File 〉 New 〉 Interface로 선택하면 된다. 인터페이스의 메서드는 이전 자바 7버전까지는 추상 메서드만 선언이 가능했는데, 자바 8번전 이후부터는 default 메서드와 static 메서드도 선언이 가능하다. 그리고 인터페이스는 객체로 생성되어 질 수 없다.

인터페이스의 구조를 확인해보자.

```
[public] interface 인터페이스명 {
    [public static final] 자료형 상수명 = 값;
    [public abstract] 리턴타입 추상메서드명();
    [public] default 리턴타입 메서드명(매개변수...) {...}
    [public] static 리턴타입 메서드명(매개변수...) {...}
}
```

상수

인터페이스의 필드는 상수만 선언할 수 있다. 상수는 public static final 키워드가 적용되는데 생략하면 컴파일 시에 자동으로 포함해 준다. 그리고 선언 시 반드시 초기값을 대입해줘야 한다.

```
1. package chapter09;
2.
3. public interface InterfaceEx {
4.
5.     public int MIN_PRICE = 0;
6.     public int MAX_PRICE = 100000;
7.
8. }
```

추상 메서드

인터페이스의 메서드는 기본적으로 추상 메서드로 선언되는데, 모든 추상 메서드는 public abstract 키워드가 붙는다. 역시 생략해도 컴파일 과정에서 자동으로 넣어 준다.

```
1. package chapter09;
2.
3. public interface InterfaceEx {
4.
5.     // 상수
6.     public int MIN_PRICE = 0;
7.     public int MAX_PRICE = 100000;
8.
9.     // 추상 메서드
10.     public double meanPrice();
11.     public double totalPrice();
12.
13. }
```

default 메서드

default 메서드는 자바 8버전에서 추가되었으며, 구현부(실행 블록)가 있는 메서드이다. default 키워드를 반드시 붙여야 하며, 접근제한자는 생략하는 경우 public으로 컴파일 과정에서 추가된다.

```
1. package chapter09;
2.
3. public interface InterfaceEx {
4.
5.     // 상수
6.     public int MIN_PRICE = 0;
7.     public int MAX_PRICE = 100000;
8.
9.     // 추상 메서드
```

```
10.     public double meanPrice();
11.     public double totalPrice();
12.
13.     // default 메서드 (구현부 작성)
14.     default double getSalePrice(double price) {
15.         return price - (price * 0 .05);
16.     }
17.
18. }
```

static 메서드

static 메서드도 자바 8버전에서 추가되었으며, default 메서드와 마찬가지로 구현부를 가지고 있는 메서드이다. static 메서드는 객체 없이 인터페이스만으로 호출이 가능한 메서드이다.

```
1. package chapter09;
2.
3. public interface InterfaceEx {
4.
5.     // 상수
6.     public int MIN_PRICE = 0;
7.     public int MAX_PRICE = 100000;
8.
9.     // 추상 메서드
10.     public double meanPrice();
11.     public double totalPrice();
12.
13.     // default 메서드
14.     default double getSalePrice(double price) {
15.         return price - (price * 0 .05);
16.     }
17.
18.     // static 메서드
19.     static void printPrice(double price) {
20.         System.out.println(price);
21.     }
22.
23. }
```

인터페이스의 특징

1. 클래스 간 → 상속, 인터페이스와 클래스 간 → 구현
2. 객체생성 불가, 구현 클래스로 객체 생성
3. 다중 구현 가능 (하나의 클래스에서 여러 개의 인터페이스를 구현 가능)
4. 인터페이스간의 상속 가능 (인터페이스 간은 다중 상속도 가능)

5. 인터페이스의 모든 멤버의 접근 제한자는 public
6. 인터페이스의 모든 멤버 변수는 final이 붙은 상수

9.3 인터페이스 구현

인터페이스의 추상 메서드들을 일반 메서드에서 구현부를 정의할 수 있는데 이를 구현(implements)한다라고 표현한다. 구현하는 클래스를 구현 클래스라고 하고, 인터페이스와 구현 클래스와의 관계도 상속관계 상위, 하위 관계가 성립된다. 또한 인터페이스에서 정의한 모든 추상 메서드들은 반드시 구현 클래스에서 구현해줘야 한다.

구현 클래스에서는 implements 키워드를 사용하고 인터페이스 이름을 명시한다.

```
public class 구현클래스명 implements 인터페이스명 {
    // 인터페이스의 모든 추상메서드 반드시 구현
    ...
}
```

이제 구현 클래스를 구현해보도록 하자. Printer와 Scanner, Fax라는 인터페이스를 만들고, 이 세 개의 인터페이스를 한번에 구현하는 Complexer라는 구현 클래스를 만들 것이다. 이 구현 클래스는 Printer와 Scanner, Fax 인터페이스의 모든 추상 메서드를 구현해야 한다.

▶ Printer.java

```
1. package chapter09;
2.
3. public interface Printer {
4.
5.     int INK = 100 ;
6.     void print();
7.
8. }
```

▶ Scanner.java

```
1. package chapter09;
2.
3. public interface Scanner {
4.
5.     void scan();
```

```
6.
7. }
```

▸ Fax.java

```
1. package chapter09;
2.
3. public interface Fax {
4.
5.     String FAX_NUMBER = "02-1234-5678";
6.     void send(String tel);
7.     void receive(String tel);
8.
9. }
```

▸ Complexer.java

```
1. package chapter09;
2.
3. public class Complexer implements Printer, Scanner, Fax {
4.
5.     @Override
6.     public void send(String tel) {
7.         System.out.println(FAX_NUMBER + "에서 "+tel+"로 FAX 전송");
8.
9.     }
10.
11.     @Override
12.     public void receive(String tel) {
13.         System.out.println(tel + "에서 "+FAX_NUMBER+"로 FAX 수신");
14.
15.     }
16.
17.     @Override
18.     public void scan() {
19.         System.out.println("스캔 실행");
20.
21.     }
22.
23.     @Override
24.     public void print() {
25.         System.out.println("출력 실행");
26.
27.     }
28.
29.
30. }
```

▶ ComplexerMain.java

```
1. package chapter09;
2.
3. public class ComplexerMain {
4.
5.     public static void main(String[] args) {
6.
7.         Complexer com = new Complexer();
8.         System.out.println(Complexer.INK);
9.         System.out.println(Complexer.FAX_NUMBER);
10.        com.print();
11.        com.scan();
12.        com.send("02-8765-4321");
13.        com.receive("02-8765-4321");
14.
15.     }
16.
17. }

[실행 결과]

100
02-1234-5678
출력 실행
스캔 실행
02-1234-5678에서 02-8765-4321로 FAX 전송
02-8765-4321에서 02-1234-5678로 FAX 수신
```

Printer, Scaner, Fax 인터페이스를 먼저 생성한 후 Complexer라는 구현 클래스가 세 개의 인터페이스를 모두 구현하고 있다. Complexer.java 파일의 3 라인에서 implements 키워드 뒤에 세 개의 인터페이스를 모두 적어줬는데, 클래스 간의 상속은 하나의 클래스만 상속 가능했는데, 인터페이스의 구현은 여러 개의 인터페이스를 구현할 수 있다. 즉, 다중 구현이 가능하다는 얘기다. 이 구현 클래스는 구현하고 있는 모든 인터페이스의 추상 메서드들을 모두 구현해야 하는데, 하나라도 빠지면 컴파일 에러가 발생하니 반드시 구현해줘야 한다. 각 메서드 상단에 @Override라고 되어 있는데, @는 어노테이션이라고 부르는 컴파일러에게 알려주는 일종의 표시라고 생각하면 된다. 그래서 이 @Override는 상위 클래스의 메서드를 오버라이딩하고 있다고 표시해주는 것이다. 생략해도 실행하는데는 전혀 상관없지만, 오버라이딩이 제대로 안되거나 실수를 줄여주기 위해 붙여주는 것이 좋다. 이제 구현 클래스가 완성되었으니 ComplexerMain 클래스에서 구현 클래스를 객체화할 수 있게 된다. ComplexerMain.java의 7 라인에서 객체를 생성하고 8,9 라인은 상수를 객체 없이 클래스명으로 직접 호출하여 출력하고, 10~13 라인은 재정의된 메서드를 실행하였다. 실행 결과 역시 재정의된 메서드대로 정상적으로 출력된 것을 알 수 있다.

익명 구현 객체

보통 위 예제처럼 구현 클래스를 따로 만들어서 사용하는 경우가 많지만, 한번만 사용하는 경우 굳이 파일을 새로 생성하는 것이 더 불편할 수 있다. 그래서 실행 클래스에서 이름이 없는 익명 구현 객체로 객체를 생성할 수 있는 방법이 있다. 보통 안드로이드와 같은 GUI 프로그래밍에서 이벤트 처리 시, 또는 스레드를 사용하는 프로그래밍을 할 때 자주 사용한다. 익명 구현 객체로 객체를 생성할 때는, 이름이 없기 때문에 인터페이스명으로 객체를 생성해야 한다. 익명 구현 객체를 생성하는 방법을 알아보자.

```
인터페이스 객체명 = new 인터페이스() {
    // 인터페이스의 모든 추상 메서드 구현
};
```

익명 구현 객체를 생성하는 코드에서는 맨 마지막에 항상 세미클론을 붙여줘야 한다. 객체를 생성하는 하나의 실행문이기 때문이다. 실수하는 경우가 많으니 주의하자.

이번엔 익명 구현 객체로 위 Fax 인터페이스를 구현해보도록 하겠다.

```
1. package chapter09;
2.
3. public class ComplexerMain2 {
4.
5.     public static void main(String[] args) {
6.
7.         Fax fax = new Fax() {
8.
9.             @Override
10.             public void send(String tel) {
11.                 System.out.println("여기는 익명 구현 객체의 send()");
12.
13.             }
14.
15.             @Override
16.             public void receive(String tel) {
17.                 System.out.println("여기는 익명 구현 객체의 receive()");
18.
19.             }
20.
21.         };
22.
23.         fax.send("1234");
24.         fax.receive("5678");
25.     }
26. }
```

[실행 결과]

여기는 익명 구현 객체의 send()
여기는 익명 구현 객체의 receive()

main() 메서드에서 Fax 자료형으로 익명 구현 객체를 생성했다. new 연산자 뒤에는 인터페이스명인 Fax()가 있고, 중괄호 블록 안에서 실제 추상 메서드를 구현한 것이다. 이 구현이 끝나는 부분 21 라인은 세미콜론을 찍어야 한다는 것도 잊지 않도록 하자. 이 예제는 앞 예제처럼 Printer, Scanner, Fax 세 개의 인터페이스를 다중 구현한 Complexer 구현 클래스 처럼 여러개를 구현한 예제가 아니라 Fax 인터페이스 하나만 구현한 구현 객체이다. 익명 구현 객체는 여러 개의 인터페이스를 한번에 다중 구현을 하지 못한다. 그럼 Complexer처럼 여러 개의 인터페이스를 익명 구현 객체로 구현하려면 어떻게 해야 할까?

답은 바로 3개의 인터페이스를 상속하는 인터페이스를 만드는 것이다. ComplexerInterface 라는 인터페이스를 만들어서 Printer, Scanner, Fax를 상속 받게 되면 이제 ComplexerInterface는 세 개의 모든 인터페이스의 상수와 추상 메서드들을 모두 가지고 있는 새로운 인터페이스가 된다. 이제 이 인터페이스를 익명 구현 객체로 생성하면 될 것이다.

▶ ComplexerInterface.java

```
package chapter09;

public interface ComplexerInterface extends Printer, Scanner , Fax {

}
```

▶ ComplexerMain3.java

```
1. package chapter09;
2.
3. public class ComplexerMain3 {
4.
5.     public static void main(String[] args) {
6.
7.         ComplexerInterface ci = new ComplexerInterface() {
8.
9.             @Override
10.             public void send(String tel) {
11.                 System.out.println("여기는 익명 구현 객체의 send()");
12.
13.             }
14.
15.             @Override
16.             public void receive(String tel) {
```

```
17.            System.out.println("여기는 익명 구현 객체의 receive()");
18.
19.        }
20.
21.        @0verride
22.        public void print() {
23.            System.out.println("여기는 익명 구현 객체의 print()");
24.
25.        }
26.
27.        @0verride
28.        public void scan() {
29.            System.out.println("여기는 익명 구현 객체의 scan()");
30.
31.        }
32.
33.        };
34.
35.        ci.send("1234");
36.        ci.receive("5678");
37.        ci.print();
38.        ci.scan();
39.    }
40. }
```

[실행 결과]

```
여기는 익명 구현 객체의 send()
여기는 익명 구현 객체의 receive()
여기는 익명 구현 객체의 print()
여기는 익명 구현 객체의 scan()
```

ComplexcerInterface 에서 세 개의 인터페이스를 implements 하고 ComplexerMain3 에서는 이 ComplexcerInterface를 익명 구현 객체로 구현하면 3개의 모든 인터페이스의 상수와 추상 메서드들을 구현하여 사용할 수 있게 된다.

9.4 인터페이스의 다형성

앞 챕터에서도 상속관계에서의 자료형 변환과 다형성에 대해 알아보고, 만들어 봤는데, 인터페이스에서도 상속과 마찬가지로 형변환과 다형성에 대한 개념이 그대로 사용된다. 최근엔 상속에서 보다 인터페이스에서 다형성 개념을 이용해 구현하는 경우가 더 많다. 객체 지향 프로그래밍에서 다형성을 구현하는 기술로 상속과 인터페이스 모두 가능하다.

상속에서와 마찬가지로 상위 클래스를 타입으로 지정해서 여러 하위 클래스를 객체로 생성해 같은 메서드를 실행해도 결과가 다르게 나오도록 구현하는 개념은 동일하다. 인터페이스를 타입으로 지정한 객체를 구현 클래스로 객체를 생성하면 아주 쉽고, 편하게 구현 객체를 교체할 수 있다. 이번에는 GraphicCard라는 인터페이스를 만들어, Amd와 Nvidia 라는 구현 클래스를 생성해보자.

▶ GraphicCard.java

```java
1. package chapter09;
2.
3. public interface GraphicCard {
4.
5.     String MEMORY = "2G";
6.
7.     public void process();
8.
9. }
```

▶ Amd.java

```java
1. package chapter09;
2.
3. public class Amd implements GraphicCard {
4.
5.     public void process() {
6.         System.out.println("AMD 그래픽 처리");
7.     }
8.
9. }
```

▶ Nvidia.java

```java
1. package chapter09;
2.
3. public class Nvidia implements GraphicCard {
4.
5.     public void process() {
6.         System.out.println("Nvidia 그래픽 처리");
7.     }
8.
9. }
```

▶ Computer.java

```
1. package chapter09;
2.
3. public class Computer {
4.
5.     public static void main(String[] args) {
6.
7.         GraphicCard gc = new Amd();
8.
9.         System.out.println("메모리 : "+gc.MEMORY);
10.
11.         // Amd로 생성
12.         gc = new Amd(); // 자동 형변환
13.         gc.process();
14.
15.         // Nvidia로 교체
16.         gc = new Nvidia(); // 자동 형변환
17.         gc.process();
18.
19.     }
20. }
21. }

[실행 결과]

메모리 : 2G
AMD 그래픽 처리
Nvidia 그래픽 처리
```

GraphicCard 인터페이스에는 MEMORY라는 상수와 process() 라는 추상 메서드가 정의되어 있다. Amd와 Nvidia라는 구현 클래스가 GraphicCard 인터페이스를 구현하고 있는데, 인터페이스의 추상 메서드를 반드시 구현해야 하기 때문에 process() 메서드를 각각 구현하였고, Computer 클래스에서는 7라인에서 인터페이스인 GraphicCard 자료형을 gc 변수에 Amd 객체를 생성했다. 9 라인에서 상수를 출력하고, 12~13, 16~17은 구현 클래스의 객체를 부품 교체하듯 다양한 자료형으로 바꿀 수 있다는 것을 보여주는 소스이다. 상속에서의 예제와 다른점은 GraphicCard가 클래스가 아니라 인터페이스라는 점이다. 이 인터페이스에서 그래픽카드의 특징만 추출해서 추상적으로만 구현해 놓은 것 이라고 할 수 있다. 실제 구현은 Amd 클래스와 Nvidia 클래스에서 구현하도록 말이다.

상속보다 인터페이스를 이용해서 다형성을 적용하는 경우가 많은 이유는 선임 개발자나 클래스 설계를 담당하는 개발자가 클래스를 먼저 인터페이스로 구현해 놓으면, 이 인터페이스의 메서드를 반드시 구현하도록 강제할 수 있기 때문에, 클래스 설계용도로도 많이 사용한다.

📖 매개 변수의 다형성

매개 변수 역시 상속과 마찬가지로 다형성 개념을 적용해 여러 구현 클래스들을 인터페이스 자료형으로 선언해 매개 변수 값을 다양화 할 수 있다.

```
1. package chapter08.poly;
2.
3. public class Game {
4.
5.     void display(GraphicCard gc) {
6.         gc.process();
7.     }
8.
9. }
```

```
Game g = new Game();
Amd gc = new Amd();
g.display(gc);

Nvidia gc2 = new Nvidia();
g.display(gc2);
```

display() 메서드의 매개변수가 GraphicCard gc 로 되어있다. 하위 클래스보다 상위 클래스가 범위가 더 넓은 자료형이라고 했기 때문에 두 매개변수 모두 자동형변환이 일어나게 된다. 따라서 Amd 객체도, Nvidia 객체도 모두 처리가 가능하게 된다.

📖 강제 형변환

구현 클래스의 객체가 상위 클래스인 인터페이스로 자동 형변환이 일어나면, 구현 클래스에서 추가한 메서드는 사용할 수가 없게 된다. 이럴 땐 다시 구현 클래스 타입으로 강제 형변환을 해주면 추가한 메서드를 사용할 수 있다.

▸ Animal.java

```
1. package chapter09;
2.
3. public interface Animal {
4.
5.     void sleep();
6. }
```

▶ Eagle.java

```
1. package chapter09;
2.
3. public class Eagle implements Animal {
4.
5.     public void sleep() {
6.         System.out.println("잠을 잔다.");
7.     }
8.
9.     public void eat() {
10.        System.out.println("먹는다.");
11.    }
12.
13.
14. }
```

▶ AnimalMain.java

```
1. package chapter09;
2.
3. public class AnimalMain {
4.
5.     public static void main(String[] args) {
6.
7.         Animal eagle = new Eagle();
8.
9.         eagle.sleep();
10.        // eagle.eat(); // 에러
11.
12.        Eagle eagleObj = (Eagle)eagle; // 강제 형변환
13.        eagleObj.eat(); // Eagle 클래스의 eat() 메서드
14.    }
15. }
```

[실행 결과]

잠을 잔다.
먹는다.

Animal 인터페이스에는 추상 메서드가 하나 있고, Eagle 클래스가 Animal 인터페이스를 구현한 클래스이다. sleep()은 인터페이스에 정의된 추상 메서드이기 때문에 반드시 구현해야 되는 메서드이고, 추가로 eat() 메서드를 정의했는데, AnimalMain 클래스 7 라인에서 Animal 인터페이스 타입으로 Eagle 객체를 생성하고 10 라인은 eat() 메서드를 호출하고 있지만, 에러가 발생한다. 현재 자료형이 Animal 타입으로 되어 있는데, Animal 에는 eat() 메서드가 없기 때문이다. eat() 메서드는 Eagle 클

래스에서 정의된 메서드이기 때문에 자료형이 Eagle 이어야만 호출이 가능하다. 그런데, Animal은 상위 클래스, Eagle은 하위 클래스이므로 상위 클래스는 하위 클래스로 자동 형변환이 되지 않고, 강제 형변환을 해야 한다. 그래서 12라인은 Eagle 자료형으로 강제 형변환을 하고 있다. 그리고 나서야 13라인처럼 eat() 메서드를 호출할 수 있다.

instanceof

상속관계나 구현관계에 있는 클래스의 객체들은 자동 형변환이나 강제 형변환을 이용해 자유롭게 자료형을 변경할 수 있는데, 전제 조건은 상속에서는 클래스간에, 구현에서는 인터페이스와 클래스 간에 상위 또는 하위 관계여야 한다. 먼저 그림을 확인해 보자.

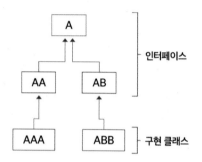

AA는 A를 상속받고, AAA는 AA를 구현하였다. 마찬가지로 AB는 A를 상속받고, ABB는 AB를 구현한 것을 그림으로 구조화한 것이다. 따라서 AAA는 AA나 또는 A로 자동 형변환이 가능하다. 상위 클래스(인터페이스) 이기 때문이다. 반대로 A는 AA로 강제 형변환이 가능하다. 위로 올라갈수록 범위가 넓은 자료형이 된다. 가족의 가계도, 족보와 비슷하다고 생각하면 이해가 쉬울것이다. A는 할아버지, AA는 아버지, AAA는 아들이다. AB는 아버지도 아니고 할아버지도 아니다. 아버지의 형제이므로 아들(AAA)는 삼촌(AB)로 형변환을 할 수 없다. 즉 instanceof로 비교하면 false가 나온다. instanceof 사용법을 알아보자.

```
객체 instanceof 클래스(인터페이스)
```

instanceof는 앞에 객체가 뒤쪽 클래스(인터페이스)의 객체인가? 라는 질문의 대답이 결과로 나온다. 예(true), 아니오(false) 둘 중의 하나이다. 그래서 instanceof는 형변환을 할 수 있는지 없는지를 먼저 확인할 때 사용한다. 상속과 구현 모두 같은 개념이기 때문에 모두 사용할 수 있다. 위 구조를 실제 소스로 확인해보자.

▶ A.java

```
1. package chapter09;
2.
3. public interface A {
4.
5.     void a();
6. }
```

▶ AA.java

```
1. package chapter09;
2.
3. public interface AA extends A {
4.
5.     void aa();
6. }
```

▶ AAA.java

```
1. package chapter09;
2.
3. public class AAA implements AA {
4.
5.     @Override
6.     public void a() {
7.
8.     }
9.
10.     @Override
11.     public void aa() {
12.
13.     }
14.
15. }
```

▶ AB.java

```
1. package chapter09;
2.
3. public interface AB extends A {
4.
5.     void ab();
6. }
```

▶ ABB.java

```
1. package chapter09;
2.
3. public class ABB implements AB {
4.
5.     @Override
6.     public void a() {
7.
8.     }
9.
10.    @Override
11.    public void ab() {
12.
13.    }
14.
15. }
```

▶ InstanceofEx.java

```
1. package chapter09;
2.
3. public class InstanceofEx {
4.
5.     public static void main(String[] args) {
6.         A a = new AAA();
7.
8.         AA aa = new AAA();
9.         AAA aaa = new AAA();
10.
11.        A b = new ABB();
12.        AB ab = new ABB();
13.        ABB abb = new ABB();
14.
15.        System.out.println("a > A : " + (a instanceof A));
16.        System.out.println("aa > A : " + (aa instanceof A));
17.        System.out.println("aaa > A : " + (aaa instanceof A));
18.
19.        System.out.println("aaa > AB : " + (aaa instanceof AB));
20.
21.    }
22.
23. }
```

[실행 결과]

```
a > A : true
aa > A : true
aaa > A : true
aaa > AB : false
```

위 그림에 있던 구조를 인터페이스와 구현 클래스를 그대로 재현한 예제이다. A 인터페이스를 상속받은 AA 인터페이스를 AAA 클래스가 구현하였기 때문에 InstanceofEx.java 의 15~17 라인은 모두 true 가 출력이 되었고, AAA의 상위에는 AB 인터페이스가 존재하지 않기 때문에 instanceof 결과값이 false가 출력되었다. false이면 형변환이 불가능하다. 이렇게 사전에 미리 instanceof를 이용해 형변환이 가능한지 알 수 있기 때문에 형변환이 불가능한 경우 에러를 방지할 수 있다.

9.5 default 메서드와 static 메서드

자바 7버전까지는 상수와 추상 메서드로만 인터페이스를 정의할 수 있었는데, 자바 8버전 이후 부터는 default 메서드와 static 메서드도 같이 정의할 수 있도록 개선되었다.

▶ MyInterface1.java

```
1. package chapter09;
2.
3. public interface MyInterface1 {
4.
5.     default void defaultMethod() {
6.         System.out.println("MyInterface1 의 default 메서드");
7.     }
8.
9.     static void staticMethod() {
10.         System.out.println("MyInterface1의 static 메서드");
11.     }
12. }
```

▶ MyInterface2.java

```
1. package chapter09;
2.
3. public interface MyInterface2 {
4.
5.     default void defaultMethod() {
6.         System.out.println("MyInterface2 의 default 메서드");
7.     }
8.
9.     static void staticMethod() {
10.         System.out.println("MyInterface2의 static 메서드");
11.     }
12. }
```

▶ Parent.java

```
1. package chapter09;
2.
3. public class Parent {
4.
5.     public void method2() {
6.         System.out.println("Parent 클래스의 method2()");
7.     }
8. }
```

▶ Child.java

```
1. package chapter09;
2.
3. public class Child extends Parent implements MyInterface1, MyInterface2 {
4.
5.     @Override
6.     public void defaultMethod() {
7.         System.out.println("Child 클래스의 default 메서드");
8.         MyInterface1.super.defaultMethod();
9.         MyInterface2.super.defaultMethod();
10.     }
11.
12. }
```

▶ DefaultStaticEx.java

```
1. package chapter09;
2.
3. public class DefaultStaticEx {
4.
5.     public static void main(String[] args) {
6.
7.         Child c = new Child();
8.         c.defaultMethod();
9.         c.method2();
10.
11.         MyInterface1.staticMethod();
12.         MyInterface2.staticMethod();
13.
14.     }
15.
16. }
```

[실행 결과]

Child 클래스의 default 메서드

```
MyInterface1 의 default 메서드
MyInterface2 의 default 메서드
Parent 클래스의 method2()
MyInterface1의 static 메서드
MyInterface2의 static 메서드
```

MyInterface1과 MyInterface2는 각각 default 메서드 하나와 static 메서드를 하나씩 갖고 있는 인터 페이스이다. 모두 간단히 출력문을 구분하기 위한 문자열만 구분해서 출력하도록 했다. Parent 클래스는 메서드를 하나 가지고 있는 일반 클래스이고, Child 클래스는 Parent를 상속 받고, MyInterface1과 MyInterface2를 구현했다. 이렇게 두개의 인터페이스를 다중 구현했는데 defaultMethod()가 MyInterface1에도 있고, MyInterface2에도 있는 경우 구현 클래스에서는 반드시 메서드 재정의(오버 라이딩)를 해야 한다. 각 인터페이스의 default 메서드를 실행하기 위해 MyInterface1.super라는 키워 드를 사용해 defaultMethod() 메서드를 실행하였다. default 메서드는 일반 메서드이기 때문에 객체를 통해 접근해야 하고, 상위 클래스는 super라는 키워드를 이용한다. 역시 어느 인터페이스가 상위인지 알 수 없기 때문에 인터페이스명까지 같이 적어서 MyInterface1.super라고 작성해야 한다. 상속은 하나의 클래스만(단일 상속), 구현은 여러 인터페이스를(다중 구현) 구현할 수 있기 때문에 이름이 똑같은 경우 구분을 정확히 해주어야 한다.

9.6 어노테이션

어노테이션(Annotation)은 프로그램에게 추가적인 정보를 제공해 주는 메타데이터(metadata)이다. 컴파일러에게 코드를 작성할 때 문법 에러를 체크하거나 정보를 제공하거나 빌드, 배치 시 코드를 자동 으로 생성해주는 정보를 제공한다. 아래 표는 자바에서 제공하는 표준 어노테이션이다.

어노테이션 명	특징
@Override	오버라이딩 검사, 오버라이딩 되지 않으면 에러
@Deprecated	Deprecated된 메서드 사용하지 않도록 검사, 사용시 컴파일 에러
@SuppressWarnings	경고 메시지 표시 안되도록 설정
@SafeVarargs	제네릭 타입의 가변 인자 사용 시 경고 무시(java 7버전 이상)
@FunctionalInterface	함수형 인터페이스로 추상 메서드가 한 개만 가능하도록 설정 (java 7버전 이상)
@Native	Native 메서드에서 참조되는 상수

앞에서 배웠던 메서드 재정의(오버라이딩)에서 이클립스를 통해 자동 생성시키면 @Override 어노테이션이 자동으로 생성된 것을 보았는데, 이 어노테이션이 붙어 있으면 정확히 오버라이딩하지 않으면 컴파일러가 에러를 발생하게 된다. 이렇게 사용하지 않아도 코딩 시 제약 사항은 없지만, 좀 더 편하게 코딩할 수 있다. 나중에 서블릿이나 스프링 프레임워크를 배우게 되면 어노테이션을 사용해서 개발하는 경우가 많으니, 개념적으로 익혀두길 바란다.

메타 어노테이션이란 사용자 어노테이션을 만들 수 있는 어노테이션을 말한다. 메타 어노테이션의 종류는 아래와 같다.

메타 어노테이션	특징
@Retention	어노테이션의 범위 설정, 어느범위까지 영향을 미치는지 설정
@Documented	문서 어노테이션의 정보가 표현되도록 설정
@Target	어노테이션이 적용할 위치 설정
@Inherited	자식클래스가 부모클래스의 어노테이션을 상속
@Repeatable	반복적으로 어노테이션을 선언 가능

어노테이션을 적용할 수 있는 대상은 java.lang.annotation.ElementType 열거 상수로 정의되어 있다.

ElementType 열거 상수	적용 대상
TYPE	클래스, 인터페이스, enum 등의 타입 선언 시
ANNOTATION_TYPE	어노테이션 타입 선언 시
FIELD	멤버 변수 선언 시
CONSTRUCTOR	생성자 선언 시
METHOD	메서드 선언 시
LOCAL_VARIABLE	지역변수 선언 시
PACKAGE	패키지 선언 시
PARAMETER	매개변수 선언 시

어노테이션을 정의하는 방법은 인터페이스와 비슷하다. 아래와 같이 @interface를 사용해서 정의한다.

```
public @interface 어노테이션명 {
    자료형 요소명() [default 기본값];
}
```

어노테이션을 구성하는 요소는 변수처럼 자료형과 변수명으로 정의한다. 이렇게 정의한 어노테이션은 @어노테이션명 형태로 사용한다. 그리고 사용할 때 기본 요소인 value를 사용하려면 String value(); 기본 요소를 정의해줘야 한다.

간단한 어노테이션을 직접 만들어 보자. 어노테이션 역시 이클립스에 New 〉 Annotation 으로도 생성 가능하다.

▸ UserAnnot.java

```
1. package chapter09;
2.
3. import java.lang.annotation.Retention ;
4. import java.lang.annotation.RetentionPolicy ;
5.
6. @Retention (RetentionPolicy.RUNTIME)
7. public @interface UserAnnot {
8.
9.     String value();
10.    int number() default 5 ;
11.
12. }
```

▸ UserClass.java

```
1. package chapter09;
2.
3. public class UserClass {
4.
5.     @UserAnnot (value="A")
6.     public void methodA() {
7.         System.out.println("methodA() 실행");
8.     }
9.
10.    @UserAnnot (value="B", number=10)
11.    public void methodB() {
12.        System.out.println("methodB() 실행");
13.    }
14. }
```

▸ AnnotaionEx.java

```
1. package chapter09;
2.
3. import java.lang.reflect.Method;
4.
```

```
5. public class AnnotationEx {
6.
7.     public static void main(String[] args) throws Exception {
8.
9.         Method method[] = UserClass.class.getDeclaredMethods();
10.
11.         for (int i=0; i<method.length; i++) {
12.             String methodName = method[i].getName();
13.             UserAnnot annot = method[i].getAnnotation(UserAnnot.class);
14.
15.             System.out.print(methodName + "의 어노테이션 ");
16.             System.out.print("value : "+annot.value() + " ");
17.             System.out.print("number : "+annot.number() + " ");
18.             System.out.println();
19.
20.             method[i].invoke(new UserClass(), null); // 메서드 실행
21.         }
22.
23.     }
24.
25. }

[실행 결과]

methodB의 어노테이션 value : B number : 10
methodB() 실행
methodA의 어노테이션 value : A number : 5
methodA() 실행
```

UserAnno.java 에서 어노테이션을 생성했다. @Retention은 RetentionPolicy.RUNTIME으로 실행하는 동안 어노테이션 정보를 유지하도록 했고, value와 number라는 요소를 정의했다. 그리고 UserClass.java 에서는 두 개의 메서드에 앞에서 생성한 어노테이션을 적용했다. 괄호 안에 있는 속성 값들이 어노테이션의 속성으로 전달된다. 자, 이제 AnnotationEx를 자세히 들여다 보자. 먼저 9라인은 UserClass 라는 클래스의 정의된 메서드들을 메서드 타입으로 가져온 것이다. 그리고 for문을 통해 이 메서드의 갯수만큼 반복한다. 반복문 안을 확인해보자. 변수 i를 배열의 인덱스로 활용해 반복하고 있고, 12라인은 메서드 객체의 이름을 가져왔고, 13라인은 해당 메서드의 어노테이션 정보를 가져오는 부분으로 15~17라인에서 각 메서드의 이름과 해당 어노테이션의 value, number 요소의 값을 출력했다. 마지막으로 20라인의 invoke 메서드는 method 변수의 메서드 객체를 실행하는 메서드이다. 따라서 methodB() 실행, methodA() 실행 이라는 문자열도 출력이 된 것을 알 수 있다.

새로운 클래스가 나오고 코드가 지금까지의 예제보다 조금 복잡해서 다소 어렵게 느껴질 수 있다. 어노테이션은 여러분이 직접 생성하는 경우보다 외부 라이브러리에서 정해 놓은 어노테이션을 사용하는 경우가 많으니, 조금 어렵게 느껴지더라도, 지금은 어노테이션을 컴파일러나 다른 프로그램에게 지시하기 위해 표시하는 용도라고 기억해 두자. 당장은 복잡해 보이겠지만 이 책을 끝까지 다 읽어보고 나서 나중에 다시 보면 훨씬 쉽게 느껴질 것이다.

제9장 연습문제

01 클래스가 인터페이스를 구현할 때 사용하는 예약어는?

02 인터페이스에 대한 설명으로 올바르지 않은 것은?

① 하나의 클래스에서 여러 인터페이스를 구현할 수 있다.

② 타입이 인터페이스인 경우 다양한 구현 객체를 대입할 수 있다.

③ 구현객체를 인터페이스로 형변환하려면 강제 형변환을 해야 한다.

④ 인터페이스에 정의된 추상 메서드는 구현 클래스에서 반드시 재정의해서 구현해야 한다.

03 다음과 같이 Player 라는 인터페이스를 정의하고, 출력결과도 아래와 같이 출력될 수 있도록 Player 인터페이스를 상속받는 BaseBallPlayer와 FootballPlayer 클래스를 정의하시오.

```
 1. package chapter09;
 2.
 3. interface Player {
 4.
 5.     // 추상 메서드
 6.     void play();
 7. }
 8.
 9. public class Excercise3 {
10.
11.     public static void main(String[] args) {
12.
13.         Player p1 = new BaseBallPlayer();
14.         Player p2 = new FootBallPlayer();
15.
16.         playGame(p1);
17.         playGame(p2);
18.
19.     }
20.
21.     public static void playGame(Player p) {
22.         p.play();
23.     }
24.
25. }
```

[실행 결과]

야구선수가 야구를 합니다.
축구선수가 축구를 합니다.

04 아래 Tv라는 인터페이스를 만들고 Excercise4 클래스의 main() 메서드에서 Tv 인터페이스의 익명
구현 객체를 생성해 실행 결과가 동일하게 출력되도록 코드를 완성하시오.

```
1. package chapter09;
2.
3. interface Tv {
4.
5.     // 추상 메서드
6.     void turnOn();
7. }
8.
9. public class Excercise4 {
10.
11.     public static void main(String[] args) {
12.
13.         // 코드 작성
14.
15.         p1.turnOn();
16.
17.     }
18.
19. }
20.
```

[실행 결과]

TV를 켭니다.

CHAPTER

10

내부클래스
(중첩클래스)

10.1 내부 클래스
10.2 내부 인터페이스

내부 클래스는 중첩 클래스라고도 부르며, 클래스안에 클래스가 존재하는 경우이다. 자바 프로그램에서 모든 파일은 클래스로 되어 있으며 다른 클래스의 객체를 생성하는 등 서로서로 밀접한 관계를 맺고 동작한다. 보통 하나의 기능이나 프로세스 단위로 클래스를 독립적으로 생성하지만, 어떤 하나의 클래스에만 종속적으로 사용되는 클래스는 내부에 선언하면 편리하다. 또한 인터페이스 역시 클래스 내부에 정의되는 경우도 있다. 이 내부 인터페이스도 바깥쪽의 클래스에서만 자주 사용되는 경우 편리하게 사용할 수 있다.

10.1 내부 클래스

내부(중첩) 클래스의 구조는 아래와 같다.

```
class 클래스명 {
    class 내부 클래스명 {
        ...
    }
}
```

내부 클래스는 크게 두가지로 구분 되는데, 하나는 클래스의 멤버로 정의되는 멤버 클래스와 메서드 내부에 정의되는 로컬 클래스로 나눠진다. 멤버 클래스는 객체로 생성된 후 어디서든 다시 사용할 수 있지만, 로컬 클래스는 메서드 내에서만 사용된다. 멤버 클래스와 로컬 클래스가 정의되고 컴파일되면 실제 파일도 별도로 생성된다.

멤버 클래스의 파일명은 아래와 같다.

```
바깥클래스명$내부클래스명.class
```

로컬 클래스 파일명은 아래와 같다.

```
바깥클래스명$1내부클래스명.class
```

멤버 클래스

멤버 클래스는 static 멤버 클래스와 인스턴스 멤버 클래스로 나눠진다. static 멤버 클래스(static inner class)는 내부 클래스의 객체를 바깥 클래스에 대해 독립적으로 생성할 때 사용된다. static 키워드를 가진 내부클래스로, 멤버변수나 메서드처럼 클래스 내부에서 선언된다. 내부 클래스 내에 static 멤버가 있으면 반드시 static 내부 클래스로 선언해야 한다.

```
public class Outer {
    // Outer 클래스의 내용
    ...

    public static class Inner {
        // Inner 클래스의 내용
    }
}
```

다른 곳에서 Inner 클래스 객체를 생성하기 위해 Inner 클래스에 접근하려면, 아래와 같이 객체를 생성한다.

```
Outer.inner inn = new Outer.Inner();
```

인스턴스 내부 클래스

인스턴스 내부 클래스는 static 내부 클래스와 같은 위치에 선언하지만, static 키워드가 포함되지 않는다.

```
public class Outer {
    // Outer 클래스의 내용
    ...

    public class Inner {
        // Inner 클래스의 내용
    }
}
```

다른 곳에서 안쪽 클래스의 객체를 생성하기 위해서는 바깥 클래스의 객체를 먼저 생성하고, 그 객체변수를 이용해서 내부 클래스의 객체를 생성한다.

```
Outer outer = new Outer();
Outer.Inner inn = outer.new Inner();
```

로컬 클래스

static 내부 클래스나 인스턴스 내부 클래스는 바깥 클래스의 멤버와 같은 위치에 선언했으나, 로컬 클래스는 바깥 클래스의 메서드 내에 선언된다.

```
1. package chapter10;
2.
3. public class LocalInnerEx { // 바깥클래스
4.     int i=10;
5.
6.     void outerMethod(){
7.         class Inner { // 로컬 클래스
8.             int x=20; // 메서드 지연변수
9.             int i=30; // 메서드 지역변수
10.             void innerMethod() {
```

```
11.                    System.out.println(x);
12.                    System.out.println(i); // 안쪽 클래스의 i변수
13.                    System.out.println(this.i); // 안쪽 클래스의 i변수
14.                    System.out.println(LocalInnerEx.this.i); //바깥 클래스의 i변
    수
15.                }
16.            }
17.
18.            Inner inn = new Inner();
19.            inn.innerMethod();
20.        }
21.
22.        public static void main(String[] args) {
23.            LocalInnerEx lic = new LocalInnerEx();
24.            lic.outerMethod();
25.        }
26.
27. }

[실행 결과]

20
30
30
10
```

이 예제는 LocalInnerEx라는 바깥 클래스의 outerMethod() 메서드 안에 Inner라는 로컬 클래스가 존재하는 예제이다. 메서드 안에 있기 때문에 메서드가 실행되면 객체가 생성되었다가 메서드 실행이 종료되면 객체도 사용할 수 없다. 바깥 클래스의 멤버 변수와 outerMethod()의 지역변수가 각각 존재하는데, 변수 i는 바깥 클래스의 멤버변수명과 같다. 이 메서드 안에서 로컬 클래스가 존재하기 때문에 23, 24라인에서바깥 클래스의 객체를 먼저 생성하고, 메서드를 호출했다. 로컬 내부 클래스를 확인해보자. x, y라는 멤버변수와 innerMethod()가 멤버로 정의되어 있는데, 11~14라인의 출력문을 보면 11,12라인은 로컬 내부 클래스 내의 멤버변수를 출력한다. y는 바깥 클래스 멤버변수와 동일하지만 가까이에 있는 로컬 내부 클래스의 멤버변수를 참조한다. 13라인도 마찬가지다. this 키워드는 객체 자기 자신을 참조하는 키워드이기 때문에 로컬 내부 클래스의 객체 자신을 참고해서 역시 30이 출력되었고, 마지막 14라인은 메서드 내의 로컬 내부 클래스에서 바깥 클래스의 멤버 변수에 접근하기 위해 LocalInnerEx.this 라는 키워드를 사용했다. 바깥 클래스명인 LocalInnerEx의 this 자신 객체이다.

다시 static 멤버 클래스와 인스턴스 멤버 클래스, 로컬 내부 클래스를 다시 정리한 예제를 확인 해보자. A는 바깥 클래스, B는 static 멤버 클래스, C는 인스턴스 멤버 클래스, D는 로컬 내부 클래스이다.

▶ A.java

```
1.  package chapter10;
2.
3.  class A { // 바깥 클래스
4.      A() { // 바깥 클래스의 생성자
5.          System.out.println("A 객체 생성");
6.      }
7.
8.      static class B { // static 내부 클래스
9.          B() { // static 내부 클래스의 생성자
10.             System.out.println("C 객체 생성");
11.         }
12.
13.         int var1;
14.         static int var2;
15.
16.         void method1() {
17.             System.out.println("static 내부 클래스의 method1()");
18.         }
19.
20.         static void method2() {
21.             System.out.println("static 내부 클래스의 static method2()");
22.         }
23.     }
24.
25.     public class C { // 인스턴스 내부 클래스
26.         C() { // 인스턴스 내부 클래스의 생성자
27.             System.out.println("B 객체 생성");
28.         }
29.
30.         int var1;
31.
32.         void method1() {
33.             System.out.println("인스턴스 내부 클래스의 method1()");
34.         }
35.     }
36.
37.
38.     void method() { // 바깥 클래스의 메서드
39.
40.         class D { // 로컬 내부 클래스
41.             D() {
42.                 System.out.println("D 객체 생성");
43.             }
44.
45.             int var1;
46.
47.             void method1() {
48.                 System.out.println("로컬 내부 클래스의 method1()");
49.             }
50.         }
```

```
51.        D d = new D();
52.        d.var1 = 3 ;
53.        d.method1();
54.    }
55. }
```

▶ Amain.java

```
1. package chapter10;
2.
3. public class Amain {
4.
5.     public static void main(String[] args) {
6.         A a = new A();
7.
8.         //static 멤버 클래스 객체 생성
9.         A.B b = new A.B();
10.        b.var1 = 3;
11.        b.method1();
12.        A.B.var2 = 3;
13.        A.B.method2();
14.
15.        //인스턴스 내부 클래스 객체 생성
16.        A.C c = a.new C();
17.        c.var1 = 3;
18.        c.method1();
19.
20.        //로컬 클래스 객체 생성을 위한 메소드 호출
21.        a.method();
22.    }
23. }
```

각 클래스마다 생성자에서 객체가 생성됨을 확인하기 위해 출력하였고, static 멤버 클래스인 B 클래스는 변수2개와 메서드 2개가 있다. 각각 1개의 변수와 1개의 메서드는 static 키워드를 적용했다. Amain 클래스에서는 9라인에서 A.B() 형태로 A 클래스의 객체 생성 없이 B클래스 객체를 생성하였다. static 내부 클래스이기 때문이다. 12,13라인을 보면 var2 변수와 method2() 메서드는 static 멤버이기 때문에 b객체를 통하지 않고, A.B.으로 접근한 것을 알 수 있다. C 클래스는 인스턴스 멤버 클래스이기 때문에 Amain 클래스의 16라인처럼 A클래스의 객체 a를 통해 객체를 생성하였고 변수와 메서드 역시 c 객체를 통해 사용하고 있다.

10.2 내부 인터페이스

내부 인터페이스는 클래스의 멤버로 선언된 인터페이스이다. 이 내부 인터페이스를 사용하는 이유도 속해 있는 바깥 클래스와 직접적인 관련이 있는 경우이다. (안드로이드의 이벤트 처리 인터페이스가 이런 형태로 만들어져 있는 경우가 많음)

```
class 클래스명 {
    interface 인터페이스명 {
        void method(); // 추상 메서드
    }
}
```

이번 예제는 Outer 클래스 내부에 InterfaceEx 라는 인터페이스를 선언해보도록 하겠다.

```
1. package chapter10.interfacePkg;
2.
3. public class Outer {
4.
5.     interface InterfaceEx {
6.         void method();
7.     }
8.
9.     InterfaceEx ie;
10.
11.     void setInterfaceEx(InterfaceEx ie) {
12.         this.ie = ie;
13.     }
14.
15.     void outerMethod() {
16.         ie.method();
17.     }
18.
19. }
```

11라인의 setInterfaceEx() 메서드는 InterfaceEx 객체를 매개변수로 받아 변수에 대입해주는 메서드이다. 이 메서드를 사용하면 인터페이스를 구현한 다양한 구현 클래스의 객체를 다 받을 수 있게 된다.(다형성) 그리고, outerMethod()에서는 위에서 대입한 객체의 method() 라는 메서드를 실행한다. 내부에 있는 인터페이스를 구현하는 두 개의 구현 클래스를 생성해 보자.

▸ InterfaceExImple.java

```
1. package chapter10.interfacePkg;
2.
3. public class InterfaceExImple implements Outer.InterfaceEx{
4.
5.     @Override
6.     public void method() {
7.
8.         System.out.println("InterfaceExImple method()");
9.
10.     }
11.
12. }
```

▸ InterfaceExImple2.java

```
1. package chapter10.interfacePkg;
2.
3. public class InterfaceExImple2 implements Outer.InterfaceEx{
4.
5.     @Override
6.     public void method() {
7.
8.         System.out.println("InterfaceExImple2 method()");
9.
10.     }
11.
12. }
```

위 두개의 구현 클래스 모두 Outer.InterfaceEx를 구현(implements)한 클래스이고 method() 메서드를 재정의했다. 이제 이 구현클래스를 이용하여 Outer 클래스를 실행해 보자.

▸ OuterMain.java

```
1. package chapter10.interfacePkg;
2.
3. public class OuterMain {
4.
5.     public static void main(String[] args) {
6.
7.         Outer out = new Outer();
8.
9.         out.setInterfaceEx(new InterfaceExImple());
10.         out.outerMethod();
11.         out.setInterfaceEx(new InterfaceExImple2());
```

```
12.          out.outerMethod();
13.
14.     }
15.
16. }
```

[실행 결과]

```
InterfaceExImple method()
InterfaceExImple2 method()
```

Outer 클래스의 객체를 생성해 setInterfaceEx 메서드를 통해 InterfaceExImple 클래스의 객체와 InterfaceExImpl2 클래스의 객체를 각각 넣어서 outerMethod() 메서드를 호출한 결과이다. 이 예제는 클래스 내부에 있는 인터페이스를 구현하는 방법과 더불어 다형성의 예시도 함께 보여주고 있다.

제10장 연습문제

01 내부 클래스에 대한 설명 중 올바르지 않은 것은?

① 로컬 클래스는 한번 생성하면 다른 메서드 내에서도 사용 가능하다.

② 내부 클래스는 클래스 안에 클래스가 존재하는 것이다.

③ 로컬 클래스는 메서드 안에 선언된 클래스이다.

④ 멤버클래스는 바깥 클래스의 객체를 통해 접근할 수 있다.

02 다음 중첩된 클래스 Out 클래스와 In 클래스의 name 필드를 출력하는 코드를 Excercise2 클래스의 main() 메서드에 작성하시오.

```
1. package chapter10;
2.
3. public class Excercise2 {
4.
5.     public static void main(String [] args) {
6.
7.         // name을 출력하는 코드 작성
8.
9.
10.     }
11.
12. }
13.
14. class Out {
15.     class In {
16.         String name = "자바";
17.     }
18. }
```

[실행 결과]

자바

CHAPTER

11

예외처리
(에러를 미리 대비하자)

11.1 예외란

프로그램 실행 중에 무엇인가 의해서 오작동을 하거나 비 정상적으로 종료되는 경우가 있다. 우리는 흔히 에러(error)라고 말한다. 보통 에러가 발생하면 프로그램은 에러가 발생한 곳에서 멈추게 된다. 자바 프로그램에서 에러는 JVM에서 실행 중 문제가 생긴 것이므로 이런 에러는 개발자가 대처할 수 있는 방법은 없다. 에러는 그 종류와 프로그램에 미치는 영향 각기 달라서 대처하는 방법도 다르다. 예외란 문법적인 오류가 없어 프로그램이 실행은 되지만 특수한 상황을 만나면 프로그램이 중단되는 현상으로 에러 중에서 대처할 수 있는 에러라고 말할 수 있다. 예외 처리는 예외를 방치하거나 에러로 인한 프로그램이 종료되지 않고 계속 작업을 처리하도록 해주거나 예외 내용을 확인하기 위힌 직업이다.

오류와 에러, 예외 이 세가지 용어에 먼저 정리해 보자.

오류 : 에러와 예외 포함
에러 : 프로그램 코드에 의해서 해결 할 수 없는 심각한 오류
예외 : 특수한 상황이 발생하면 프로그램이 중단되는 현상으로 프로그램 코드에 의해서 해결 할 수 있는 오류

이 에러를 발생 시점에 따라 컴파일 에러(compile error)와 런타임 에러(runtime error)로 나눌 수 있는 데, 글자 그대로 '컴파일 에러' 는 컴파일 할 때 발생하는 에러이고 프로그램의 실행 도중에 발생하는 에러를 '런타임 에러'라고 한다. 소스코드(.java)를 컴파일 할 때 컴파일러가 소스에 대해 오타나 잘못된 문법, 자료형 체크 등의 기본적인 검사를 수행 하여 오류가 있는지를 미리 알려 주는데 컴파일러가 알려준 에러들을 모두 수정해서 컴파일을 성공적으로 마치고 나면, 클래스 파일(.class)이 생성되고, 생성된 클래스 파일을 실행할 수 있게 되는 것이다. 하지만, 컴파일을 에러없이 성공적으로 마쳤다고 해서 프로그램의 실행 중에도 에러가 발생하지 않는 것은 아니다.

컴파일러가 소스코드의 기본적인 오류는 컴파일시에 모두 걸러 줄 수는 있지만, 실행도중에 발생할 수 있는 잠재적인 오류까지 검사할 수 없기 때문에 컴파일은 잘되었어도 실행 중에 에러에 의해서 잘못된 결과를 얻거나 프로그램이 비정상적으로 종료될 수 있다.

여러분들은 이미 실행도중에 발생하는 런타임 에러를 여러 번 경험했을 것이다. 예를 들면 갑자기 프로그램이 실행을 멈추거나 종료되는 경우 등을 확인했을 것이다. 이런 런타임 에러 를 방지하기 위해서는 프로그램의 실행도중 발생할 수 있는 모든 경우의 수를 미리 예측하여 이에 대한 준비를 해야 한다.

자바에서는 실행(runtime) 시 발생할 수 있는 프로그램 오류를 에러(error)와 예외(exception) 두 가지로 구분하고 있는데, 에러는 메모리 부족(OutOfMemoryError)이나 스택오버플로우(StackOverflowError)와 같이 일단 발생하면 복구할 수 없는 심각한 오류 이고, 예외는 발생하더라도 처리될 수 있는 비교적 덜 심각한 오류이다. 에러가 발생하면, 프로그램의 비정상적인 종료를 막을 길이 없지만, 예외는 발생하

더라도 프로그래머가 이에 대한 적절한 코드를 미리 작성해 놓음으로써 프로그램의 비정상적인 종료를 막을 수 있다.

11.2 예외 클래스

자바는 모든 오류를 클래스로 제공하고 있는데, 모든 비정상적인 동작을 Throwable라는 클래스로 표현하고 다시 Error와 Exception 클래스로 나눈다 Exception 클래스 자손들의 예외가 발생하면 덜 치명적인 오류라고 보고 프로그램을 강제로 종료하는 것보다는 오류 메시지 등을 내보내고 오류 발생 가능성이 있는 부분에 대해서 미리 프로그램으로 처리를 해주는 것이다. 즉 예외처리의 대상은 Exception 클래스 및 자손 클래스들이다.

예외 클래스는 java.lang 패키지 내에 속하지만 IOException 클래스 및 그 하위 클래스는 java.io 패키지에 속한다.

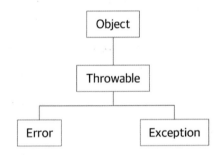

Error 클래스의 하위 클래스는 다음과 같다 그외에도 무수히 많은 하위 클래스가 있지만 자세한 내용은 API 를 참조하기 바란다.

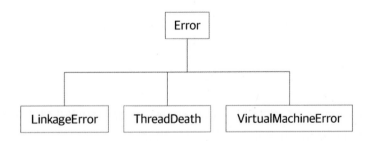

이제 Exception 클래스의 하위 클래스들을 살펴보자.

여기에 기술한 클래스가 Exception 클래스의 전부는 아니지만, 가장 많이 다루어지는 예외 클래스들만
살펴보도록 하겠다..

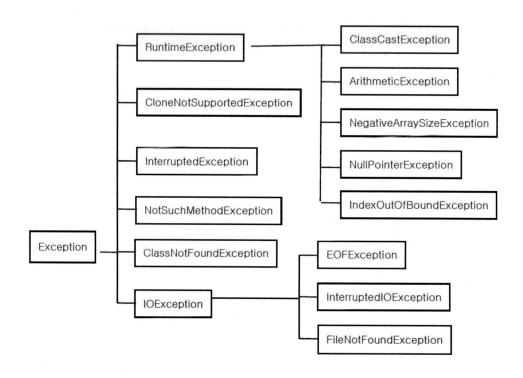

예외 클래스	예외 발생 원인
RuntimeException	실행 중 예외가 발생
CloneNotSupportedException	객체가 복제되지 않은 상태에서 복제 시도
InterruptedException	쓰레드가 중지된 경우
NoSuchMethodException	메서드가 없는 경우
ClassNotFoundException	클래스를 찾지 못하는 경우
IOException	입출력관련 예외가 발생하는 경우

자바는 필수적으로 예외 처리를 해야한다. 그런데 지금까지 우리는 예외처리 없이 프로그램을 작성했
다. 예외 중 RuntimeException 은 예외 처리 생략이 가능한 예외이다. 그래서 우리는 이제 까지 예외
처리를 생략했던 것이다

▶ RuntimeException의 하위 클래스

예외 클래스	예외 발생 원인
ArithmeticException	0으로 나누는 경우
NegativeArraySizeException	배열의 크기가 음수인 경우
NullPointerException	null객체에 접근하는 경우
ClassCastException	객체가 형변환이 잘못된 경우
IndexOutOfBoundException	인덱스의 범위를 벗어나는 경우

11.3 예외 처리

try 블록 안에는 예외가 발생할 가능성이 있는 문장 코드를 넣고 예외가 발생하면 catch 블록에서 처리한다. catch 블록은 예외가 발생하지 않으면 실행되지 않는다.

try ~ catch문의 구조를 살펴보자.

```
try {
    // 예외가 발생할 가능성이 있는 문장 코드
} catch (Exception1 e1) {
    // Exception1이 발생할 경우, 실행될 문장
} catch (Exception2 e2) {
    // Exception2이 발생할 경우, 실행될 문장
...
} catch (ExceptionX eX) {
    // ExceptionX가 발생할 경우, 실행될 문장
}
```

하나의 try 블록 밑에는 여러 종류의 예외를 처리할 수 있도록 여러 개의 catch블록이 올 수 있는데, 이 중 발생한 예외의 종류와 일치하는 한 개의 catch블록만 수행되고, try~catch문은 종료된다. 발생한 예외의 종류와 일치하는 catch블록이 없으면 예외는 처리되지 않는다. 주의할 점은 try~catch문은 if문이나 for문, while문과 같이 한줄이라고 해서 중괄호를 생략할 수 없다.

```
1. package chapter11;
2.
3. public class ExceptionEx0 {
4.
5.     public static void main(String[] args) {
6.         System.out.println(1);
7.         System.out.println(2);
```

```
 8.            System.out.println(3/0);
 9.            System.out.println(4);
10.            System.out.println(5);
11.            System.out.println(6);
12.        }
13.
14. }
```

[실행 결과]

```
1
2
Exception in thread "main" java.lang.ArithmeticException : / by zero
    at chapter11.ExceptionEx0.main(ExceptionEx0.java:8)
```

위 예제는 8라인에서 3/0 연산을 하는 경우 예외가 발생하는 예제이다. 메시지를 보면 Arithmetic Exception이 발생하였고, / by zero 라고 출력된것을 알 수 있다. 1,2까지 출력되다가 3에서 출력되지 않고 프로그램이 종료된 것이다. 이 코드를 try~catch문을 이용해 수정해보도록 하겠다.

```
 1. package chapter11;
 2.
 3. public class ExceptionEx {
 4.
 5.    public static void main(String[] args) {
 6.        System.out.println(1);
 7.        try {
 8.            System.out.println(2);
 9.            System.out.println(3/0);
10.            System.out.println(4);
11.        } catch (ArithmeticException e) {
12.            System.out.println(5);
13.        }
14.        System.out.println(6);
15.    }
16.
17. }
```

[실행 결과]

```
1
2
5
6
```

ExceptionEx 클래스에서는 main()메서드 안에서 1을 출력하고 try 블록안에 2를 출력하고 3을 0으로 나누고 있는데 여기서 exception이 발생한다. try 블록안에서 예외가 발생했기 때문에 catch 블록이 실행되어 4출력하는 구문은 건너띄고 catch 블록 안의 5가 출력 되었다. 그리고 try~catch 구문이 끝나고 6이 출력된다. 만약 이 예제에서 try~catch 구문을 사용하지 않았거나, 예외가 발생할 가능성이 있는 구문을 try블록에 넣지 않았거나, catch 구문에 ArithmeticException을 넣지 않으면 이전 예제와 마찬가지로 2까지만 출력되고 프로그램은 비정상적으로 종료되었을 것이다.

try~catch문은 예외가 발생한 경우와 발생하지 않은 경우의 실행문의 실행순서가 달라지는데, 이 두 가지의 경우를 다시 정리해보자.

❖ **try 블록 안에서 예외가 발생한 경우**

 – 발생한 예외와 일치하는 catch 문이 있는지 확인한다.
 – 만약 일치하는 catch문이 있다면, 해당 catch문의 블럭 내의 실행문들을 실행하고, 전체 try-catch 구문이 종료된다. 만약 일치하는 catch문이 없으면 예외 처리를 하지 못한다.

❖ **try 블록 안에서 예외가 발생하지 않은 경우**

 – catch 구문을 모두 확인하지 않고, 전체 try-catch 구문이 종료된다.

```java
1. package chapter11;
2.
3. public class ExceptionEx2 {
4.
5.     public static void main(String[] args) {
6.         System.out.println(1);
7.         try {
8.             System.out.println(2);
9.             System.out.println(3);
10.            System.out.println(4);
11.        } catch (ArithmeticException e) {
12.            System.out.println(5);
13.        }
14.        System.out.println(6);
15.    }
16.
17. }

[실행 결과]

1
2
3
4
6
```

위 예제는 try블록 내에서 예외가 발생하지 않았기 때문에 catch문의 실행문이 실행되지 않은 것이다.

다중 catch문

여러개의 catch문이 존재하는 구문으로 발생된 예외별로 다른 예외처리를 할 수 있다.

```
1. package chapter11;
2.
3. public class ExceptionEx3 {
4.
5.     public static void main(String[] args) {
6.
7.         try {
8.             int[] arr = {1,2,3};
9.             System.out.println(arr[3]);
10.            System.out.println(3 /0);
11.            Integer.parseInt("a");
12.        } catch (ArithmeticException e) {
13.            System.out.println("0으로 나눌 수 없음");
14.        } catch (ArrayIndexOutOfBoundsException e) {
15.            System.out.println("인덱스 범위 초과");
16.        } catch (Exception e) {
17.            System.out.println("예외 발생");
18.        }
19.    }
20.
21. }

[실행 결과]

인덱스 범위 초과
```

이 예제는 배열의 인덱스 범위가 초과되는 코드와 3을 0으로 나누고, 숫자가 아닌 문자열을 숫자로 변환하는 총 3가지의 예외가 발생하는 코드이다. 8라인의 try 블록안을 보자. 9라인에서 인덱스3을 출력하는데 존재하지 않는 인덱스라서 예외가 발생한다. 그래서 밑의 3/0과 "a"를 정수로 변경하는 코드는 아예 실행이 되지 않고, catch문 중 ArrayIndexOutOfBoiundsException 블록의 실행문이 실행된다. 만약 9라인의 a[3]을 a[2]로 변경하면, 이제 10라인에서 예외가 발생하는데, 역시 catch문 중 ArithmeticException 부분이 실행된다. 다음 10라인을 3/1로 변경하고 실행해보자. 이제는 11라인에서 예외가 발생한다. 문자열 a는 정수로 변경이 되지 않기 때문에 NumberFormat Exception이 발생한다. 그런데 catch문에는 NumberFormatException이 존재하지 않는다. 그래서 가장 마지막에 있는 Exception 구문이 실행된다. Exception은 위에서 나열한 모든 예외 클래스의 상위 클래스이기 때문에 모든 예외를 잡아낼 수 있다. 그래서 Exception catch문을 가장 하단에 배치한 것이다. 만약 Exception catch문이 다른 catch문보다 상위에 있다면 다른 예외처리를 하지 못하고 무조건 Exception catch문에서 처리가 되고 try~catch문은 종료된다.

> ❖ **catch 문의 배치 순서**
>
> 자식 Exception 〉 Exception순으로 배치

보통 특별한 경우를 제외하면, 예외 클래스를 catch문에 하나하나 적어서 처리하지 않고, 예외 클래스의 상위 클래스인 Exception 클래스로 예외 처리를 하는 경우가 많다.

📖 finally 구문

finally는 마지막에 실행된다는 의미로, 예외 없이 정상적으로 실행이 되던, 예외가 발생하던 무조건 실행되는 구문이다.

```
1. package chapter11;
2.
3. public class ExceptionEx3 {
4.
5.     public static void main(String[] args) {
6.         System.out.println("DB연결 시작");
7.         try {
8.             System.out.println("DB작업");
9.         } catch (Exception e) {
10.             System.out.println("DB작업 중 예외발생");
11.         } finally {
12.             System.out.println("DB연결 종료");
13.         }
14.     }
15.
16. }

[실행 결과]

DB연결 시작
DB작업
DB연결 종료
```

ExceptionEx3 예제는 "DB연결 시작" 출력 후 try문 안에서 "DB작업"을 출력한다. try문 안에서 예외가 발생하지 않아, catch문은 실행되지 않았다. 하지만 finally문의 "DB연결 종료"는 출력이 된다. 예외가 발생하지 않아도, finally 구문이 실행된 것이다. 이번엔 예외가 발생하는 경우를 비교해보자.

```
1. package chapter11;
2.
3. public class ExceptionEx4 {
4.
5.     public static void main(String[] args) {
6.         System.out.println("DB연결 시작");
7.         try {
8.             System.out.println("DB작업");
9.             System.out.println(3/0);
10.        } catch (Exception e) {
11.            System.out.println("DB작업 중 예외발생");
12.        } finally {
13.            System.out.println("DB연결 종료");
14.        }
15.    }
16.
17. }

[실행 결과]

DB연결 시작
DB작업
DB작업 중 예외발생
DB연결 종료
```

이 예제는 try구문 안에서 0으로 나누는 연산때문에 예외가 발생한다. 따라서 catch문의 "DB작업 중 예외발생"이 출력되는데, 이렇게 예외가 발생하는 경우도 finally문의 "DB연결 종료"는 출력이 된다. 이 두 예제는 예외가 발생하는 경우와 발생하지 않는 경우 무조건 실행이 되는 finally 구문인데, 대표적으로 DataBase 작업을 하는 경우 DB 연결 후 작업을 하고, 작업이 끝나면 DB연결을 종료하는 형태로 프로그램을 작성한다. 만약 DB 연결 후 작업 중 예외가 발생하면 DB 연결을 종료하지 못하는 문제가 생기고, 서버 자원을 낭비하는 문제가 발생한다. 그래서 이런 경우 예외가 발생하던 발생하지 않던 무조건 DB 연결을 종료하는 구문이 필요하게 된다. 그리고 try 구문을 사용하면 반드시 하나 이상의 catch 구문이나 finally가 존재해야 한다.

11.4 예외 강제 발생

throw 라는 키워드를 사용하면 개발자가 직접 예외를 강제로 발생시킬 수 있다. 사용방법은 아래처럼 실행코드를 작성하면 된다.

```
throw new Exception("예외 발생");
```

```
1. package chapter11;
2.
3. public class ExceptionEx5 {
4.
5.     public static void main(String[] args) {
6.         System.out.println("프로그램 시작");
7.         try {
8.             throw new Exception("예외 발생");
9.         } catch (Exception e) {
10.            System.out.println(e.getMessage());
11.        }
12.        System.out.println("프로그램 종료");
13.    }
14.
15. }

[실행 결과]

프로그램 시작
예외 발생
프로그램 종료
```

Exception 객체를 생성할 때, 생성자에 문자열 값을 넣어 주면, Exception 객체의 메시지로 저장된다. 이 메시지는 getMessage()로 출력할 수 있게 된다.

11.5 예외 떠넘기기

지금까지는 예외를 처리하는 방법으로 try-catch문을 사용했는데, 이 외에 예외를 직접 처리하지 않고 떠넘기는 방법이 있다. 메서드에서 선언하는 방법이다. 메서드에서 예외를 선언하려면, 메서드의 선언부에 throws 키워드를 사용해서 메서드 내에서 발생할 수 있는 예외를 적어주면 된다. 만약 처리해야 할 예외가 여러개라면 ,(콤마)로 구분해서 적어준다.

```
void 메서드명() throws Exception1, Exception2... {
    ...
}
```

throws와 throw가 단어가 비슷해 혼동되지만 별개로 구별해서 기억해야 한다. try~catch문과 throws는 예외를 처리하는 구문이고, throw는 예외를 발생시키는 구문이다.

```
1. package chapter11;
2.
3. public class ExceptionEx6 {
4.
5.     public static void main(String[] args) {
6.         try {
7.             first();
8.         } catch (Exception e) {
9.             System.out.println(e.getMessage());
10.        }
11.    }
12.
13.    static void first() throws Exception {
14.        second();
15.    }
16.
17.    static void second() throws Exception {
18.        throw new Exception ("예외 발생");
19.    }
20.
21. }
```

[실행 결과]

예외 발생

이 예제는 main() 메서드에서 first() 메서드를 호출하고, first() 메서드는 second() 메서드를 호출하는데 second() 메서드에서 예외를 강제로 발생시키고 있다. 하지만 직접 예외를 처리하지 않고 메서드 선언부에서 throws를 하고 있기 때문에 first() 메서드로 떠넘긴 것이다. 그런데 first() 메서드 역시 try~catch문으로 처리하지 않고 예외를 떠넘겼다. 그래서 main() 메서드에서는 try~catch 문으로 예외를 받아서 출력하고 있다. 만약, first() 메서드에서 throws를 하지 않거나, main() 메서드에서 try~catch문으로 처리하지 않으면 컴파일 에러가 발생한다. 던져진 예외를 반드시 try~catch문으로 처리하던 또다시 떠넘기던 해야한다. 이렇게 메서드에서 예외를 떠넘기는 것이 나쁜것만은 아니다. 오히려 메서드 선언부에 예외 클래스를 적어주기 때문에 코드를 해석할 때 '이 메서드는 어느어느 예외가 발생하겠구나'라고 미리 예측할 수 있기 때문에 예외 발생에 대한 보다 안전한 프로그래밍을 할 수 있게 된다. 앞 예제에서 보았던 Integer.parseInt() 메서드를 확인해보자. 이클립스에서 ctrl+클릭해보면 해당 메서드로 이동되며, 내용을 확인할 수 있다.

```
767        *              parsable integer.
768        */
769⊖    public static int parseInt(String s) throws NumberFormatException {
770           return parseInt(s,10);
771        }
772
773⊖    /**
774        * Parses the string argument as an unsigned integer in the radix
775        * specified by the second argument.  An unsigned integer maps the
```

자바에서 기본 제공되는 java.lang 패키지의 Integer 클래스의 parseInt() 메서드의 실제 코드이다. 메서드 선언부에 throws NumberFormatException이 정의되어 있는것을 알 수 있다. 우리는 이것을 보고 이 메서드는 이 예외가 발생할 수 있구나 하는 것을 알 수 있고, 또한 반드시 처리해줘야 하는 예외이므로 내부 코드를 다 뒤져보지 않아도 미리 예상하고 준비할 수 있는 코드를 작성할 수 있게 되는 것이다.

지금까지 알아본 것처럼, 메서드에 throws 키워드를 사용하여 예외를 선언할 때 RuntimeException 클래스는 선언하지 않았다. 선언해도 에러가 나지는 않지만 반드시 선언해줘야 되는 예외 클래스는 Exception 클래스들이다.

📖 예외 재발생

예외 재발생은 하나의 메서드에서 발생할 수 있는 예외가 여러개인 경우, try~catch문을 통해서도 처리하고, 선언부에도 선언하여 양쪽에서 처리하도록 하는 것이다. 이러한 방법은 try~catch문으로 예외를 처리한 후 강제로 예외를 다시 발생시키는 방법으로 처리한다. 앞의 예제를 예외 재발생 형태로 수정한 예제이다.

```
1. package chapter11;
2.
3. public class ExceptionEx7 {
4.
5.     public static void main(String[] args) {
6.         try {
7.             first();
8.         } catch (Exception e) {
9.             System.out.println("main() 예외 처리");
10.            System.out.println(e.getMessage());
11.        }
12.    }
13.
14.    static void first() throws Exception {
15.        try {
```

```
16.                 second();
17.             } catch (Exception e) {
18.                 System.out.println("first() 예외 처리");
19.                 throw e; // 예외 재발생
20.             }
21.     }
22.
23.     static void second() throws Exception {
24.         try {
25.             throw new Exception("예외 발생");
26.         } catch (Exception e) {
27.             System.out.println("second() 예외  처리");
28.             throw e; // 예외 재발생
29.         }
30.     }
31.
32. }
```

[실행 결과]

```
second() 예외  처리
first() 예외 처리
main() 예외 처리
예외 발생
```

second() 메서드는 예외를 강제로 발생시킨 후 try~catch문으로 예외 처리를 함과 동시에 throw 키워드를 통해 예외 재발생까지 동시에 하고 있다. 따라서 first() 메서드에서는 반드시 예외를 처리해야 하고 여기에서도 try~catch문과 예외 재발생을 동시에 수행하고 있다. main() 메서드는 try~catch구문만 처리하고 있는데, 만약 main() 메서드에서도 선언부에서 throw로 떠넘기게 되면 더 이상 처리하지 못하고 프로그램이 에러 메시지를 출력하면서 종료된다.

```
1.     public static void main(String[] args) throws Exception {
2.         try {
3.             first();
4.         } catch (Exception e) {
5.             System.out.println("main() 예외 처리");
6.             System.out.println(e.getMessage());
7.             throw e;
8.         }
9.     }
```

[실행 결과]

```
second() 예외  처리
first() 예외 처리
main() 예외 처리
예외 발생
```

```
Exception in thread "main" java.lang.Exception : 예외 발생
    at chapter11.ExceptionEx7.second(ExceptionEx7.java:26)
    at chapter11.ExceptionEx7.first(ExceptionEx7.java:17)
    at chapter11.ExceptionEx7.main(ExceptionEx7.java:7)
```

11.6 사용자 정의 예외 클래스

이미 자바에서 제공하는 예외 클래스 외에 개발자가 직접 새로운 예외 클래스를 정의해서 사용할 수 있는데, Throwable 클래스나 그 하위 클래스로부터 상속받아 사용자 정의 예외 클래스를 생성한다. 보통 Exception 클래스로부터 상속받아 클래스를 만드는 경우가 많다.

```
class 클래스명 extends Exception {
    클래스명 (String msg) {
        super(msg);
    }
}
```

Exception 클래스를 상속받아 클래스를 정의했다. 추가로 변수나 메서드도 정의할 수 있다. 생성자를 통해 메시지를 입력받아 상위 클래스(Exception)의 생성자로 메시지를 매개변수로 넘겨주며 실행한다.(super())

▸ LoginException.java

```
1. package chapter11;
2.
3. public class LoginException extends Exception {
4.
5.     LoginException (String msg) {
6.         super(msg);
7.     }
8. }
```

▸ ExceptionEx8.java

```
1. package chapter11;
2.
3. import java.util.Scanner ;
```

```
4.
5. public class ExceptionEx8 {
6.
7.     static String user_id = "seo";
8.     static String user_pw = "smg1234";
9.
10.     public static void main(String[] args) throws Exception {
11.
12.         try {
13.             Scanner scan = new Scanner(System.in);
14.             System.out.print("아이디 : ");
15.             String input_id = scan.nextLine();
16.
17.             System.out.print("비밀번호 : ");
18.             String input_pw = scan.nextLine();
19.
20.             if (!user_id.equals(input_id)) {
21.                 throw new LoginException ("아이디가 올바르지 않습니다.");
22.             } else if (!user_pw.equals(input_pw)) {
23.                 throw new LoginException ("비밀번호가 올바르지 않습니다.");
24.             } else {
25.                 System.out.println("로그인 성공");
26.             }
27.         } catch (Exception e) {
28.             System.out.println(e.getMessage());
29.         }
30.
31.     }
32.
33.
34. }
```

[실행 결과]

아이디 : sss
비밀번호 : sss1234
아이디가 올바르지 않습니다.

LoginException.java 파일은 Exception 클래스를 상속받아 정의한 사용자 정의 예외 클래스이다. ExceptionEx8.java 파일에서는 Scanner라는 클래스를 이용해서 이클립스의 콘솔창에 직접 값을 입력받아 프로그램 내에서 처리하는 예제이다. 14~15라인은 "아이디 : " 문자열을 콘솔창에 출력 후 사용자가 아이디를 입력할 때까지 프로그램은 대기한다. 콘솔창에 값을 입력 후 엔터를 치면 다음 실행문으로 넘어간다. 다음 17~18라인은 "비밀번호 : " 문자열 출력 후 역시 사용자가 비밀번호를 입력할 때까지 대기한 후 값이 입력되면 다음 실행문으로 넘어간다. 20~26라인은 사용자가 입력한 아이디와 비밀번호를 클래스의 멤버변수와 비교하는 구문으로 값이 일치하지 않으면 위에서 정의한 LoginException 클래스를 통해 예외 메시지를 전달하며 강제로 예외를 발생시킨다. 이 실행문들이 main() 메서드 내에서 try~catch문으로 예외가 처리되고 있으므로 LoginException 예외가 발생하면 메시지를 출력하게 된다. 위 실행 결과는 아이디를 "sss"로, 비밀번호를 "sss1234"입력하여 예외가 발생하였는데, "seo", "smg1234"로 입력하면 "로그인 성공"이라는 문자열이 출력된다.

try-with-resource

java7버전부터 지원하는 기능으로 try() 괄호 안에서 생성한 객체가 AutoCloseable 인터페이스를 구현한 클래스라면 예외 발생 여부에 상관없이 자원 해제가 자동으로 이루어 진다. 즉 close() 메서드를 finally 블럭에서 호출하지 않아도 자동으로 호출해 주는 것이다.

기존 try~catch 방식과 try-with-resource 방식의 차이점을 비교해보자.

▶ 기존 try~catch 방식

```
FileInputStream is = null;
BufferedInputStream bis = null;
try {
    is = new FileInputStream("파일명");
    bis = new BufferedInputStream(is);
    int data = -1;
    while((data = bis.read()) != -1){
        System.out.print((char) data);
    }
} finally {
    // close 메서드 호출
    if (is != null) is.close();
    if (bis != null) bis.close();
}
```

▶ try-with-resource 방식

```
try (
    FileInputStream is = new FileInputStream("파일명");
    BufferedInputStream bis = new BufferedInputStream(is)
) {
    int data = -1;
    while ((data = bis.read()) != -1) {
        System.out.print((char) data);
    }
} catch (IOException e) {
    e.printStackTrace();
}
```

아직 파일스트림은 배우지 않았지만, 파일처리나, DB연결등 자원을 이용하는 경우 이렇게 위 예제처럼 파일 자원 처리 시 try-with-resource 방식을 이용하면 실수로 close() 메서드 호출을 빼먹는 경우도 없어지고, 코드도 짧고 간결해져 유지보수가 수월해지게 된다.

제11장 연습문제

01 예외처리에 대한 설명 중 올바르지 않은 것은?

    ① 예외 발생 가능성이 있는 코드를 try~catch 구문 사이에 작성한다.

    ② 예외는 개발자의 실수나 사용자의 잘못된 값 등으로 인해 생긴 오류이다.

    ③ catch 구문은 하나만 사용 가능하다.

    ④ 예외를 떠넘기고 있는 메서드를 호출할 때는 반드시 try~catch 구문에 넣어야 한다.

02 try~catch 문을 사용하지 않고 떠넘길 때 사용하는 키워드는?

03 일부러 예외를 발생 시킬 때 사용되는 키워드는?

04 try~catch 구문에서 예외 발생 여부에 상관없이 항상 실행되게 하기 위한 블록을 지정하는 키워드는?

05 다음 코드의 실행 결과는?

```java
1. package chapter11;
2.
3. public class Excercise5 {
4.
5.     public static void main(String[] args) {
6.
7.         try {
8.             test1();
9.             System.out.println("(4)");
10.        } catch (Exception e) {
11.            System .out.println("(5)");
12.        }
13.
14.    }
15.
16.    public static void test1() throws Exception {
17.        try {
18.            test2();
19.            System.out.println("(1)");
20.        } catch (NullPointerException e) {
21.            System .out.println("(2)");
22.        } finally {
23.            System.out.println("(3)");
24.        }
25.    }
26.
27.    public static void test2() {
28.        throw new NullPointerException ();
29.    }
30.
31. }
```

CHAPTER
12

기본 API
(자바에서 제공하는 기본 프로그램)

지금까지는 자바의 기본 문법과 사용법에 대해 배웠다. 이미 배운 내용으로 어느정도 프로그래밍 실력은 쌓았다고 할 수 있다. 실제로 앞으로 배우는 내용들은 외우는 것보다는 '아 이런것들이 있구나'하고 기억하는 차원에서 익혀두도록 하자. 기본 API는 자바를 설치하면 같이 설치되는 프로그램으로 라이브러리(library)라고도 부른다. 라이브러리라는 이름처럼 도서관에서 책을 찾듯이 나중에 필요할 때 잘 찾아 쓸 수 있도록 모아둔 클래스들의 집합이다. 우리가 자주 사용해왔던 String 같은 클래스도 API에 포함되어 있는 클래스들이다.

이번 챕터에서는 자바프로그래밍에 가장 기본이 되는 클래스들을 쭉 읽어가는 마음으로 가볍게 익히도록 하자. 프로그래밍은 절대 외우는 것이 아니라 연습하는 것임을 잊지 말자.

12.1 java.lang 패키지

자바에서 제공하는 API 중 가장 많이 사용되는 클래스들로 자바 프로그램의 기본적인 클래스를 가지고 있는 패키지이다. java.lang 패키지에 있는 클래스들은 import 없이 바로 사용할 수 있는 클래스들로 이루어져 있다. 앞에서 String클래스나 System클래스를 import 하지 않고 사용할 수 있었던 이유가 바로 이것 때문이다. 이 java.lang 패키지의 많은 클래스들 중에서 자주 사용하는 클래스들만 배워보도록 하자.

클래스	용도
Object	모든 클래스의 최상위 클래스
System	표준 입출력 관련 클래스
Class	클래스를 메모리에 로드할 때 사용
String	문자열
StringBuffer, StringBuilder	문자열 저장하거나 처리할 때 사용
Math	수학관련 기능
Wrapper	기본자료형의 데이터관련 클래스

12.1.1 Object 클래스

Object 클래스는 모든 클래스의 최상위 클래스이다. 클래스를 정의할 때 다른 클래스를 상속받지 않으면 그 클래스는 Object를 상속받도록 컴파일러가 자동으로 추가해준다. 결국 모든 클래스의 가장 상위에 있는 클래스이다. 따라서 모든 클래스는 Object의 메서드를 사용할 수 있게 된다. Object 클래스는 멤버 변수는 존재하지 않고, 다른 클래스에서 사용하게 될 메서드만 가지고 있어 Object 객체를 직접 생성하는 경우는 드물다. 11개의 메서드를 살펴보자.

메서드	설명
protected Object clone()	자신 객체의 복사한 객체 리턴
public Boolean equals(Object obj)	같은 객체인지 비교
protected void finalize()	객체가 소멸될 때 가비지 콜렉션에 의해 호출되는 메서드
public Class getClass()	자신 객체의 클래스 정보 리턴
public int hashCode()	자신 객체의 해쉬코드 리턴
public String toString()	자신 객체의 문자열 정보 리턴
public void notify()	자신 객체를 사용하는 스레드 하나를 깨움

public void notifyAll()	자신 객체를 사용하는 모든 스레드를 깨움
public void wait()	다른 스레드가 notify/notifyAll을 실행할땜지 대기
public void wait(long timeout)	다른 스레드가 notify/notifyAll을 실행할 때까지 timeout동안 대기
public void wait(long timeout, int nanos)	다른 스레드가 notify/notifyAll을 실행할 때까지 timeout, nano동안 대기

이 중 equals(), hashCode(), toString() 메서드는 재정의해서 사용하는 경우가 많으므로 아래에서 살펴보고, 나머지 스레드에 관련된 notify(), notifyAll(), wait() 메서드는 뒤에 스레드 챕터에서 다시 살펴 보도록 하자.

equals() 메서드

먼저 equals() 메서드에 대해 배워 보자. equals 메서드는 주로 객체를 비교하여 결과값을 boolean 값으로 리턴하는 역할을 한다. 아래 코드는 실제 Object 클래스에 정의되어 있는 equals() 메서드이다.

```java
public boolean equals(Object obj){
    return (this == obj);
}
```

this와 obj는 모두 참조변수로 비교하기 때문에 참조변수가 참조하고 있는 주소값으로 비교하게 된다. 예전에 배웠던 참조자료형의 비교연산이다. 아래 예제로 다시 확인해보자.

```java
1. package chapter12;
2.
3. public class EqualsEx {
4.
5.     public static void main(String[] args) {
6.         Obj obj1 = new Obj(100);
7.         Obj obj2 = new Obj(100);
8.
9.         if (obj1.equals(obj2)) {
10.             System.out.println("obj1 객체와 obj2 객체는 같음");
11.         } else {
12.             System.out.println("obj1 객체와 obj2 객체는 다름");
13.         }
14.
15.         Obj obj3 = obj1;
16.
17.         if (obj1.equals(obj3)) {
18.             System.out.println("obj1 객체와 obj3 객체는 같음");
```

```
19.          } else {
20.              System.out.println("obj1 객체와 obj3 객체는 다름");
21.          }
22.
23.          ObjOverride objo1 = new ObjOverride(100);
24.          ObjOverride objo2 = new ObjOverride(100);
25.
26.          if (objo1.equals(objo2)) {
27.              System.out.println("objo1 객체와 objo2 객체는 같음");
28.          } else {
29.              System.out.println("objo1 객체와 objo2 객체는 다름");
30.          }
31.      }
32. }
33.
34. class Obj {
35.      int obj_var;
36.
37.      Obj(int obj_var) {
38.          this .obj_var = obj_var;
39.      }
40. }
41.
42. class ObjOverride {
43.      int obj_var;
44.
45.      ObjOverride(int obj_var) {
46.          this .obj_var = obj_var;
47.      }
48.
49.      @Override
50.      public boolean equals(Object obj) {
51.          if (obj instanceof ObjOverride) {
52.              return true ;
53.          } else {
54.              return false ;
55.          }
56.      }
57. }
```

[실행 결과]

```
obj1 객체와 obj2 객체는 다름
obj1 객체와 obj3 객체는 같음
objo1 객체와 objo2 객체는 같음
```

Obj 클래스와 ObjOverride 클래스는 멤버 변수 obj_var를 갖고 있고, 생성자를 통해 멤버변수에 값을 초기화하고 있다. ObjeOverride 클래스는 equals() 메서드를 오버라이드 해서 매개변수 obj가 ObjOverride의 객체이면 true를 그렇지 않으면 false를 리턴한다. EqualsEx 클래스에서는 obj1과

obj2 객체를 같은 매개변수값을 넣어 각각 객체를 생성하고, equals() 메서드로 비교했는데 클래스도 같고, 멤버 변수 값도 같지만, 참조하는 주소값이 다르기 때문에 결과값은 false가 된다. 15라인에서는 obj3변수에 obj1을 대입했는데, 이때 주소값이 대입되기 때문에 obj1과 obj3은 같은 주소를 참조하는 변수가 된다. 그래서 equals() 메서드로 비교한 결과값은 true가 된다. 이번엔 23,24라인에서 ObjOverride 객체를 두 개 생성했는데, 이번엔 equals() 메서드로 비교한 결과가 위 결과와는 다르게 true가 나왔다. ObjOverride 클래스에서 재정의한 equals() 메서드는 instanceof로 매개변수가 ObjOverride 타입의 객체이면 true를 리턴하고 있기 때문이다.

우리가 자주 사용하는 String 클래스도 Object 클래스의 equals() 메서드를 재정의해서 사용하고 있다. 앞에서 문자열 값을 비교할 때는 == 를 사용하지 말고 equals() 메서드를 사용해서 비교하는 것이 좋다고 했다. 이 String 클래스도 equals() 메서드를 재정의해서 객체를 비교하는 것이 아니라 저장하고 있는 문자열을 비교하도록 되어 있는 것이다. 참고로 앞으로 배울 Wrapper 클래스도 equals() 메서드가 재정의 되어 주소가 아닌 저장된 값으로 비교하도록 되어 있다. 따라서 메서드명이 같더라도 동일한 기능이라고 단정하지 말고, 해당 내용을 잘 살펴본 후 사용해야 한다.

```java
1. package chapter12;
2.
3. public class EqualsEx2 {
4.
5.     public static void main(String[] args) {
6.
7.         String str1 = new String("abc");
8.         String str2 = new String("abc");
9.
10.        if (str1 == str2) {
11.            System.out.println("str1 객체와 str2 객체는 같음");
12.        } else {
13.            System .out.println("str1 객체와 str2 객체는 다름");
14.        }
15.
16.        if (str1.equals(str2)) {
17.            System.out.println("str1 문자열과 str2 문자열은 같음");
18.        } else {
19.            System.out.println("str1문자열과  str2 문자열은 다름");
20.        }
21.
22.    }
23.
24. }
```

[실행 결과]

str1 객체와 str2 객체는 다름
str1 문자열과 str2 문자열은 같음

hashCode 메서드는 JVM이 객체를 식별할 수 있는 정수값을 리턴한다. 객체의 메모리 주소를 이용해 해쉬코드를 생성해서 리턴한다. 즉 두 개의 다른 객체인 경우 해쉬코드 값도 다르다. 생성된 객체의 해쉬코드는 프로그램이 실행될 때마다 할당되는 메모리 주소가 다르므로, 매번 다른 값을 갖게 되지만, 프로그램의 한번의 실행 중에는 같은 값을 유지한다. 앞의 예제들과 같이 객체가 같은지 비교해야하는 경우 hashCode() 메서드도 같이 오버라이딩을 해줘야 한다. 같은 객체인 경우 hashCode() 메서드의 결과값인 해쉬코드도 같아야 하기 때문이다. 만약 hashCode() 메서드를 오버라이딩하지 않으면, 원래 Object 클래스에 정의된 대로 모든 객체가 서로 다른 해쉬코드값을 갖게 된다. 그래서 equals() 메서드와 hashCode() 메서드를 같이 오버라이딩 하는 경우가 많다.

```java
1. package chapter12;
2.
3. public class HahsCodeEx {
4.
5.     public static void main(String[] args) {
6.
7.         String str1 = new String ("abc");
8.         String str2 = new String ("abc");
9.         System.out.println("str1.hashCode():"+str1.hashCode()) ;
10.        System.out.println("str2.hashCode():"+str2.hashCode()) ;
11.        System.out.println("System.identityHashCode(str1):"+
12.                            System.identityHashCode(str1)) ;
13.        System.out.println("System.identityHashCode(str2):"+
14.                            System.identityHashCode(str2)) ;
15.
16.     }
17.
18. }
```

[실행 결과]

```
str1.hashCode():96354
str2.hashCode():96354
System identityHashCode(str1):798154996
System.identityHashCode(str2):681842940
```

String 클래스의 hashCode() 메서드는 문자열 값이 같으면, 동일한 해쉬코드를 리턴하도록 재정의되어 있기 때문에, 문자열 값이 같으면 str1과 str2에 대한 hashCode() 메서드를 실행하면 항상 동일한 해쉬코드 값을 리턴한다. 하지만 System.identityHashCode() 메서드는 Object 클래스의 hashCode() 메서드처럼 객체의 주소값으로 해쉬코드를 생성하므로 모든 객체에 대해 항상 다른 해쉬코드값을 리턴한다. 이클립스에서 프로그램을 실행할때마다 해쉬코드값이 다르게 출력된다. 그래서 str1과 str2변수가 해쉬코드는 같지만 서로 다른 객체인 것이다.

```
 1. package chapter12;
 2.
 3. public class HashCodeEx2 {
 4.
 5.     public static void main(String[] args) {
 6.
 7.         Hash v1 = new Hash(20 );
 8.         Hash v2 = new Hash(20 );
 9.         System.out.println(v1.hashCode());
10.         System.out.println(v2.hashCode());
11.         System.out.println ("v1 객체 진짜 해쉬값 :"+
12.                             System .identityHashCode(v1));
13.         System.out.println ("v2 객체 진짜 해쉬값 :"+
14.                             System .identityHashCode(v2));
15.
16.     }
17.
18. }
19.
20. class Hash {
21.     int value;
22.     Hash(int value) {
23.         this .value = value;
24.     }
25.     @Override
26.     public boolean equals(Object obj) {
27.         if (obj instanceof Hash) {
28.             Hash v = (Hash)obj;
29.             return value == v.value;
30.         } else {
31.             return false ;
32.         }
33.     }
34.     @Override
35.     public int hashCode() {
36.         return value;
37.     }
38. }
```

[실행 결과]

```
20
20
v1 객체 진짜 해쉬값 :681842940
v2 객체 진짜 해쉬값 :1392838282
```

Object 클래스의 메서드 중 toString() 메서드는 객체를 문자열화할 때 사용되는 메서드로, 콘솔에 객체를 직접 출력하는 경우 자동으로 toString() 메서드가 실행된다. Object 클래스에 정의된 toString() 메서드의 리턴값은 클래스명@16진수의 해쉬코드 값이다. 여러분이 생성한 클래스의 특정 정보를 출력하려면 toString() 메서드를 재정의해야 한다. 아래는 Object 클래스에 정의된 toString() 메서드 이다.

```java
public String toString(){
    return getClass().getName() + " @ " + Integer.toHexString(hashCode());
}
```

위 코드에서 getClass() 메서드와 getName(), hashCode() 메서드는 Object 클래스의 메서드이기 때문에 객체 생성 없이 직접 실행할 수 있다.

```java
1. package chapter12;
2.
3. public class ToStringEx {
4.
5.     public static void main(String[] args) {
6.         Fruit f = new Fruit("사과", "빨강");
7.         System.out.println(f);
8.     }
9. }
10.
11. class Fruit {
12.     String name;
13.     String color;
14.     public Fruit(String name, String color) {
15.         this.name = name;
16.         this.color = color;
17.     }
18. }
```

[실행 결과]

chapter12.Fruit@28a418fc

7라인의 System.out.println(f); 는 Fruit 클래스의 객체 f를 출력하는 코드인데, f는 참조변수이므로 실제 실행된 문장은 System.out.println(f.toString()); 이다. Fruit 클래스에는 toString() 메서드가 존재하지 않으므로, 상위 클래스인 Object 클래스의 toString() 메서드가 실행되어 클래스명@16진수 해쉬코드값으로 출력되었다. 이제 이 toString() 메서드를 재정의해서 실행해보도록 하자.

```
1. package chapter12;
2.
3. public class ToStringEx2 {
4.
5.     public static void main(String[] args) {
6.         Fruit2 f = new Fruit2("사과", "빨강");
7.         System.out.println(f);
8.     }
9. }
10.
11. class Fruit2 {
12.     String name;
13.     String color;
14.     public Fruit2(String name, String color) {
15.         this .name = name;
16.         this .color = color;
17.     }
18.
19.     @Override
20.     public String toString() {
21.         return "과일 이름 : "+this .name+"\n과일 색상 : "+this .color;
22.     }
23. }

[실행 결과]

과일 이름 : 사과
과일 색상 : 빨강
```

20라인의 toString() 메서드는 재정의 되어, System.out.println(f); 라고 출력하면 재정의된 이 toString() 메서드가 실행된다. 이 재정의된 메서드의 접근제한자를 보면 public 으로 선언되었는데, Object 클래스의 toString() 메서드의 접근제한자도 public이기 때문이다. 메서드를 재정의할 때 부모 (상위) 클래스의 메서드의 접근제한자보다 같거나 더 넓어야 한다. 그래서 Object 클래스의 toString() 메서드의 접근제한자 public 보다 더 넓거나 같은 접근제한자는 public 밖에 쓸 수가 없게 된다. 만약 이 부분은 protected나 private로 수정하면 에러가 발생된다.

추가로 뒤에서 배울 Date 라는 클래스의 toString() 메서드를 출력해보자.

```
1. package chapter12;
2.
3. import java.util.Date;
4.
5. public class ToStringDateEx {
6.
7.     public static void main(String[] args) {
```

```
 8.
 9.          Date now = new Date ();
10.          System.out.println(now);
11.
12.      }
13.
14. }
```

[실행 결과]

```
Thu Jun 11 00:31:53 KST 2020
```

실행 결과에서 알수 있듯이 Date 클래스는 Date 클래스의 객체가 갖고 있는 일자와 시간을 문자열로 리턴하도록 재정의 되어 있다는 것을 알 수 있다.

🖥 clone() 메서드

clone() 메서드는 클론이라는 말 그대로 객체를 복제하기 위한 메서드이다. 원본 객체의 필드값과 동일한 값을 가지는 새로운 객체를 새로 생성하는 것이다. 데이터를 제공할 때 원본의 데이터를 제공해서 수정을 하게 되면 수정 내용이 잘못되었을 때 원본으로 돌아가는 것이 어렵게 되기 때문에 데이터 분석 등에서는 원본 데이터를 제공하는 것 보다는 복제한 데이터를 제공해서 이 데이터를 기반으로 분석 기법을 적용해보고 다시 새로운 분석 기법을 적용해보고자 할 때는 원본 데이터를 다시 복제해서 사용한다. clone() 메서드를 사용하기 위해서는 java.lang 패키지에 있는 Cloneable이라는 인터페이스를 구현한 클래스에서만 사용이 가능하다. 이유는, 객체를 복제하는 경우 데이터도 복제되기 때문에, 무분별한 복제를 줄이기 위해 클래스를 정의한 사람이 Cloneable 인터페이스를 구현한다고 정의하는 것이 곧 복제를 허용한다는 의미가 되는 것이다. 이전에 배열 챕터에서 배웠던 배열을 복사하는 방법으로 System.arraycopy() 라는 메서드를 이용하는 방법을 배웠는데, 동일한 기능으로 clone() 메서드를 사용할 수 있다.

```
 1. package chapter12;
 2.
 3. public class CloneEx {
 4.
 5.     public static void main(String[] args) {
 6.
 7.         String[] arr = {"홍길동", "이순신", "김유신", "안중근"};
 8.         String[] arr2 = arr.clone();
 9.
10.         System.out.println(arr == arr2);
11.         for (String v : arr2) {
12.             System.out.println(v);
13.         }
14.
```

```
15.         String[] arr3 = new String[arr.length];
16.         System.arraycopy(arr, 0 , arr3, 0 , arr.length);
17.
18.         System.out.println(arr == arr3);
19.         for (String v : arr3) {
20.             System.out.println(v);
21.         }
22.
23.     }
24.
25. }
```

[실행 결과]

```
false
홍길동
이순신
김유신
안중근
false
홍길동
이순신
김유신
안중근
```

arr2 변수는 8라인에서 arr.clone()으로 복제한것이고, arr3은 16라인에서 System.arraycopy() 메서드를 이용해서 복제한 것이다. 둘다 모두 == 로 비교해봐도 다른 주소를 참조하는 독립적인 변수인 것을 알 수 있고, 배열의 값은 모두 동일하게 출력된것을 알 수 있다.

12.1.2 System 클래스

System 클래스는 OS와 관련된 기능들이 존재하는 클래스로 모든 멤버가 static이라서 객체를 생성할 필요가 없기 때문에 생성자를 private으로 숨겨서 외부에서 객체 생성할 수 없도록 한 클래스이다. 화면에 출력하거나, 메모리, 현재 시간, 입/출력 등등이 존재한다. 이 System 클래스에서 가장 많이 사용되는 객체는 in과 out객체이다. System.in은 표준 입력 객체, System.out은 표준 출력 객체이다. 이 입/출력에 관련된 부분은 뒤에서 설명하기로 하고 System 클래스에 있는 자주 사용되는 메서드만 알아보자. 먼저 exit() 메서드는 프로그램을 강제 종료하는 기능을 하는데 매개변수 값을 정수를 넣어주는데, 이 정수는 운영체제에게 넘겨주는 코드로 어떤 이유로 종료되었는지 알려주는 코드값이며 0은 정상적으로 종료되었다는 메시지이다. exit(0) 형태로 사용된다. 또 다른 메서드로는 현재 시스템에 설정된 속성값을 읽어오는 메서드가 있다. getProperty()라는 메서드인데 이 메서드는 JVM이 시작될 때 자동으로 읽어와 설정되는 속성값이다. 아래 예제는 getProperty() 메서드를 사용해서 대표적인 속성값들을 출력한 것이다.

```
1. package chapter12;
2.
3. public class PropertyEx {
4.
5.     public static void main(String[] args) {
6.
7.         // 자바 버전
8.         System.out.println(System.getProperty("java.version"));
9.         // JDK 경로
10.        System.out.println(System.getProperty("java.home"));
11.        // OS
12.        System.out.println(System.getProperty("os.name"));
13.        // 파일 구분자(리눅스,유닉스는 /)
14.        System.out.println(System.getProperty("file.separator"));
15.        // 사용자명
16.        System.out.println(System.getProperty("user.name"));
17.        // 사용자 홈디렉토리
18.        System.out.println(System.getProperty("user.home"));
19.        // 현재 워크스페이스 디렉토리 위치
20.        System.out.println(System.getProperty("user.dir"));
21.
22.     }
23.
24. }
```

[실행 결과]

```
14
C:\Program Files\Java\jdk-17
Windows 10
\
withsky
C:\Users\withsky
C:\java\workspace\test
```

System 클래스의 getenv() 메서드는 환경 변수를 읽어 올 수 있다.

```
1. package chapter12;
2.
3. public class PropertyEx {
4.
5.     public static void main(String[] args) {
6.
7.         for (String var : System.getenv().keySet()) {
8.             System.out.println(var + "=" + System.getenv(var));
9.         }
10.
11.     }
12.
```

```
13. }

[실행 결과]

...
JAVA_HOME=C:\Program Files\Java\jdk-17
...
```

위 예제는 getenv() 메서드를 통해 set자료형으로 for문으로 반복하며 각 환경변수 값들을 출력하는 예제이다. 무수히 많은 값들이 출력되는데, 우리가 처음 자바를 설치하면서 추가했던 환경변수 JAVA_HOME도 출력되는 것을 알 수 있다.

12.1.3 Class 클래스

Class 클래스는 클래스를 메모리에 로드하거나, 클래스나 인터페이스의 이름, 생성자, 필드, 메서드 정보 등을 확인 할 수 있는 클래스이다. Class 객체를 얻는 방법은 객체를 이용해서 생성하는 방법과 문자열 주소를 이용해서 생성하는 방법이 있다.

```
1. package chapter12;
2.
3. public class ClassEx {
4.
5.     public static void main(String[] args) {
6.
7.         EnvEx env = new EnvEx();
8.
9.         // 객체를 이용해서 생성
10.         Class c1 = env.getClass();
11.         System.out.println(c1.getName());
12.
13.         // 문자열 주소로 생성
14.         try {
15.             Class c2 = Class.forName("chapter12.EnvEx");
16.             System.out.println(c2.getName());
17.         } catch (ClassNotFoundException e) {
18.             System.out.println(e.getMessage());
19.         }
20.     }
21. }

[실행 결과]

chapter12.EnvEx
chapter12.EnvEx
```

10라인의 c1 객체는 env 객체를 이용해서 Class 객체를 생성했고, 15라인의 c2변수는 해당 클래스가 위치하는 풀네임(패키지+클래스명)의 문자열을 이용해서 객체를 생성했다. 이 forName() 메서드는 ClassNotFoundException 예외를 던지고 있어 try~catch문으로 예외처리를 해주었다.

12.1.4 String 클래스

String 클래스는 이 책의 처음부터 계속 사용해왔던 문자열을 다루는 클래스이다. 문자열을 기본자료형을 정의하지 않고 클래스로 정의한 이유는 문자열과 관련된 여러가지 기능을 갖는 메서드까지 포함하기 위해서이다.

String 클래스의 특징으로 다른 클래스들과는 다르게 new 키워드가 아니라 '=' 대입연산자로 객체를 생성할 수 있다. 그리고 + 더하기 연산이 가능한 클래스이다. 기본자료형과 + 연산을 하게 되면 기본자료형도 String으로 자동 형변환이 된다.

```
1. package chapter12.string;
2.
3. public class StringEx {
4.
5.     public static void main(String [] args) {
6.
7.         int score = 90 ;
8.         System.out.println("당신의 점수는 " + score + "입니다."); // 자동형변환
9.
10.        //String s = score; // 데이터타입이 달라 에러
11.        String s = String.valueOf(score); // String으로 형변환
12.
13.        // 문자열을 + 연산하여 String으로 형변환
14.        String s2 = score + "";
15.
16.     }
17.
18. }
```

우리가 지금까지 했던 예제들을 보면 대부분 어떤 변수에 값을 넣어 System.out.println() 메서드에서 문자열로 출력했었는데, 8라인에서 "당신의 점수는 " 문자열에 정수 타입의 score라는 변수를 + 연산하면 문자열로 변환되어 연산이 되게 된다. 즉 문자열 3개를 연결해서 출력한 것이다. 10라인은 문자열 s변수에 정수값을 대입하는 코드인데 에러가 난다. 데이터 타입이 다르기 때문이다. 그래서 11라인에서 String.valueOf() 메서드를 이용해 String 타입으로 변환해서 대입한다. 마지막 14라인도 11라인과 마찬가지로 정수를 문자열로 변환하는 기능을 하는데, String.valueOf() 메서드를 사용하지 않고, 앞에서 배운 문자열과 + 연산을 하면 문자열로 변환되는 것을 이용해 score +"" 문자열 + 연산으로 표현한 것

이다. 이렇게 메서드를 사용하지 않고 쉽게 문자열로 바꾸는 방법이 있다. 자주 사용되는 코드이니 기억해 두자. 아래 예제의 결과값을 예측해보자.

```
1. package chapter12.string;
2.
3. public class StringEx3 {
4.
5.     public static void main(String[] args) {
6.
7.         String sum = "";
8.
9.         for (int i=1; i<=5; i++) {
10.             sum += i;
11.         }
12.         System.out.println(sum);
13.
14.     }
15.
16. }
```

변수 i가 1부터 5까지 총 5번 반복하면서 sum 변수에 += 대입연산 (더하고 대입)하고 있다. 대충 보면 1+2+3+4+5해서 15가 출력될것 같은데, "12345"가 출력된다. 어떻게 된 것일까?

```
[실행 결과]
12345
```

for문 안의 반복되는 실행문 sum += i; 의 실제 실행되는 구조를 보면

```
sum = sum + 1;
sum = sum + 2;
sum = sum + 3;
sum = sum + 4;
sum = sum + 5;
```

sum 변수는 처음에 String 타입으로 선언된 변수이다. 문자열에 + 1을 하면 정수 1이 문자열로 변환되기 때문에 계속 문자열 연산이 수행된 것이다.

String 클래스의 객체를 생성하는 방법은 두가지가 있는데 new 연산자를 사용해서 다른 클래스들처럼 객체를 생성하는 방법과 = 연산자를 사용해 대입하는 방식으로 객체를 생성하는 방법이 있다. 아래 예제를 먼저 살펴보자.

```java
1. package chapter12.string;
2.
3. public class StringEx2 {
4.
5.     public static void main(String[] args) {
6.
7.         String name1 = "홍길동";
8.         String name2 = "홍길동";
9.
10.         if (name1 == name2) {
11.             System.out.println("name1 == name2");
12.         } else {
13.             System.out.println("name1 != name2");
14.         }
15.
16.         if (name1.equals(name2)) {
17.             System.out.println("name1.equals(name2)");
18.         } else {
19.             System.out.println("!name1.equals(name2)");
20.         }
21.
22.         String name3 = new String ("홍길동");
23.         String name4 = new String ("홍길동");
24.
25.         if (name3 == name4) {
26.             System.out.println("name3 == name4");
27.         } else {
28.             System.out.println("name3 != name4");
29.         }
30.
31.         if (name3.equals(name4)) {
32.             System.out.println("name3.equals(name4)");
33.         } else {
34.             System.out.println("!name3.equals(name4)");
35.         }
36.
37.     }
38.
39. }
```

[실행 결과]

```
name1 == name2
name1.equals(name2)
name3 != name4
name3.equals(name4)
```

이 예제의 결과를 보면 = 대입연산자로 객체를 생성할 때와 new 연산자로 객체를 생성할 때 결과가 다른데, 대입연산자로 객체를 생성하면 일반 객체들이 저장되는 힙(heap) 메모리 영역이 아닌 상수풀에 값이 저장된다. 상수 풀(Constant Pool)은 상수나 리터럴 값등을 저장하는 공간으로 메모리 절약을 위해 사용하는 공간이다. 같은 문자열 값을 대입 연산자를 이용하여 다른 객체를 생성하면 이미 상수풀에 같은 값이 존재하므로 추가되지 않고, 기존의 주소를 참조변수에 저장한다. 그래서 name1과 name2가 == 로 비교했을 때 true가 되는 것이다. 그러나 new 연산자로 객체를 생성하면 상수 풀이 아닌 힙 영역에 저장되므로, new 연산자를 사용해서 객체를 생성할 때마다 새로 저장하게 된다. 그래서 name3과 name4는 == 비교연산의 결과가 false가 되었다. 하지만 앞에서 배운 String 클래스의 equals() 메서드는 오버라이딩 되어 값을 비교하도록 되어 있기 때문에, name1.equals(name2), name3.equals(name4) 모두 true 로 나타났다.

문자열은 문자라고만 부르지 않고, 문자열이라고 부른다. 배열처럼 줄지어, 나열되어 있는 객체라서 문자'열'이라고 부르는 것이다. 그냥 문자일뿐인데, String[] 처럼 문자열 배열은 따로 있는데, 무슨말인가 복잡해 보일 것이다. 단순히 생각하면 문자들이 모여있는 하나하나의 문자가 배열처럼 여러개가 있는 구조이다. 아래 예를 살펴 보자.

```
1. package chapter12.string;
2.
3. public class StringEx4 {
4.
5.     public static void main(String[] args) {
6.
7.         String text = "Hello My Name is Hong Gil Dong";
8.
9.         System.out.println("0번 인덱스 : "+text.charAt(0));
10.
11.         for (int i=0 ; i<text.length(); i++) {
12.             System.out.println(text.charAt(i));
13.         }
14.
15.     }
16.
17. }
```

[실행 결과]

```
0번 인덱스 : H
H
e
l
l
o

M
y
```

```
N
a
m
e

i
s

H
o
n
g

G
i
l

D
o
n
g
```

7라인에서 text 변수에 "Hello My Name is Hong Gil Dong"이라는 문자열 값이 대입되었는데, 배열처럼 charAt() 메서드를 통해 0번 인덱스의 값 'H'이 출력되었다. 이 문자열을 for문을 이용해 text.length() 만큼 반복하면서 i변수를 인덱스로 활용해 출력도 할 수 있다. 여기서 실행 결과를 살펴보면 Hello와 My 사이에 o와 M 사이에 한줄의 공백이 보이는데, 이 공백도 하나의 문자열이다. 문자열을 감싸는 기호 "" 사이에 아무값도 없으면 값이 없는게 아니라, 빈문자열이다. 보통 변수를 선언할 때, 초기값을 지정하지 않으면, 각 타입의 기본값으로 초기화되는데, String은 참조자료형이기 때문에 null로 초기화된다. 하지만 일반적으로 null 보다는 "" 빈 문자열로 초기화 해주는 형태를 많이 사용한다.

```
 1. package chapter12.string;
 2.
 3. public class StringEx5 {
 4.
 5.     static String s1;
 6.     static String s2 = "";
 7.
 8.     public static void main(String[] args) {
 9.
10.         System.out.println(s1);
11.         System.out.println(s2);
12.
13.     }
14.
15. }
```

```
[실행 결과]

null
```

StringEx5 클래스의 static 변수 s1은 초기화 되지 않은 String 객체인데 10라인에서 출력해보면 null 이 출력된다. 그런데 11라인의 s2의 출력결과는 보이지 않는데, 값이 출력되지 않은 것이 아니라, 빈 문 자열 ""이 출력된 것이다.

```
1. package chapter12.string;
2.
3. public class StringEx6 {
4.
5.     public static void main(String[] args) {
6.
7.         String s1 = "";
8.
9.         System.out.println("s1.length():"+s1.length());
10.         System.out.println("".equals(s1));
11.
12.     }
13.
14. }
[실행 결과]

s1.length():0
true
```

"" 빈 문자열의 길이는 0이다. 길이가 없긴 하지만 값이 없는 것이 아니라 빈 값이 있기 때문에 "".equals(s1) 의 결과는 true가 된다.

이제, String 클래스에서 자주 사용하는 메서드들을 살펴보도록 하겠다. String 클래스는 모든 프로그 램에서 사용하지 않는 경우가 없을 만큼 가장 많이 사용되는 클래스 중의 하나로 메서드의 종류와 사용 법을 알아두면 편리하다.

메서드	기능
charAt(int index)	문자열의 index 위치의 문자 리턴
equals(Object obj)	해당 문자열의 값과 obj의 문자열 값을 비교
indexOf(String str)	문자열내 매개변수 문자열의 위치 리턴
indexOf(char ch)	문자열내 매개변수 문자(char)의 위치 리턴
substring(int start)	매개변수 start 위치(인덱스)에서 끝까지 잘라냄
substring(int start, int end)	매개변수 start위치 부터 end위치 전 인덱스까지 잘라냄
toLowerCase()	문자열을 소문자로 변환하여 리턴
toUpperCase()	문자열을 내문자로 변환하여 리턴
trim()	문자열의 앞과 뒤 공백을 제거하여 리턴(중간의 공백은 제거 안됨)
valueOf(기본자료형 i)	기본자료형 값을 문자열로 변환하여 리턴
length()	문자열의 길이를 리턴
startsWith(String str)	문자열 중 매개변수 str로 시작하면 true 그렇지 않으면 false 리턴
endsWith(String str)	문자열 중 매개변수 str로 끝나면 true 그렇지 않으면 false 리턴
replace(String old, String new)	문자열 중 old를 new로 치환
replaceAll(String regex, Sring replacement)	문자열 중 매개변수 문자열 regex를 replacement로 치환 (정규식 사용 가능)
split(String regex)	문자열을 매개변수 regex를 구분자로 나눠서 배열로 리턴
toString()	String 객체에 저장되어 있는 문자열 리턴

위 문자열 관련 메서드를 사용한 예제를 살펴보자.

```
1. package chapter12.string;
2.
3. public class StringEx7 {
4.
5.     public static void main(String[] args) {
6.
7.         String str = "Hello My Name is Hong Gil Dong";
8.
9.         System.out.println(str.charAt(6 )); // 6번 인덱스의 문자
10.        System.out.println(str.equals("Hello My Name is Hong Gil Dong")); // 문자열값 비교
11.        System.out.println(str.indexOf("Hong")); // "Hong" 문자열의 위치
12.        System.out.println(str.indexOf('H')); // 'H'문자의 위치
13.        System.out.println(str.substring(17)); // 17번 인덱스부터 끝까지 잘라냄
14.        System.out.println(str.substring(6, 13)); // 6번 인덱스부터 13전(12번 인덱스)까지 문자열
15.        System.out.println(str.toLowerCase()); // 소문자로 변경
```

```
16.        System.out.println(str.toUpperCase()); // 대문자로 변경
17.        System.out.println(str.length()); // 문자열의 길이
18.        System.out.println(str.startsWith("Hello")); // "Hello"으로 시작하는
   지 여부
19.        System.out.println(str.endsWith("Dong")); // "Dong"으로 끝나는지 여부
20.        System.out.println(str.replace("Hong", "Kim")); // "Hong"을 "Kim"으로
   치환
21.        System.out.println(str.replaceAll("Name", "NickName")); // "Name"을 "
   NickName"으로 치환
22.        System.out.println(str.toString());
23.
24.        str = "   안녕 하세요,      반갑습니다.      ";
25.        System.out.println(str.trim()); // 앞뒤 공백 제거
26.        // 모든 공백을 제거하는 방법
27.        System.out.println(str.replace(" ", ""));
28.
29.        str = String.valueOf(10); // 기본자료형 int를 문자열로 변환
30.        str = String.valueOf(10.5); // 기본자료형 double을 문자열로 변환
31.
32.        str = "홍길동,이순신,유관순,안중근";
33.        String[] arr = str.split(","); // ,를 구분자로 나눠서 배열로 리턴
34.        for (int i=0; i<arr.length; i++) {
35.            System.out.println(i+"번 인덱스 값 = "+arr[i]);
36.        }
37.
38.    }
39.
40. }
```

[실행 결과]

```
M
true
17
0
Hong Gil Dong
My Name
hello my name is hong gil dong
HELLO MY NAME IS HONG GIL DONG
30
true
true
Hello My Name is Kim Gil Dong
Hello My NickName is Hong Gil Dong
Hello My Name is Hong Gil Dong
안녕 하세요,      반갑습니다.
안녕하세요,반갑습니다.
0번 인덱스 값 = 홍길동
1번 인덱스 값 = 이순신
2번 인덱스 값 = 유관순
3번 인덱스 값 = 안중근
```

기본자료형 값을 문자열로 변경하는 방법 중 편한 방법이 + 덧셈연산을 하는 방법과 valueOf() 메서드를 사용하는 방법이 있는데, 성능상으로는 valueOf()가 더 좋다고 하지만 큰 차이는 아니므로 편한 방법으로 사용하면 된다. 추가로 기본자료형 값들을 문자열로 변경하는 방법과 반대로 문자열을 기본자료형으로 변경하는 방법을 알아보자.

기본자료형 ⇒ 문자열	문자열 ⇒ 기본자료형
String.valueOf(boolean b) String.valueOf(char c) String.valueOf(int i) String.valueOf(long l) String.valueOf(float f) String.valueOf(double d)	Boolean.getBoolean(String s) Byte.parseByte(String s) Short.parseShort(String s) Integer.parseInt(String s) Long.parseLong(String s) Float.parseFloat(String s) Double.parseDouble(String s)

기본자료형에서 문자열로 변환하는 방법은 String 클래스의 valueOf()메서드 하나를 사용하면 된다. 매개변수만 다르기 때문이다.(오버로딩) 그리고 문자열을 기본자료형으로 변환하는 방법은 기본자료형 이름 그대로 첫자만 대문자로 된 클래스이름에 메서드는 parseXXX 이므로 하나하나 외우지 말고 메서드 이름 규칙을 기억하면 어렵지 않게 기억할 수 있을 것이다. 이 변환 방법은 앞으로 자바 프로그래밍 할때 자주 사용되므로 반드시 알고 있어야 한다.

```java
1. package chapter12.string;
2.
3. public class StringEx8 {
4.
5.     public static void main(String[] args) {
6.
7.         String[] str = {"1", "2", "3", "4"};
8.
9.         int sum1 = 0;
10.         for (int i=0; i<str.length; i++) {
11.             sum1 += Integer.parseInt(str[i]);
12.         }
13.         System.out.println("sum1 = "+sum1);
14.
15.         long sum2 = 0;
16.         for (int i=0; i<str.length; i++) {
17.             sum2 += Long.parseLong(str[i]);
18.         }
19.         System.out.println("sum2 = "+sum2);
20.
21.         double sum3 = 0;
22.         for (int i=0; i<str.length; i++) {
23.             sum3 += Double.parseDouble(str[i]);
24.         }
```

```
25.             System.out.println("sum3 = "+sum3);
26.
27.     }
28.
29. }
```

[실행 결과]

```
sum1 = 10
sum2 = 10
sum3 = 10.0
```

7라인에서 문자열 배열 변수 str에 "1", "2", "3", "4" 네 개의 문자열 값을 대입하고 int, long, double 자료형의 sum1, sum2, sum3 변수에 for문을 사용해 문자열 배열의 각 값들을 기본자료형을 변환해 합계를 구해서 출력했다.

실제로 아이디를 생성하는 부분이나 검색어를 입력하는 부분에서 대소문자 구분을 하지 않으며 좌우 공백도 제거된 상태로 사용하기 때문에 대소문자 변환이나 좌우 공백을 제거하는 메소드는 실무에서 많이 사용한다. 또한 split() 이나 indexOf() 그리고 substring() 과 같은 메소드를 이용해서 원하는 문자열을 추출하는 부분도 많이 사용된다.

또한 String 클래스는 코딩 테스트에 출제 빈도가 높은 클래스이며 chatAt() 과 length() 만을 이용해서 다른 메소드를 구현해보는 것도 도움이 될 것이다.

12.1.5 StringBuffer, StringBuilder 클래스

String 클래스의 객체는 배열과 유사하게 문자가 나열된 형태의 구조이지만 한번 생성되면 수정되지 않는다.(immutable 객체라고 한다.) 배열처럼 특정 인덱스의 값만 변경할 수가 없다. 그래서 정적 객체라고 한다. 앞에서 String 객체를 + 연산을 하면 문자열이 연결되는 것을 보았는데, 기존 객체가 수정된 것이 아니라, 새로운 객체가 생성되는 것이다.

```
1. package chapter12.string;
2.
3. public class StringEx9 {
4.
5.     public static void main(String[] args) {
6.
7.         String str1 = "abcd";
8.         String str2 = "abcd";
9.         System.out.println("str1 = "+System.identityHashCode(str1));
10.        System.out.println("str2 = "+System.identityHashCode(str2));
11.
12.        // 기본 객체에 + 연산 후 다시 대입
```

```
13.            str1 = str1 + "efg";
14.            System.out.println("str1 = "+System.identityHashCode(str1));
15.
16.      }
17.
18. }
```

[실행 결과]

```
str1 = 798154996
str2 = 798154996
str1 = 681842940
```

위 예제를 보면, str1 = "abcd" 문자열을 대입하고 str2에도 "abcd"를 대입했다. 대입연산으로 문자열 객체를 생성하면 9,10라인 출력결과는 같은 값으로 출력이 된다. 같은 상수풀에 저장된 메모리 주소를 참조하는 것이다. 하지만 13라인에서 다시 str1변수에 "efg" 문자열을 + 연산을 수행하면 14라인의 출력결과는 바뀌게 된다. 즉 새로운 객체가 생성된 것이다.

그러나, StringBuffer 클래스는 객체 자제의 수정이 가능하다. 그래서 StringBuffer 클래스는 동적 문자열이라고 부른다. 동적으로 값이 수정될 수 있다는 뜻이다. 이 StringBuffer 클래스에서는 값 비교를 위해 equals() 메서드를 오버라이딩하지 않았기 때문에 문자열 자체의 값을 비교하려면 String 클래스로 비교한 후 equals() 메서드를 이용해 비교해야 한다.

```
1. package chapter12.stringbuffer;
2.
3. public class StringBufferEx {
4.
5.     public static void main(String[] args) {
6.
7.         StringBuffer sb1 = new StringBuffer("abcd");
8.         System.out.println("문자열 연결전 sb1 = "+
9.                         System.identityHashCode(sb1));
10.         sb1.append("efgh");
11.         System.out.println("문자열 연결후 sb1 = "+
12.                         System.identityHashCode(sb1));
13.
14.         System.out.println(sb1.toString().equals("abcdefgh"));
15.
16.
17.
18.     }
19.
20. }
```

[실행 결과]

```
문자열 연결전 sb1 = 798154996
```

```
문자열 연결후 sb1 = 798154996
true
```

StringBuffer 객체 sb1 생성 시 "abcd"값을 대입한 후 8라인에서 참조 메모리 해쉬코드를 출력하고, 10라인에서 "efgh" 문자열을 추가한 후 다시 해쉬코드를 출력해보면 같은 값을 출력한다. String 처럼 새로운 객체를 생성한게 아니라, 내부적으로 문자(char) 배열을 갖고 문자열을 저장, 수정하기 위한 버퍼(buffer)를 가지고 있다. 이 버퍼를 이용해서 기존 객체를 유지한채 변경, 추가 작업을 수행하게 된다. 그리고 14라인에서 참조변수 주소값이 아닌 문자열과 값을 비교하기 위해 equals() 메서드를 사용해야 하는데, StringBuffer 클래스에서는 Object 클래스의 toString() 메서드를 재정의 하지 않았기 때문에 먼저 toStrig() 메서드로 문자열로 변환 후 equals() 메서드를 통해 문자열 값을 비교했다. 문자열로 변환하지 않고 equals() 메서드를 사용하면 == 연산을 하게 되니 주의하자.

StringBuffer 클래스의 주요 메서드와 사용법에 대해 알아보자.

메서드	기능
append(boolean b) append(char c) append(char[] str) append(double d) append(float f) append(int i) append(long l) append(Object obj) append(String str)	매개변수 값을 문자열로 변환하여 StringBuffer 객체의 문자열값의 뒤에 붙임
charAt(int index)	매개변수 index 위치의 문자 리턴
delete(int start, int end)	매개변수 start위치 부터 end위치 전인덱스까지 삭제한 문자열 리턴
deleteCharAt(int index)	매개변수 index 위치의 문자 삭제후 리턴
insert(int pos, boolean b) insert(int pos, char b) insert(int pos, char[] b) insert(int pos, double b) insert(int pos, float b) insert(int pos, int b) insert(int pos, long b) insert(int pos, Object b) insert(int pos, String b)	매개변수 pos 위치에 두번째 매개변수 값을 문자열로 변환하여 추가
length()	문자열의 길이 리턴
substring(int start) substring(int start, int end)	매개변수 start위치 부터 end위치 전 인덱스까지 잘라냄 end 매개변수가 생략되면 끝까지 잘라내어 리턴
toString()	문자열로 변환하여 리턴

아래 예제는 위 메서드의 사용예이다.

```
1. package chapter12.stringbuffer;
2.
3. public class StringBufferEx2 {
4.
5.     public static void main(String[] args) {
6.
7.         StringBuffer sb = new StringBuffer();
8.
9.         // 메서드 체이닝으로 여러 타입의 매개변수값을 StringBuffer 객체의 문자열
   값에 추가
10.        sb.append("abc").append(123 ).append('A').append(false);
11.        System.out.println(sb);
12.
13.        // 2~3번 인덱스값 삭제
14.        sb.delete(2, 4);
15.        System.out.println(sb);
16.
17.        // 4번 인덱스값 삭제
18.        sb.deleteCharAt(4);
19.        System.out.println(sb);
20.
21.        // 5번 인덱스에 == 추가
22.        sb.insert(5,"==");
23.        System.out.println(sb);
24.
25.        // 6번 인덱스에 1.23 추가(문자열로 변환)
26.        sb.insert(6, 1.23);
27.        System.out.println(sb);
28.
29.    }
30.
31. }
```

[실행 결과]

```
abc123Afalse
ab23Afalse
ab23false
ab23f==alse
ab23f=1.23=alse
```

먼저 10라인을 보면, sb.append().append()... 이런 형태로 append() 메서드가 계속 연결되어 있는 것을 볼 수 있는데, 이런 코딩 방법을 메서드 체이닝(Method Chaining)이라고 한다. 메서드를 체인처럼 줄줄이 연결시킨 형태이다. 이렇게 사용할 수 있으려면 이 메서드의 리턴값이 해당 객체여야만 한다. 이 append() 메서드의 리턴값이 StringBuffer 클래스의 객체이기 때문에 뒤에 계속 붙여서 연속으로

실행할 수 있는 것이다. 메서드 체이닝은 앞으로도 자주 보이게 되는 형태이니 개념을 이해해두자. 그리고 각 append() 메서드의 매개변수가 문자열, 실수, boolean 다양하게 들어가 있는데, 이 메서드 역시 다양한 데이터타입을 갖는 매개변수로 오버로딩되어 있기 때문이다. 나머지는 위 표의 메서드에 나와있는 설명을 같이 보면서 반드시 코딩하고 실행해보도록 하자.

StringBuilder 클래스는 자바 1.5 버전 이후에 추가된 클래스로 StringBuffer클래스와 메서드도 동일하고 거의 비슷하나 차이점은 모든 메서드가 스레드에 동기화되어 있지 않다는 점이다. 반대로 StringBuffer 클래스의 모든 메서드는 스레드에 동기화되어 있다.(스레드의 동기화 부분은 뒤에서 다룰 예정이다.)

그렇다면, String 클래스와 문자열을 다루는 방법이나 구조도 비슷하고, 나중에 toString()으로 다시 문자열로 변환해야하는 번거로움도 있는데 이 클래스는 왜 사용할까? 우선, 다양한 메서드를 통해 문자열 값을 추가, 변경할 수 있다는 장점도 있지만, 무엇보다 속도가 아주 빠르다. 대량의 문자열을 처리해야 하는 경우 String 클래스 보다 StringBuffer나 StringBuilder 클래스를 사용하도록 하자. 아래 예제를 통해 속도 차이를 확인해보자.

먼저 아래 예제는 String 클래스를 이용해서 문자열끼리 + 연산을 백만번 수행하는 소스를 실행 시간을 측정한 것이다.

```
1. package chapter12.stringbuffer;
2.
3. public class StringBufferEx3 {
4.
5.     public static void main(String[] args) {
6.
7.         // 시작
8.         long start = System.currentTimeMillis();
9.
10.        String str = "";
11.        for (int i=0; i<1000000; i++) {
12.            str += i;
13.        }
14.
15.        // 끝
16.        long end = System.currentTimeMillis();
17.        System.out.println( "실행 시간 : " + ( end - start )/1000 );
18.
19.    }
20.
21. }

[실행 결과]

실행 시간 : 1558
```

1558초가 소요되었다.(실행환경에 따라 출력결과는 달라질 수 있다.) 아래는 StringBuffer클래스를 이용해서 실행한 결과이다.

```
1. package chapter12.stringbuffer;
2.
3. public class StringBufferEx4 {
4.
5.     public static void main(String[] args) {
6.
7.         // 시작
8.         long start = System.currentTimeMillis();
9.
10.
11.         StringBuffer sb = new StringBuffer ();
12.         for (int i=0; i<1000000; i++) {
13.             sb.append(i);
14.         }
15.
16.
17.         // 끝
18.         long end = System.currentTimeMillis();
19.         System.out.println( "실행 시간 : " + ( end - start )/1000 );
20.
21.     }
22.
23. }

[실행 결과]

실행 시간 : 0
```

String 클래스를 이용한 예제와 StringBuffer 클래스를 이용해 문자열의 덧셈연산을 백만번 반복해서 실행했는데, String 클래스는 덧셈연산을 할때마다 새로운 객체를 생성하기 때문에 속도가 엄청나게 느리다. 지금까지 예제는 간단한 연산 정도였기 때문에 큰 차이는 없었지만, 연산횟수가 많아지면 많아질수록 더욱 차이가 심해진다. String 클래스로 백만번 반복 연산을 수행했을 때, 소요된 시간은 1558초 StringBuffer 클래스를 사용했을 때 소요된 시간은 0초이다. 정말 엄청나게 큰 차이를 보여주고 있다. 단순 연산의 속도외에도 메모리의 문제로 반복 횟수가 증가할수록 속도가 더 느려지는 문제가 발생하게 된다. 요즘은 점점 더 많은 데이터(그 중 문자열 데이터)를 다루는 경우가 많아지므로, 문자열을 이용해서 연산작업을 많이 수행되는 경우 속도 향상이나 메모리 효율을 높이기 위해서 String보다는 StringBuffer를 사용하는 것이 좋다. StringBuilder는 StringBuffer와 동작방식이 유사하며 이후에 만들어진 클래스이다.

12.1.6 Math 클래스

Math클래스 는 수학계산에 관련된 기능을 가진 클래스이다. 생성자의 접근 제한자가 private 이기 때문에 다른 클래스에서 객체생성을 할 수 없다. 모든 멤버가 static 예약어가 붙어있는 클래스 멤버이므로 Math.멤버명으로 접근이 가능하다. Math 클래스 안에는 인스턴스 멤버가 하나도 없고, 멤버 중 상수 멤버는 2개고 나머지는 모두 메서드 멤버다 또한 Math 클래스는 final 클래스이므로 다른 클래스에서 상속도 받을 수 없다. 상수 멤버는 PI(원주율), E(자연로그) 가 있는데 상수이기 때문에 대문자로 정의되어 있다.

Math 클래스의 자주 사용하는 메서드를 살펴보자.

메서드	기능
abs(int a) abs(double b) abs(float f) abs(float l)	변수의 절대값 리턴
ceil(double 변수)	매개변수 보다 큰 가장 작은 수(값 올림)
floor(double 변수)	매개변수 보다 작은 가장 큰 수(값 내림)
max(int a, int b) max(double a, double b) max(float a, float b) max(long a, long b)	매개변수 두 개 중 큰 수 리턴
min(int a, int b) min(double a, double b) min(float a, float b) min(long a, long b)	매개변수 두 개 중 작은 수 리턴
random()	0.0 이상 1.0 미만의 랜덤 수 리턴 (1은 포함되지 않음)
rint(double d)	실수 d와 가장 가까운 정수값을 double로 리턴
round(double d)	반올림

```java
1. package chapter12;
2.
3. public class MathEx {
4.
5.     public static void main(String[] args) {
6.
7.         System.out.println("Math.abs(10)=" + Math.abs(10));
8.         System.out.println("Math.abs(-10)=" + Math.abs(-10));
9.         System.out.println("Math.abs(3.1415)=" + Math.abs(3.1415));
```

```
10.        System.out.println("Math.abs(-3.1415)=" + Math.abs(3.1415));
11.        System.out.println("Math.ceil(5.4)=" + Math.ceil(5.4));
12.        System.out.println("Math.ceil(-5.4)=" + Math.ceil(-5.4));
13.        System.out.println("Math.floor(5.4)=" + Math.floor(5.4));
14.        System.out.println("Math.floor(-5.4)=" + Math.floor(-5.4));
15.        System.out.println("Math.max(5,4)=" + Math.max(5,4));
16.        System.out.println("Math.max(5.4,5.3)=" + Math.max(5.4,5.3));
17.        System.out.println("Math.min(5,4)=" + Math.min(5,4));
18.        System.out.println("Math.min(5.4,5.3)=" + Math.min(5.4,5.3));
19.        System.out.println("Math.random()=" + Math.random());
20.        System.out.println("Math.rint(5.4)=" + Math.rint(5.4));
21.        System.out.println("Math.rint(-5.4)=" + Math.rint(-5.4));
22.        System.out.println("Math.round(5.4)=" + Math.round(5.4));
23.        System.out.println("Math.round(5.5)=" + Math.round(5.5));
24.
25.    }
26.
27. }
```

[실행 결과]

```
Math.abs(10)=10
Math.abs(-10)=10
Math.abs(3.1415)=3.1415
Math.abs(-3.1415)=3.1415
Math.ceil(5.4)=6.0
Math.ceil(-5.4)=-5.0
Math.floor(5.4)=5.0
Math.floor(-5.4)=-6.0
Math.max(5,4)=5
Math.max(5.4,5.3)=5.4
Math.min(5,4)=4
Math.min(5.4,5.3)=5.3
Math.random()=0.8129737676752057
Math.rint(5.4)=5.0
Math.rint(-5.4)=-5.0
Math.round(5.4)=5
Math.round(5.5)=6
```

위의 표에 정리했던 메서드를 예제로 출력해본 소스인데, 추가로 반올림을 소수점에서 자유롭게 할 수 있는 방법을 알아보자. Math 클래스의 round() 메서드는 무조건 소수점 첫번째 자리에서 반올림을 해서 정수타입으로 리턴하는 메서드이다. 자바에서는 원하는 소수점 자리에서 반올림한 값을 얻을 수가 없다.

만약 12.3456 을 소수점 두자리에서 반올림하여 12.35로 출력되게 하고 싶다면 먼저, 12.3456에 100을 곱한다. 그럼 1234.56이 되는데 여기서 round() 메서드를 적용한다. 그럼 1235가 되고 다시 이 값에 100.0으로 나눠주면 12.35가 된다. 간단히 정리하면 소수점 3자리로 반올림 한다고 가정해보자.

> ▸ 원주율을 소수점 3자리로 반올림 (x = 3)
>   1. PI에 10의 x승을 곱함
>   2. 1의 결과에 round() 메서드 적용
>   3. 2의 결과에 (double)10의 x승을 나눔

이 반올림 식을 예제로 만들어 보자.

```
1.  package chapter12;
2.
3.  public class RoundEx {
4.
5.      public static void main(String[] args) {
6.
7.          // 원주율을 소수점 3자리로 반올림 (10의 3승 : 1000)
8.          double v1 = Math.PI * 1000;
9.          double v2 = Math.round(v1);
10.         double v3 = v2 / 1000.0;
11.         System.out.println(v3);
12.
13.         // 한줄로 출력
14.         System.out.println(Math.round(Math.PI * 1000)/1000.0);
15.     }
16. }

[실행 결과]

3.142
3.142
```

Math 클래스는 위 메서드외에도 수학공식이나 통계관련 기능을 제공하는 메서드들도 많이 있는데, 이 메서드들을 다 외우려고 하지말고, 메서드 이름과 뜻을 먼저 이해하는 것이 좋다. 대부분의 메서드들은 기능의 의미를 이름으로 짓는 경우가 많기 때문이다.

> Math 클래스는 플랫폼에 따라서 메소드의 호출 결과가 달라질 수 있어서 대용으로 StrictMath 클래스가 존재하는데 이 클래스는 모든 플랫폼에서 동일한 연산 결과를 리턴하기때문에 Math보다 유용하게 사용될 수 있지만 플랫폼의 특정 기능을 사용하지 않아서 연산 속도는 떨어짐

12.1.7 Wrapper 클래스

기본자료형을 객체화 할 수 있는 클래스를 통틀어 Wrapper 클래스라 한다, Wrapper 클래스가 필요한 경우는 기본자료형 변수를 객체로 처리해야하는 경우인데, 예를 들어 다른 메서드에서 매개 변수가 객체로 정의되어 있거나 객체로 저장해야 할 때, 객체간의 비교를할 때 등의 경우에는 기본자료형 값들을 객체로 변환하여 작업을 수행해야 한다

이 때 사용되는 것이 Wrapper클래스이다. 8개의 기본자료형(byte, char, short, int, long, float, double, boolean) 을 대표하는 8개의 Wrapper클래스가 있는데, 이 클래스들을 이용하면 기본자료형 값을 객체로 처리할 수 있다.

Wrapper클래스들의 이름을 보면 기본자료형 이름의 첫 글자를 대문자로 한 것이므로 어렵지 않게 외울 수 있을 것이다. 기본자료형 char, int는 character, integer의 줄임말이기 때문에 결국 모든 Wrapper 클래스는 기본자료형의 첫자를 대문자로 지정해 만들어 놓은 클래스가 된다.

Wrapper클래스의 생성자는 매개변수로 문자열 이나 각 자료형의 값들을 인자로 받는다. 생성자가 오버로딩되어 있는 것이다. 그래서 여러 자료형으로 다양하게 사용할 수 있다. 이 때 주의 할 점은 생성자의 매개변수로 문자열을 넣을때, 각 자료형에 맞은 문자열을 사용해야 한다는 것이다. 예를 들어 Integer("홍길동") 과 같이 정수로 변환할 수 없는 문자열을 넣으면 NumberFormatException 이 발생하게 된다.

기본자료형	Wrapper 클래스
boolean	Boolean
byte	Byte
char	Character
short	Short
int	Integer
long	Long
float	Float
double	Double

기본자료형과 Wrapper 클래스 사이에는 서로 자동 형변환이 가능한데, 이것을 우리는 박싱 (Boxing, 기본자료형 -> Wrapper 객체), 언박싱 (Unboxing, Wrapper 객체 -> 기본자료형) 이라고 부른다. Wrapper 라는 이름에서 알 수 있듯이 wrap은 포장같은 것을 싸다라는 뜻을 가지고 있다. 기본자료형의 값을 Wrapper 클래스로 변환하는 것을 박스에 포장한다는 개념으로 박싱이라고 하고, Wrapper 클래스에 담긴 객체의 값을 기본자료형으로 변환하는 것을 박스를 푼다는 개념으로 언박싱이라고 한다.

```
1. package chapter12;
2.
3. public class WrapperEx {
4.
5.     public static void main(String[] args) {
6.
7.         // 정수 10이 Integer 클래스 객체로 변환 (boxing)
8.         Integer i1 = new Integer (10);
9.         Integer i2 = new Integer (10);
10.        System.out.println("i1==i2 : " + (i1==i2));
11.        System.out.println("i1.equals(i2) : " + (i1.equals(i2)));
12.        System.out.println("i1.toString() : " + i1.toString());
13.
14.        //i1 객체가 100 정수로 변환 (unboxing)
15.        System.out.println("i1==10 : " + (i1==10));
16.        int i3 = 10 ;
17.        System.out.println("i1==i3 : " + (i1==i3));
18.
19.     }
20.
21. }

[실행 결과]

i1==i2 : false
i1.equals(i2) : true
i1.toString() : 10
i1==10 : true
i1==i3 : true
```

i1과 i2는 Integer 클래스의 객체이므로 == 비교를 하면 false가 출력된다. 그리고 Wrapper클래스들은 모두 equals() 메서드가 오버라이딩 되어 있기 때문에 주소값 비교가 아닌 객체가 가지고 있는 값을 비교한다. 그래서 실행결과를 보면 equals()메서드를 이용한 두 Integer 객체의 비교결과가 true 라는 것을 알 수 있다. 그리고 toString()도 오버라이딩되어 있어서 객체가 가지고 있는 값을 문자열로 변환하여 리턴한다. 그 외 Wrapper 클래스의 상수에 대해서도 알아보자.

```
1. package chapter12;
2.
3. public class WrapperEx2 {
4.
5.     public static void main(String[] args) {
6.
7.         System.out.println("정수의 최대값 :" + Integer.MAX_VALUE);
8.         System.out.println("정수의 최소값 :" + Integer.MIN_VALUE);
9.         System.out.println("byte의 최대값 :" + Byte.MAX_VALUE);
10.        System.out.println("byte의 최소값 :" + Byte.MIN_VALUE);
```

```
11.        System.out.println("정수의 사이즈 :" + Integer.SIZE);
12.        System.out.println("float의 사이즈 :" + Float.SIZE);
13.        System.out.println("double의 사이즈 :" + Double.SIZE);
14.
15.    }
16.
17. }
```

[실행 결과]

```
정수의 최대값 :2147483647
정수의 최소값 :-2147483648
byte의 최대값 :127
byte의 최소값 :-128
정수의 사이즈 :32
float의 사이즈 :32
double의 사이즈 :64
```

Wrapper 클래스들은 MAX_VALUE, MIN_VALUE, SIZE, TYPE등의 상수를 공통적으로 가지고 있다.

앞에서도 다뤄봤던 문자열을 숫자로 변환하는 방법에 대해 좀 더 알아보겠다.

```
1. package chapter12;
2.
3. public class WrapperEx3 {
4.
5.    public static void main(String[] args) {
6.
7.        String number = "100";
8.
9.        int i1 = Integer.parseInt(number);
10.        int i2 = new Integer(number).intValue();
11.        int i3 = Integer.valueOf(number);
12.
13.        System.out.println("i1 = "+i1);
14.        System.out.println("i2 = "+i2);
15.        System.out.println("i3 = "+i3);
16.
17.    }
18.
19. }
```

[실행 결과]

```
i1 = 100
i2 = 100
i3 = 100
```

9~11라인에 기본자료형 정수타입의 변수에 3가지 방법으로 문자열 변수 number를 정수로 변환해서 대입하는 방법을 보여준다. 모두 동일하게 정수로 변환이 되었는데(int 타입의 변수에 대입이 된다는 것은 값이 모두 정수 타입임을 뜻함) 이클립스 편집기에서 valueOf() 메서드에 마우스를 올려보자. 리턴타입이 Integer이다. parseInt()와 intValue()는 모두 리턴타입이 int인데 valueOf는 리턴타입이 Integer 객체이다. 그런데 i3 변수에 대입이 된 것은 자동으로 기본자료형으로 변환이 된 것이다. 이렇게 자동으로 언박싱이 일어난 것으로 오토 언박싱(auto-unboxing)이라고도 부른다. 이 3가지 방법 중 어느것을 사용해도 기능상으로는 문제가 없지만, Integer 객체를 다시 변환하는 것보다는 변환 없이 처리하는 것이 더 빠를 것이다. 보통 가장 많이 사용하는 방법은 parseInt() 메서드를 사용해서 기본자료형 정수로 변환한다.

이렇게 문자열을 기본자료형 타입으로 변환하는 것과 Wrapper 클래스 객체로 변환하는 방법으로 나뉘는데, 아래 표로 정리해보자.

문자열 ⇒ 기본자료형	문자열 ⇒ Wrapper 클래스 객체
byte b = Byte.parseByte("10");	Byte b = Byte.valueOf("10");
short s = Short.parseShort("10");	Short s = Short.valueOf("10");
int i = Integer.parseInt("10");	Integer i = Integer.valueOf("10");
long l = Long.parseLong("10");	Long l = Long.valueOf("10");
float f = Float.parseFloat("10.5");	Float f = Float.valueOf("10.5");
double d = Double.parseDouble("10.5");	Double d = Double.valueOf("10.5");

```
1. package chapter12;
2.
3. public class WrapperEx4 {
4.
5.     public static void main(String[] args) {
6.
7.         int i = 10 ;
8.
9.         // 기본형을 참조형으로 변환(변환 생략가능)
10.        Integer intg = (Integer)i;
11.        // Integer intg = Integer.valueOf(i);
12.
13.        Long lng = 10L; // Long lng = new Long (100L);
14.        int i2 = intg + 10; // 참조형과 기본형간의 연산 가능
15.        long l = intg + lng ; // 참조형간의 덧셈 가능
16.        System.out.println("i2 = "+i2);
17.        System.out.println("l = "+l);
18.
19.        Integer intg2 = new Integer(30);
20.        int i3 = (int)intg2; // 참조형을 기본형으로 변환 (변환 생략가능)
```

```
21.              System.out.println ("i3 : "+i3);
22.
23.      }
24.
25. }

[실행 결과]

i2 = 20
l = 20
i3 : 30
```

이 예제는 조금 혼란스러울 예제가 될것이다. 참조자료형이 기본자료형으로 기본자료형이 참조자료형으로 변환이 되고, 객체가 + 연산이 수행되기도 한다. 자료형 부분에서 강조했던 참조자료형과 기본자료형의 차이에 대해서 이 예제 때문에 혼란스러워질 것이다. Wrapper 클래스는 기본자료형을 다루기 위한 클래스이기 때문에 기본자료형과의 변환을 좀 더 자유롭게 할 수 있도록 제공한 것이며, 우리는 기본자료형의 값을 다룰때 어떤 기능이 필요한 경우에만 Wrapper 클래스의 메서드가 필요할 때 사용하면 된다. 또한 이클립스라는 훌륭한 도구가 있기 때문에, 메서드의 리턴값이나, 매개변수 등을 바로바로 확인하면서 할 수 있다. 만약 잘못 코딩했다 하더라도 친절하게 컴파일 에러를 표시해주니 기본 자료형들을 처리하기 위한 Wrapper 클래스들의 개념만 잘 정리해두도록 하자.

12.2 java.util 패키지

util이라는 단어를 사전에 찾아보면 "쓸모있는, 유용한, 도움이 되는..."의 의미를 갖는 단어이다. 자바 프로그래밍에서 자주 사용되는 유용한 기능들을 모아둔 패키지이므로 잘 기억해 두자. (힘들게 외우지 말고)

12.2.1 Random 클래스

이름에서 알수 있듯이 랜덤수를 생성해 주는 기능이 있는 클래스이다. Math 클래스에도 random() 메서드가 있지만, double 자료형으로만 랜덤수를 구할 수 있어, Random 클래스를 이용하면 boolean, int, long, float 등 다양한 자료형으로도 랜덤수를 구할 수 있다. 또한 seed 값을 설정해서 같은 랜덤수를 얻을 수 있다. 이 seed값을 넣으면 같은 랜덤수를 구할 수 있개 된다.

메서드	기능
Random()	Random 객체를 생성하는 생성자
Random(long seed)	seed값을 매개변수로 Random 객체 생성
nextBoolean()	boolean 랜덤수 리턴
nextBytes(byte[] bytes)	byte 배열에 랜덤수를 추가
nextDouble()	double 자료형의 랜덤수 리턴
nextGaussian()	평균이 0.0 표준편차가 1인 가우시안분포의 랜덤수 리턴
nextInt()	정수 랜덤값 리턴
nextInt(int n)	0부터 n미만까지의 정수타입의 랜덤값 리턴
nextLong()	long 타입의 랜덤값 리턴
setSeed(long seed)	seed값 변경

```
1. package chapter12;
2.
3. import java.util.Random;
4.
5. public class RandomEx {
6.
7.     public static void main(String[] args) {
8.
9.         Random r1 = new Random (42);
10.        Random r2 = new Random (42);
11.
12.        System.out.println("r1");
13.        for (int i=0; i<5; i++) {
14.            System.out.println(i + "=" + r1.nextInt());
15.        }
16.        System.out.println("r2");
17.        for (int i=0; i<5; i++) {
18.            System.out.println(i + "=" + r2.nextInt());
19.        }
20.
21.    }
22.
23. }
```

[실행 결과]

```
r1
0 =-1170105035
1 =234785527
2 =-1360544799
3 =205897768
```

```
4 =1325939940
r2
0 =-1170105035
1 =234785527
2 =-1360544799
3 =205897768
4 =1325939940
```

9,10라인에서 Random 객체를 생성할 때 seed값으로 42를 매개변수로 넣어줬다. 랜덤값이지만 r1과 r2는 모두 동일한 값을 출력한다. 또 다시 실행해봐도 동일한 값을 출력하게 된다. 이렇게 seed 값은 나중에 다시 실행해도 동일한 결과를 나타낼 수 있도록 값을 지정하는 것이다.

아래 예제는 주사위를 5번 굴려 보는 예제이다. 1부터 6까지의 랜덤 수를 총 5번 반복되도록 구현했다.

```
1. package chapter12;
2.
3. import java.util.Random ;
4.
5. public class RandomEx2 {
6.
7.     public static void main(String[] args) {
8.
9.         Random rand = new Random ();
10.
11.        for (int i=0; i<5; i++) {
12.            System.out.println(rand.nextInt(6)+1);
13.        }
14.
15.    }
16.
17. }

[실행 결과]

6
1
3
2
4
```

12라인에서 rand.nextInt(6)+1 을 해준 이유는 nextInt(6)은 0부터 6미만 까지의 정수이기 때문에 주사위값인 1부터 7미만까지의 정수로 출력해주기 위해서다. 이 실행 결과는 실행 할 때마다 다르게 출력된다.

12.2.2 Scanner 클래스

Scanner 클래스는 화면이나 파일, 문자열 등의 입력으로부터 문자를 읽어주는 클래스이다. 또한 뒤에서 배울 정규 표현식(Regular Expression)을 이용해서 한 줄 단위로 검색할 수 있어 복잡한 형태의 문자도 다양하게 처리할 수 있다. 여기에서는 사용자가 콘솔화면에서 키보드를 통해 직접 입력한 값을 읽어 올 수 있는 방법을 알아보도록 하겠다. 사용 방법은 아래와 같다.

```
Scanner scan = new Scanner(System.in);
String input = scan.nextLine();
```

사용자가 입력한 값은 nextLine() 메서드를 통해 input 변수에 대입된다. nextLine() 메서드 대신 nextXXX() 메서드를 이용해 다양한 자료형으로 변환할 수 있다. Scanner 클래스에서 제공하는 사용자가 입력한 입력값을 리턴하는 메서드는 아래와 같다.

리턴타입	메서드
boolean	nextBoolean()
byte	nextByte()
short	nextShort()
int	nextInt()
long	nextLong()
double	nextDouble()
float	nextFloat()
String	nextLine()

```
1. package chapter12;
2.
3. import java.util.Scanner ;
4.
5. public class ScannerEx {
6.
7.     public static void main(String[] args) {
8.
9.         Scanner scan = new Scanner(System.in);
10.
11.         int cnt = 0 ;
12.         while (true ) {
13.             System.out.println("이름을 입력하세요");
14.             String name = scan.nextLine();
```

```
15.              if ("".equals(name)) break ;
16.              System.out.println(name+"님 안녕하세요.");
17.              cnt++;
18.          }
19.          System.out.println("총 입력된 회원수 :"+cnt);
20.
21.      }
22.
23. }
```

[실행 결과]

이름을 입력하세요
홍길동
홍길동님 안녕하세요.
이름을 입력하세요
이순신
이순신님 안녕하세요.
이름을 입력하세요
임꺽정
임꺽정님 안녕하세요.
이름을 입력하세요

총 입력된 회원수 :3

while문의 조건식은 true로 무한반복되는 실행문이다. while문 안에서 "이름을 입력하세요"라고 출력하고 사용자가 입력할때까지 대기한다. 콘솔창을 클릭하면 입력할 수 있게 되고 입력하고 엔터를 치면 "OOO님 안녕하세요"라고 출력 후 다시 while문을 반복한다. 이 while문이 중단되게하는 조건은 15라인에 사용자가 입력한 값이 "" 빈 문자열이면 break로 종료된다. while문이 끝나면 반복하면서 cnt에 1씩 증가했던 변수를 출력한다.

12.2.3 Date 클래스

Date 클래스는 날짜와 시간을 표현하는 클래스로 오늘 일자와 시간, 또는 특정 일자의 일자와 시간을 처리할 때 사용한다. 오늘 일자와 시간을 출력하는 예제를 살펴보자.

```
1. package chapter12;
2.
3. import java.text.SimpleDateFormat ;
4. import java.util.Date ;
5.
6. public class DateEx {
7.
8.      public static void main(String[] args) {
9.
```

```
10.          Date now = new Date();
11.          System.out.println(now);
12.          SimpleDateFormat sf=new SimpleDateFormat("yyyy-MM-dd HH:mm:ss E a");
13.          System.out.println(sf.format(now));
14.
15.    }
16.
17. }

[실행 결과]

Fri Jun 12 22:55:26 KST 2020
2020-06-12 22:55:26 금 오후
```

주의할 점은 4라인에 import 문이 java.util.Date라는 것이다. 이클립스에서 자동으로 import 할 때 실수로 java.sql.Date를 import 하게 되면 에러가 나게 되니 조심하자. 10라인에서 Date 객체를 생성해서 11라인에서 now변수를 그대로 출력했다. 객체가 출력이 됐다는 것은 Date 클래스 역시 toString() 메서드를 재정의했다는 것을 알 수 있다. 12라인은 뒤에서 배울 SimpleDateFormat 클래스로 날짜, 시간의 포맷을 지정해 줄 수 있는 클래스로 연도-월-일 시간:분:초 요일 오전/오후 형태로 출력하였다.

12.2.4 Calendar 클래스

Calendar 클래스는 Date 클래스 보다 나중에 jdk에 추가된 클래스로 보다 향상된 기능을 제공한다. 그래서 최근엔 Date 클래스보다 Calendar 클래스를 더 많이 사용한다. 그렇다고 Calendar 클래스가 Date 클래스를 완전히 대체하는 것은 아니므로 두 클래스 모두 알고 있어야 하며, Calendar와 Date 객체간에 서로 변환하는 경우도 많으므로 반드시 알아두도록 하자.

▸ Calendar 객체를 Date로 변환

```
Calendar cal = Calendar.getInstance();
Date d = new Date(cal.getTimeInMillis());
```

▸ Date객체를 Calendar로 변환

```
Date d = new Date();
Calendar cal = Calendar.getInstance();
cal.setTime(d);
```

Calendar 클래스는 추상 클래스이고 생성자의 접근 지정자가 protected 라서 외부에서 new 연산자로 객체를 생성할 수 없고, 반드시 getInstance() 메서드를 통해 객체를 생성하거나 Calendar 클래스를 상속받은 GregorianCalendar 클래스를 이용해서 생성한 객체를 사용해야 한다.

```
Calendar cal = Calendar.getInstance();
```

▶ Calendar 클래스의 주요 메서드

메서드	기능
after(Object when)	현재 Calendar 객체가 when 객체의 날짜보다 이후이면 true 그렇지 않으면 false 리턴
before(Object when)	현재 Calendar 객체가 when 객체의 날짜보다 이전이면 true 그렇지 않으면 false 리턴
get(int field)	field에 해당하는 값 리턴
getInstance()	현재 기준의 Calendar 객체 리턴
set(int y, int m, int d)	Calendar 객체에 년,월,일을 설정

위 표의 get() 메서드를 통해 현재 Calendar 객체의 필드값에 해당하는 값(년도, 월, 일, 시, 분, 초)을 얻을 수 있는데, 그럴려면, 필드에 들어갈 상수명을 알고 있어야 한다. Calendar 클래스의 get() 메서드에서 사용하는 상수를 알아보자.

상수	설명
AM_PM	0:오전, 1:오후
DAY_OF_MONTH, DATE	일자
MONTH	달 (1월:0부터 시작)
YEAR	연도
SECOND	초
MINUTE	분
HOUR	시간
HOUR_OR_DAY	시간(0~23)
DAY_OF_WEEK	요일 (일요일:1부터 시작)
DAY_OF_YEAR	일년 중 몇번째 일자
WEEK_OF_MONTH	현재 달에서 몇주째인지
WEEK_OF_YEAR	현재 연도에서 몇주째인지
DAY_OF_WEEK_IN_MONTH	현재 월에서 몇번째 요일인지

```
1.  package chapter12;
2.
3.  import java.util.Calendar ;
4.
5.  public class CalendarEx {
6.
7.      public static void main(String[] args) {
8.
9.          Calendar today = Calendar.getInstance();
10.
11.         System.out.println("올해 년도 :"+today.get(Calendar.YEAR));
12.         System.out.println("이번달 :" + (today.get(Calendar.MONTH)+1));
13.         System.out.println("년도기준 몇째주 :"+
14.                         today.get(Calendar.WEEK_OF_YEAR));
15.         System.out.println("월기준 몇째주 :"+
16.                         today.get(Calendar.WEEK_OF_MONTH));
17.         System.out.println("일자 :" + today.get(Calendar.DATE));
18.         System.out.println("일자 :" +
19.                         today.get(Calendar.DAY_OF_MONTH));
20.         System.out.println("년도기준날짜 :"+
21.                         today.get(Calendar.DAY_OF_YEAR));
22.         System.out.println("요일 (일:1)~ (토:7):"+
23.                         today.get(Calendar.DAY_OF_WEEK));
24.         System.out.println("월기준몇째요일 :" +
25.                         today.get(Calendar.DAY_OF_WEEK_IN_MONTH));
26.
27.     }
28.
29. }
```

[실행 결과]

```
올해 년도:2020
이번달:6
년도기준 몇째주:24
월기준 몇째주:2
일자:12
일자:12
년도기준날짜:164
요일 (일:1)~ (토:7):6
월기준몇째요일:2
```

이 상수들 중에서 헷갈리는 부분이 있는데, 월과 요일이다. get(Calendar.MONTH)의 리턴값은 1월인 경우 0을 리턴한다. 그래서 12월은 리턴값이 11이 된다. 그리고, 요일은 get(DAY_OF_WEEK)의 리턴값이 일요일부터 시작하고 1부터 시작한다. 그래서 토요일은 7이 된다. 특히 요일의 정수값은 서버나 DB등과 다른 경우가 있어 혼동되는 경우가 많으니 주의해야 한다.

```
1. package chapter12;
2.
3. import java.util.Calendar ;
4.
5. public class CalendarEx2 {
6.
7.     public static void main(String[] args) {
8.
9.         Calendar today = Calendar.getInstance();
10.
11.         System.out.println("오전 (0) 오후 (1) :" +
12.                 today.get(Calendar.AM_PM));
13.         System.out.println("시간 (0~11) :" + today.get(Calendar.HOUR));
14.         System.out.println("시간 (0~23) :" +
15.                 today.get(Calendar.HOUR_OF_DAY));
16.         System.out.println("분 (0~59) :" + today.get(Calendar.MINUTE));
17.         System.out.println("초 (0~59) :" + today.get(Calendar.SECOND));
18.         System.out.println("밀리초 (0~999) :" +
19.                 today.get(Calendar.MILLISECOND));
20.         System.out.println("Timezone(12~12):" +
21.                 today.get(Calendar.ZONE_OFFSET) / (60 * 60 * 1000 ));
22.         System.out.println("이번달의 마지막일자 :" +
23.                 today.getActualMaximum(Calendar.DATE));
24.
25.         Calendar cal = Calendar.getInstance();
26.         cal.set(2020, (6-1), 12);
27.         System.out.println("날짜 :" +
28.                     cal.get(Calendar.YEAR) + "년 " +
29.                     (cal.get(Calendar.MONTH) + 1 ) + "월 " +
30.                     cal.get(Calendar.DATE) + "일");
31.
32.     }
33.
34. }
```

[실행 결과]

```
오전 (0) 오후 (1):1
시간 (0~11):11
시간 (0~23):23
분 (0~59):36
초 (0~59):25
밀리초 (0~999):513
Timezone(12~12):9
이번달의 마지막일자:30
날짜:2020년 6월 12일
```

이번엔 Date 클래스를 활용해 두 날짜간의 일수를 구하는 방법과 Calendar 클래스를 이용하여 두 날짜 간의 일수를 구하는 방법을 비교해서 살펴보자.

▸ Date 클래스 사용

```
1. package chapter12;
2.
3. import java.util.Date;
4.
5. public class CalendarEx3 {
6.
7.     public static void main(String[] args) {
8.
9.         // 현재일
10.        int sYear = 2020;
11.        int sMonth = 6;
12.        int sDay = 12;
13.
14.        // 이전일
15.        int eYear = 2020;
16.        int eMonth = 6;
17.        int eDay = 1;
18.
19.        Date sd = new Date();
20.        Date ed = new Date();
21.
22.        sd.setYear(sYear);
23.        sd.setMonth(sMonth-1);
24.        sd.setDate(sDay);
25.
26.        ed.setYear(eYear);
27.        ed.setMonth(eMonth-1);
28.        ed.setDate(eDay);
29.
30.        long temp = (sd.getTime() - ed.getTime()) / (1000L *60L *60L *24L);
31.        int diff = (int)temp;
32.
33.        System.out.println(diff + "일 경과");
34.
35.     }
36.
37. }
```

[실행 결과]

11일 경과

▶ Calendar 클래스 사용

```
1. package chapter12;
2.
3. import java.util.Calendar;
4.
5. public class CalendarEx4 {
6.
7.     public static void main(String[] args) {
8.
9.
10.         // 현재일
11.         int sYear = 2020;
12.         int sMonth = 6;
13.         int sDay = 12;
14.
15.         // 이전일
16.         int eYear = 2020;
17.         int eMonth = 6;
18.         int eDay = 1;
19.
20.         Calendar sCal = Calendar.getInstance();
21.         Calendar eCal = Calendar.getInstance();
22.         sCal.set(sYear, sMonth+1, sDay);
23.         eCal.set(eYear, eMonth+1, eDay);
24.
25.         long diffSec = (sCal.getTimeInMillis()-eCal.getTimeInMillis())/1000;
26.
27.         long diffDay = diffSec / (24*60*60);
28.
29.         System.out.println(diffDay + "일 경과");
30.
31.     }
32.
33. }
```

[실행 결과]

10일 경과

Date 클래스와 Calendar 클래스로 6월 12일과 6월 1일의 사이의 일자를 구하는 코드인데 Calendar 클래스로 구현한 소스의 결과가 1일 정도의 오차가 발생했다. 이번엔 Calendar 클래스를 상속받아 구현한 GregorianCalendar 클래스를 이용해 날짜간의 일수를 구해보도록 하겠다.

▶ GregorianCalendar 클래스 사용

```
 1. package chapter12;
 2.
 3. import java.util.Calendar;
 4. import java.util.GregorianCalendar;
 5.
 6. public class CalendarEx5 {
 7.
 8.     public static void main(String[] args) {
 9.
10.
11.         // 현재일
12.         int sYear = 2020;
13.         int sMonth = 6;
14.         int sDay = 12;
15.
16.         // 이전일
17.         int eYear = 2020;
18.         int eMonth = 6;
19.         int eDay = 1;
20.
21. //      Calendar sCal = Calendar.getInstance();
22. //      Calendar eCal = Calendar.getInstance();
23. //      sCal.set(sYear, sMonth+1, sDay);
24. //      eCal.set(eYear, eMonth+1, eDay);
25.         Calendar sCal = new GregorianCalendar(sYear, sMonth+1 , sDay);
26.         Calendar eCal = new GregorianCalendar(eYear, eMonth+1 , eDay);
27.
28.         long diffSec = (sCal.getTimeInMillis()-eCal.getTimeInMillis())/1000 ;
29.
30.         long diffDay = diffSec / (24*60*60);
31.
32.         System.out.println(diffDay + "일 경과");
33.
34.     }
35.
36. }
```

[실행 결과]

11일 경과

GregorianCalendar를 사용한 예제에서는 정상적으로 11일이 출력됐다.

12.2.5 Arrays 클래스

Arrays클래스는 클래스 내에서 제공하는 static 메서드 등을 이용하여 배열의 비교나, 배열의 정렬 또는 배열의 내용을 특정 값으로 채우고자 하는 등의 일을 수행하는 클래스이다.

메서드	기능
asList(Object[] arr)	매개변수의 배열을 List 객체로 리턴
binarySearch(Object arr, Object key)	이진 검색으로 arr배열에서 key를 찾아 index값 리턴
equals(Object[] arr1, Object[] arr2)	arr1배열과 arr2배열을 비교하여 같은 배열이면 true를 그렇지 않으면 false 리턴
fill(Object[] arr, Object val)	arr배열의 요소를 val값으로 모두 채움
fill(Ojbect[] arr, int sidx, int eidx, Object val)	arr배열 중 sidx에서 eidx전 인덱스까지 val 값으로 채움
sort(Object[] arr)	arr배열을 오름차순으로 정렬

```
1.  package chapter12;
2.
3.  import java.util.Arrays;
4.
5.  public class ArraysEx {
6.
7.      public static void main(String[] args) {
8.
9.          String[] arr = {"홍길동", "이순신", "강감찬", "김유신"};
10.         Arrays.fill(arr, "임꺽정");
11.         for (String n : arr) System.out.print(n + ",");
12.         System.out.println();
13.         Arrays.fill(arr, 1, 3, "X");
14.         for (String n : arr) System .out.print(n + ",");
15.
16.     }
17.
18. }

[실행 결과]

임꺽정,임꺽정,임꺽정,임꺽정,
임꺽정,X,X,임꺽정,
```

위 예제는 문자열 배열 arr을 10라인에서 "임꺽정"으로 채우고 13라인에서는 1~2번 인덱스까지 X로 채우는 예제이다.

12.3 java.text 패키지

보통 금액을 처리할 때 사용하는 자료형은 정수타입을 사용한다. 예를 들어 55000이라는 숫자를 화면에 출력할 때 55000원 보다는 55,000원이라고 천단위에 콤마(,)를 찍어 표시하는 경우가 많다. 또한 날짜를 표기하는 방식도 "2020-01-01" 또는 "2020년 01월 01일" 등등의 다양한 형태로 출력하기도 한다. 이러한 출력형태의 포맷을 지정할 수 있는 클래스가 java.text 패키지에 있다.

12.3.1 DecimalFormat 클래스

decimal은 숫자라는 의미를 가지고 있어 DecimalForamt 클래스는 숫자 포맷을 지정할 수 있는 클래스이다.

```
 1. package chapter12;
 2.
 3. import java.text.DecimalFormat;
 4.
 5. public class DecimalFormatEx {
 6.
 7.     public static void main(String[] args) {
 8.
 9.         DecimalFormat df1 = new DecimalFormat("###,###.##");
10.         DecimalFormat df2 = new DecimalFormat("000,000");
11.
12.         System.out.println(df1.format(5500));
13.         System.out.println(df2.format(5500));
14.
15.     }
16.
17. }
```

[실행 결과]

```
5,500
005,500
```

예제의 9,10라인은 DecimalFormat 클래스의 객체를 선언한 코드인데, 생성자의 매개변수로 #과 0의 차이가 있다. 12,13라인 둘다 출력 시 천단위에 콤마(,)를 함께 출력했지만 #은 5500의 자리수만큼만 출력되었고, 0은 5500 자리수 외의 자리에는 0으로 채워진것을 알 수 있다.

10개의 다양한 길이의 소수점을 가지고 있는 실수를 소수점 2자리로 맞춰서 출력해야한다면 어떻해 해야할까? 100을 곱하고 Math.round() 를 사용하고, 다시 100.0으로 나눠야 한다. 이 코드를 데이터가

10개라면 10번 반복 실행해야 한다. 이 소수점 처리를 좀 더 편하게 할 수 있는 방법이 있다.

```java
1. package chapter12;
2.
3. import java.text.DecimalFormat;
4.
5. public class DecimalFormatEx {
6.
7.     public static void main(String[] args) {
8.
9.         double[] scores = {90.555, 80.6666, 70.77777, 60.666666, 50.5};
10.
11.         DecimalFormat df = new DecimalFormat("#,###.00");
12.
13.         for (int i=0; i<scores.length; i++) {
14.             System.out.println(df.format(scores[i]));
15.         }
16.
17.
18.     }
19.
20. }
```

[실행 결과]

```
90.56
80.67
70.78
60.67
50.50
```

11라인에 포맷 문자열의 소수점 자리에 .00으로 포맷팅하면 소수점이 길어지면 2자리에서 반올림으로, 한자리면 두번째자리는 0으로 채워지면서 모두 소수점 2자리로 일정하게 맞춰서 출력되었다.

12.3.2 SimpleDateFormat 클래스

앞에서 Date와 Calendar 클래스를 이용해서 날짜/시간을 구하거나, 계산하는 방법을 배웠는데, 년,월, 일, 시간을 모두 따로 구해서 문자열 포맷에 맞춰 다시 출력하는 것은 너무 불편하다. 그래서 SimpleDateFormat이라는 클래스를 사용하면 아주 쉽게 처리할 수 있게 된다. SimpleDateFormat 을 사용하는 방법은 아래와 같다.

```java
SimpleDateFormat sdf = new SimpleDateFormat("yyyy-MM-dd");
df.format(new Date());
```

아래는 SimpleDateFormat 생성자의 매개변수에 들어가는 기호를 표이다.

기호	의미	기호	의미
G	연대(BC,AD)	y	년도
w	해당 년의 몇째 주	W	해당 월의 몇째 주
d	해당 월의 몇째 일	D	해당 년의 몇째 일
F	해당 월의 몇째 요일	E	요일
a	AM/PM	M	월
H	시간(0~23)	h	시간(1~12)
K	시간(0~11)	k	시간(1~24)
m	분(0~59)	s	초(0~59)
Z	TimeZone(RFC)	z	TimeZone(General)

```
1.  package chapter12;
2.
3.  import java.text.SimpleDateFormat;
4.  import java.util.Date;
5.
6.  public class SimpleDateFormatEx {
7.
8.      public static void main(String[] args) {
9.
10.         Date now = new Date ();
11.         System.out.println(now);
12.         SimpleDateFormat sf=new SimpleDateFormat("yyyy MM dd HH:mm:ss E a");
13.         System.out.println(sf.format(now));
14.
15.     }
16.
17. }
```

[실행 결과]

```
Sat Jun 13 03:38:42 KST 2020
2020 06 13 03:38:42 토 오전
```

Data클래스의 toString 메서드는 영문으로 되어 출력된다 현재 의 날짜 및 시간을 SimpleDateFormat 클래스의 format 메서드를 이용하여 원하는 형식으로 출력할 수 있다.

```
1. package chapter12;
2.
3. import java.text.ParseException;
4. import java.text.SimpleDateFormat;
5. import java.util.Date ;
6.
7. public class SimpleDateFormatEx3 {
8.
9.     public static void main(String[] args) {
10.
11.         SimpleDateFormat sdf = new SimpleDateFormat("yyyy-MM-dd");
12.         String strDate = "2020-06-13";
13.
14.         Date d - null ;
15.         try {
16.             d = sdf.parse(strDate);
17.         } catch (ParseException e) {
18.             e.printStackTrace();
19.         }
20.         System.out.println(d);
21.
22.         SimpleDateFormat sf2=new SimpleDateFormat("yyyy-MM-dd E요일");
23.         System.out.println(sf2.format(d));
24.
25.     }
26.
27. }
```

[실행 결과]

```
Sat Jun 13 00:00:00 KST 2020
2020-06-13 토요일
```

위 예제는 "2020-06-13" 날짜 형태의 문자열 값을 SimpleDateFormat 클래스의 parse() 메서드를 이용하여 Date 클래스로의 객체로 변환하고, 다시 format() 메서드를 이용해 요일까지 함께 출력한 예제이다. parse() 메서드는 ParseException 예외를 throws 하고 있어 try~catch로 예외처리를 추가했다.

```
1. package chapter12;
2.
3. import java.text.SimpleDateFormat ;
4. import java.util.Calendar ;
5. import java.util.Date ;
6.
7. public class SimpleDateFormatEx2 {
8.
```

```
9.      public static void main(String[] args) {
10.
11.          // Calendar 와 Date 간의 변환은 다 음과 같이 한다 ·
12.          Calendar cal = Calendar.getInstance() ;
13.          cal.set(2020, 5, 13) ; //2020 년 6 월 13 일 : 월은+1
14.          Date day = cal.getTime() ;
15.          SimpleDateFormat sdf1, sdf2, sdf3, sdf4;
16.          sdf1 = new SimpleDateFormat ("yyyy-MM-dd" ) ;
17.          sdf2 = new SimpleDateFormat ("yy-MM-dd E요일 " ) ;
18.          sdf3 = new SimpleDateFormat ("yyyy-MM-dd HH:mm:ss.SSS " ) ;
19.          sdf4 = new SimpleDateFormat ("yyyy-MM-dd hh:mm:ss a" ) ;
20.          System.out.println(sdf1.format(day));
21.          System.out.println(sdf2.format(day));
22.          System.out.println(sdf3.format(day)) ;
23.          System.out.println(sdf4.format(day));
24.
25.      }
26.
27. }

[실행 결과]

2020-06-13
20-06-13 토요일
2020-06-13 03 :46 :17 .764
2020-06-13 03 :46 :17 오전
```

Date 객체만 SimpleDateFormat의 format() 메서드의 매개변수로 넣을 수 있기 때문에 Calendar 객체를 Date객체로 변환하는 방법을 나타낸 예제이다. Calendar 클래스의 setTime() 메서드를 사용하면 쉽게 변환할 수 있다.

12.4 java.util.regex 패키지

java.util.regex 패키지는 자바에서 정규 표현식을 사용하기 위한 클래스들을 모아 놓은 패키지이다. 정규 표현식(Regular Expression)은 데이터에서 원하는 패턴을 찾기 위해 미리 정의된 문자(기호)를 이용하여 작성된 표현식이다. 초기 Unix 시스템에서 사용하던 형태인데, 현재는 자바뿐만 아니라 모든 프로그래밍 언어에서 공통적으로 사용할 수 있는 표현식이므로 알아두면 도움이 될 것이다. 특히 요즘 빅데이터나 데이터분석을 위해 대량의 데이터의 패턴을 찾아 처리하는 경우가 많다. 예를 들면 많은 양의 데이터 중 전화번호나 이메일 주소, 주민등록번호만 추출한다거나 비밀번호 규칙(영문 대/소문자, 숫자, 길이 체크) 등을 할 수 있다. 처음 프로그래밍 언어를 접하는 사람이 접하기는 정규 표현식이 너무 어렵고 분량도 많기 때문에 자주 사용되는 정규표현식 문자와 사용 예를 몇가지 예제를 통해 확인해 보고 활용할 수 있는 정도까지만 배워보도록 하겠다.

먼저 간단한 예제를 통해 정규 표현식을 사용하는 방법을 확인해 보자.

```
1. package chapter12;
2.
3. import java.util.regex.Matcher;
4. import java.util.regex.Pattern;
5.
6. public class ReEx {
7.
8.     public static void main(String[] args) {
9.
10.        // 소문자 b로 시작하는  알파벳 소문자 0개 이상 규칙
11.        Pattern p = Pattern.compile("b[a-z]*");
12.        Matcher m;
13.
14.        // 문자열 bat 확인
15.        m = p.matcher("bat");
16.        System.out.println("bat = "+m.matches());
17.
18.        // 문자열 cat 확인
19.        m = p.matcher("cat");
20.        System.out.println("cat = "+m.matches());
21.
22.        // 문자열 bed 확인
23.        m = p.matcher("bed");
24.        System.out.println("bed = "+m.matches());
25.
26.    }
27.
28. }
```

[실행 결과]

```
bat = true
cat = false
bed = true
```

정규 표현식을 사용하는 방법은 크게 3단계로 구분할 수 있다. 첫번째는 Pattern 클래스를 이용해 정규 표현식 패턴(규칙) 생성, 두번째는 생성한 패턴으로 비교할 대상이 되는 문자열과 매칭시킨다. 마지막 세번째는 적용했던 정규 표현식에 매칭이 되었는지 확인한다. 위 예제를 과정에 맞춰 단계별로 정리해 보자.

> 1. Pattern 클래스의 static 메서드 compile에 정규표현식을 매개변수로 넣고 객체 생성
>    ```
>    Pattern p = Pattern.compile("b[a-z]*");
>    ```
>
> 2. Matcher 클래스를 이용해 생성한 패턴 객체의 matcher() 메서드의 매개변수로 비교할 대상 문자열을 넣어 Matcher 객체 생성
>    ```
>    Matcher m;
>    m = p.matcher("bat");
>    ```
>
> 3. Matcher 객체에 matches() 메서드를 호출해 매칭이 되었는지(true) 안되었는지(false) 판단
>    ```
>    if (m.matches()) {...}
>    ```

앞 예제에서 Pattern 클래스의 compile() 메서드에 정규 표현식 문자들을 매개변수로 넣었는데 이 문자열은 "b[a-z]*"로 되어있다. 무슨 암호문자같은 이것이 바로 정규 표현식이다. 이 정규 표현식은 소문자 b와 a-z 사이의 문자 * 문자 0개 이상, 쉽게 얘기하면 b로 시작하는 문자라는 의미이다. 그래서 "bat", "bed" 모두 matches() 메서드가 true로 출력되었고, cat은 이 패턴에 맞지 않으므로 matchers() 메서드가 false를 리턴한 것이다. 이렇게 정규 표현식을 작성하거나 다른 사람이 만들어 놓은 표현식을 해석 할 수 있으려면 암호 문자처럼 몇개의 기호들을 알아 둬야 한다.

12.4.1 정규 표현식에 사용되는 문자

아래 표는 정규 표현식에 사용되는 문자들을 정리한 것이다.

문자	설명	문자	설명
.	문자 한개	\s	공백 한개
?	문자 0개 또는 한개	\S	공백이 아닌 문자
+	문자 한개 이상	\d	숫자
*	문자 0개 이상	\D	숫자가 아닌 문자
^	문자열 시작	\w	특수기호 제외 문자
[ ]	[ ] 문자 한개 선택	\W	특수 기호
[^]	[ ] 문자 제외	{n}	n개의 문자
|	or	{n,}	n개 이상 문자
&	and	{n,m}	n개부터 m개의 문자
( )	그룹핑		

쌍따옴표(") 안에서 \를 넣으려면 \\ 형태로 escape 문자를 두 번 사용해야 한다.

12.4.2 정규 표현식으로 문자열 검증

Pattern 클래스의 static 메서드 matches() 메서드를 사용해서 정규 표현식을 검증해보자.

```java
1. package chapter12;
2.
3. import java.util.regex.Matcher;
4. import java.util.regex.Pattern;
5.
6. public class ReEx2 {
7.
8.     public static void main(String[] args) {
9.
10.         String[] patterns = {"." ,"[a-z]?","[0-9]+","0[1-9]*","^[0-9]",
11.                 "[^0-9]","[a-z]*","[a-z]+","02¦010" ,"\\s", "\\S" ,
12.                 "\\d" ,"\\w","\\W"};
13.         String[] datas = {"bat","021231234","12345","011",
14.                 "bed","02","A","9","a","*"};
15.
16.         for (String d : datas) {
17.             System.out.print(d+"문자와 일치하는 패턴 : ");
18.             for (String p : patterns) {
19.                 Pattern pattern = Pattern.compile(p);
20.                 Matcher m = pattern.matcher(d);
21.                 if (m.matches()) {
22.                     System.out.print(p+", ");
23.                 }
24.             }
25.             System.out.println();
26.         }
27.     }
28.
29. }
```

[실행 결과]

```
bat문자와 일치하는 패턴 : [a-z]*, [a-z]+,
021231234문자와 일치하는 패턴 : [0-9]+, 0[1-9]*,
12345문자와 일치하는 패턴 : [0-9]+,
011문자와 일치하는 패턴 : [0-9]+, 0[1-9]*,
bed문자와 일치하는 패턴 : [a-z]*, [a-z]+,
02문자와 일치하는 패턴 : [0-9]+, 0[1-9]*, 02¦010,
A문자와 일치하는 패턴 : ., [^0-9], \S, \w,
9문자와 일치하는 패턴 : ., [0-9]+, ^[0-9], \S, \d, \w,
a문자와 일치하는 패턴 : ., [a-z]?, [^0-9], [a-z]*, [a-z]+, \S, \w,
*문자와 일치하는 패턴 : ., [^0-9], \S, \W,
```

아래 표는 위 예제에서 사용된 패턴들을 정리한 표이다. 정규 표현식 패턴은 아주 다양하게 사용 가능하니, 그냥 외우는 것보다는 위 예제들의 패턴문자열을 조금씩 변경해서 실행보고, 결과를 확인해보는 방식으로 연습해보면 좋을 것이다.

패턴	설명	패턴	설명
[a-z]?	소문자 하나	02|010	02 또는 010
[0-9]+	숫자 하나 이상	\s	공백
0[1-9]*	0으로 시작하는 숫자	\S	공백이 아닌 문자
[0-9]	숫자로 시작	\d	숫자
[^0-9]	숫자가 아닌 문자	\w	특수기호가 아닌 숫자와 문자 [a-zA-Z0-9] 와 동일
[a-z]*	소문자 0개 이상	\W	특수기호
[a-z]+	소문자 1개 이상		

아래 예제는 하나의 문자열에 휴대폰번호, 집전화번호, 이메일주소, 계좌번호가 섞여 있는 문자열인데 그룹핑 기능을 이용해 출력하는 예제이다.

```
1.  package chapter12;
2.
3.  import java.util.regex.Matcher;
4.  import java.util.regex.Pattern;
5.
6.  public class ReEx3 {
7.
8.      public static void main(String[] args) {
9.
10.         String source = "휴대폰번호:010-1111-1111, "
11.                 + " 집전화번호:02-1234-5678,"
12.                 + "이메일주소:email@gmail.com 계좌번호:123-12-123456";
13.         String telpattern = "(0\\d{1,2})-(\\d{3,4})-(\\d{4})";
14.         String emailpattern = "(\\w+)@(\\w+).(\\w+)";
15.         String accountpattern = "(\\d{3})-(\\d{2})-(\\d{6})";
16.
17.         Pattern p = Pattern.compile(telpattern);
18.         Matcher m = p.matcher(source);
19.
20.         System.out.println("전화번호 : ");
21.         while (m.find()) { // 지정된 패턴 맞는 문자열을 검색
22.             System.out.println(m.group() + " : "
23.                     + m.group(1) + "," + m.group(2) + "," + m.group(3));
24.         }
25.
26.         p = Pattern.compile(emailpattern);
```

```
27.            m = p.matcher(source);
28.            System.out.println("이메일 : ");
29.            while (m.find()) { // 지정된 패턴 맞는 문자열을 검색
30.                System .out.println(m.group() + " : "
31.                    + m.group(1) + "," + m.group(2) + "," + m.group(3));
32.            }
33.
34.            p = Pattern.compile(accountpattern);
35.            m = p.matcher(source);
36.            System.out.println("계좌번호 : ");
37.            while (m.find()) { // 지정된 패턴 맞는 문자열을 검색
38.                System.out.println(m.group() + " : "
39.                    + m.group(1) + "," + m.group(2) + "," + m.group(3));
40.            }
41.
42.        }
43.
44. }
```

[실행 결과]

```
전화번호 :
010-1111-1111 : 010,1111,1111
02-1234-5678 : 02,1234,5678
이메일 :
email@gmail.com : email,gmail,com
계좌번호 :
123-12-123456 : 123,12,123456
```

find() 메서드는 문자열 내에서 지정된 패턴과 일치하는 부분을 찾아내면 true를 리턴하고, 찾지 못하면 false를 리턴한다. find() 메서드를 실행해서 일치하는 문자열을 찾은 다음, 다시 find() 메서드를 호출하면 자동으로 다음 일치하는 패턴으로 넘어간다. 그래서 while문 안에서 find() 메서드를 통해 전화번호 패턴을 가지고 휴대폰번호와 집전화번호 두개를 한번에 찾을 수 있었다.

정규 표현식의 패턴과 일치하는 문자열의 일부를 괄호로 나눠서 그룹핑할 수 있는데, 그룹핑된 부분은 하나의 단위로 묶여 한번 이상의 반복을 의미하는 '+', '*'가 오면 그룹핑된 부분이 적용대상이 된다. 이 그룹핑된 대상은 group(순번)형태로 값을 사용할 수 있게 된다. 위 예제의 (0\\d{1,2})-(\\d{3,4})-(\\d{4}) 정규 표현식은 괄호를 이용해서 세개의 그룹으로 나눴는데, 첫번째 그룹은 0\\d{1,2} 0으로 시작하는 2~3자리 숫자이고, 두번째 그룹은 \\d{3,4} 3~4자리 숫자, 세번째 그룹은 \\d{4} 4자리 숫자라는 의미로 패턴이 지정되어 휴대폰번호와, 전화번호가 매칭이 되었다. 전화번호에서 group(1)은 02가 group(2)는 1234가 group(3)은 5678이 출력되었다. group()은 모든 그룹이 합쳐진 문자열 "02-1234-5678"이 담겨있다. group(0)도 마찬가지다. 만약 group(순번)의 순번값이 존재하지 않는 인덱스를 지정하면 배열의 index 에러였던 IndexOutOfBoundsException이 발생하니 주의하자.

제12장 연습문제

01 모든 클래스의 최상위 클래스는?

02 다음 예제에서 실행 결과가 "현대자동차:그랜저"라고 출력될 수 있도록 Car 클래스를 수정하시오.

```java
1.  package chapter12;
2.
3.  class Car {
4.      String name;
5.      String company;
6.
7.      // 코드 작성
8.
9.  }
10.
11. public class Excercise2 {
12.
13.     public static void main(String[] args) {
14.
15.         Car car = new Car();
16.         car.name = "그랜져";
17.         car.company = "현대자동차";
18.
19.         System.out.println(car);
20.
21.     }
22.
23. }
```

03 두 개의 문자열 변수의 합계를 구하기 위해 숫자로 변환하여 덧셈연산 값을 출력하는 코드를 작성하시오.

```
1. package chapter12;
2.
3. public class Excercise3 {
4.
5.     public static void main(String[] args) {
6.
7.         String num1 = "100";
8.         String num2 = "200";
9.
10.        // 코드 작성
11.
12.
13.     }
14.
15. }
```

04 다음 예제는 문자열 배열에 "아이디,이름,나이" 형태로 저장되어 있는데, 이 데이터는 콤마(,)로 구분되어 있다. 이 데이터 중에 이름만 출력되도록 코드를 작성하고, 전체 데이터의 평균나이를 출력하는 코드를 작성하시오. (for문과, split() 메서드 사용)

```
1. package chapter12;
2.
3. public class Excercise4 {
4.
5.     public static void main(String[] args) {
6.
7.         // 아이디,이름,나이
8.         String[] member = {
9.                 "hong,홍길동,30",
10.                "lee,이순신,40",
11.                "kim,김유신,50"
12.        };
13.
14.        // 이름만 출력
15.        // 코드 작성
16.
17.
18.        // 평균 나이 출력
19.        int ageSum = 0;
20.        // 코드작성
21.
```

```
22.          System.out.println("평균나이 : "+(double)ageSum/member.length);
23.
24.    }
25.
26. }
```

[실행 결과]

```
홍길동
이순신
김유신
평균나이 : 40.0
```

컬렉션(Collection) 프레임워크도 자바에서 제공하는 기본 API중 하나로 java.util 패키지에 있으며, 다양한 데이터를 쉽게 처리할 수 있는 정형화된 방법을 제공하는 클래스들이다. 이 컬렉션 프레임워크도 모두 외우려고 하지말고 어떤 클래스들이 존재하는지 확인하고, 자주 사용되는 클래스 위주로 자세히 학습하는 형태로 진행하도록 하겠다. 나머지들은 필요할 때 찾아 사용하면 된다.

자료구조는 여러 개의 데이터를 저장하는 방법인데 자료구조를 잘못 선택하게 되면 아무리 잘 설계된 알고리즘이더라도 효율이 떨어지게 된다. 도서관에서 책을 잘 정리해서 배치해야만 빨리 찾을 수 있다. 아무리 빠른 동작을 가진 도서관 사서라 하더라도 정리가 잘 되어 있지 않다면 찾는데 시간이 많이 걸린다. 이런 이유로 프로그래밍을 할 때 자료구조는 필수 학습 요소 중 하나이다.

13.1 컬렉션 프레임워크 개요

자바 API문서에서 컬렉션 프레임워크는 데이터 그룹을 다루고 표현하기 위한 단일화된 아키텍처라고 정의하고 있다. 컬렉션이라는 단어는 모아놓은 데이터, 여러 데이터, 무리, 그룹이라고 생각하면 될 것이다.

예전에는 여러 데이터를 다룰 수 있는 클래스들이 서로 다른 방식의 메서드로 처리해야 했으나, 컬렉션 프레임워크가 등장하면서 모든 컬렉션 프레임워크의 클래스들은 표준화된 방식으로 기능을 제공하고 있다. 여러 값들을 하나의 변수에 저장하기 위한 가장 간단한 방법은 배열로 저장하는 것이다. 하지만 배열은 저장할 수 있는 값의 갯수를 미리 알고 있어야 하며, 배열을 생성할 때, 길이를 적어줘야 한다. 또한 한번 생성된 배열의 개수를 변경할 수 없다. 길이가 변경되면 새로운 배열로 복사해서 처리했어야만 했다. 그리고 해당 배열에서 하나의 값을 삭제하면 삭제한 값의 인덱스가 비어 있게 되고, 다시 저장하려면 빈 인덱스를 찾아 저장해야하는 불편함이 있다.

컬렉션 프레임워크는 다수의 데이터를 다루는 데 필요한 다양하고 풍부한 클래스들을 제공하기 때문에 개발자가 편하게 개발할 수 있으며, 또한 인터페이스를 이용한 다형성 개념을 사용할 수 있어 객체지향적 설계를 통해 표준화되어 있기 때문에 사용하기도 편리하고, 재사용성이 높은 코드를 작성할 수 있다는 장점이 있다.

정리하면, 컬렉션 프레임워크란 효율적으로 객체 저장, 처리를 위해 추가, 삭제, 검색을 할 수 있는 다양한 클래스와 인터페이스들의 모임이며, 인터페이스를 통해 객체 처리 방식을 정형화한 것이다.

컬렉션 프레임워크는 크게 세가지 종류로 구분하고 각 세가지 종류별로 인터페이스를 정의하였다. 그 중 List와 Set의 공통된 부분을 새로운 인터페이스 Collection의 구조로 되어 있다.

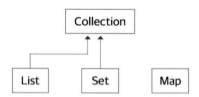

List와 Set 인터페이스는 Collection 인터페이스라는 공통적인 인터페이스로 정의할 수 있다는 것은 List와 Set이 서로 유사한 부분이 많다는 의미인데, Map은 Collection 인터페이스의 하위 클래스로 정의하지 못했다. 인터페이스와 다형성, 객체지향에 대한 이해를 명확하게 알게해주는 부분이다. 자바 프로그래밍을 조금 더 다루다보면 이렇게 구분된 이유를 이해하게 될 것이다.

이 인터페이스들의 특징을 살펴보자.

인터페이스		특징	주요 클래스
Collection	List	데이터의 저장되는 순서 유지 중복저장 가능	`ArrayList`, Stack, Vector, LinkedList
	Set	데이터의 저장되는 순서 유지 안됨 중복저장 불가	HashSet TreeSet
Map		키(key)와 값(value) 쌍으로 저장 키는 중복 불가	`HashMap`, Hashtable TreeMap, Properties

프로그램 개발 시 데이터들의 구조(자료구조)를 잘 파악하고 있어야만, 컬렉션 프레임워크 중 위 인터페이스를 구현한 클래스들을 사용할지 결정할 수 있기 때문에 특징을 이해하고 있어야 한다. 컬렉션 프레임워크의 모든 클래스들은 반드시 위 세 인터페이스(List, Set, Map) 중 하나를 구현하고 있으므로 이름을 보면 어느정도 파악할 수 있다. 그런데, Vector나 Properties 같은 클래스들은 컬렉션 프레임워크가 나오기 전부터 자바에서 존재하던 클래스이기 때문에 이름이 다르다. 이 클래스들은 컬렉션 프레임워크가 나오고 나서 구현된 기능들이 인터페이스에 맞게 수정된 것이기 때문이다.

주요 클래스 중 아주 자주 사용되는 클래스 ArrayList와 HashMap은 반드시 기억해 두도록 하자. 거의 모든 프로그램에서 사용될 정도로 빈도가 높으니 꼭 명심하자.

▸ Collection 인터페이스 정의된 메서드

메서드	설명
boolean add(Object o) boolean addAll(Collection c)	매개변수 객체(o) 또는 컬렉션(c)를 추가
void clear()	모든 객체를 삭제
boolean contains(Object o) boolean containsAll(Collection c)	매개변수가 포함되어 있는지 여부
boolean equals(Object o)	동등 비교
int hashCode()	해쉬코드 리턴
boolean isEmpty()	비어있는지 확인
boolean remove(Object o)	매개변수 객체 삭제
boolean removeAll(Coolection c)	매개변수 컬렉션 삭제
boolean retainAll(Collection c)	매개변수 컬렉션을 제외한 나머지 삭제
int size()	사이즈 리턴
Object[] toArray()	배열객체로 리턴
Object[] toArray(Object[] a)	매개변수 배열에 컬렉션 데이터를 담아서 리턴
Iterator iterator()	Iterator 객체 리턴

위 표에서 Iterator가 나오는데 Iterator란 컬렉션 프레임워크에서 저장되어 있는 각 요소들을 읽어오는 방법을 표준화한 인터페이스 중 하나이다. 뒤에서 다시 살펴보기로 하자.

13.2 List 인터페이스

List 객체는 배열과 유사하며, 길이를 자유롭게 변경할 수 있는 객체이다. 추가된 순서를 유지하고, 중복해서 객체를 저장할 수 있다. 그리고 저장 순서를 유지하기 때문에 인덱스를 통해 원하는 객체를 직접 검색할 수 있는 기능이 있다. 구현 클래스로는 ArrayList, LinkedList, Stack, Vector 등이 있으며 하위 인터페이스로는 Queue가 존재한다.

ArrayList는 데이터를 연속적으로 순서대로 저장하기 때문에 접근 속도는 빠르지만 중간에 있는 데이터를 삭제하거나 삽입할 때 속도가 LinkedList 보다는 느리다. LinkedList는 데이터를 순서와 상관없이 다음 데이터의 참조를 기억해서 순서대로 저장하는 자료구조인데 중간에 삽입이나 삭제할 때 ArrayList 보다는 빠르지만 데이터를 순회하는 속도는 느리다.

Stack은 마지막에 삽입한 데이터가 가장 먼저 출력되는 LIFO(Last In First Out)구조의 자료구조이고 Queue는 먼저 삽입한 데이터가 가장 먼저 출력되는 FIFO(First In First Out)구조의 자료구조이다.

List 인터페이스에서 자주 사용하는 메서드를 살펴보자.

메서드	설명
boolean add(Object o)	매개변수 o를 추가
void add(int index, Object o)	index에 매개변수 o객체를 추가
Object set(int index, Object o)	index의 객체를 o객체로 변경
boolean contains(Object o)	매개변수 o객체가 존재하는지 여부
Object get(int index)	index의 객체 리턴
int indexOf(Object o)	매개변수 o객체의 index값 리턴
void clear()	모든 요소 삭제
Object remove(int index)	해당 index 요소 삭제 후 삭제된 객체 리턴
boolean remove(Object o)	매개변수 o객체 삭제 (삭제여부 리턴)

```java
1. package chapter13;
2.
3. import java.util.ArrayList;
4. import java.util.List;
5.
6. public class ListEx {
7.
8.     public static void main(String[] args) {
9.
10.         List list = new ArrayList();
```

```
11.          list.add(1);
12.          list.add(2);
13.          list.add(3);
14.          list.add(4);
15.          list.add(5);
16.          list.add(6);
17.          System.out.println(list);
18.
19.          for (int i=0; i<list.size(); i++) {
20.               System.out.println(i+":"+ list.get(i));
21.          }
22.
23.     }
24.
25. }
```

[실행 결과]

```
[1, 2, 3, 4, 5, 6]
0:1
1:2
2:3
3:4
4:5
5:6
```

List 인터페이스 타입의 변수 list를 선언하고 ArrayList 타입의 객체를 생성하였다. List 인터페이스는 직접 객체를 생성할 수 없고, 이 인터페이스를 구현한 클래스인 ArrayList로 객체를 생성한 것이다. 이게 바로 앞에서 배웠던 다형성 개념을 사용한 것이다. 이 객체에 add() 메서드를 사용해 1부터 6까지 각각 추가하고 출력했다. 객체가 그대로 출력된것을 보고 List 객체 역시 toString() 메서드가 재정의된 것을 알 수 있다. 19라인부터는 for문을 통해 출력하고 있는데 for문의 조건식을 보면 i<list.size()로 되어 있다. size() 메서드는 이 리스트의 길이를 나타내므로 i<6이 된다. 그럼 i가 0부터 5까지 총 6번이 반복되면서 실행된다. 실행되는 구문을 나열해서 살펴보면,

```
System.out.println(0 + " : " + list.get(0));
System.out.println(1 + " : " + list.get(1));
System.out.println(2 + " : " + list.get(2));
System.out.println(3 + " : " + list.get(3));
System.out.println(4 + " : " + list.get(4));
System.out.println(5 + " : " + list.get(5));
```

list.get(0)은 리스트 객체의 0번 인덱스의 요소를 가져오는 메서드이다. 이렇게 리스트 객체, 그 중 ArrayList를 많이 사용하고, 특히 for문을 통해 인덱스로 각 요소를 출력하거나 처리하는 형태는 정말 많이 사용하므로 이 예제를 통해 구조를 완벽히 이해하도록 하자.

이번엔 또 다른 List 구현 클래스인 Vector에 대해 살펴보자. Vector 클래스는 Collection 프레임워크 이전에 사용 되었던 클래스다. 예전에 사용되던 클래스이므로 이전에 사용하던 메서드와 List 인터페이스의 구현 메서드가 혼합되어 있다. 다음 예제를 살펴 보자.

```java
1. package chapter13;
2.
3. import java.util.Vector;
4.
5. public class ListEx2 {
6.
7.     public static void main(String[] args) {
8.
9.         Vector list = new Vector();
10.         list.add(1.2); // List 메서드
11.         list.add(Math.PI); // List 메서드
12.         list.addElement(3.4); // 이전 메서드
13.
14.         // 향상된 for문
15.         for (Object o : list) {
16.             System.out.println(o);
17.         }
18.         double num = 3.4 ;
19.
20.         // 해당 요소의 인덱스 (없으면 -1)
21.         int index = list.indexOf(num);
22.         if (index >= 0) { // 요소가 존재함
23.             System.out.println(num + " 의 위치 :" + index);
24.         } else { // 존재하지 않음
25.             System.out.println(num + " 는 list 에 없습니다");
26.         }
27.
28.         num = 1.2 ;
29.         // 값이 존재하는지 확인
30.         if (list.contains(num)) {
31.             // 제거(이전 메서드)
32.             list.removeElement(num);
33.             System.out.println(num + " 삭제됨");
34.         }
35.
36.         // 해당 요소의 인덱스 (없으면 -1)
37.         System.out.println(list.indexOf(num));
38.         System.out.println(list); // toString()
39.
40.     }
41.
42. }
```

[실행 결과]

1.2

```
3.141592653589793
3.4
3.4 의 위치:2
1.2 삭제됨
-1
[3.141592653589793, 3.4]
```

대충 봐도 ArrayList 클래스와 비슷한 것을 알 수 있다. 하지만 Vector 클래스는 Collection 프레임워크가 나오기 전부터 있던 클래스이기 때문에 Collection 인터페이스에 정의된 정형화된 메서드 외에 이미 존재하던 메서드가 있다. 그래서 12라인 처럼 addElement() 메서드가 add()메서드와 동일한 기능을 하는 것이다. 14라인에서는 이전 예제와는 다르게 향상된 for문을 이용해서 출력문을 실행하도록 했고, 21라인은 indexOf() 메서드로 매개변수의 값이 존재하는 위치를 인덱스값으로 가져왔다. 가장 작은 값, 즉 맨 앞에 있더라도 인덱스값은 0이 나오기 때문에 존재하지 않으면 -1이 나온다. 그래서 22~26라인처럼 해당 객체에 요소가 존재하는지 여부를 확인하기 위해 indexOf() 메서드를 사용해서 값이 0 이상인지 그렇지 않은지 if문으로 확인하는 형태로 자주 사용된다. indexOf 메서드는 ArrayList 클래스에서도 동일하게 사용 가능한 contains() 메서드도 해당 매개변수가 객체내에 요소로 존재하는지 여부를 boolean 값으로 리턴하는 기능을 하는 메서드이다. 32라인에서 1.2 값을 Vector 객체에서 제거한 후 37~38 라인은 indexOf() 메서드로 1.2값이 존재하는 인덱스를 가져와 출력하는데, 존재하지 않으므로 -1이 출력되었다.

이번엔 기본자료형말고 클래스를 이용한 객체로 ArrayList 클래스 예제를 다뤄보도록 하겠다. 도형의 면적의 합과 둘레의 합을 구하는 예이다.

▸ Shape.java

```
1. package chapter13;
2.
3. abstract class Shape {
4.
5.     // 필드
6.     int x, y;
7.
8.     // 생성자
9.     Shape() {
10.         this(0, 0);
11.     }
12.     Shape (int x, int y) {
13.         this.x = x;
14.         this.y = y;
15.     }
16.
17.     // 추상메서드
18.     abstract double area();
19.     abstract double length();
20.
21.     // 일반 메서드
```

```
22.     public String getLocation() {
23.         return "x:" + x + ",y:" + y;
24.     }
25.
26. }
```

▸ Circle.java

```
1. package chapter13;
2.
3. public class Circle extends Shape {
4.
5.     // 필드
6.     double r;
7.
8.     // 생성자
9.     Circle() {
10.         this (1);
11.     }
12.     Circle(double r) {
13.         this.r = r;
14.     }
15.
16.     // 메서드 재정의(오버라이딩)
17.     @Override
18.     double area() {
19.         return (r * r) * Math.PI;
20.     }
21.
22.     @Override
23.     double length() {
24.         return (r * 2) * Math.PI;
25.     }
26.
27. }
```

▸ Rectangle.java

```
1. package chapter13;
2.
3. public class Rectangle extends Shape {
4.
5.     // 필드
6.     int w,h;
7.
8.     // 생성자
9.     Rectangle() {
10.         this(1 ,1 );
```

```
11.    }
12.    Rectangle(int w, int h) {
13.        this.w = w;
14.        this.h = h;
15.    }
16.
17.    // 메서드 재정의(오버라이딩)
18.    @Override
19.    double area() {
20.        return (w * h);
21.    }
22.
23.    @Override
24.    double length() {
25.        return (w + h) * 2;
26.    }
27.
28. }
```

▶ ListEx3.java

```
1. package chapter13;
2.
3. import java.util.ArrayList;
4. import java.util.List;
5.
6. public class ListEx3 {
7.
8.     public static void main(String[] args) {
9.
10.        List list = new ArrayList();
11.        // list 객체에 요소 추가
12.        list.add(new Circle(3.0));
13.        list.add(new Rectangle(3, 4));
14.        list.add(new Circle(5));
15.        list.add(new Rectangle(5,6));
16.
17.        System.out.println(" 전체 도형의 면적의 합 :" + sumArea(list));
18.        System.out.println(" 전체 도형의 둘레의 합 :" + sumLength(list));
19.
20.    }
21.
22.    private static double sumLength(List list) {
23.        double sumlength = 0;
24.
25.        for (int i=0; i<list.size(); i++) {
26.            // list 객체 형변환
27.            Shape s = (Shape)list.get(i);
28.            sumlength += s.length();
29.        }
30.        return sumlength;
```

```
31.      }
32.
33.      private static double sumArea(List list) {
34.          double sumarea = 0;
35.
36.          for (int i = 0; i < list.size(); i++) {
37.              // list 객체 형변환과 메서드 호출 동시에
38.              sumarea += ((Shape)list.get(i)).area();
39.          }
40.          return sumarea;
41.      }
42. }
```

[실행 결과]

```
전체 도형의 면적의 합 :148.81415022205297
전체 도형의 둘레의 합 :86.26548245743669
```

Shape 클래스는 abstract 추상 클래스이다. abstract 메서드를 포함하고 있기 때문에 클래스도 추상 클래스로 선언해야 한다. 이 추상 클래스 Shape를 상속받고 있는 Circle과 Rectangle 클래스는 부모 (상위) 클래스인 Shape의 추상메서드를 반드시 재정의 해야하며, Circle은 원의 면적과 둘레를 구하는 기능을, Rectangle은 사각형의 면적과 둘레를 구하는 기능으로 재정의 하였다. 그리고 생성자를 통해 반지름이나, 넓이 높이 값을 각 클래스의 필드에 값을 넣어주는 생성자를 정의하고 있다.

ListEx.java 에서 10~15라인은 List 객체 생성 후 Circle 객체와 Rectangle 객체를 추가했다. 17, 18라인은 getArea() 메서드와 getLength() 메서드를 호출해 list객체의 면적과 둘레의 합을 출력한다. getArea() 메서드를 보면 27라인에서 list.get(i) 메서드는 i 인덱스의 객체를 리턴하는 메서드인데 리턴타입이 Object 이므로 Shape 타입으로 변환하려면 강제형변환을 해야한다. 28라인에 s.length()는 다형성 개념을 떠올리며, Shape 클래스의 추상메서드 length() 가 아니라 list 객체의 Circle클래스와 Rectangle 클래스의 객체의 length() 메서드가 호출된 것이다. getArea() 메서드도 마찬가지다. list 객체의 각 요소 Circle 클래스와 Rectangle 클래스의 객체들의 둘레의 합을 구해 리턴한다. 38라인은 getArea() 메서드와는 다르게 강제 형변환과 메서드 호출을 동시에 하고 있다. ((Shape)list.get(i)).area() 코드에서 area() 메서드 앞에 괄호를 한번 더 감싼 이유는 괄호를 빼면 Shape로 강제 형변환하는 대상이 list.get(i)가 아니라 list.get(i).area()가 되기 때문이다. 우선순위를 적용하기 위해 괄호를 사용하였다.

이번엔 LinkedList에 대해 알아보자.

LinkedList는 기본적으로 앞에서 배운 ArrayList와 마찬가지로 List 인터페이스를 구현한 클래스이기 때문에 메서드가 거의 유사하고 사용방법 역시 거의 같다. 차이점은 내부적으로 구현방법의 차이가 있는데, 두 자료구조 모두 참조자료형이지만, ArrayList와 같은 배열 형태의 자료구조는 인덱스를 기반으로 데이터가 연속적으로 존재하고, LinkedList는 데이터끼리 서로 연결된 형태로 존재한다. 이게 바로 가장 큰 차이점 이다.

배열과 LinkedList의 구조를 그림으로 살펴보자.

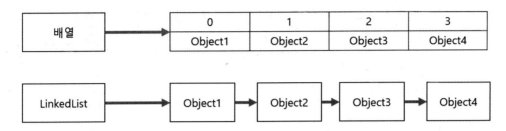

배열변수는 배열값이 들어 있는 위치의 주소값을 통해 참조하는 형태이고, LinkedList는 Object1을 참조하고, Object1은 Object2를 참조하며, 각 요소들이 다음 요소들을 참조하는 형태로 구성되어 있다. 따라서 중간에 새로운 값을 추가하거나 삭제하는 경우 배열은 데이터들을 복사하는 과정이 필요하지만 LinkedList는 참조하는 주소값만 수정하면 되므로 처리속도가 빠르다.

자바에서의 LinkedList는 단순 LinkedList가 아닌 속도향상을 위해 이중 원형 LinkedList 구조로 되어 있는데, 다음 요소만 참조하는 것이 아닌 이전 요소도 참조하며, 마지막 요소는 첫번째 요소를 참조하고 있는 형태이다.

이렇게 자료구조의 차이로 인해 자바 컬렉션 프레임워크에서의 ArrayList와 LinkedList는 사용방법은 유사하지만, 성능적으로 차이가 있는데, ArrayList는 인덱스 기반이므로 읽기 성능이 빠르지만, 데이터를 추가하거나 삭제하는데는 성능이 떨어지며, LinkedList는 읽기 성능은 느리지만, 데이터를 추가하거나 삭제하는 성능은 빠르다. 또한 데이터가 많아지면 많아질수록, 성능은 더욱 차이가 나게 된다. 따라서 데이터의 개수가 변하지 않는 경우 ArrayList를 사용하고, 데이터의 추가/삭제가 빈번한 경우 LinkedList를 사용하면 조금 더 높은 성능 효과를 얻을 수 있다. 또한 컬렉션프레임워크에서는 이 클래스들 간의 변환 기능도 제공하고 있기 때문에 혼용해서 사용할 수도 있다. 두 클래스간의 성능차이를 예제를 통해 살펴보자.

```
1. package chapter13;
2.
3. import java.util.ArrayList ;
4. import java.util.LinkedList ;
5.
6. public class ArrayListCompareLinkedList {
7.
8.     public static void main(String[] args) {
9.
10.        ArrayList alist = new ArrayList();
11.        LinkedList llist = new LinkedList();
12.
13.        for (int i=0; i<100000; i++) {
14.            alist.add(i);
15.            llist.add(i);
16.        }
17.
```

```
18.          System.out.println("ArrayList Access");
19.          long start = System.currentTimeMillis();
20.          for (int i=0 ; i<alist.size(); i++) {
21.              alist.get(i);
22.          }
23.          long end = System.currentTimeMillis();
24.          System.out.println(end-start);
25.
26.          System.out.println("LinkedList Access");
27.          start = System.currentTimeMillis();
28.          for (int i=0; i<llist.size(); i++) {
29.              llist.get(i);
30.          }
31.          end = System.currentTimeMillis();
32.          System.out.println(end-start);
33.
34.      }
35.
36. }

[실행 결과]

ArrayList Access
2
LinkedList Access
7012
```

10,11 라인에서 ArrayList와 LinkedList 객체를 생성하여 13~16 라인은 10만개의 데이터를 각 객체에 추가하였다. 이 객체들을 각각 for문을 통해 get() 메서드를 호출하는 코드를 시간을 측정하여 출력하였는데, 실행 결과에서 보듯 엄청난 성능 차이가 나는 것을 알 수 있다. 데이터가 더 많아지면, 성능 차이는 더욱 커진다. 이번엔 데이터를 중간에서 추가하는 경우의 성능차이를 확인해 보자.

```
1. package chapter13;
2.
3. import java.util.ArrayList ;
4. import java.util.LinkedList ;
5.
6. public class ArrayListCompareLinkedList2 {
7.
8.      public static void main(String[] args) {
9.
10.         ArrayList alist = new ArrayList();
11.         LinkedList llist = new LinkedList();
12.
13.         for (int i=0 ; i<100000; i++) {
14.             alist.add(i);
15.             llist.add(i);
16.         }
```

```
17.
18.          System.out.println("ArrayList 추가");
19.          long start = System.currentTimeMillis();
20.          for (int i=0; i<10000; i++) {
21.              alist.add(500, i);
22.          }
23.          long end = System.currentTimeMillis();
24.          System.out.println(end-start);
25.
26.          System.out.println("LinkedList 추가");
27.          start = System.currentTimeMillis();
28.          for (int i=0; i<10000; i++) {
29.              llist.add(500, i);
30.          }
31.          end = System.currentTimeMillis();
32.          System.out.println(end-start);
33.
34.      }
35.
36. }

[실행 결과]

ArrayList 추가
243
LinkedList 추가
44
```

위 예제의 21라인처럼 ArrayList 객체의 500번 인덱스에 값을 추가하는 경우 객체를 복사해서 처리하기 때문에 LinkedList에 비해 성능이 현저히 떨어진다. 이렇게 중간에서 데이터가 추가되거나 또는 삭제되는 경우는 LinkedList를 사용하는 것이 좀 더 효율적이다. 보통 데이터베이스의 데이터를 조회하여 처리하는 경우 데이터를 중간에 추가/삭제하는 경우보다 데이터에 접근해서 출력하거나 연산하는 경우가 많으므로 ArrayList를 조금 더 자주 사용하게 된다.

13.3 Set 인터페이스

Set 인터페이스는 중복을 허용하지 않고, 저장 순서가 유지되지 않는 컬렉션 인터페이스 이다. 구현 클래스로는 HashSet, LinkedHashSet, TreeSet이 있다. HashSet은 저장순서를 알 수 없고 데이터도 순서대로 배치되지 않지만 LinkedHashSet은 저장 순서를 기억하고 있으며, TreeSet은 데이터의 크기를 기억하는 구조이다.

Set 인터페이스의 주요 메서드는

메서드	설명
boolean add(Object o)	매개변수 객체 o를 추가
boolean contains(Object o)	매개변수 객체 o가 존재하는지 여부
boolean isEmpty()	객체가 비어있는지 여부
void clear()	모든 요소 제거
boolean remove(Object o)	매개변수 객체 o를 제거, 제거 성공여부 리턴

HashSet

```
1. package chapter13;
2.
3. import java.util.HashSet;
4. import java.util.Set;
5.
6. public class HashSetEx {
7.
8.     public static void main(String[] args) {
9.
10.         // Object타입의 배열 생성
11.         Object[] arr = {"홍길동","이순신","홍길동","이순신",1,2,"1","2"};
12.
13.         // HashSet 객체 생성
14.         Set set = new HashSet();
15.
16.         // set객체에 배열의 모든 요소 add
17.         for (int i=0; i < arr.length;i++) {
18.             set.add(arr[i]);
19.         }
20.
21.         // 출력
22.         System.out.println(set);
23.
24.     }
25.
26. }
```

[실행 결과]

[1, 1, 2, 2, 홍길동, 이순신]

Set객체는 중복을 허용하지 않는다 위 예제의 결과를 보면 객체의 추가된 순서와 조회되는 순서가 다르다는 것을 알 수 있다 출력부분에 1과 2가 중복된 것 처럼 보이지만 하나는 숫자 1이고, 다른 하나는 문자열 1 이므로 다른 객체. 중복 객체가 아니다. 그렇다면 사용자가 정의한 클래스 객체의 중복 여부는 어떻게 판단할까? 일단 예제를 작성해보자.

```
1. package chapter13;
2.
3. import java.util.HashSet;
4. import java.util.Set;
5.
6. public class HashSetEx2 {
7.
8.     public static void main(String[] args) {
9.
10.         // HashSet 객체 생성
11.         Set set = new HashSet();
12.
13.         // 문자열 객체 두개 추가
14.         set.add(new String("abc"));
15.         set.add(new String("abc"));
16.
17.         // Member 객체 두개 추가(사용자 정의 클래스)
18.         set.add(new Member("홍길동 ", 40));
19.         set.add(new Member("홍길동 ", 40));
20.
21.         // 출력
22.         System.out.println(set);
23.
24.     }
25.
26. }

[실행 결과]

[abc, (홍길동,40), (홍길동,40)]
```

위의 예제의 결과에서 문자열 객체는 한 개만 출력이 되는데 Member 클래스의 객체는 두개 출력되는 것을 알 수 있다. 이 출력 결과의 의미는 String 객체는 중복으로 인식되어 한 개는 저장되지 않은 상태이지만 Member 객체는 중복으로 인식되지 못하고 그대로 Set 객체에 저장된 것을 알 수 있다. Set 객체에서 중복인지 확인하기 위해 필요한 메서드가 있는데 바로 equals 메서드와 hashCode 메서드이다. Set 객체에 저장된 객체와 추가되는 객체의 equals 메서드의 결과가 true 이고 hashCode() 메서드의 결과가 동일하면 Set 객체는 중복으로 인식할 수 있게 된다. 그렇게 되려면 equals 메서드와 hashCode 메서드의 오버라이딩이 필요하다. 다음 예제는 위 예제 중 Member 클래스를 equals 메서드와 hashCode 메서드를 오버라이딩 한 예제이다. Member 클래스를 아래와 같이 수정해서 다시 실행해보자.

```java
1. package chapter13;
2.
3. public class Member {
4.
5.     // 필드
6.     String name;
7.     int age;
8.
9.     // 생성자
10.     Member (String name, int age) {
11.         this.name = name;
12.         this.age = age;
13.     }
14.
15.     // toSring() 메서드 재정의
16.     @Override
17.     public String toString() {
18.         return "("+ name + "," + age + ")";
19.     }
20.
21.     // equals() 메서드 재정의
22.     @Override
23.     public boolean equals(Object obj) {
24.         if (obj instanceof Member) {
25.             Member m = (Member)obj;
26.             return this.name.equals(m.name) && this.age == m.age;
27.         } else {
28.             return false ;
29.         }
30.     }
31.
32.     // hashCode() 메서드 재정의
33.     @Override
34.     public int hashCode() {
35.         return this.name.hashCode() + age;
36.     }
37. }
```

[실행 결과]

[abc, (홍길동,40)]

equals() 메서드는 각 필드의 값까지 다 비교하는 형태로 재정의하고, hashCode() 메서드는 name과 age필드를 더했는데, int 타입으로 리턴해야 하기 때문에 name을 해쉬코드로 변환해서 연산하였다. 이제 다시 HashEx2 클래스를 실행해 보면, Member 객체도 역시 중복으로 인식되어 한 개만 저장된 것을 알 수 있다. 만약 필드의 초기값을 다르게 주게 되면,

```java
set.add(new Member("고길동", 40));
```

이 객체는 다른 객체로 인식되어 중복되지 않기 때문에 "홍길동"과 "고길동"이 모두 출력된다.

TreeSet

TreeSet은 중복은 불가하고, 검색의 순서는 정렬되어 조회된다. 이때 정렬 방식을 어떻게 하느냐에 따라 검색의 순서가 결정된다.

▶ Descend.java

```java
1. package chapter13;
2.
3. import java.util.Comparator;
4.
5. public class Descend implements Comparator {
6.
7.     @Override
8.     public int compare(Object o1, Object o2) {
9.         Comparable c1 = (Comparable)o1;
10.        Comparable c2 = (Comparable)o2;
11.        return c1.compareTo(c2) * (-1); // 역순으로 정렬
12.    }
13.
14. }
```

▶ TreeSetEx.java

```java
1. package chapter13;
2.
3. import java.util.SortedSet;
4. import java.util.TreeSet;
5.
6. public class TreeSetEx {
7.
8.     public static void main(String[] args) {
9.
10.        SortedSet set = new TreeSet();
```

```
11.        String from = "bat";
12.        String to = "d";
13.
14.        // set객체에 추가
15.        set.add("ant");set.add("alias");
16.        set.add("batman");set.add("aha");
17.        set.add("cola");set.add("Cola");
18.        set.add("ddr");set.add("dance");
19.        set.add("dEEE");set.add("deee");
20.        set.add("ever"); set.add("giant");
21.        set.add("zoo");
22.
23.        // 출력
24.        System.out.println(set);
25.        System.out.println("from:"+from+",to:"+to);
26.        // from~to 검색
27.        System.out.println(set.subSet(from, to));
28.        System.out.println("from:"+from+",to:"+to+"zzzz");
29.        // from~to+"zzzz" 검색
30.        System.out.println(set.subSet(from,to+"zzzz"));
31.
32.        // 내림차순 정렬
33.        set = new TreeSet(new Descend());
34.        set.add("ant");set.add("alias");
35.        set.add("batman");set.add("aha");
36.        set.add("cola");set.add("Cola");
37.        set.add("ddr");set.add("dance");
38.        set.add("dEEE");set.add("deee");
39.        set.add("ever"); set.add("giant");
40.        set.add("zoo");
41.
42.        System.out.println(set);
43.        System.out.println("from:"+from+",to:"+to);
44.
45.        // to~from (반대로 검색)
46.        System.out.println(set.subSet(to, from));
47.
48.    }
49.
50. }
```

[실행 결과]

```
[Cola, aha, alias, ant, batman, cola, dEEE, dance, ddr, deee, ever, giant, zoo]
from:bat,to:d
[batman, cola]
from:bat,to:dzzzz
[batman, cola, dEEE, dance, ddr, deee]
[zoo, giant, ever, deee, ddr, dance, dEEE, cola, batman, ant, alias, aha, Cola]
from:bat,to:d
[cola, batman]
```

Descend.java는 Comparator 인터페이스를 구현한 클래스로 정렬할 때 사용되는 메서드 compare()
메서드를 재정의 했다. return 값에 −1을 곱해 음수로 리턴함으로써 내림차순(역순)으로 정렬되는 효과
를 얻을 수 있다. TreeSetEx.java 에서는 SortedSet 인터페이스를 이용해 선언했는데 이 SortedSet
은 요소들이 정렬되어 있는 Set 인터페이스 이다. 15~21라인에서 문자열들을 추가하고, 객체 그대로
출력해보면 영문자 순으로 출력된다. 알파벳 대문자는 아스키 코드값이 더 작아 "Cola"가 "aha" 보다
앞에 있는 것이다. subSet() 메서드는 메서드명을 보니 하위 set을 의미하고, 매개변수의 요소를 기준
으로 시작값부터 마지막값까지의 요소들을 하위 집합으로 리턴한다. 27라인과 30라인의 출력문이 다른
데 두번째 매개변수의 값이 존재하면 그 요소까지 포함되고 그렇지 않으면 그 전 요소까지가 리턴되는
것을 알 수 있다. 33라인에서 TreeSet 생성자에 Descend 클래스의 객체를 매개변수로 넣어주고 42
라인의 출력결과를 보면 영문자 내림차순으로 출력된다. 이제 46라인에서 subset() 메서드의 매개변수
순서를 반대로 넣어주면 검색도 반대로 하게 된다.

TreeSet 클래스는 Set 인터페이스의 하위 인터페이스인 SortedSet 인터페이스를 구현한 클래스다.
그렇다면 이번에도 사용자가 정의한 클래스의 객체를 TreeSet 객체에 저장할 때는 어떻게 하면 될까?
예제를 통해 살펴 보자.

▶ Member2.java

```
1. package chapter13;
2.
3. public class Member2 implements Comparable {
4.
5.     // 필드
6.     String name;
7.     int age;
8.
9.     // 생성자
10.     Member2(String name, int age) {
11.         this.name = name;
12.         this.age = age;
13.     }
14.
15.     // toSring() 메서드 재정의
16.     @Override
17.     public String toString() {
18.         return "("+ name + "," + age + ")";
19.     }
20.
21.     @Override
22.     public int compareTo(Object o) {
23.         Member2 m = (Member2)o;
24.         return this.name.compareTo(m.name);
25.     }
26. }
```

▶ AgeDesc.java

```java
1. package chapter13;
2.
3. import java.util.Comparator ;
4.
5. public class AgeDesc implements Comparator {
6.
7.     @Override
8.     public int compare(Object o1, Object o2) {
9.         // Member2로 형변환
10.         Member2 m1 = (Member2)o1;
11.         Member2 m2 = (Member2)o2;
12.
13.         // 나이로 내림차순 정렬
14.         return m2.age - m1.age;
15.     }
16.
17. }
```

▶ NameDesc.java

```java
1. package chapter13;
2.
3. import java.util.Comparator;
4.
5. public class NameDesc implements Comparator {
6.
7.     @Override
8.     public int compare(Object o1, Object o2) {
9.         // Member2로 형변환
10.         Member2 m1 = (Member2)o1;
11.         Member2 m2 = (Member2)o2;
12.
13.         // 이름으로 내림차순 정렬
14.         return m1.compareTo(m2) * (-1 );
15.     }
16.
17. }
```

▶ TreeSetEx2.java

```java
1. package chapter13;
2.
3. import java.util.Comparator;
4. import java.util.TreeSet;
5.
6. public class TreeSetEx2 {
```

```
7.
8.      public static void main(String[] args) {
9.
10.         // 이름순으로 정렬
11.         TreeSet set = new TreeSet ();
12.
13.         set.add(new Member2("홍길동",30));
14.         set.add(new Member2("이순신",40));
15.         set.add(new Member2("김유신",50));
16.         System.out.println(set);
17.
18.         // 나이 오름차순으로 정렬하여 출력 (익명 클래스로 인터페이스 구현)
19.         TreeSet set2 = new TreeSet(new Comparator(){
20.
21.             @Override
22.             public int compare(Object o1, Object o2) {
23.                 Member2 m1 = (Member2)o1;
24.                 Member2 m2 = (Member2)o2;
25.                 return m1.age - m2.age;
26.             }
27.         });
28.
29.         set2.add(new Member2("홍길동",30));
30.         set2.add(new Member2("이순신",40));
31.         set2.add(new Member2("김유신",50));
32.         System .out.println(set2);
33.
34.         // 이름의 내림차순으로 정렬하여 출력
35.         TreeSet set3 = new TreeSet(new NameDesc());
36.         set3.add(new Member2("홍길동",30 ));
37.         set3.add(new Member2("이순신",40 ));
38.         set3.add(new Member2("김유신",50 ));
39.         System.out.println(set3);
40.
41.         // 나이의 내림차순으로 정렬하여 출력
42.         TreeSet set4 = new TreeSet(new AgeDesc());
43.         set4.add(new Member2("홍길동",30));
44.         set4.add(new Member2("이순신",40));
45.         set4.add(new Member2("김유신",50));
46.         System.out.println(set4);
47.
48.     }
49.
50. }
```

[실행 결과]

```
[(김유신,50), (이순신,40), (홍길동,30)]
[(홍길동,30), (이순신,40), (김유신,50)]
[(홍길동,30), (이순신,40), (김유신,50)]
[(김유신,50), (이순신,40), (홍길동,30)]
```

이번 예제는 Member2 클래스를 데이터를 저장하는 객체로 사용하고, 기본 Set 객체는 이름으로 정렬이 되는데, 나이로 정렬하기 위해 익명 구현 클래스로 21~29라인에서 구현하고, NameDesc 클래스는 이름의 내림차순으로 정렬, AgeDesc 클래스는 나이의 내림차순으로 정렬하기 위해 Comparator 인터페이스를 구현했다. 이렇게 Member2 클래스의 compareTo 메서드를 통해 기본 정렬 방식으로 이름순으로 지정 하고, Comparator 인터페이스를 구현하여 다양한 정렬이 가능하도록 할 수 있다.

13.4 Iterator와 Enumeration

Iterator 는 Collection 프레임워크 객체에 저장된 데이터를 접근하는데 사용되는 인터페이스다. 모든 Collection 객체는 Iterator 객체로 변환이 가능하다. 자료구조에 포함된 데이터의 모양에 상관없이 다음 데이터를 접근할 수 있도록 만들어주는 포인터로 유사한 개념으로 데이터베이스에는 cursor 라는 개념이 존재한다.

```java
1. package chapter13;
2.
3. import java.util.ArrayList;
4. import java.util.HashSet;
5. import java.util.Iterator;
6. import java.util.List;
7. import java.util.Set;
8.
9. public class IteratorEx {
10.
11.     public static void main(String[] args) {
12.
13.         // Iterator 객체 선언
14.         Iterator it = null;
15.
16.         // List 객체와 Set 객체 생성
17.         List list = new ArrayList();
18.         Set set = new HashSet();
19.
20.         // list와 set에 5개의 값 추가
21.         for (int i=1; i<=5 ;i++) {
22.             list.add(i);
23.             set.add(i+5);
24.         }
25.
26.         // 출력
27.         System.out.println(list);
28.         System.out.println(set);
29.
30.         // list에서 Iterator 객체로 생성
```

```
31.        it = list.iterator();
32.
33.        // lit의 Iterator 객체 출력
34.        System.out.println("List Iterator 출력");
35.        iteratorPrint(it);
36.
37.        // set에서 Iterator 객체로 생성
38.        it = set.iterator();
39.
40.        // set의 Iterator 객체 출력
41.        System.out.println("Set Iterator 출력");
42.        iteratorPrint(it);
43.
44.        // 출력
45.        System.out.println(list);
46.        System.out.println(set);
47.
48.    }
49.
50.    private static void iteratorPrint(Iterator it) {
51.        // Iterator 객체 반복 (다음 요소가 있으면 반복)
52.        while (it.hasNext()) {
53.            // Iterator 객체의 다음 요소 읽어와 출력
54.            System.out.println(it.next());
55.            // 현재 요소 삭제
56.            it.remove();
57.        }
58.    }
59.
60. }
```

[실행 결과]

```
[1, 2, 3, 4, 5]
[6, 7, 8, 9, 10]
List Iterator 출력
1
2
3
4
5
Set Iterator 출력
6
7
8
9
10
[]
[]
```

List와 Set 객체를 각각 생성해 Iterator 객체로 변환해서 iteratorPrint() 메서드를 통해 모든 요소들을 출력하는 예제이다. 출력 후 요소를 삭제했기 때문에 45,46라인의 출력문에서는 빈 Collection으로 출력되었다.

아래는 Iterator 인터페이스의 메서드에 대한 설명이다.

메서드	설명
boolean hasNext()	읽어올 다음 요소가 있는지 여부
Object next()	다음 요소 읽어 옴. 읽어오기 전에 먼저 hasNext() 메서드를 통해 확인 후 읽어와야 에러를 방지할 수 있음
void remove()	next()로 읽어온 요소를 삭제, next() 호출 후 remove() 호출

Eunmeration은 Iterator 인터페이스의 구버전으로 Collection 프레임워크 이전에 사용했던 인터페이스이므로 , Vector, Hashtable 클래스의 객체만 Enumeration 객체로 변환이 가능하다.

▶ Enumeration 인터페이스의 메서드

메서드	설명
boolean hasMoreElements()	다음 요소가 있는지 여부 확인
Object nextElement()	다음 요소 읽어옴. nextElement() 메서드 호출 전 먼저 hasMoreElements()를 통해 확인

```java
1. package chapter13;
2.
3. import java.util.Enumeration;
4. import java.util.Iterator;
5. import java.util.Vector;
6.
7. public class EnumerationEx {
8.
9.     public static void main(String[] args) {
10.
11.         Vector v = new Vector();
12.         for (int i=1; i<= 5 ;i++) {
13.             v.add(i);
14.         }
15.
16.         // Enumeration 으로 출력
17.         Enumeration e = v.elements();
18.         System.out.println("Enumeration 출력");
19.         while (e.hasMoreElements()) {
20.             System.out.println(e.nextElement());
```

```
21.        }
22.
23.        // Iterator로 출력
24.        Iterator it = v.iterator();
25.        System.out.println("Iterator 출력");
26.        while (it.hasNext()) {
27.            System.out.println(it.next());
28.        }
29.
30.    }
31.
32. }
```

[실행 결과]

```
Enumeration 출력
1
2
3
4
5
Iterator 출력
1
2
3
4
5
```

이 예제는 Vector 객체를 생성해서 1부터 5까지 추가한 후 Enumeration 객체로도 출력해보고, Iterator 객체로도 출력하는 예제이다. 이렇게 Collection 프레임워크가 나오기전 클래스들은 약간 다른 방식으로 요소들을 처리했었는데, Collection 인터페이스가 추가되고 이 인터페이스의 하위 클래스로 포함되면서 기존 방식과 Collection 인터페이스 방식이 공존하는 형태로 사용 가능하다. 기존 소스를 사용하던 곳이라도 코드의 변경으로 인한 문제없이 구동시키기 위함이다. 이게 바로 처음에 얘기했던 객체지향 프로그래밍의 특징 중의 하나인 것이다.

추가로 Iterator 객체를 사용해서 List 객체의 모든 요소들을 차례대로 하나씩 출력하거나 처리할 수 있는데, 앞 예제 중에서도 봤지만 for문을 통해 size() 메서드를 이용해 인덱스로 처리하는 방법이 있다. 둘 다 완전히 동일한 결과를 나타내는데, 이왕이면 size() 메서드를 이용하는 것이 속도면에서 약간 빠르다. 예제를 통해 직접 비교해보자.

```
1. package chapter13;
2.
3. import java.util.ArrayList;
4. import java.util.Enumeration;
5. import java.util.Iterator;
6.
```

```
7. public class IterVSsize {
8.
9.     public static void main(String[] args) {
10.
11.         ArrayList list = new ArrayList();
12.
13.         for (int i=0; i<100000000; i++) {
14.             list.add(i);
15.         }
16.
17.         // Iterator 실행 시간
18.         long start = System.currentTimeMillis();
19.         Iterator it = list.iterator();
20.         while (it.hasNext()) {
21.             it.next();
22.         }
23.         long end = System.currentTimeMillis();
24.         System.out.println("Iterator 소요 시간 : "+(end-start));
25.
26.         // size 실행 시간
27.         start = System.currentTimeMillis();
28.         for (int i=0; i<list.size(); i++) {
29.             list.get(i);
30.         }
31.         end = System.currentTimeMillis();
32.         System.out.println("size() 소요 시간 : "+(end-start));
33.     }
34.
35. }
```

[실행 결과]

```
Iterator 소요 시간 : 94
size() 소요 시간 : 58
```

1억개의 요소를 갖는 ArrayList 객체를 생성했다. 위에서는 Iterator 객체로 반복하고, 아래는 for문에서 인덱스값으로 검색하는 예제이다. 1000분의 1초단위로 큰 차이가 아닐 수 있지만, 이 작은 차이도 시스템에서 다양한 환경이나 사용자에 따라 점점 큰 차이로 변할 수 있으니, 같은 상황이라면 size() 메서드를 통해 인덱스로 접근하는 방식을 사용하자. 그럼 Iterator의 장점은 모든 컬렉션 프레임워크에 공통적으로 사용할 수 있다는 점, 3개의 메서드만 알면 되어서 사용하기 쉽고 인덱스 처리 없이 쉽게 데이터에 접근할 수 있다는 장점이 있다. 단점은 대량의 데이터를 처리할 때 속도가 느려지는 문제, 앞에서부터 뒤까지 단방향으로만 반복이 가능하며, 값을 변경하거나 추가할 수 없다는 단점이 있다.

이 단점을 개선하고자 ListIterator라는 Iterator 인터페이스의 하위 인터페이스가 존재한다. 이 인터페이스는 양방향 조회 및 추가, 삭제가 가능하다.

▶ ListIterator 메서드

메서드	설명
void add(Object o)	새로운 객체 o를 츠가
boolean hasNext()	다음 요소가 있는지 여부
boolean hasPrevious()	이전 요소가 있는지 여부
Object next()	다음 요소 읽어옴, 사전에 hasNext()메서드로 확인
Object previos()	이전 요소 읽어옴, 사전에 hasPrevios()메서드로 확인
int nextIndex()	다음 요소의 인덱스 리턴
int previousIndex()	이전 요소의 인덱스 리턴
void remove()	현재 요소 삭제
void set(Object o)	읽어온 요소자리에 매개변수 o를 대입

```java
1. package chapter13;
2.
3. import java.util.ArrayList;
4. import java.util.List;
5. import java.util.ListIterator;
6.
7. public class ListIteratorEx {
8.
9.     public static void main(String[] args) {
10.
11.         // 리스트 객체 생성
12.         List list = new ArrayList ();
13.         // 리스트 객체에 값 추가
14.         for (int i=1; i<=5;i++) {
15.             list.add(i);
16.         }
17.         // ListIterator 객체 생성
18.         ListIterator lit = list.listIterator();
19.         // 다음 요소 반복 출력
20.         while (lit.hasNext()) {
21.             System.out.println(lit.next());
22.         }
23.         // 이전 요소 반복 출력
24.         while (lit.hasPrevious()) {
25.             System.out.println(lit.previous());
26.         }
27.
28.     }
29.
30. }
```

```
[실행 결과]

1
2
3
4
5
5
4
3
2
1
```

hasNext() 메서드로 다음 요소가 있는지 확인하고 next() 메서드로 출력하는 소스가 끝나고 나면 더 이상 다음 요소가 없어 while 문이 종료되는데 hasPrevios() 메서드로 이전 요소를 확인하고 previous() 메서드로 이전 요소를 읽어오면 출력한다. 그래서 맨 뒤에서부터 조회가 가능하다.

13.5 Map 인터페이스

객체들을 저장하는데 key 를 붙여서 저장하는 방식이다. Map 객체는 (key, value) 의 쌍으로 저장한다. 이러한 (key, value) 쌍인 객체는 Map.Entry 타입의 객체이다. key 와 value 모두 객체로 이루어진다. key는 중복이 불가능 하지만 value는 중복저장이 가능하다. 이렇게 Map은 데이터를 찾아갈 수 있는 Key 와 실제 데이터인 Value를 저장한다고 해서 Dictionary 라고도 한다. Map인터페이스를 구현한 구현 클래스는 HashMap, Hashtable, TreeMap, LinkedHashMap 등이 있다.

HashMap은 Key 의 순서를 알 수 없고, TreeMap은 Key의 순서가 크기 순이며 LinkedHashMap은 Key의 순서가 저장된 순서이다.

저장하고 싶은 데이터, 값이 value가 되고, 이 값을 다시 가져올 때 필요한 것이 key(열쇠)이다. 각 방에 값을 담아두고 열쇠로 잠가두면, 다시 값을 가져오려면 해당 방의 열쇠가 필요한 것과 같은 원리다. 이 열쇠는 당연히 다른 방 열쇠와 겹치면 안된다. 유일한 키여야만 한다. 만약 동일한 Key에 데이터를 2번 이상 저장하면 두번째 부터는 데이터가 업데이트 된다.

▸ Map 인터페이스의 주요 메서드

메서드	설명
V put(K key, V value)	키와 값으로 추가, 추가된 값 리턴
boolean containsKey(Object key)	키가 존재하는지 여부
boolean containsValue(Object vaue)	값이 존재하는지 여부
Set entrySet()	키와 값의 모든 요소를 set으로 리턴
V get(Object key)	키로 값을 가져옴
boolean isEmpty()	비었는지 여부
Set keySet()	모든 키를 set객체로 리턴
int size()	키의 수
Collection vaues()	모든 값을 Collection으로 리턴
void clear()	모든 키와 값 삭제
V remove(Object key)	해당 키의 키와 값 삭제, 삭제된값 리턴

HashMap

```java
1.  package chapter13;
2.
3.  import java.util.HashMap;
4.  import java.util.Map;
5.
6.  public class HashMapEx {
7.
8.      public static void main(String[] args) {
9.
10.         // Map 객체 생성
11.         Map map =new HashMap();
12.
13.         // 이름이 담긴 문자열 배열 생성
14.         String[] names = {"홍길동", "김유신", "이순신", "강감찬", "김유신"};
15.         // 숫자가 담긴 정수 배열 생성
16.         int[] nums = {1234, 4567, 2350, 9870, 2345};
17.
18.         // Map 객체에 두 배열의 값들을 키와 밸류 쌍으로 저장
19.         for (int i=0; i<names.length; i++) {
20.             map.put(names[i], nums[i]);
21.         }
22.
23.         // 출력
24.         System.out.println(map);
25.         System.out.println("홍길동 번호 :" + map.get("홍길동"));
```

```
26.          System.out.println("이순신 번호 :" + map.get("이순신"));
27.          System.out.println("김유신 번호 :" + map.get("김유신"));
28.
29.      }
30.
31. }
```

[실행 결과]

{홍길동=1234, 김유신=2345, 강감찬=9870, 이순신=2350}
홍길동 번호:1234
이순신 번호:2350
김유신 번호:2345

key값으로 저장된 객체를 검색하기 위해서 사용하는 메서드가 map.get("홍길동") 이다. "홍길동"을
key로 하는 value를 리턴한다 또한 위의 예제에서 key에 "김유신"이 중복 입력이 되므로 김유신은 한
개만 저장이 된다. 두번째 "김유신"은 새로운 값으로 대체되는 것이다. value는 기존의 내용을 수정되어
2345 로 출력이 된것이다. 다음 예제는 키값들만 조회하는 예제이다.

```
 1. package chapter13;
 2.
 3. import java.util.HashMap;
 4. import java.util.Iterator;
 5. import java.util.Map;
 6. import java.util.Set;
 7.
 8. public class HashMapEx2 {
 9.
10.     public static void main(String[] args) {
11.
12.         // Map 객체 생성
13.         Map map =new HashMap();
14.
15.         // 이름이 담긴 문자열 배열 생성
16.         String[] names = {"홍길동", "김유신", "이순신", "강감찬", "김유신"};
17.         // 숫자가 담긴 정수 배열 생성
18.         int[] nums = {1234,4567,2350,9870,2345};
19.
20.         // Map 객체에 두 배열의 값들을 키와 밸류 쌍으로 저장
21.         for (int i=0; i<names.length; i++) {
22.             map.put(names[i], nums[i]);
23.         }
24.
25.         //Map 객체에서 key 들만 조회하기
26.         Set<String > keys = map.keySet();
27.         for (String key : keys) {
28.             System.out.println(key + "=" + map.get(key));
29.         }
```

```
30.          System.out.println("Iterator로 출력");
31.          Iterator it = keys.iterator();
32.          while (it.hasNext()) {
33.              String a = (String)it.next();
34.              System.out.println(a+"="+map.get(a));
35.          }
36.
37.      }
38.
39. }
```

[실행 결과]

```
홍길동=1234
김유신=2345
강감찬=9870
이순신=2350
Iterator로 출력
홍길동=1234
김유신=2345
강감찬=9870
이순신=2350
```

Map 객체의 key 들만 조회하는 메서드는 keySet() 이다. Map 객체에서 key값은 중복될 수 없기 때문에 Set 객체로 리턴해준다. 그럼 value 값들만 조회할 수 있을까? values() 라는 메서드를 호출하면 된다.

```
1. package chapter13;
2.
3. import java.util.Collection ;
4. import java.util.HashMap ;
5. import java.util.Iterator ;
6. import java.util.Map ;
7.
8. public class HashMapEx3 {
9.
10.     public static void main(String[] args) {
11.
12.         // Map 객체 생성
13.         Map map = new HashMap();
14.
15.         // 이름이 담긴 문자열 배열 생성
16.         String[] names = {"홍길동", "김유신", "이순신", "강감찬", "김유신"};
17.         // 숫자가 담긴 정수 배열 생성
18.         int[] nums = {1234,4567,2350,9870,2345 };
19.
20.         // Map 객체에 두 배열의 값들을 키와 밸류 쌍으로 저장
21.         for (int i=0; i<names.length; i++) {
22.             map.put(names[i], nums[i]);
23.         }
```

```
24.
25.        //Map 객체에서 value 들만 조회하기
26.        Collection values = map.values();
27.
28.        // 향상된 for문으로 출력
29.        for (Object i : values) {
30.            System.out.println(i);
31.        }
32.
33.        // Iterator 객체로 출력
34.        Iterator it = values.iterator();
35.        while (it.hasNext()) {
36.            System.out.println(it.next());
37.        }
38.
39.    }
40.
41. }
```

[실행 결과]

```
1234
2345
9870
2350
1234
2345
9870
2350
```

value 값들은 중복이 안되야 된다는 보장도 없고, 그렇다고 저장된 순서를 유지 할 수도 없다. 그러므로 Map 인터페이스의 values() 메서드의 리턴 타입은 Set 도 List 도 아닌 그냥 Collection 타입으로 리턴하게 된다. 그렇다면 (Key, Value) 쌍으로 이루어진 객체를 가져오려면 어떤 메서드를 사용하면 될까? entrySet() 메서드를 이용하면 된다.

```
1. package chapter13;
2.
3. import java.util.HashMap;
4. import java.util.Map;
5. import java.util.Set;
6.
7. public class HashMapEx4 {
8.
9.     public static void main(String[] args) {
10.
11.        // Map 객체 생성
12.        Map map =new HashMap ();
13.
```

```
14.        // 이름이 담긴 문자열 배열 생성
15.        String [] names = {"홍길동", "김유신", "이순신", "강감찬", "김유신"};
16.        // 숫자가 담긴 정수 배열 생성
17.        int [] nums = {1234 ,4567 ,2350 ,9870 ,2345 };
18.
19.        // Map 객체에 두 배열의 값들을 키와 밸류 쌍으로 저장
20.        for (int i=0 ;i<names.length;i++) {
21.            map.put(names[i], nums[i]);
22.        }
23.
24.        // Map 객체는 (키,값) 쌍으로 이루어진 객체들의 모임
25.        // (키, 값) 쌍으로   조회하기
26.        Set entry = map.entrySet();
27.        for (Object o : entry) {
28.            Map.Entry m = (Map.Entry)o;
29.            System.out.println("key:"+m.getKey() + ", value:" + m.getValue(
    ));
30.        }
31.
32.    }
33.
34. }
```

[실행 결과]

```
key:홍길동, value:1234
key:김유신, value:2345
key:강감찬, value:9870
key:이순신, value:2350
```

entrySet() 메서드는 키가 중복이 안되므로 중복이 허용되지 않는다. 그러므로 Set 객체로 리턴한다, key,value 의 쌍인 객체의 자료형은 Map.Entry 형이다. Map은 여러 개의 데이터가 모아서 하나의 의미를 갖는 데이터를 만들 때 주로 사용하는데 이런 이유로 거의 모든 언어에서 자주 사용되기 때문에 반드시 숙지해야 한다.

Properties

Properties 클래스는 Hashtable 클래스의 하위 클래스이다. key 와 value 가 모두 String 인 Map 객체이다. 이 Properties 클래스는 자바 프로그램에서 설정파일을 읽어오는 용도로 많이 사용된다. 자바 파일에 직접 서버정보나, DB정보 등을 저장해 두면, 설정이 바뀌는 경우 자바 파일을 다시 열어 수정하고 컴파일해서 배포해야되는 번거로움이 있어, property 파일을 따로 만들어 관리하기도 한다.

예제를 실행하기 전에 properties 파일을 먼저 만들어보자.

▶ config.properties

```
name=\uD64D\uAE38\uB3D9
age=40
addr=\uC11C\uC6B8
```

이 config.properties 파일은 현재 우리가 실습하고 있는 chapter13 패키지에서 새로 만들도록 하겠다. 파일을 생성하고 내용을 입력할 때 한글로 입력하면 유니코드로 자동으로 변경되어 출력된다. 숫자나 영문은 괜찮고, 한글인 경우에만 해당되니, 신경쓰지 않아도 괜찮다. name=홍길동, addr=서울로 입력하자.

```java
 1. package chapter13;
 2.
 3. import java.io.FileInputStream;
 4. import java.io.FileOutputStream;
 5. import java.io.IOException;
 6. import java.util.Properties;
 7.
 8.
 9.
10. public class PropertiesEx {
11.
12.     public static void main(String[] args) {
13.
14.         try {
15.             Properties pr = new Properties();
16.
17.             // properties 파일 읽어오기
18.             FileInputStream reader = new FileInputStream (
19.                     "C:/java/workspace/test/src/chapter13"
20.                     + "/config.properties");
21.             // Properties 객체에 로드
22.             pr.load(reader);
23.             System.out.println(pr);
24.             System.out.println(" 이름 :" + pr.get("name"));
25.
26.             // property에 키,값으로 추가
27.             pr.put("subject", " 자바");
28.             System.out.println(pr);
29.
30.             // properties 파일로 출력
31.             pr.store(new FileOutputStream(
32.                     "C:/java/workspace/test/src/chapter13/"
33.                     + "test.properties"), "#save");
34.         } catch (IOException e) {
35.             System.out.println(e.getMessage());
36.         }
37.
```

```
38.     }
39.
40. }
```

[실행 결과]
{name=홍길동, addr=서울, age=40}
이름 :홍길동
{subject= 자바, name=홍길동, addr=서울, age=40}

properties 파일을 읽어들일 때 경로는 여러분 PC에 설정한 workspace 경로와 맞춰서 작성해야 한다. 뒤에서 배울 입출력 클래스인 FileInputStream 클래스를 이용해 config.properties 파일을 읽어온 후 Properties 객체에 로드하면 Map 객체처럼 key값으로 value를 조회할 수 있다. 그리고 FileOutputStream 클래스를 이용해 test.properties 파일로 출력했으니 이클립스에서도 파일이 새로 생성된 것을 알 수 있다.(이클립스 Package Explorer에 보이지 않는다면 해당 패키지에서 새로고침 (F5)를 눌러보자.)

제13장 연습문제 👆

01 컬렉션 프레임워크 중 List 인터페이스의 구현 클래스가 아닌 것은?

① ArrayList

② Vector

③ LinkedList

④ HashMap

02 Collection 프레임워크 객체에 저장된 데이터를 순차적으로 접근하는데 사용되는 인터페이스로 각 요소들을 접근하기 위한 방법을 표준화한 인터페이스이다. 모든 Collection 객체는 이 인터페이스의 객체로 변환이 가능하다. 이 인터페이스는 무엇인가?

03 아래 예제는 MemberEx 클래스를 통해 3명의 회원 객체를 생성하고 List 인터페이스의 구현 클래스 인 ArrayList 객체에 담은 것이다. 이 ArrayList 객체로 실행결과와 같이 전체 회원을 출력하는 코드 를 완성하시오.

```java
1. package chapter13;
2.
3. import java.util.ArrayList;
4. import java.util.List;
5.
6. public class Excercise3 {
7.
8.    public static void main(String[] args) {
9.
10.           MemberEx me1 = new MemberEx("hong", "홍길동", 30);
11.           MemberEx me2 = new MemberEx("lee", "이순신", 40);
12.           MemberEx me3 = new MemberEx("kim", "김유신", 50);
13.
14.           List memberList = new ArrayList ();
15.           memberList.add(me1);
16.           memberList.add(me2);
17.           memberList.add(me3);
18.
19.           // 전체 회원 출력
20.
21.
22.    }
23.
```

```
24. }
25.
26. class MemberEx {
27.    String id;
28.    String name;
29.    int age;
30.
31.    MemberEx(String id, String name, int age) {
32.            this.id = id;
33.            this.name = name;
34.            this.age = age;
35.    }
36.
37.    public String getId() {
38.            return id;
39.    }
40.    public void setId(String id) {
41.            this.id = id;
42.    }
43.    public String getName() {
44.            return name;
45.    }
46.    public void setName(String name) {
47.            this.name = name;
48.    }
49.    public int getAge() {
50.            return age;
51.    }
52.    public void setAge(int age) {
53.            this.age = age;
54.    }
55.
56. }
```

[실행 결과]

```
hong,홍길동,30
lee,이순신,40
kim,김유신,50
```

CHAPTER 14 | 제네릭
(내가 직접 지정하는 데이터 타입)

> 14.1 제네릭을 사용하는 이유
> 14.2 제네릭 타입

제네릭이란 객체를 저장할 때 지정한 데이터 타입만 저장할 수 있도록 지정하기 위한 기능이다. 예를 들면, 다양한 자료형을 담을 수 있는 컬렉션 프레임워크에서 개발자가 직접 데이터 타입을 지정해서 지정된 타입의 객체만 담을 수 있게 할 수 있다. 컬렉션 프레임워크가 컵이라면 컵을 물컵, 커피컵, 쥬스컵 등 컵에 담을 종류를 미리 지정해서 물컵엔 물만, 커피컵엔 커피만, 쥬스컵엔 쥬스만 담을 수 있도록 지정하는 것이라고 생각하면 된다.

14.1 제네릭을 사용하는 이유

JDK 5 이전버전에는 컬렉션 프레임워크에 있는 객체들을 출력하고자 할 때, 하나씩 소회하여 확인하는 방법 밖에 없었다. Object를 상속받은 객체, 실질적으로 모든 객체가 수집이 가능 했던 것 보다 제네릭 을 사용하면서 객체의 타입을 컴파일 시에 체크하기 때문 에 체계적, 안정적으로 객체 수집이 가능해 졌다. 또한 이전 방식에서는 객체를 조회하여 별도로 형변환이 필요했다. ArrayList와 같은 컬렉션 프레임 워크 클래스는 다양한 종류의 객체를 담을 수 있긴 하지만 보통 한 종류의 객체를 담는 경우가 더 많다. 그런데도 꺼낼 때 마다 타입체크를 하고 형변환을 하는 것은 아무래도 불편할 수밖에 없다. 하지만 제네 릭을 사용하면 〈T〉 사이에 선언 한 객체자료 형으로 바로 조회가 가능하여 편리하다. API 에서는 전달 되는 객체가 현 객체 내에서 자료형 으로 쓰일 때, 타입(Type)을 의미하는 T를 사용하여 〈T〉를 사용하 도록 권장 하고 있으며 만약 전달되는 객체가 현 객체 내에서 하나의 요소(Element)로 자리를 잡을 때 는 〈E〉 로, 그리고 전달되는 객체가 현 객체 내에서 Key 값으로 사용될 때는 〈K〉로, 만약 전달되는 객체 가 현 객 체 내에서 Value 값으로 사용될 때 〈V〉로 표현하고 있다. 이 대문자 한 자는 특별한 명령문은 아니고 해당 의미의 첫 자를 의미한다.

간단히 얘기해서, 객체의 데이터 타입을 미리 명시해줌으로써 값을 처리할 때 형변환을 하지 않아도 되 게 하는 것이다. 제네릭타입을 지정하지 않으면 Object 타입으로 정의된다.

▸ 제네릭을 사용하는 이유

```
1. 컴파일 시 강한 타입 체크 가능
2. 타입 변환 코드 제거
```

▸ 데이터 타입 변환을 해야하는 예

```
List list = new ArrayList();
list.add( " 홍길동 " );
String name = (String)list.get(0);
```

▸ 제네릭을 사용하는 예

```
List<String> list = new ArrayList<String>();
list.add( " 홍길동 " );
String name = list.get(0);
```

위에 보는 것처럼, 강제 형변환 소스가 필요 없게 된다. 중요한 점은 자동형변환이 되는 것이 아니라, Object 타입의 List가 String 타입으로 재정의가 된다는 점 기억해 두자.

또한 동일한 알고리즘을 사용하는데 데이터의 자료형이 다른 문제 때문에 알고리즘을 다시 구현하는 작업을 하지 않도록 하기 위한 용도로 사용할 수 있다.

예를 들어, 2개의 정수 데이터의 자리 바꿈을 하는 것을 메서드로 구현하면 아래와 같다.

```
public void swap(int n1, int n2){
        int temp = n1;
        n1 = n2;
        n2 = temp;
}
```

그런데 실수의 자리바꿈도 필요하다면 아래와 같은 메서드를 또 구현해야 한다.

```
public void swap(double n1, double n2){
        double temp = n1;
        n1 = n2;
        n2 = temp;
}
```

이 2개의 메서드는 알고리즘은 동일한 데 데이터의 자료형 문제 때문에 별도로 구현했다. 이런 경우 데이터의 자료형이 늘어나면 중복된 알고리즘을 여러 번 작성해야 한다. 이러한 문제를 해결하기 위해서는 모든 데이터를 전부 대입 받을 수 있는 Object를 사용하면 해결할 수 있다.

```
public void swap(Object n1, Object n2){
        Object temp = n1;
        n1 = n2;
        n2 = temp;
}
```

이렇게 구현하는 것이 가능하지만 Object를 사용하면 결과를 돌려받을 때는 매번 강제 형 변한을 해서 원래의 자료형으로 복원해서 사용해야 하고 사용자가 실수로 정수와 실수 이렇게 다른 종류의 데이터를 대입하는 문제가 생긴다. 이런 오류를 줄이기 위해서 Object 대신에 임시 자료형을 만들고 데이터를 대입할 때(객체를 생성할 때) 알고리즘의 자료형을 결정하는 것이 제네릭이다.

```
void swap(T n1, T n2){
        T temp = n1;
        n1 = n2;
        n2 = temp;
}
```

T는 객체를 생성할 때 필요한 자료형으로 설정해서 사용하면 된다. 또한 Object에서 출발했기 때문에 제네릭에 사용하는 자료형은 무조건 참조형이어야 한다. 기본형의 데이터를 이용해서 구현하고자 하면 Wrapper 클래스를 이용하면 된다.

자료구조 클래스에서 많이 이용하며 미지성 자료형의 약자로는 컬렉션의 요소를 의미하는 E, Key를 의미하는 K, Value를 의미하는 V를 많이 사용한다.

14.2 제네릭 타입

Object 클래스를 사용하면 모든 클래스를 사용할 수 있는 편리함이 있지만 잘못 사용된 타입 때문에 발생하는 문제점을 제거하기 위해 제네릭을 사용해 강한 타입 체크를 할 수 있다. 실행 중에 에러가 나는 것보다 미리 타입을 체크하게 만들어 컴파일 시 에러를 내면 런타임 에러를 사전에 방지 할 수 있다.

아래 예제는 컴파일 때는 에러가 안나지만 실행 중에 에러가 나게 되는 예제이다.

```java
1. package chapter14;
2.
3. public class GenericEx {
4.
5.     public static void main(String[] args) {
6.
7.         NoGeneric nogen = new NoGeneric();
8.         String[] ss = {"홍길동","이순신","김유신"};
9.
10.        // Object 타입의 매개변수에 String 배열객체 전달
11.        nogen.set(ss);
12.        nogen.print();
13.
14.        Object[] objs = nogen.get();
15.        for (Object o : objs) {
16.            String s = (String)o; // String으로 강제형변환
17.            System.out.println(s);
18.        }
19.
20.        Integer[] ii = {1,2,3};
21.
22.        // Object 타입의 매개변수에 Integer 배열객체 전달
23.        nogen.set(ii);
24.        objs = nogen.get();
25.
26.        for (Object o : objs) {
27.            String s = (String)o; // String으로 강제형변환 (에러발생)
28.            System.out.println(s);
29.        }
```

```
30.
31.        }
32.
33. }
34.
35. class NoGeneric {
36.        Object[] v;
37.
38.        void set(Object[] n) {
39.            v = n;
40.        }
41.
42.        Object[] get() {
43.            return v;
44.        }
45.
46.        void print() {
47.            for (Object o : v) {
48.                System.out.print(o + " ");
49.            }
50.            System.out.println();
51.        }
52. }
```

[실행 결과]

```
홍길동 이순신 김유신
홍길동
이순신
김유신
Exception in thread "main" java.lang.ClassCastException : class java.lang.Integer
cannot be cast to class java.lang.String (java.lang.Integer and java.lang.String ar
e in module java.base of loader 'bootstrap')
    at chapter14.GenericEx.main(GenericEx.java:25 )
```

다음 예제는 제네릭을 사용하여 Generic 클래스에 타입을 지정하였다.

```
1. package chapter14;
2.
3. public class GenericEx2 {
4.
5.     public static void main(String[] args) {
6.
7.         Generic<String> gen = new Generic<String>();
8.         String[] ss = {"홍길동","이순신","김유신"};
9.
10.        // String 제네릭 타입의 매개변수에 String 배열객체 전달
11.        gen.set(ss);
12.        gen.print();
```

```
13.
14.        for (String s : gen.get()) {
15.            //String s = (String)o; // 형변환 필요없음
16.            System.out.println(s);
17.        }
18.
19.        Integer[] ii = {1,2,3};
20.
21.        // String 제네릭 타입의 매개변수에 Integer 배열객체 전달
22.        // gen.set(ii); // 에러 발생
23.        Generic<Integer> gen2 = new Generic<Integer>();
24.        gen2.set(ii);
25.        gen2.print();
26.
27.        for (Integer o : gen2.get()) {
28.            // String s = (String)o; // 형변환 필요없음
29.            System.out.println(o);
30.        }
31.
32.    }
33.
34. }
35.
36. class Generic<T> {
37.    T[] v;
38.
39.    void set(T[] n) {
40.        v = n;
41.    }
42.
43.    T[] get() {
44.        return v;
45.    }
46.
47.    void print() {
48.        for (T o : v) {
49.            System.out.print(o + " ");
50.        }
51.        System.out.println();
52.    }
53. }
```

[실행 결과]

```
홍길동 이순신 김유신
홍길동
이순신
김유신
1 2 3
1
2
3
```

Generic 클래스에 〈T〉 기호가 붙어 있다. Type의 T자로 Generic 객체를 생성할 때 데이터 타입을 〈 〉 안에 넣어서 지정할 수 있게 된디. 7라인은 String으로, 23라인에서는 Integer로 제네릭을 정의했다. 이제 gen 객체는 String 배열의 필드를 가지며, set 메서드는 String 배열을 매개변수로 빋고, get 메서드는 String 배열을 리턴하는 클래스로 다시 정의된다. 이제 11라인처럼 set 메서드의 매개변수로 String 배열을 넘겨주고, 22라인은 Integer 배열객체를 넘겨줄 수 없게 된다. 컴파일 시 타입을 강하게 체크하게 되는 것이다. 이제 14~17라인에서 String으로 for문안에서 형변환을 해줄 필요도 없게 된다. Integer 타입으로 제네릭 선언한 gen2도 for문에서 형변환 없이 바로 Integer 객체로 처리할 수 있게 된다. 이처럼 제네릭을 사용하지 않으면 Object 타입으로 지정해서 다양한 객체들을 받아 처리할 수 있다는 장점은 있지만, 실행 중에 에러가 나는 경우가 있을 수 있어, 특정 타입으로 제네릭을 선언하면, 실행하기 전 컴파일 단계에서 타입을 강하게 체크할 수 있어 런타임 에러를 사전에 예방할 수 있게 되는 것이다.

앞의 예제에서 보았듯이, 제네릭 타입은 타입을 파라미터 형태로 지정되는 클래스와 인터페이스를 일컫는다. 클래스나 인터페이스 앞,뒤로 〈, 〉가 붙어 이 사이에 데이터 타입이 들어온다. 이 타입(Type)의 T자를 대문자로 표기한 것이다.

```
class 클래스명<T> {
    ...
}
interface 인터페이스명<T> {
    ...
}
```

제네릭을 가장 많이 사용하는 컬렉션 프레임워크 클래스가 List(ArrayList), Map(HashMap)이다. 먼저 ArrayList 부터 살펴보자. Member 클래스의 객체를 생성해서 List에 배열형태로 저장하는 소스이다.

▶ Member.java

```
 1. package chapter14;
 2.
 3. public class Member {
 4.
 5.     private String name;
 6.     private String id;
 7.     private String password;
 8.     private int age;
 9.
10.     public String getName() {
11.         return name;
12.     }
13.     public void setName(String name) {
14.         this.name = name;
```

```
15.     }
16.     public String getId() {
17.         return id;
18.     }
19.     public void setId(String id) {
20.         this.id = id;
21.     }
22.     public String getPassword() {
23.         return password;
24.     }
25.     public void setPassword(String password) {
26.         this.password = password;
27.     }
28.     public int getAge() {
29.         return age;
30.     }
31.     public void setAge(int age) {
32.         this.age = age;
33.     }
34.
35. }
```

▶ MemberNoGeneric.java

```
1. package chapter14;
2.
3. import java.util.ArrayList;
4. import java.util.List;
5.
6. public class MemberNoGeneric {
7.
8.     public static void main(String[] args) {
9.
10.         // 제네릭을 사용하지 않은 경우
11.         List list = new ArrayList();
12.
13.         Member mem1 = new Member();
14.         mem1.setName("홍길동");
15.         mem1.setId("hong");
16.         mem1.setPassword("hong1234");
17.         mem1.setAge(40);
18.
19.         list.add(mem1); // 리스트에 추가
20.
21.         Member mem2 = new Member();
22.         mem2.setName("이순신");
23.         mem2.setId("lee");
24.         mem2.setPassword("lee1234");
25.         mem2.setAge(50);
26.
27.         list.add(mem2); // 리스트에 추가
```

```
28.
29.          Member mem3 = new Member();
30.          mem3.setName("김유신");
31.          mem3.setId("kim");
32.          mem3.setPassword("kim1234");
33.          mem3.setAge(60);
34.
35.          list.add(mem3); // 리스트에 추가
36.
37.          // 리스트 갯수
38.          System.out.println("list.size() : "+list.size());
39.
40.          // 모든 리스트의 요소(Member) 강제형변환 후 출력
41.          for (int i=0; i<list.size(); i++) {
42.              System.out.println("인덱스 : "+i
43.                  +", 이름 : "+((Member)list.get(i)).getName()
44.                  +", 아이디 : "+((Member)list.get(i)).getId()
45.                  +", 비밀번호 : "+((Member)list.get(i)).getPassword()
46.                  +", 나이 : "+((Member)list.get(i)).getAge());
47.          }
48.
49.      }
50.
51. }

[실행 결과]

list.size() : 3
인덱스 : 0, 이름 : 홍길동, 아이디 : hong, 비밀번호 : hong1234, 나이 : 40
인덱스 : 1, 이름 : 이순신, 아이디 : lee, 비밀번호 : lee1234, 나이 : 50
인덱스 : 2, 이름 : 김유신, 아이디 : kim, 비밀번호 : kim1234, 나이 : 60
```

Member.java 는 데이터베이스의 회원정보 데이터를 담거나 데이터를 전달할 때 사용하는 값객체(Value Object)로 많이 사용되는 형태인데, private 접근제한자를 가지고 있는 필드들과 getter, setter 메서드들로 이루어져 있다. 이 필드들은 외부에서 직접 접근할 수 없고, 메서드를 통해서만 값을 대입하거나 사용할 수 있게 하는 형태이다. 이 Member 클래스로 3명의 회원(홍길동, 이순신, 김유신)의 정보가 담긴 mem1, mem2, mem3객체를 생성해 List 타입의 변수에 추가했다.(add 메서드) MemberNogeneric.java 43~46라인을 보면 이름과 아이디, 비밀번호, 나이를 출력하기 위해 ((Member)list.get(i)) 로 강제 형변환을 하고 있다. get(i) 메서드의 리턴타입이 Object 이기 때문에 getName(), getId(), getPassword(), getAge() 메서드를 호출하기 위해서 Member 타입으로 형변환을 한것이다. 이번엔 제네릭을 적용한 ArrayList 예제를 살펴보자. Member.java 파일은 그대로 사용하였다.

```java
1. package chapter14;
2.
3. import java.util.ArrayList;
4. import java.util.List;
5.
6. public class MemberGeneric {
7.
8.     public static void main(String[] args) {
9.
10.         // Member 제네릭을 사용한 경우
11.         List <Member> list = new ArrayList<Member>();
12.
13.         Member mem1 = new Member();
14.         mem1.setName("홍길농");
15.         mem1.setId("hong");
16.         mem1.setPassword("hong1234");
17.         mem1.setAge(40);
18.
19.         list.add(mem1); // 리스트에 추가
20.
21.         Member mem2 = new Member();
22.         mem2.setName("이순신");
23.         mem2.setId("lee");
24.         mem2.setPassword("lee1234");
25.         mem2.setAge(50);
26.
27.         list.add(mem2); // 리스트에 추가
28.
29.         Member mem3 = new Member();
30.         mem3.setName("김유신");
31.         mem3.setId("kim");
32.         mem3.setPassword("kim1234");
33.         mem3.setAge(60);
34.
35.         list.add(mem3); // 리스트에 추가
36.
37.         // 리스트 갯수
38.         System.out.println("list.size() : "+list.size());
39.
40.         // 모든 리스트의 요소(Member) 출력
41.         for (int i=0; i<list.size(); i++) {
42.             System.out.println("인덱스 : "+i
43.                     +", 이름 : "+list.get(i).getName()
44.                     +", 아이디 : "+list.get(i).getId()
45.                     +", 비밀번호 : "+list.get(i).getPassword()
46.                     +", 나이 : "+list.get(i).getAge());
47.         }
48.
49.     }
50.
51. }
```

```
[실행 결과]

list.size() : 3
인덱스 : 0, 이름 : 홍길동, 아이디 : hong, 비밀번호 : hong1234, 나이 : 40
인덱스 : 1, 이름 : 이순신, 아이디 : lee, 비밀번호 : lee1234, 나이 : 50
인덱스 : 2, 이름 : 김유신, 아이디 : kim, 비밀번호 : kim1234, 나이 : 60
```

11라인에 List 인터페이스와 ArrayList 클래스에 〈Member〉 제네릭을 선언했다. 이제 이 ArrayList의 add() 메서드는 Member 타입의 매개변수로 정의되어 있고, get(i) 메서드는 Member 타입을 리턴하도록 정의되어 있다. 이클립스 편집기에서 add() 메서드를 클릭하고 F2를 누르거나, 마우스를 오버해보자. 아래와 같은 화면이 보일 것이다.

```
boolean java.util.List.add(Member e)
Member java.util.List.get(int index)
```

매개변수 타입과 리턴 타입이 Member 타입으로 나온다. add()와 get() 메서드는 내가 만든 메서드는 아니지만 내가 만든 Member 클래스를 타입으로 지정이 된 것이다. 이제 43~46라인을 보면 형변환 없이 list.get(i).getName()... 으로 사용할 수 있게 되었다. list.get(i)의 리턴타입이 Member 타입의 객체이기 때문이다.

이제 제네릭 타입 표현식을 두개 사용할 수 있는 방법을 알아 보자.

```
1.  package chapter14;
2.
3.  public class GenericEx3 {
4.
5.      public static void main(String[] args) {
6.
7.          Generic2<String , Integer> gen1 = new Generic2<String , Integer>();
8.          gen1.set("홍길동", 1111);
9.          // gen1.set("이순신", "A111"); // 에러
10.
11.         System.out.println("<String, Integer>");
12.         System.out.println("name : "+gen1.getName());
13.         System.out.println("id : "+gen1.getId());
14.
15.         Generic2<String , String> gen2 = new Generic2<String , String>();
16.         gen2.set("이순신", "A1111");
17.         System.out.println("<String, String>");
18.         System.out.println("name : "+gen2.getName());
19.         System.out.println("id : "+gen2.getId());
20.
21.     }
```

```
22.
23. }
24.
25. class Generic2<K, V> {
26.     K name;
27.     V id;
28.
29.     void set(K name, V id) {
30.         this.name = name;
31.         this.id = id;
32.     }
33.
34.     K getName() {
35.         return name;
36.     }
37.
38.     V getId() {
39.         return id;
40.     }
41. }
```

Generic2 클래스는 <K, V>로 두개의 제네릭 타입이 지정되어 있고, 7라인에서 <String, Integer>로 타입을 선언했다. 이제 이 Generic2 클래스는 K가 String으로 V가 Integer로 바뀌어 정의되어 있다. 9라인에 set("이순신", "A111")은 두번째 매개변수가 Integer 타입이 아니므로 컴파일러가 타입을 강하게 체크 해 에러가 나게 된다. 이렇게 두 개의 제네릭 타입을 많이 사용하는 컬렉션 프레임워크 클래스가 있다. 바로 Map 인터페이스, HashMap 클래스이다.

```
1. package chapter14;
2.
3. import java.util.HashMap;
4. import java.util.Map;
5.
6. public class HashMapEx {
7.
8.     public static void main(String[] args) {
9.
10.         Map<String, Object> hm = new HashMap<String, Object>();
11.         hm.put("name", "홍길동");
12.         hm.put("id", "hong");
13.         hm.put("age", 30);
14.
15.         System.out.println(hm.get("name"));
16.         System.out.println(hm.get("id"));
17.         System.out.println(hm.get("age"));
18.
19.     }
20.
```

```
21. }
```

[실행 결과]

홍길동
hong
30

이 예제에서는 HashMap 클래스를 통해 key는 String, value는 Object로 제네릭 타입으로 지정했다. value 값에 문자열도 올 수 있고, 숫자도 올 수 있도록 하기 위함이다. 이렇게 지정된 하나의 자료형이 아니라 여러 자료형을 모두 담을 수 있도록 하기 위한 가장 쉬운 방법은 Object로 지정하는 것이다.

이번엔 ArrayList의 제네릭 타입으로 HashMap을 지정해보자.

```java
1. package chapter14;
2.
3. import java.util.ArrayList;
4. import java.util.HashMap;
5. import java.util.List;
6. import java.util.Map;
7.
8. public class GenericEx4 {
9.
10.     public static void main(String[] args) {
11.
12.         List<Map<String, Object>> list = new ArrayList<Map<String, Object>>();
13.
14.         Map<String, Object> hm = new HashMap<String, Object>();
15.         hm.put("name", "홍길동");
16.         hm.put("id", "hong");
17.         hm.put("age", 30);
18.         list.add(hm);
19.
20.         hm = new HashMap<String, Object>();
21.         hm.put("name", "이순신");
22.         hm.put("id", "lee");
23.         hm.put("age", 40);
24.         list.add(hm);
25.
26.         hm = new HashMap<String, Object>();
27.         hm.put("name", "김유신");
28.         hm.put("id", "kim");
29.         hm.put("age", 50);
30.         list.add(hm);
31.
32.         for (int i=0; i<list.size(); i++) {
33.             System.out.println("인덱스 : "+i
34.                     +", 이름 : "+list.get(i).get("name")
```

```
35.                        +", 아이디 : "+list.get(i).get("id")
36.                        +", 나이 : "+list.get(i).get("age"));
37.            }
38.
39.       }
40.
41. }
```

[실행 결과]

```
인덱스 : 0, 이름 : 홍길동, 아이디 : hong, 나이 : 30
인덱스 : 1, 이름 : 이순신, 아이디 : lee, 나이 : 40
인덱스 : 2, 이름 : 김유신, 아이디 : kim, 나이 : 50
```

이 예제는 제네릭이 중첩되어 있는 구조로 List의 제네릭 타입이 Map 타입으로 정의되고, Map의 제네릭타입으로 String, Object로 정의되어 있다. 괄호가 중복되어 있더라도, 두려워하지 말고 천천히 살펴보자. 앞에서 배운 제네릭 안에 제네릭이 있는 것 뿐이다. 앞에서도 반복적으로 강조했던 부분으로 괄호, 메서드, 연산이 중복되어 있어 프로그램 소스가 복잡해 보이는 착시 현상이 일어나지만, 속지 말고 천천히 하나씩 떼어내어 보면 어렵지 않다. 어려운 것이 아니라, 익숙치 않은 것이다. 이것을 해결할 방법은 익숙해지는 것 뿐이다.

이번엔 제네릭 타입을 어떤 클래스의 하위 클래스나 상위클래스로 제한하려면 어떻게 해야할까. 제네릭 타입을 부모 타입 또는 자손타입으로 지정할 수 있다.

```
<? super Obj> : Obj의 부모클래스 자료형을 참조 가능
<? extends Obj> : Obj의 자손클래스 자료형을 참조 가능
<?> : 모든 자료형 가능
```

```
1. package chapter14;
2.
3. public class GenericEx5 {
4.
5.     public static void main(String[] args) {
6.
7.         Gen3 g3 = new Gen3();
8.
9.         // Gen2의 상위 클래스 제네릭 선언 가능
10.        Generic5<? super Gen2> g2 =new Generic5<Gen1>(g3);
11.        // Gen2 t1 = g2.get(); // 에러 Gen2는 Gen2의 부모클래스가 아님
12.        // Gen3 t1 = g2.get();// 에러 Gen3은 Gen2 의 부모클래스가 아님
13.
14.        Gen1 t2 = (Gen3)g2.get(); // Gen1은 부모클래스이므로 가능
15.        Object t1 = g2.get(); // Object는 최상위 클래스이기 때문에 가능
16.
```

```
17.            System.out.println(t2.name);
18.            System.out.println(t2.getName());
19.
20.            // Gen2의 하위 클래스 제네릭 선언 가능
21.            Generic5<? extends Gen2> g4 =new Generic5<Gen3>(g3);
22.            Gen2 t3 = g4.get(); // Gen2 자신도 포함
23.            Gen3 t4 = (Gen3)g4.get(); // Gen3은 하위클래스이므로 가능
24.
25.            // <?> 모든 클래스 타입 가능
26.            Generic5<?> g6 =new Generic5<Gen3>(g3);
27.            Object t5 = g6.get();
28.            Gen3 t6 = (Gen3)g6.get();
29.
30.            // 정수도 가능
31.            Generic5<?> g7 =new Generic5<Integer>(1);
32.            System.out.println(g7.get());
33.
34.        }
35.
36. }
37.
38. class Gen1 {
39.     String name = "Gen1";
40.
41.     String getName() {
42.         return name;
43.     }
44. }
45.
46. class Gen2 extends Gen1 {
47.     String name = "Gen2";
48.
49.     String getName() {
50.         return name;
51.     }
52. }
53.
54. class Gen3 extends Gen2 {
55.     String name = "Gend3";
56.
57.     String getName() {
58.         return name;
59.     }
60. }
61.
62. class Generic5<T> {
63.     T obj;
64.
65.     Generic5(T obj) {
66.         this .obj = obj;
67.     }
68.     void set(T obj) {
69.         this .obj = obj;
```

```
70.    }
71.    T get() {
72.        return obj;
73.    }
74. }
```

10라인의 〈? super Gen2〉는 Gen2의 부모 클래스 타입을 저장하는 Gen3 타입의 객체를 지정하는 참조변수 g2 객체를 선언한 것으로 11,12라인처럼 Gen2와 Gen3 타입으로는 대입할 수 없고 부모(상위 클래스)인 Gen1 타입으로만 대입할 수 있다. 물론 Object 클래스는 모든 클래스의 최상위 클래스이기 때문에 가능하다.

21라인의 〈? extends Gen2〉으로 제네릭 선언된 g4 객체는 Gen2의 자식(하위) 클래스를 자료형을 가지는 객체를 지정할 수 있다. super와는 다르게 자식만이 아닌 자신과 같은 타입도 가능하다. 〈?〉는 모든 타입이 가능하다. 제네릭을 지정하지 않은 것과 같다. Object로 처리된다. 따라서 어떤 타입도 모두 가능하다.

제14장 연습문제

01 제네릭에 대한 설명으로 올바르지 않은 것은?

① 자동으로 형변환을 해준다.

② 컴파일러가 타입 체크를 해준다.

③ 제네릭을 지정하면 해당 타입 파라미터로 재정의 된다.

④ T는 타입을 의미한다.

02 아래 예제의 List 인터페이스와 ArrayList 클래스를 Member 타입으로 제네릭을 선언하고, 전체 회원을 출력하는 코드를 작성하시오.

```java
1. package chapter14;
2.
3. import java.util.ArrayList;
4. import java.util.List;
5.
6. public class Excercise2 {
7.
8.     public static void main(String[] args) {
9.
10.         MemberEx me1 = new MemberEx("hong", "홍길동", 30);
11.         MemberEx me2 = new MemberEx("lee", "이순신", 40);
12.         MemberEx me3 = new MemberEx("kim", "김유신", 50);
13.
14.         List<MemberEx> memberList = new ArrayList<MemberEx>();
15.         memberList.add(me1);
16.         memberList.add(me2);
17.         memberList.add(me3);
18.
19.         // 전체 회원 출력
20.
21.     }
22. }
23.
24. class MemberEx {
25.     private String id;
26.     private String name;
27.     private int age;
28.
29.     MemberEx(String id, String name, int age) {
30.         this.id = id;
31.         this.name = name;
32.         this.age = age;
```

```
33.      }
34.
35.      public String getId() {
36.          return id;
37.      }
38.      public void setId(String id) {
39.          this.id = id;
40.      }
41.      public String getName() {
42.          return name;
43.      }
44.      public void setName(String name) {
45.          this.name = name;
46.      }
47.      public int getAge() {
48.          return age;
49.      }
50.      public void setAge(int age) {
51.          this.age = age;
52.      }
53. }
```

[실행 결과]

```
hong,홍길동,30
lee,이순신,40
kim,김유신,50
```

CHAPTER

15

람다식
(간결한 코드를 위해)

JDK8 부터 제공된 람다식은 자바의 고전적인 방식인 객체
지향적인 방식이 아닌 함수적 프로그램을 위한 기법에 사용
된다. 람다식은 익명(이름이 없는) 함수를 생성하기 위한 방
식으로 객체 지향언어보다는 함수 지향 언어에 가깝다고 볼
수 있다. 객체 지향 언어에 익숙한 개발자들은 람다식을 처
음 접하면 다소 혼란스러울 수 있으나 기존 방식보다는 자바
코드를 간결하게 할 수 있는 장점이 있다. 여러 개의 데이터
를 가진 곳에 작업을 수행하고자 하는 경우 객체 지향 기법
에서는 객체를 대입해서 처리해야 하는데, 이 때 실제 수행
할 작업만 전달해서 처리할 수 없다. 여러 개의 데이터에 특
정 작업만 수행하려면 객체 지향 언어에서는 별도의 작업만
함수로 생성할 수 없어 Object 클래스로부터 상속받는 클래
스를 만들고 그 안에 작업에 관련된 메소드를 정의해서 대입
해야 한다. 실제 작업 이외의 것들이 포함되어 메모리 낭비
도 생기고 함수를 호출하기 위해서는 객체를 통해서 접근해
야 하기 때문에 실행속도도 느려질 수 있다. 이러한 문제 때
문에 객체 지향 언어에 함수적 프로그래밍을 추가한 Kotlin,
Scala 같은 언어들이 탄생하게 되었고 자바에서는 람다를
이용해서 이러한 프로그래밍 방식을 지원하게 되었다.

15.1 람다식 개념

람다식은 이름이 없는 익명 함수형태로, 자바에서는 함수라는 용어를 사용하지 않지만, 함수적 인터페이스를 자료형으로 사용한다.

함수적 인터페이스란 추상 메서드가 한 개만 존재하는 인터페이스를 말하는데, 이 함수적 인터페이스를 사용해 람다식을 구현하게 된다. 람다식 구조는 아래와 같다.

```
(타입 매개변수...) -> {
    실행문
    ...
}
```

람다식의 구조는 메서드와 비슷하지만 이름이 존재하지 않는 메서드이다. (타입 매개변수...)는 -> 오른쪽 중괄호 블록을 실행하기 위해 필요한 값을 제공하는 역할을 한다. 매개변수의 타입은 람다식이 호출될 때 대입되는 데이터를 가지고 설정하기 때문에 생략 할 수 있고, 개수가 하나라면 괄호도 생략할 수 있다. 만약 매개변수가 없는 경우는 괄호를 생략할 수 없다.

```
( ) -> {
    ...
}
```

만약 중괄호의 실행문이 한줄밖에 없다면, 중괄호를 넣지 않고 사용할 수 있다.

```
1. package chapter15;
2.
3. public class LambdaFunctionEx {
4.
5.     public static void main(String[] args) {
6.
7.         InterfaceEx ie = (int x, int y) -> x+y;
8.
9.         System.out.println(ie.sum(1 , 2));
10.
11.     }
12.
13. }
14.
15. interface InterfaceEx {
16.     public int sum(int x, int y);
17. }
```

[실행 결과]

3

자바는 다른 언어와는 다르게 메서드만 따로 실행할 수 없고, 객체를 통해서만 실행할 수 있기 때문에, 람다식은 메서드를 실행하거나, 단순히 선언하는 것이 아니라 해당 메서드를 포함하고 있는 객체를 생성하는 것이다. 그래서 람다식은 인터페이스 타입의 객체 변수를 생성할 때 많이 사용된다.

15.2 함수적 인터페이스

인터페이스 변수 = 람다식;

위 실행문은 람다식이 인터페이스에 대입되는 구조이다. 이 구조가 앞에서 배운 익명 구현 객체를 생성하는 것이 된다. 인터페이스는 직접 객체를 생성할 수 없고 구현 클래스로만 객체를 생성할 수 있는데 이 람다식이 바로 구현 클래스의 객체를 생성하는 역할을 하는 것이다. 앞에서 배운 익명구현객체와 같은 개념이라고 생각하면 이해하기 쉬울 것이다.

자바의 모든 인터페이스를 람다식을 이용해서 객체를 생성할 수 있는 것은 아니다. 인터페이스 중 단 하나의 추상 메서드만 가지고 있는 인터페이스만 람다식으로 객체를 생성 할 수 있다. 추상 메서드가 한개만 존재하기 때문에 이름 없는 메서드 형태로 선언이 가능하다. 만약 인터페이스에 메서드가 2개 이상이라면 람다식 표현을 사용할 수 없게 된다. 이러한 인터페이스를 함수적 인터페이스(Functional Interface)라고 부른다.

```
1. package chapter15;
2.
3. public class LambdaEx {
4.
5.     public static void main(String[] args) {
6.
7.         LambdaInterface li = () -> {
8.             String str = "메서드 출력";
9.             System.out.println(str);
10.         };
11.
12.         li.print();
13.
14.     }
15.
```

```
16. }
17.
18. interface LambdaInterface {
19.     void print();
20.     //void print2(); // 오류발생
21. }
```

[실행 결과]

메서드 출력

18~21라인은 인터페이스가 정의되어 있는데, 추상 메서드는 print() 하나만 존재한다. 만약 메서드를 하나더 사용하면 12라인에서 컴파일 에러가 발생한다. 쉽게 생각하면 메서드가 2개 이상이면, 이름 없는 메서드로 정의하면 어느 메서드인지 알 수 없기 때문이다. 7라인을 살펴보자. LambdaInterface 타입의 객체 li를 선언하는데 = 오른쪽 항에 이름 없이 () -> 형태로 되어 있다. 하나 뿐인 추상 메서드 print()를 여기서 재정의 하는 것이다. 자바에서 제공하는 표준 API 중 한 개의 추상 메서드를 가지고 있는 인터페이스가 있는데, 이 중 대표적인 인터페이스가 스레드에 사용되는 Runnable 인터페이스이다. Runnable 인터페이스를 이용하여 람다식으로 스레드를 생성하는 예제를 살펴보자.

```
1. package chapter15;
2.
3. public class LambdaEx2 {
4.
5.     public static void main(String[] args) {
6.
7.         System.out.println("시작");
8.         Runnable run = () -> {
9.             for (int i=1; i<=10; i++) {
10.                 System.out.println("첫번째:"+i);
11.             }
12.         };
13.         Runnable run2 = () -> {
14.             for (int i=1; i<=10; i++) {
15.                 System.out.println("두번째:"+i);
16.             }
17.         };
18.
19.         Thread t = new Thread(run);
20.         Thread t2 = new Thread(run2);
21.         t.start();
22.         t2.start();
23.         System.out.println("종료");
24.     }
25.
26. }
```

[실행 결과]

```
시작
종료
첫번째:1
두번째:1
첫번째:2
두번째:2
첫번째:3
두번째:3
첫번째:4
두번째:4
첫번째:5
두번째:5
첫번째:6
두번째:6
첫번째:7
두번째:7
첫번째:8
두번째:8
첫번째:9
두번째:9
첫번째:10
두번째:10
```

아직 스레드는 배우지 않았지만, 우리가 지금까지 배웠던 프로그램 실행순서와는 다르게 run이 끝나고 run2가 실행되는 것이 아니라 독립적으로 실행되는 것을 볼 수 있다. 또한 "종료"라는 문자열 출력도 마지막에 출력되는 것이 아니라 스레드보다 먼저 출력되었다. 지금은 메인 프로그램 실행과는 별개로 실행되는 프로그램 정도로만 이해하고, Runnable 인터페이스의 람다식을 살펴보자. r과 r2객체는 모두 람다식으로 정의되었다. Runnable은 하나의 추상 메서드를 갖고 있는 인터페이스임을 알 수 있다. Runnable 인터페이스를 Ctrl+클릭해서 살펴보자.

```java
 1. @FunctionalInterface
 2. public interface Runnable {
 3.     /**
 4.      * When an object implementing interface {@code Runnable} is used
 5.      * to create a thread, starting the thread causes the object's
 6.      * {@code run} method to be called in that separately executing
 7.      * thread.
 8.      * <p>
 9.      * The general contract of the method {@code run} is that it may
10.      * take any action whatsoever.
11.      *
12.      * @see     java.lang.Thread#run()
13.      */
14.     public abstract void run();
15. }
```

Runnable 인터페이스 역시 run() 이라는 추상메서드 하나만 가지고 있는 인터페이스임을 알 수 있다.

만약 람다식으로 사용될 인터페이스를 만들 때 두 개 이상의 추상 메서드를 선언하지 못하도록 하려면 @FunctionalInterface이라는 어노테이션을 넣어주면 된다. 그러면 컴파일러가 추상 메서드가 두 개 이상 정의된 경우 에러를 내게 된다.

위의 예제는 매개변수도 없고, 리턴값도 없는 람다식이었다. 이번엔 매개변수가 하나이고, 리턴값이 없는 람다식을 살펴보자.

```
1. package chapter15;
2.
3. public class LambdaEx3 {
4.
5.     public static void main(String[] args) {
6.
7.         LambdaInterface3 li3 = (String name) -> {
8.             System.out.println("제 이름은 "+name+"입니다.");
9.         };
10.
11.         li3.print("홍길동");
12.
13.     }
14.
15. }
16.
17. @FunctionalInterface
18. interface LambdaInterface3 {
19.     void print(String name);
20. }

[실행 결과]

제 이름은 홍길동입니다.
```

앞 예제와 다른 점은 괄호안에 매개변수 String name이 들어간 것 뿐이다. LabmdaInterface3의 추상메서드 print(String name)을 재정의한 것이다 생각하면 어렵지 않을 것이다. 이 매개변수가 하나인 람다식은 자료형 String을 생략할 수 있고, 괄호도 생략할 수 있다고 했다. 또한 실행문이 한 줄 일 때는 중괄호도 생략할 수 있다.

아래 코드는 모두 동일한 코드이다.

```
LambdaInterface3 li3 = (String name) -> {
    System.out.println(" 제 이름은 " +name+ " 입니다. ");
}
```

```
LambdaInterface3 li3 = (name) -> {
    System.out.println(" 제 이름은  "+name+" 입니다. ");
}
```

```
LambdaInterface3 li3 = name -> {
    System.out.println(" 제 이름은  "+name+" 입니다. ");
}
```

```
LambdaInterface3 li3 = name -> System.out.println(" 제 이름은  "+name+" 입니다. ");
```

이번엔 매개변수도 있고, 리턴타입도 있는 경우의 예이다.

```
1. package chapter15;
2.
3. public class LambdaEx4 {
4.
5.     public static void main(String[] args) {
6.
7.         LambdaInterface4 f4 = (x,y) -> {
8.             return x * y;
9.         };
10.        System.out.println("두 수의 곱 : " + f4.cal(3, 2));
11.
12.        f4 = (x, y) -> x + y;
13.        System.out.println("두 수의 합 : " + f4.cal(3, 2 ));
14.
15.        f4 = (x, y) -> { return x/y; };
16.        System.out.println("두 수의 몫 : " + f4.cal(5, 2));
17.
18.        f4 = (x, y) -> x%y;
19.        System.out.println("두 수의 나머지 : " + f4.cal(5, 2));
20.
21.        f4 = (x,y) -> sum(x, y);
22.        System.out.println("두 수의 합(sum()) : " + f4.cal(3, 2));
23.
24.    }
25.
26.    static int sum(int x, int y) {
27.        return x+y;
28.    }
29.
30. }
31.
32. @FunctionalInterface
33. interface LambdaInterface4 {
34.     int cal(int x, int y);
```

```
35. }
[실행 결과]

두 수의 곱 : 6
두 수의 합 : 5
두 수의 몫 : 2
두 수의 나머지 : 1
두 수의 합(sum()) : 5
```

LambdaInterface4 인터페이스의 추상메서드 cal(int x, int y)를 다양한 방법으로 재정의한 예이다. 곱과 합, 몫, 나머지 모두 새롭게 재정의해서 실행한 결과를 출력했는데, 21리인은 무엇인가 새로운 방식으로 느껴질 것이다. 또 다른 방식처럼 보이지만 return문이 생략된 형태로 sum() 이라는 메서드에 매개변수 x,y를 넘겨주고 sum() 메서드에서 리턴받은 결과값을 다시 리턴한 형태일 뿐이다.

람다식에서 사용되는 this

람다식은 내부클래스의 익명객체로 인식되므로 람다식 내부의 this는 람다 객체 자신을 의미한다. 람다 표현식 내에서 지역변수 접근 시 지역변수는 상수화도 필요하다.

```
1. package chapter15;
2.
3. public class LambdaEx5 {
4.
5.     public static void main(String[] args) {
6.
7.         Outer o = new Outer();
8.         o.method();
9.
10.     }
11.
12. }
13.
14. @FunctionalInterface
15. interface LambdaInterface5 {
16.     void method();
17. }
18.
19. class Outer {
20.     public int iv = 10;
21.     void method() {
22.         final int iv = 40;
23.         LambdaInterface5 f5 = () -> {
24.             System.out.println("Outer.this.iv:" + Outer.this.iv);
25.             System.out.println("this.iv:" + this.iv);
26.             System.out.println("iv:" + iv);
```

```
27.        };
28.        f5.method();
29.    }
30. }
```

[실행 결과]

```
Outer.this.iv:10
this.iv:10
iv:40
```

자바의 표준 API에서 한 개의 추상 메서드를 가진 인터페이스들은 모두 람다식을 사용할 수 있는데, 람다에 사용되는 함수적인터페이스를 java.util.function 패키지에 설정하여 사용하고 있다. java.util.function 패키지의 함수적 인터페이스는 크게 Consumer, Supplier, Function, Operator, Predicate 5 종류로 나눌 수 있다.

종류	설명
Consumer	매개변수가 있고, 리턴값이 없는 경우
Supplier	매개변수가 없고, 리턴값이 있는 경우
Function	매개변수가 있고, 리턴값이 있는 경우
Operator	매개변수가 있고, 리턴값이 있는 경우(연산결과)
Predicate	매개변수가 있고, 리턴값은 boolean

Consumer 함수적 인터페이스

매개변수는 있고, 리턴값이 없는 추상 메서드를 하나 가지고 있는 인터페이스들이다. 아래는 종류별로 추상메서드와 각 설명을 표로 나타낸 것이다.

인터페이스	추상메서드	설명
Consumer〈T〉	void accept(T t)	T 객체 매개변수
BiConsumer〈T,U〉	void accept(T t, U u)	T,U 객체 매개변수
DoubleConsumer	void accept(double d)	double타입 매개변수
IntConsumer	void accept(int i)	int 타입 매개변수
LongConsumer	void accept(long l)	long 타입 매개변수
ObjDoubleConsumer〈T〉	void accept(T t, double d)	T 객체와 double타입 매개변수
ObjIntConsumer〈T〉	void accept(T t, int i)	T 객체와 int 타입 매개변수
ObjLongConsumer	void accept(T t, long l)	T 객체와 long 타입 매개변수

```
 1. package chapter15;
 2.
 3. import java.util.function.BiConsumer;
 4. import java.util.function.Consumer;
 5. import java.util.function.DoubleConsumer;
 6. import java.util.function.ObjIntConsumer;
 7.
 8. public class LambdaEx6 {
 9.
10.     public static void main(String[] args) {
11.
12.         Consumer<String > c1 = name -> System.out.println("제 이름은 "
13.                             +name+"입니다.");
14.         c1.accept("홍길동");
15.
16.         BiConsumer<String , String> c2 = (lastname, firstname) -> {
17.             System.out.println("제 이름은 "+lastname+firstname+"입니다.");
18.         };
19.         c2.accept("홍", "길동");
20.
21.         DoubleConsumer c3 = (score) -> System.out.println("제 점수는 "
22.                             +score+"입니다.");
23.         c3.accept(95.5);
24.
25.         ObjIntConsumer<String > c4 = (lecture, i) -> {
26.             System.out.println("제 "+lecture+" 점수는 "+i+"점 입니다.");
27.         };
28.         c4.accept("국어", 100);
29.     }
30.
31. }
```

[실행 결과]

제 이름은 홍길동입니다.
제 이름은 홍길동입니다.
제 점수는 95 .5입니다.
제 국어 점수는 100점 입니다.

Supplier 함수적 인터페이스

Supplier 인터페이스는 매개변수기 없고 리턴값만 있는 경우에 사용되는 함수적 인터페이스다.
Supplier 함수적 인터페이스의 종류는 아래와 같다.

인터페이스	추상메서드	특징
Supplier⟨T⟩	T get()	객체 리턴
BooleanSupplier	boolean getAsBoolean()	boolean 리턴
DoubleSupplier	double getAsDate()	double 리턴
IntSupplier	int getAsInt()	int 리턴
LongSupplier	long getAsLong()	long 리턴

```java
1. package chapter15;
2.
3. import java.util.function.DoubleSupplier;
4. import java.util.function.IntSupplier;
5. import java.util.function.Supplier;
6.
7. public class LambdaEx7 {
8.
9.     public static void main(String[] args) {
10.
11.         Supplier<String> s1 = () -> {
12.             return "홍길동";
13.         };
14.         System.out.println(s1.get());
15.
16.         s1 = () -> "이순신";
17.         System.out.println(s1.get());
18.
19.         IntSupplier s2 = () -> {
20.             int num = (int)(Math.random() * 6) + 1;
21.             return num;
22.         };
23.
24.         System.out.println("주사위 :" + s2.getAsInt());
25.
26.         DoubleSupplier s3 = () -> Math.PI;
27.         System.out.println("랜덤값 :" + s3.getAsDouble());
28.     }
29.
30. }
```

[실행 결과]

```
홍길동
이순신
주사위 :3
랜덤값 :3.141592653589793
```

Function 함수적 인터페이스

Function 인터페이스는 매개변수와 리턴값이 모두 있는 추상 메서드 apply 를 가지고 있는 인터페이스이다. 주로 매개변수로 받은 값을 리턴값으로 매핑하여 사용한다. 주요 종류는 아래 표를 참고하자.

인터페이스	추상메서드	설명
Function⟨T,R⟩	R apply(T t)	T를 R로 매핑
BiFunction⟨T,U,R⟩	R apply(T t, U u)	T,U를 R로 매핑
DoubleFunction⟨R⟩	R apply(double v)	double을 R로 매핑
IntFunction⟨R⟩	R apply(int v)	int를 R로 매핑
IntToDoubleFunction	double applyAsDouble(int v)	int를 double로 매핑
IntToLongFunction	long applyAsLong(int v)	int를 long으로 매핑
LongToDoubleFunction	double applyAsDouble(long v)	int를 double로 매핑
LongToIntFunction	int applyAsDouble(long v)	long을 double로 매핑
ToDoubleFunction⟨T⟩	double applyAsDouble(T t)	long을 int로 매핑
ToDoubleBiFunction⟨T,U⟩	double applyAsDouble(T t, U u)	T를 double로 매핑
ToIntFunction⟨T⟩	int applyAsInt(T t)	T를 int로 매핑
ToIntBiFunction⟨T,U⟩	int applyAsInt(T t, U u)	T,U를 int로 매핑
ToLongFunction⟨T⟩	long applyAsLong(T t)	T를 long으로 매핑
ToLongBiFunction⟨T,U⟩	long applyAsLong(T t, U u)	T,U를 long으로 매핑

```
1.  package chapter15;
2.
3.  import java.util.function.Function;
4.  import java.util.function.ToDoubleFunction;
5.  import java.util.function.ToIntFunction;
6.
7.  public class LambdaEx8 {
8.
9.      static Student[] list = {
10.             new Student("홍길동", 90, 80, "컴공"),
11.             new Student("이순신", 95, 70, "통계")
12.     };
13.
14.
15.     public static void main(String[] args) {
16.
17.         System.out.print("학생명 : ");
18.         printString(t -> t.getName());
19.         System.out.print("전공 : ");
20.         printString(t -> t.getMajor());
21.         System.out.print("영어 점수 :");
22.         printInt(t -> t.getEng());
```

```
23.            System.out.print("수학 점수 :");
24.            printInt(t -> t.getMath());
25.            System.out.print("영어 점수 합계 :");
26.            printTot(t -> t.getEng());
27.            System.out.print("수학 점수 합계 :");
28.            printTot(t -> t.getMath());
29.            System.out.print("영어 점수 평균 :");
30.            printAvg(t -> t.getEng());
31.            System.out.print("수학 점수 평균 :");
32.            printAvg(t -> t.getMath());
33.
34.        }
35.
36.        static void printAvg(ToDoubleFunction<Student> f) {
37.            double sum = 0 ;
38.            for (Student s : list) {
39.                sum += f.applyAsDouble(s);
40.            }
41.            System.out.println(sum / list.length);
42.        }
43.
44.        static void printTot(ToIntFunction<Student> f) {
45.            int sum = 0 ;
46.            for (Student s : list) {
47.                sum += f.applyAsInt(s);
48.            }
49.            System.out.println(sum);
50.        }
51.
52.        static void printInt(Function<Student, Integer> f) {
53.            for (Student s : list) {
54.                System.out.print(f.apply(s) + " ");
55.            }
56.            System.out.println();
57.        }
58.
59.        static void printString(Function<Student, String> f) {
60.            for (Student s : list) {
61.                System.out.print(f.apply(s) + " ");
62.            }
63.            System.out.println();
64.        }
65.
66. }
67.
68. class Student {
69.        private String name;
70.        private int eng;
71.        private int math;
72.        private String major;
73.
74.        public Student(String name, int eng, int math, String major) {
75.            this.name = name;
76.            this.eng = eng;
77.            this.math = math;
```

```
78.          this.major = major;
79.      }
80.      public String getName() {
81.          return name;
82.      }
83.      public int getEng() {
84.          return eng;
85.      }
86.      public int getMath() {
87.          return math;
88.      }
89.      public String getMajor() {
90.          return major;
91.      }
92. }
```

[실행 결과]

```
학생명 : 홍길동 이순신
전공 : 컴공 통계
영어 점수 :90 95
수학 점수 :80 70
영어 점수 합계 :185
수학 점수 합계 :150
영어 점수 평균 :92.5
수학 점수 평균 :75.0
```

Operator 함수적 인터페이스

Operator 인터페이스는 Function 인터페이스와 마찬가지로 매개변수값과 리턴값이 모두 있는 추상 메서드를 가지고 있다. Function 인터페이스의 하위 인터페이스로 보통 매개변수값을 연산하고 그 결과를 리턴하는 경우에 사용된다. 상세 종류는 다음 표 참고 하자.

인터페이스	추상메서드	설명
BinaryOperator〈T〉	T apply(T t1, T t2)	BiFunction의 하위 인터페이스
UnaryOperator〈T〉	T apply(T t)	Function의 하위 인터페이스
DoubleBinaryOperator	double applyAsDouble(double, double)	두 매개변수 값을 연산하려 리턴
DoubleUnaryOperator	double applyAsDouble(double)	매개변수 값을 연산하여 리턴
IntBinaryOperator	int applyAsInt(int, int)	두 int값을 연산하여 리턴
IntUnaryOperator	int applyAsInt(int)	int값을 연산하려 리턴
LngBinaryOperator	Long applyAsLong(long, long)	두 long값을 연산하여 리턴
LongUnarOperator	Long applyAsLong(long)	long값을 연산하여 리턴

```
1. package chapter15;
2.
3. import java.util.function.DoubleBinaryOperator;
4. import java.util.function.IntBinaryOperator;
5.
6. public class LambdaEx9 {
7.
8.     // 앞 예제에서 작성한 Student 클래스의 배열
9.     static Student[] list = {
10.             new Student("홍길동", 90, 80, "컴공"),
11.             new Student("이순신", 95, 70, "통계"),
12.             new Student("김유신", 100, 60, "빅데이터")
13.     };
14.
15.
16.     public static void main(String[] args) {
17.
18.         System.out.print("최대 수학 점수 : ");
19.         int max = maxOrMinMath( (a,b) -> {
20.             if (a>=b) return a;
21.             else return b;
22.         });
23.         System.out.println(max);
24.
25.         System.out.print("최소 수학점수 : ");
26.         System.out.println(maxOrMinMath((a,b) -> (a<=b?a:b)));
27.
28.         System.out.print("최대 평균점수 : ");
29.         System.out.println(maxOrMinAvg((a, b) -> (a>=b?a:b)));
30.
31.         System.out.print("최소 평균점수 : ");
32.         System.out.println(maxOrMinAvg((a,b) -> (a<=b?a:b)));
33.
34.     }
35.
36.     // 두 개의 int 값을 연산하여 int값을 리턴
37.     private static int maxOrMinMath(IntBinaryOperator op) {
38.         int result = list[0 ].getMath();
39.         for (Student s : list) {
40.             result = op.applyAsInt(result, s.getMath());
41.         }
42.         return result;
43.     }
44.
45.     // 두개의 double 값을 연산하여 double값을 리턴
46.     private static double maxOrMinAvg(DoubleBinaryOperator op) {
47.         double result = (list[0 ].getMath() + list[0 ].getEng()) / 2.0;
48.         for (Student s : list) {
49.             result = op.applyAsDouble(result, (s.getMath()+s.getEng())/2.0);
50.         }
51.         return result;
```

```
52.      }
53.
54. }
```

[실행 결과]

```
최대 수학 점수 : 80
최소 수학점수 : 60
최대 평균점수 : 85.0
최소 평균점수 : 80.0
```

Predicate 함수적 인터페이스

Predicate 인터페이스는 매개변수가 있고, boolean 리턴값이 있는 인터페이스로 test라는 이름을 가지는 메서드를 갖고 있다. 이 메서드들은 boolean 값(true 또는 false)를 리턴한다. 아래 표를 확인해보자.

인터페이스	추상메서드	설명
Predicate⟨T⟩	boolean test(T t)	T 객체 확인
BiPredicate⟨T, U⟩	boolean test(T t, U u)	T, U객체 확인
DoublePredicate	boolean test(double value)	double 값 확인
IntPredicate	boolean test(int v)	int 값 확인
LongPredicate	boolean test(long v)	long 값 확인

```
1. package chapter15;
2.
3. import java.util.function.Predicate;
4.
5. public class LambdaEx10 {
6.
7.     // 앞 예제에서 작성한 Student 클래스의 배열
8.     static Student[] list = {
9.             new Student("홍길동", 90, 80, "컴공"),
10.            new Student("이순신", 95, 70, "통계"),
11.            new Student("김유신", 100, 60, "컴공")
12.     };
13.
14.
15.     public static void main(String [] args) {
16.
17.         // 과가 컴공인 학생의 영어점수 평균
18.         double avg = avgEng(t -> t.getMajor().equals("컴공"));
19.         System.out.println("컴공과 평균 영어점수 : "+avg);
```

```
20.
21.          // 과가 컴공인 학생의 수학점수 평균
22.          double avg2 = avgMath(t -> t.getMajor().equals("컴공"));
23.          System.out.println("컴공과 평균 수학점수 : "+avg2);
24.
25.     }
26.
27.     private static double avgEng(Predicate<Student> predicate) {
28.         int count = 0;
29.         int sum = 0;
30.         for (Student student : list) {
31.             // equals 비교
32.             if (predicate.test(student)) {
33.                 count++;
34.                 sum += student.getEng();
35.             }
36.         }
37.         return (double)sum/count;
38.     }
39.
40.     private static double avgMath(Predicate<Student> predicate) {
41.         int count = 0;
42.         int sum = 0;
43.         for (Student student : list) {
44.             // equals() 비교
45.             if (predicate.test(student)) {
46.                 count++;
47.                 sum += student.getMath();
48.             }
49.         }
50.         return (double)sum/count;
51.     }
52.
53. }
```

최근에 등장하는 대다수의 프로그래밍 언어에는 여러 개의 데이터를 소유하고 있는 배열이나 List에 현재 데이터를 변경하기 위한 map 그리고 필요한 데이터만 골라내는 filter 그리고 데이터를 가지고 누적 연산을 하는 reduce라는 메서드를 소유하고 있으며 이 메서드들은 함수를 매개변수로 받는다. 자바에서는 스트림 API에서 람다를 매개변수로 받아서 이러한 처리를 하게 된다.

제15장 연습문제

01 람다식에 대한 설명으로 올바르지 않은 것은?

① 이름이 없는 익명 구현 객체이다.

② 매개변수의 괄호는 생략 할 수 없다.

③ 인터페이스의 객체를 생성할 때 많이 사용 된다.

④ 함수적 인터페이스를 자료형으로 갖는다.

02 아래 코드에서 인터페이스를 구현하는 람다식을 작성하시오.

```
1. package chapter15;
2.
3. public class Excercise2 {
4.
5.     public static void main(String[] args) {
6.
7.         InterfaceLambda il = _____;
8.
9.         System.out.println(il.sum(1 , 2));
10.
11.     }
12.
13. }
14.
15. interface InterfaceLambda {
16.     public int sum(int x, int y);
17. }

[실행 결과]

3
```

CHAPTER 16

스트림
(가독성 좋은 코드 만들기)

여러 값들이 들어 있는 컬렉션이나 배열등을 for문 만이 아닌 함수형 인터페이스를 이용해서 반복 처리할 수 있는 기능으로, 자바 프로그래밍을 하기 위해 반드시 익혀야 되는 기능은 아니지만 알아두면 가독성 좋은 코드를 만들 수 있다.

16.1 스트림 소개

스트림(Stream)은 jdk8 버전 이후에 추가된 API 다. 스트림 이전에는 배열이나 Collection 객체를 다루기 위해서는 for 구문을 이용하여 하나씩 꺼내서 다루는 방식이 사용되었다. 하지만 처리 해야될 데이터가 많거나, 데이터가 복잡해 질수록 코드의 양은 많아지고 시간도 많이 걸리게 된다. 스트림에서는 람다(함수형 인터페이스)를 활용하여 내부반복자를 이용하므로써 시간과 코드의 양을 줄일 수 있다. 또한 스트림으로 처리시 간단하게 병렬처리 (multi threading) 가 가능하다.

하나의 작업을 둘 이상의 작업으로 잘게 나눠서 동시에 진행하는 것을 병렬 처리 (parallel processing) 라고 한다. 즉 스트림을 이용해 대용량의 데이터들을 빠르게 처리할 수 있게 된다.

스트림의 처리 단계는 크게 세 가지로 나눌 수 있다.

1. 생성하기 : 스트림 인스턴스 생성
2. 가공하기 : 필터링(filtering) 및 매핑(mapping) 등 원하는 결과를 만들어가는 중간 작업
3. 결과 만들기 : 최종적으로 결과를 만들어내는 작업.

외부반복자와 내부반복자

외부반복자란 컬렉션내의 요소를 반복문을 통해서 하나씩 읽어 처리하는 방식을 의미하고 내부 반복자란 스트림의 forEach 메서드에 람다식으로 기술하는 방식을 의미한다. 스트림은 내부 반복자를 사용하므로 병렬 처리도 쉽게 할 수 있다. 병렬처리 방식은 뒤에서 다시 살펴보도록 하고, 먼저 그림으로 외부반복자와 내부반복자의 처리방식을 확인하자.

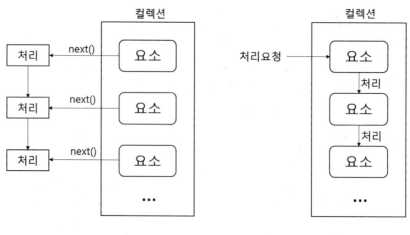

외부반복자   내부반복자

이제 외부반복자와 내부반복자를 예제를 통해 비교해보자.

```java
1. package chapter16;
2.
3. import java.util.Arrays;
4. import java.util.Iterator;
5. import java.util.List;
6.
7. public class IteratorEx {
8.
9.     public static void main(String[] args) {
10.
11.         List<String> list = Arrays.asList(new String[]{"홍길동", "김유신",
12.                                          "이순신", "유관순"});
13.         System.out.println("for문 이용");
14.         for (int i=0; i<list.size(); i++) {
15.             System.out.println(list.get(i));
16.         }
17.         System.out.println("외부 반복자 이용");
18.         Iterator<String> it = list.iterator();
19.         while (it.hasNext()) {
20.             System.out.println(it.next());
21.         }
22.         System .out.println("내부 반복자 이용");
23.         list.stream().forEach(s ->System.out.println(s));
24.
25.     }
26.
27. }
```

[실행 결과]

```
for문 이용
홍길동
김유신
이순신
유관순
외부 반복자 이용
홍길동
김유신
이순신
유관순
내부 반복자 이용
홍길동
김유신
이순신
유관순
```

11라인은 문자열 "홍길동", "김유신", "이순신", "유관순"을 Arrays.asList() 메서드를 통해 List로 변환하는 코드이다. 문자열 배열을 컬렉션 프레임워크 중 List로 변환하기 위해 Arrays.asList()를 이용한 것이다. 이 List는 String타입으로 제네릭 선언되었으며, List에 들어있는 각 요소들을 반복하여 출력하는 방법을 세가지로 나타냈다. 14~16라인은 for문을 이용해 i라는 인덱스값을 갖는 변수로 List 객체의 각 인덱스를 출력하고, 18라인의 Iterator 클래스는 컬렉션프레임워크에서 배웠듯이 요소들을 읽어오는 방법을 표준화한 클래스인데 iterator() 메서드를 통해 Iterator 객체로 생성해 while문 안에서 next() 메서드를 통해 출력할 수 있다. 이 방법이 외부 반복자이고, 23라인이 List 객체의 stream() 메서드를 통해 forEach 메서드의 매개변수로 함수형 인터페이스를 구현해주면 된다. 다소 낯선 코드지만, 람다식을 이용하면 여러줄로 코딩했던 부분을 한 줄로 간단하게 표현할 수 있게 된다. 출력된 실행 결과를 보면 세가지 방법 모두 결과는 동일하다.

16.2 스트림 생성하기

배열을 이용한 스트림 생성하기

배열은 Arrays.stream() 메소드를 이용하여 스트림 객체로 생성한다.

```java
1. package chapter16;
2.
3. import java.util.Arrays;
4. import java.util.stream.Stream;
5.
6. public class ArrayToStream {
7.
8.     public static void main(String[] args) {
9.
10.         // 문자열 배열객체 생성
11.         String[] arr = new String[]{"a", "b", "c", "d", "e", "f"};
12.
13.         // 배열전체 Stream 객체로 변환
14.         Stream<String> stream1 = Arrays.stream(arr);
15.         stream1.forEach(s -> System.out.print(s+" "));
16.         System.out.println();
17.
18.         // 인덱스 지정해서 변환 (2부터 5전까지)
19.         // 두번째 인덱스는 포함되지 않음
20.         Stream<String> stream2 = Arrays.stream(arr, 2, 5);
21.         stream2.forEach(s -> System.out.print(s+" "));
22.
23.     }
24.
25. }
```

[실행 결과]

a b c d e f
c d e

컬렉션 객체를 스트림으로 생성하기

컬렉션 프레임워크의 타입 (Collection, List, Set) 의 경우 해당 인터페이스에 정의되어 있는 디폴트
메소드 stream() 메서드를 이용해서 스트림을 만들 수 있다.

```
1. package chapter16;
2.
3. import java.util.Arrays;
4. import java.util.List;
5. import java.util.stream.Stream;
6.
7. public class CollectionToStream {
8.
9.     public static void main(String[] args) {
10.
11.         // 문자열 배열을 컬렉션프레임워크 List로 변환
12.         List<String> list = Arrays.asList("a", "b", "c", "d", "e");
13.         // List 객체를 stream()메서드를 이용해 Stream 객체로 생성
14.         Stream<String> stream = list.stream();
15.         // 내부반복자를 이용해 출력
16.         stream.forEach(s -> System.out.println(s));
17.
18.     }
19. }
```

[실행 결과]

a
b
c
d
e

메서드를 이용하여 스트림으로 생성하기

1. build() 메서드

```
1. package chapter16;
2.
3. import java.util.stream.Stream;
4.
5. public class StreamByBuilder {
6.
7.     public static void main(String[] args) {
8.
9.         // builder() 메서드로 Builder 객체 생성
10.         // add() 메서드도 리턴타입이 Builder 객체 이므로 메서드 체이닝 가능
11.         Stream stream = Stream.builder()
12.                 .add("무궁화")
13.                 .add("삼천리")
14.                 .add("화려강산")
15.                 .add("대한사람")
16.                 .build();
17.         // build() 메서드로 Stream 객체 생성
18.
19.         // 내부 반복자로 출력
20.         stream.forEach(s -> System.out.println(s + " "));
21.
22.     }
23.
24. }

[실행 결과]

무궁화
삼천리
화려강산
대한사람
```

2. generate() 메서드

generate() 메소드를 이용하면 Supplier⟨T⟩ 람다 인터페이스를 이용하여 값을 넣을 수 있다. 우리는 앞에서 Supplier⟨T⟩ 는 매개변수가 없고 리턴값만 있는 함수형 인터페이스인 것을 배웠다. generate() 메서드를 사용하여 생성되는 스트림은 크기가 정해져있지 않고 무한하기 때문에 limit() 메서드를 이용하여 최대 크기를 제한해야 한다. 그렇지 않으면 무한 반복 출력되게 된다.

```
1. package chapter16;
2.
3. import java.util.stream.Stream;
4.
5. public class StreamByBuilder {
6.
7.     public static void main(String[] args) {
8.
9.         // generate() 메서드로 Stream 객체 생성
10.        // 리미트 10개 생성
11.        Stream<String> stream = Stream.generate(() -> "애국가").limit(10);
12.        // 내부 반복자로 출력
13.        stream.forEach(s -> System.out.println(s));
14.
15.    }
16.
17. }
```

[실행 결과]

```
애국가
애국가
애국가
애국가
애국가
애국가
애국가
애국가
애국가
애국가
```

주의할 점은 limit() 메서드로 갯수를 제한하지 않으면 무한 반복되며 출력된다.

3. iterate() 메서드

iterate() 메소드를 이용하여 스트림에 내부의 요소를 만들수 있다. 이 방식도 위 generate() 메서드 방식처럼 최대 개수의 제한을 두어야 한다. iterate() 메서드의 매개변수로는 초기값과 함수형 인터페이스가 람다표현식으로 정의된다.

```
1. package chapter16;
2.
3. import java.util.stream.Stream;
4.
5. public class StreamByIterator {
6.
7.     public static void main(String[] args) {
```

```
 8.
 9.         // generate() 메서드로 Stream 객체 생성
10.         // 리미트 10개 생성
11.         Stream<Integer> stream = Stream.iterate(1, n -> n + 1).limit(10);
12.         // 내부 반복자로 출력
13.         stream.forEach(s -> System.out.println(s));
14.
15.     }
16.
17. }
```

[실행 결과]

```
1
2
3
4
5
6
7
8
9
10
```

16.3 스트림의 종류

자료형별 종류

스트림관련 API 는 Jdk8 버전 이후의 java.util.stream 패키지에 정의 되어 있다. 스트림의 기본 구조를 살펴보면 BaseStream 인터페이스를 최상위 인터페이스로 하고 하위 인터페이스에 자료형별로 정의 될 수 있는 스트림이 정의 되어 있다.

스트림 인터페이스의 구조는 아래와 같다.

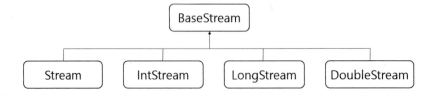

최상위 인터페이스인 BaseStream은 직접 사용되지는 않는다. 하위 인터페이스인 Stream은 Object를 IntStream은 int, LongStream은 long을, DoubleStream은 double 자료형의 요소들을 각각 처

리하는 스트림이다.

각각의 스트림을 생성할 수 있는 다양한 방법은 아래 표를 살펴 보자.

리턴 타입	메서드
Stream⟨T⟩	Collection.stream()
	Collection.parallelStream()
	Arrays.stream(T[])
	Stream.of(T[])
IntStream	Arrays.stream(int[])
	IntStream.of(int[])
	IntStream.range(int, int)
	IntStream.rangeClosed(int, int)
	Random.ints()
LongStream	Arrays.stream(long[])
	LongStream.of(long[])
	LongStream.range(long, long)
	LongStream.rangeClosed(long, long)
	Random.longs()
DoubleStream	Arrays.stream(double[])
	DoubleStream.of(double[])
	Random.doubles(...)

위 표에서 Collection 인터페이스와 Arrays 클래스는 java.util 패키지에 속한 인터페이스와 클래스다. range() 메서드와 rangeClosed() 메서드는 두 번째 매개변수 인덱스가 포함되느냐 안되느냐로 구분할 수 있다.

```
1. package chapter16;
2.
3. import java.util.Arrays;
4. import java.util.stream.IntStream;
5.
6. public class IntStreamEx {
7.
8.     public static void main(String[] args) {
9.
10.         int[] arr = {1, 2, 3, 4, 5};
11.
```

```
12.          System.out.println("Arrays.stream() IntStream 생성하기");
13.          IntStream intstream1 = Arrays.stream(arr);
14.          intstream1.forEach(s -> System.out.print(s+"\t"));
15.          System.out.println();
16.
17.          System.out.println("IntStream.of() IntStream 생성하기");
18.          IntStream intstream2 = IntStream.of(arr);
19.          intstream2.forEach(s -> System.out.print(s+"\t"));
20.          System.out.println();
21.
22.          // 두번째 매개변수 인덱스 포함안됨
23.          System.out.println("IntStream.range(1,6) IntStream 생성하기");
24.          IntStream intstream3 = IntStream.range(1,6);
25.          intstream3.forEach(s -> System.out.print(s+"\t"));
26.          System.out.println();
27.
28.          System.out.println("IntStream.rangeClosed(1,5) IntStream 생성하기");
29.          IntStream intstream4 = IntStream.rangeClosed(1,5);
30.          intstream4.forEach(s -> System.out.print(s+"\t"));
31.
32.      }
33.
34. }
```

[실행 결과]

```
Arrays.stream() IntStream 생성하기
1    2    3    4    5
IntStream.of() IntStream 생성하기
1    2    3    4    5
IntStream.range(1,6) IntStream 생성하기
1    2    3    4    5
IntStream.rangeClosed(1,5) IntStream 생성하기
1    2    3    4    5
```

Jdk8의 Random 클래스는 난수를 가지고 세 가지 타입의 스트림 (IntStream, LongStream, DoubleStream) 을 만들어낼 수 있다.

```
1. package chapter16;
2.
3. import java.util.Random;
4. import java.util.stream.DoubleStream;
5. import java.util.stream.IntStream;
6. import java.util.stream.LongStream;
7.
8. public class RandomToStream {
9.
10.     public static void main(String[] args) {
11.
```

```
12.          System.out.println("int 형 난수 스트림 : ");
13.          // ints(3) 3개
14.          IntStream isr = new Random().ints(3);
15.          isr.forEach(s -> System.out.println(s));
16.
17.          // ints(갯수, 시작값, 끝값전까지)
18.          isr = new Random().ints(10,0,3);
19.          isr.forEach(s -> System.out.println(s));
20.          System.out.println();
21.
22.          System.out.println("long 형 난수 스트림 : ");
23.          // longs(갯수, 시작값, 끝값전까지)
24.          LongStream lsr = new Random().longs(3,0,10);
25.          lsr.forEach(s -> System.out.println(s));
26.          System.out.println();
27.
28.          System.out.println("double 형 난수 스트림 : ");
29.          // doubles(3) 3개
30.          DoubleStream dsr = new Random().doubles(3 );
31.          dsr.forEach(s ->System.out.println(s));
32.
33.     }
34.
35. }
```

[실행 결과]

```
int 형 난수 스트림 :
-1718096114
844464694
2028901220
0
1
0
0
0
1
1
2
0
2

long 형 난수 스트림 :
8
7
8

double 형 난수 스트림 :
0.7288567695431178
0.2272838311937031
0.640703431228702
```

만약, 문자열을 Stream으로 처리하기 위해서는 chars() 메서드를 사용하면 된다. char 자료형은 문자 자료형이긴 하지만, 숫자이기 때문에 아래 예제와 같이 내부 반복자로 처리 가능하다.

```
1. package chapter16;
2.
3. import java.util.stream.IntStream;
4.
5. public class StrToStream {
6.
7.    public static void main(String[] args) {
8.
9.        String str = "자바 세상을 만들자";
10.
11.        // Stream 객체 생성
12.        IntStream isr = str.chars();
13.
14.        // System.out.print()
15.        isr.forEach(s -> System.out.print((char)s));
16.
17.    }
18.
19. }
```

char 자료형은 정수타입이므로 IntStream 객체로 생성한 후 내부반복자로 반복하면서 출력할 수 있는데, 숫자가 아닌 문자로 출력하려면 (char)로 강제형변환을 해줘야 한다.

📄 파일에서 스트림 생성하기

보통 스트림을 Collection 객체나 배열에 저장된 데이터를 스트림 객체로 생성하는 경우가 많다. 하지만 외부에 저장된 파일이나 폴더의 내용을 스트림에 저장할 수 있는데, 외부 파일에서 Stream 객체를 생성하는 경우는 String 타입으로 저장된다.

외부파일에서 스트림 객체를 생성하는 메서드는 아래 표와 같다.

리턴값	메서드
Stream⟨Path⟩	Files.find(Path, int, BiPredicate, FileVIsitOption)
	Files.list(Path)
Stream⟨String⟩	Files.lines(Path, Charset)
	BufferedReader.lines()

앞에서 만들었던 예제파일을 Stream 객체로 생성해서 출력하는 예제를 만들어 보자.

```
1. package chapter16;
2.
3. import java.io.BufferedReader;
4. import java.io.File;
5. import java.io.FileReader;
6. import java.nio.charset.Charset;
7. import java.nio.file.Files;
8. import java.nio.file.Path;
9. import java.nio.file.Paths;
10. import java.util.stream.Stream;
11.
12. public class FileToStream {
13.
14.     public static void main(String[] args) {
15.
16.         try {
17.             // Paths.get() 메서드 사용
18.             Path path = Paths.get("src/chapter16/StrToStream.java");
19.             Stream<String> stream =
20.                             Files.lines(path, Charset.defaultCharset());
21.             stream.forEach( s -> System.out.println(s));
22.             stream.close();
23.             System.out.println();
24.
25.             //BufferedReader의 lines() 메소드 사용
26.             File file = path.toFile();
27.             FileReader fr = new FileReader(file);
28.             BufferedReader br = new BufferedReader(fr);
29.             br.lines().forEach( s -> System.out.println(s));
30.             stream.close();
31.         } catch (Exception e) {
32.             System.out.println(e.getMessage());
33.         }
34.
35.     }
36.
37. }
```

[실행 결과]
StrToStream.java 소스 내용 출력...

📖 디렉토리에서 스트림 생성하기

```
1. package chapter16;
2.
3. import java.io.File;
4. import java.nio.file.Files;
5. import java.nio.file.Path;
6. import java.nio.file.Paths;
7. import java.util.stream.Stream;
8.
9. public class DirectoryToStream {
10.
11.     public static void main(String[] args) {
12.
13.         try {
14.             System.out.println("list() 메서드를 이용하여 스트림 생성하기");
15.             // src 디렉토리로 Path 객체 생성
16.             Path path = Paths.get("src");
17.             // src 경로의 모든 디렉토리와 파일 Stream 객체로 생성
18.             Stream<Path> sr1 = Files.list(path);
19.             sr1.forEach(p -> System.out.println(p.getFileName()));
20.
21.             System.out.println("find() 메서드를 이용하여 스트림 생성하기");
22.             // src 디렉토리로 시작해서 10단계까지의 디렉토리 깊이까지 탐색
23.             Stream<Path> sr2 = Files.find(path, 10,
24.                     (p, basicFileAttributes) -> {
25.                         File file = p.toFile();
26.                         // 디렉토리가아니고 파일이름에 Stream이 포함된 파일명
27.                         return !file.isDirectory() &&
28.                                         file.getName().contains("Stream");
29.                     });
30.             sr2.forEach( p -> System.out.println(p.getFileName()));
31.         } catch (Exception e) {
32.             System.out.println(e.getMessage());
33.         }
34.
35.     }
36.
37. }
```

[실행 결과]

list() 메서드를 이용하여 스트림 생성하기
chapter02
chapter03
chapter04
chapter05
chapter06
chapter07
chapter08
chapter09
chapter10
chapter11
chapter12
chapter13
chapter14
chapter15
chapter16
chapter17
chapter18
chapter19
find() 메서드를 이용하여 스트림 생성하기
FieInputStreamEx.java
FieInputStreamEx2.java
FieInputStreamEx3.java
FieOutputStreamEx.java
FieOutputStreamEx2.java
InputStreamEx.java
InputStreamEx2.java
OutputStreamEx.java
PrintStreamEx.java
ArrayToStream.java
CollectionToStream.java
DirectoryToStream.java
FileToStream.java
IntStreamEx.java
RandomToStream.java
StreamByBuilder.java
StreamByGenerator.java
StreamByIterator.java
StrToStream.java

16.4 스트림 가공하기

많은 양의 데이터를 분석하거나 가공하고, 축소하는 것을 일반적으로 Reduction이라고 하는데, 데이터의 합계나 평균, 개수, 최대값 최소값 등을 Reduction의 결과라 할 수 있다. 이러한 결과를 얻기 위해 중간 처리 작업이 필요하다. 중간 처리 작업은 필터링(filtering), 매핑(mapping), 정렬(sorting), 그룹핑(groupping) 등이 있다. 이러한 중간 처리 작업을 이용하여 스트림을 가공 할 수 있다.

필터링(filtering)

필터링이란 정수기에서 물을 걸러주는 것을 필터라고 하는 것처럼, Steram 내의 요소를 걸러내는 기능을 말한다. 필터링의 주요 메서드는 중복을 제거해주는 distinct()메서드와 filter() 메서드가 있다. 이 두 개의 메서드는 모든 Stream 객체가 가지고 있는 공통 메서드이다. distinct는 중복을 제거하는 것이고 filter는 스트림의 각 요소를 1개씩 입력받아서 boolean을 리턴하는 표현식을 이용해서 true를 리턴하는 데이터만 모아서 새로운 스트림을 생성해서 리턴한다.

Stream	메서드	설명
StrStream IntStream LongStream DoubleStream	distinct()	중복 제거
Stream	filter(Predicate)	조건에 맞는 요소 선택
IntStream	filter(IntPredicate)	
LongStream	filter(longPredicate)	
DoubleStream	filter(DoublePredicate)	

```java
1. package chapter16;
2.
3. import java.util.Arrays;
4. import java.util.List;
5.
6. public class FilterStream {
7.
8.     public static void main(String[] args) {
9.
10.         // List 객체 생성
11.         List<String> list = Arrays.asList("홍길동", "김유신", "홍길동",
12.                                 "이순신", "홍길동", "유관순");
13.
```

```
14.          // distinct() 메서드로 중복 제거 후 내부 반복자로 출력
15.          System.out.println("distinct()");
16.          list.stream().distinct().forEach(n -> System.out.println(n));
17.          System.out.println();
18.
19.          // "홍"으로 시작하는 문자열로 필터링 후 내부 반복자로 출력
20.          System.out.println("filter()");
21.          list.stream().filter(n -> n.startsWith("홍"))
22.                       .forEach(n -> System .out.println(n));
23.          System.out.println();
24.
25.          // 중복제거 후 "홍"으로 시작하는 문자열 내부 반복자로 출력
26.          System.out.println("distinct() + filter()");
27.          list.stream().distinct().filter(n -> n.startsWith("홍"))
28.                       .forEach(n -> System.out.println(n));
29.
30.      }
31.
32. }
```

```
[실행 결과]

distinct()
홍길동
김유신
이순신
유관순

filter()
홍길동
홍길동
홍길동

distinct() + filter()
홍길동
```

16라인을 보면 list.stream().distinct().forEach() 형태의 구조로 되어 있는데, '.' 이 여러개가 연속으로 쓰이면 코드가 어려워 보이는 착시 현상이 일어나게 된다. 왼쪽부터 하나씩 차례대로 천천히 살펴보자. list객체의 stream() 메서드는 stream 객체를 리턴하는 메서드이다. 이 stream 객체의 distinct() 메서드는 중복을 제거하고, 다시 stream 객체를 리턴하므로 제거된 stream 객체의 forEach() 메서드가 최종적으로 실행되며, 매개변수로 들어가 있는 함수형 인터페이스가 람다식 표현으로 하나씩 출력되고 있다. 이렇게 왼쪽부터 차례대로 실행되며 객체를 리턴하고, 리턴된 객체의 또다른 메서드가 실행되는 구조를 메서드 체이닝이라고 앞에서 배웠다. 이런 구조는 앞으로도 자주 나오니, 겁먹지 말고 왼쪽부터 천천히 따라가며 해석해보도록 하자.

27라인은 메서드가 하나 더 추가 됐다. list.stream().distinct().filter().forEach() 형태이다. 메서드가 하나 추가됐을 뿐 왼쪽부터 list객체의 stream() 메서드의 리턴값의 distinct() 메서드의 리턴값의

filter() 메서드의 리턴값의 forEach() 메서드가 실행된다. 마침표(.)는 마침표를 기준으로 왼쪽 객체를 대상으로 객체안에 있는 멤버에 접근하기 위한 기호이다.

📋 매핑(Mapping)

매핑(mapping)이란 컬렉션 프레임워크에서 Map 인터페이스의 Key와 Value처럼 매핑되어 있는 개념을 생각하면 된다. 매핑은 스트림의 데이터를 매개변수로 받아서 가공해서 새로운 스트림을 만들어 리턴한다. 즉 데이터의 변환을 위한 기능이다. 스트림의 요소를 다른 요소와 매핑해서 대체할 수 있는 기능을 말한다. 스트림에서 제공되는 메서드로는 flatMapXXX()와 mapXXX(), asDoubleStream(), asLongStream(), boxed() 메서드가 있다.

flatXXX() 메서드

flatXXX() 메서드는 다른 타입의 요소를 가진 스트림을 리턴한다. flatMapXXX 메서드를 살펴보자.

리턴 타입	메서드	설명
Stream⟨R⟩	flatMap(Function⟨T, Stream⟨R⟩⟩)	T를 입력받아 R 타입의 Stream 객체 리턴
DoubleStream	flatMap(DoubleFunction⟨DoubleStream⟩)	double 타입을 입력받아 DoubleStream 객체 리턴
	flatMapToDouble(Function⟨T, DoubleStream⟩)	T를 입력받아 DoubleStream 객체 리턴
IntStream	flatMap(IntFunction⟨IntStream⟩)	Int타입을 입력받아 IntStream 객체 리턴
	flatMapToInt(Function⟨T, IntStream⟩)	T를 입력받아 IntStream 객체 리턴
LongStream	flatMap(LongFunction⟨LongStream⟩)	long 타입을 입력받아 LongStream객체 리턴
	flatMapToLong(Function⟨T, LongStream⟩	T를 입력받아 LongStream 객체 리턴

```
1. package chapter16;
2.
3. import java.util.Arrays;
4. import java.util.List;
5. import java.util.stream.DoubleStream;
6. import java.util.stream.IntStream;
7.
8. public class StreamFlatMap {
9.
```

```
10.    public static void main(String[] args) {
11.
12.        // 문자열을 공백으로 분리해서 매핑
13.        List<String> list1 = Arrays.asList("동해물과", "백두산이",
14.                                            "마르고 닳도록");
15.        list1.stream().flatMap(data -> Arrays.stream(data.split(" ")))
16.                .forEach(word -> System.out.println(word));
17.        System.out.println();
18.
19.        // 문자열을 ,로 분리해서 double 자료형으로 변환해서 매핑
20.        List<String> list2 = Arrays.asList("1.1, 2.2, 3.3", "4.4, 5.5, 6.6");
21.        DoubleStream dsr = list2.stream().flatMapToDouble(data -> {
22.            String [] strArr = data.split(",");
23.            double [] dArr = new double [strArr.length];
24.            for (int i=0 ; i<dArr.length; i++) {
25.                dArr[i] = Double .parseDouble(strArr[i].trim());
26.            }
27.            return Arrays.stream(dArr);
28.        });
29.        dsr.forEach(n -> System.out.println(n));
30.        System.out.println();
31.
32.        // 문자열을 ,로 분리해서 int 자료형으로 변환해서 매핑
33.        List<String> list3 = Arrays.asList("1, 2, 3", "4, 5, 6");
34.        IntStream isr = list3.stream().flatMapToInt(data -> {
35.            String [] strArr = data.split(",");
36.            int [] intArr = new int [strArr.length];
37.            for (int i=0 ; i<strArr.length; i++) {
38.                intArr[i] = Integer.parseInt(strArr[i].trim());
39.            }
40.            return Arrays.stream(intArr);
41.        });
42.        isr.forEach(n -> System.out.println(n));
43.
44.    }
45.
46. }
```

[실행 결과]

동해물과
백두산이
마르고
닳도록

1.1
2.2
3.3
4.4
5.5
6.6

1

```
2
3
4
5
6
```

mapXXX() 메서드

mapXXX() 메서드는 요소를 새로 구성하여 새로운 스트림을 리턴 한다. mapXXX() 메서드의 종류는 아래 표와 같다.

리턴타입	메서드	설명
Stream⟨R⟩	map(Function⟨T,R⟩)	T를 입력받아 R타입으로 리턴
	mapToObj(DoubleFunction⟨R⟩)	double 타입을 입력받아 R타입으로 리턴
	mapToObj(IntFunction⟨R⟩)	int 타입을 입력받아 R타입으로 리턴
	mapToObj(LongFunction⟨R⟩)	long 타입을 입력받아 R타입으로 리턴
IntStream	mapToInt(ToIntFunction⟨T⟩)	T를 입력받아 int 타입으로 리턴
	map(IntUnaryOperator)	int타입을 입력받아 int 타입으로 리턴
	mapToInt(LongToIntFunction)	long타입을 입력받아 int 타입으로 리턴
	mapToInt(doubleToIntFunction)	double타입을 입력받아 int 타입으로 리턴
LongStream	mapToLong(ToLongFunction⟨T⟩)	T를 입력받아 long 타입으로 리턴
	mapToLong(IntToLongFunction)	int 타입을 입력받아 long 타입으로 리턴
	map(LongUnaryOperator)	long 타입을 입력받아 long 타입으로 리턴
	mapToLong(DoubleToLongFunction)	double 타입을 입력받아 long 타입으로 리턴
DoubleStream	mapToDouble(ToDoubleFunction⟨T⟩)	T를 입력받아 double 타입으로 리턴
	mapToDouble(IntToDoubleFunction)	int 타입을 입력받아 double 타입으로 리턴
	mapToDouble(LongToDoubleFunction)	long 타입을 입력받아 double 타입으로 리턴
	map(DoubleUnaryOperator)	double 타입을 입력받아 double 타입으로 리턴

이번 예제는 문자열 스트림 객체를 생성해 문자열의 길이 값으로 구성된 IntStream 객체를 생성 한 후 내부 반복자로 반복하면서 해당 요소의 값(문자열의 길이)을 출력하는 예제이다.

```
 1. package chapter16;
 2.
 3. import java.util.Arrays;
 4. import java.util.List;
 5. import java.util.stream.DoubleStream;
 6. import java.util.stream.IntStream;
 7.
 8. public class StreamMap {
 9.
10.     public static void main(String[] args) {
11.
12.         List<String> list = Arrays.asList("동해물과", "백두산이",
13.                                     "마르고 닳도록");
14.
15.         System.out.println("함수적 인터페이스 방식");
16.         list.stream().mapToInt(s -> s.length())
17.                     .forEach(len -> System .out.println(len));
18.         System.out.println();
19.
20.         System.out.println("메서드 참조 방식");
21.         list.stream().mapToInt(String::length)
22.                     .forEach(len -> System.out.println(len));
23.
24.     }
25.
26. }
```

[실행 결과]

함수적 인터페이스 방식
4
4
7

메서드 참조 방식
4
4
7

위 예제에서 메서드 참조 방식에 String::length 라고 코딩되어 있는 부분이 있는데, 이 부분은 s ->
s.length()와 동일한 코드이다. 실행 결과를 보면 동일한 결과로 출력된 것을 알 수 있다.

그 외 메서드

위 메서드 외에 asDoubleStream(), asLongStream(), boxed() 메서드가 있는데 이 메서드 들은
stream 객체를 형변환할 수 있는 메서드이다.

메서드	설명
asDoubleStream	IntStream이나 LongStream을 DoubleStream으로 형변환
asLongStream	IntStream을 LongStream으로 형변환
boxed	IntStream, LongStream, DoubleStream을 Stream⟨Integer⟩, Stream⟨Long⟩, Stream⟨Double⟩로 형변환

```java
1. package chapter16;
2.
3. import java.util.Arrays;
4.
5. public class StreamOther {
6.
7.     public static void main(String[] args) {
8.
9.         int intArr[] = {10, 20, 30, 40, 50, 60};
10.
11.         // double타입의 요소를 갖는 DoubleStream으로 형변환
12.         Arrays.stream(intArr).asDoubleStream()
13.                             .forEach(d -> System.out.println(d));
14.         System.out.println();
15.
16.         // int타입의 요소를 갖는 Stream<Integer>으로 형변환
17.         Arrays.stream(intArr).boxed()
18.                             .forEach(i -> System.out.println(i.getClass()));
19.
20.     }
21.
22. }
```

[실행 결과]

```
10.0
20.0
30.0
40.0
50.0
60.0

class java.lang.Integer
class java.lang.Integer
class java.lang.Integer
class java.lang.Integer
class java.lang.Integer
class java.lang.Integer
```

정렬(Sorting)

스트림의 중간 단계에서 sorted 메서드를 이용하여 순서를 변경 할 수 있다. 일반적인 객체를 정렬하기 위해서는 Comparable 인터페이스를 구현한 클래스의 객체만 정렬이 가능하다. 예를 들어 String 클래스는 이미 Comparable 인터페이스를 구현한 클래스이므로 String 객체는 정렬이 가능하다.

```java
1. package chapter16;
2.
3. import java.util.Arrays;
4. import java.util.Comparator;
5. import java.util.List;
6.
7. public class StreamOrder {
8.
9.     public static void main(String[] args) {
10.
11.         List<String> list = Arrays.asList("홍길동", "김유신",
12.                                             "이순신", "유관순");
13.
14.         System.out.println("기본 정렬");
15.         list.stream().sorted().forEach(System.out::println);
16.         System.out.println();
17.
18.         System.out.println("역순 정렬");
19.         list.stream().sorted(Comparator.reverseOrder())
20.                     .forEach(System.out::println);
21.
22.     }
23.
24. }
```

[실행 결과]

기본 정렬
김유신
유관순
이순신
홍길동

역순 정렬
홍길동
이순신
유관순
김유신

Comparator.reverseOrder() 메서드는 Comparator 인터페이스의 static 메서드로 기본 정렬의 역순으로 정렬할 수 있는 있는데, sorted() 메서드 내에서 사용하면 역순으로 정렬이 가능하다. 그렇다면 내가 만든 클래스의 객체는 어떻게 정렬을 할 지 생각해보자.

▶ Shape.java

```java
1. package chapter16;
2.
3. abstract class Shape implements Comparable<Shape>{
4.
5.     // 필드
6.     int x, y;
7.
8.     // 생성자
9.     Shape() {
10.         this (0, 0);
11.     }
12.     Shape(int x, int y) {
13.         this.x = x;
14.         this.y = y;
15.     }
16.
17.     // 추상메서드
18.     abstract double area();
19.     abstract double length();
20.
21.     // 일반 메서드
22.     public String getLocation() {
23.         return "x:" + x + ",y:" + y;
24.     }
25.
26.     @Override
27.     public int compareTo(Shape s) {
28.         return (int)(this.area() - s.area());
29.     }
30. }
31. }
```

▶ Rectangle.java

```java
1. package chapter16;
2.
3. public class Rectangle extends Shape {
4.
5.     // 필드
6.     int w,h;
7.
8.     // 생성자
```

```
 9.      Rectangle() {
10.          this (1 ,1 );
11.      }
12.      Rectangle(int w, int h) {
13.          this.w = w;
14.          this.h = h;
15.      }
16.
17.      // 메서드 재정의(오버라이딩)
18.      @Override
19.      double area() {
20.          return (w * h);
21.      }
22.
23.      @Override
24.      double length() {
25.          return (w + h) * 2 ;
26.      }
27.
28.      @Override
29.      public String toString() {
30.          return "넓이 : "+this.area();
31.      }
32.
33. }
```

▸ Circle.java

```
 1. package chapter16;
 2.
 3. public class Circle extends Shape {
 4.
 5.      // 필드
 6.      double r;
 7.
 8.      // 생성자
 9.      Circle() {
10.          this(1);
11.      }
12.      Circle(double r) {
13.          this.r = r;
14.      }
15.
16.      // 메서드 재정의(오버라이딩)
17.      @Override
18.      double area() {
19.          return (r * r) * Math.PI;
20.      }
21.
22.      @Override
23.      double length() {
```

```
24.          return (r * 2) * Math.PI;
25.     }
26.
27.     @Override
28.     public String toString() {
29.          return "넓이 : "+this.area();
30.     }
31.
32. }
```

▶ StreamOrder2.java

```
1. package chapter16;
2.
3. import java.util.Arrays;
4. import java.util.Comparator;
5. import java.util.List;
6.
7. public class StreamOrder2 {
8.
9.     public static void main(String[] args) {
10.
11.         Shape s1 = new Rectangle(10,3);
12.         Shape s2 = new Circle(10);
13.         Shape s3 = new Rectangle(20,2);
14.         Shape s4 = new Circle(11);
15.
16.         List<Shape> list = Arrays.asList(s1, s2, s3, s4);
17.
18.         System.out.println("오름차순 정렬");
19.         list.stream().sorted().forEach(System .out::println);
20.
21.         System.out.println("내림차순 정렬 1");
22.         list.stream().sorted((a,b) -> b.compareTo(a) - a.compareTo(b))
23.                     .forEach(System.out::println);
24.
25.         System.out.println("내림차순 정렬 2");
26.         list.stream().sorted(Comparator.reverseOrder())
27.                     .forEach(System.out::println);
28.
29.     }
30. }
```

[실행 결과]

```
오름차순 정렬
넓이 : 30.0
넓이 : 40.0
넓이 : 314.1592653589793
넓이 : 380.132711084365
내림차순 정렬 1
```

```
넓이 : 380.132711084365
넓이 : 314.1592653589793
넓이 : 40.0
넓이 : 30.0
내림차순 정렬 2
넓이 : 380.132711084365
넓이 : 314.1592653589793
넓이 : 40.0
넓이 : 30.0
```

실행 결과를보면 넓이 기준으로 정렬되어 출력 되고 있다. 내림차순으로 정렬하기 위해서 Comparator.reverseOrder() 메서드를 이용하면 기본 정렬 방식의 역순으로 출력된다. Shape 클래스는 Comparable 인터페이스를 구현하고 있는데, Shape 클래스, 즉 부모 클래스가 Comparable 인터페이스를 구현했으므로 Shape클래스의 자식 클래스인 Rectangle과 Circle 클래스도 역시 Comparable 인터페이스의 구현 클래스가 된다. 그럼 기본 정렬 방식은 그대로 두고 , 둘레(length()) 순으로 정렬하고 싶은 경우는 어떻게 해야 할까?

```
1.  package chapter16;
2.
3.  import java.util.Arrays;
4.  import java.util.Comparator;
5.  import java.util.List;
6.
7.  public class StreamOrder3 {
8.
9.      public static void main(String[] args) {
10.
11.         Shape s1 = new Rectangle(10,3);
12.         Shape s2 = new Circle(10);
13.         Shape s3 = new Rectangle(20,2);
14.         Shape s4 = new Circle(11);
15.
16.         List<Shape> list = Arrays.asList(s1, s2, s3, s4);
17.
18.         System.out.println("정렬하지 않고 출력");
19.         list.stream().forEach(System.out::println);
20.
21.         System.out.println("둘레(length()) 순으로 정렬");
22.         System.out.println("함수적 인터페이스로 구현");
23.         list.stream().sorted(new Comparator<Shape>() {
24.             @Override
25.             public int compare(Shape s1, Shape s2) {
26.                 return (int)(s1.length() - s2.length());
27.             }
28.         }).forEach(System.out::println);
29.
30.         System.out.println("람다표현식을 이용하여 둘레순으로 정렬");
```

```
31.            list.stream().sorted((a,b) -> (int)(a.length() - a.length()))
32.                    .forEach(System.out::println);
33.
34.
35.    }
36. }
```

[실행 결과]

정렬하지 않고 출력
넓이 : 30.0
넓이 : 314.1592653589793
넓이 : 40.0
넓이 : 380.132711084365
둘레(length()) 순으로 정렬
함수적 인터페이스로 구현
넓이 : 30.0
넓이 : 40.0
넓이 : 314.1592653589793
넓이 : 380.132711084365
람다표현식을 이용하여 둘레순으로 정렬
넓이 : 30.0
넓이 : 314.1592653589793
넓이 : 40.0
넓이 : 380.132711084365

이미 정의되어 있는 정렬 기준 말고 다른 정렬 기준으로 정렬하고 싶은 경우 23~28라인처럼 Comparator 인터페이스 객체를 sorted() 메서드 안에 정의해 주면 된다. Comparator 인터페이스는 FunctionalInterface 이므로 람다표현식으로 정의해도 된다.

🖥 스트림 반복자

요소전체를 반복하는 메서드는 지금까지 사용했던 forEach() 메서드와 peek() 메서드가 있다. forEach() 메서드는 최종 단계 반복이고, peek() 메서드는 중간 처리 반복자라고 하는데, peek() 메서드는 중간 단계에서 전체 요소를 반복하면서 추가 작업을 하기 위해 사용된다. 그래서 최종 처리 메서드가 호출되어야 동작한다.

```
1. package chapter16;
2.
3. import java.util.Arrays;
4. import java.util.Comparator;
5. import java.util.List;
6.
7. public class StreamPeek {
8.
```

```
 9.     public static void main(String[] args) {
10.
11.         Shape s1 = new Rectangle (10,3);
12.         Shape s2 = new Circle(10);
13.         Shape s3 = new Rectangle(20,2);
14.         Shape s4 = new Circle(11);
15.
16.         List<Shape> list = Arrays.asList(s1, s2, s3, s4);
17.
18.         list.parallelStream().mapToDouble(a -> a.area())
19.                             .peek(a -> System.out.println(a));
20.
21.     }
22. }
```

위 예제를 실행해 보면 아무것도 출력되지 않는다. a -> System.out.println(a) 문장이 있지만, peek() 메서드는 중간 반복자이므로 최종 처리 메서드가 호출되어야만 동작이 되는 것이다. 위 19라인을 아래와 같이 수정해 보자.

```
.peek(a -> System.out.println(a)).sum();
```

sum() 메서드는 DoubleStream 클래스에 있는 메서드로 mapToDouble() 메서드에 의해 DoubleStream 타입으로 변환되고, 마지막으로 최종 처리 메서드인 sum()메서드가 호출되어 각각의 요소들이 출력이 된다.

```
[실행 결과]

30.0
314.1592653589793
40.0
380.132711084365
```

반대로, forEach() 메서드는 최종 처리 반복자이므로 위 예제의 sum() 메서드는 호출 할 수 없다.

요소 조건 검사

스트림 내부의 요소들이 특정 조건을 만족하는지 검사할 수 있는 메서드가 있는데, 아래 세 가지 메서드를 확인해보고 예제를 통해 비교해보자.

메서드	설명
allMatch(Predicate p)	요소들이 모두 p조건을 만족하면 true, 그렇지 않으면 false
anyMatch(Predicate p)	요소들 중 하나라도 p조건을 만족하면 true, 그렇지 않으면 false
noneMatch(Predicate p)	요소들이 모두 p조건을 만족하지 않으면 true, 아니면 false

```
1. package chapter16;
2.
3. import java.util.Arrays;
4. import java.util.List;
5.
6. public class StreamPeek {
7.
8.     public static void main(String[] args) {
9.
10.         Shape s1 = new Rectangle (10,3);
11.         Shape s2 = new Circle(10);
12.         Shape s3 = new Rectangle(20,2);
13.         Shape s4 = new Circle(11);
14.
15.         List<Shape> list = Arrays.asList(s1, s2, s3, s4);
16.
17.         // 모든 요소들이 Shape의 인스턴스(객체)인지 조건 비교
18.         boolean result = list.stream().allMatch(a -> (a instanceof Shape));
19.         System.out.println("모든 요소는 Shape의 객체이다. -> " + result);
20.
21.         // 요소들 중 하나이상이 Rectangle 객체인지 조건 비교
22.         boolean result2 = list.stream()
23.                             .anyMatch(a -> (a instanceof Rectangle));
24.         System.out.println("요소 중 Rectangle의 객체가 존재한다. -> "
25.                         + result2);
26.
27.         // 모든 요소가 Circle의 객체인지 조건에 해당하지 않는지 비교
28.         boolean result3 = list.stream().noneMatch(a -> (a instanceof Circle));
29.         System.out.println("모든 요소 중 Circle의 객체가 존재하지 않는다. -> "
30.                         + result3);
31.
32.     }
33. }
```

[실행 결과]

모든 요소는 Shape의 객체이다. -> true
요소 중 Rectangle의 객체가 존재한다. -> true
모든 요소 중 Circle의 객체가 존재하지 않는다. -> false

집계 메서드

스트림API 는 요소들의 최소값, 최대값, 합계, 평균값, 갯수 등을 구할 수 있는 메서드를 제공하고 있다. 이 메서드들 중 합계와 갯수를 구해주는 메서드 외의 나머지 메서드는 모두 Optional로 시작하는 타입으로 리턴한다. 아래 표를 확인해보자.

리턴타입	메서드	설명
long	count()	요소들의 갯수
int	sum()	IntStream 요소들의 합
long	sum()	LongStream 요소들의 합
double	sum()	DoubleStream 요소들의 합
OptionalXXX	findFirst()	첫번째 요소
Optionalxxx	max()	기본 정렬에서 최대값 요소
Optional⟨T⟩	max(Comparator⟨T⟩)	설정한 정렬에서 최대값 요소
OptionalXXX	min()	기본 정렬에서 최소값 요소
Optional⟨T⟩	min(Comparator⟨T⟩)	설정한 정렬에서 최소값 요소
OptionalDouble	average()	요소들의 평균

```java
1. package chapter16;
2.
3. import java.util.Arrays;
4. import java.util.OptionalDouble;
5. import java.util.OptionalInt;
6.
7. public class StreamOptional {
8.
9.     public static void main(String[] args) {
10.
11.         int[] arr = new int[100];
12.         for (int i=0; i<100; i++) {
13.             arr[i] = i+1;
14.         }
15.
16.         // 리턴값 long
17.         long count = Arrays.stream(arr).count();
18.         System.out.println("요소들의 갯수 : " + count);
19.
20.         // 리턴값 int
21.         int sum = Arrays.stream(arr).sum();
22.         System.out.println("요소들의 합 : " + sum);
23.
24.         OptionalInt first = Arrays.stream(arr).findFirst();
```

```
25.        System.out.println("요소들 중 첫번째 값 : " + first.getAsInt());
26.
27.        OptionalInt max = Arrays.stream(arr).max();
28.        System.out.println("요소들 중 최대 값 : " + max.getAsInt());
29.
30.        OptionalInt min = Arrays.stream(arr).min();
31.        System.out.println("요소들 중 최소 값 : " + min.getAsInt());
32.
33.        OptionalDouble avg = Arrays.stream(arr).average();
34.        System.out.println("요소들의 평균 : " + avg.getAsDouble());
35.
36.
37.
38.    }
39.
40. }
```

[실행 결과]

요소들의 갯수 : 100
요소들의 합 : 5050
요소들 중 첫번째 값 : 1
요소들 중 최대 값 : 100
요소들 중 최소 값 : 1
요소들의 평균 : 50.5

count() 메서드와, sum() 메서드를 제외한 나머지 메서드들의 리턴타입은 OptionalXXX 타입인데 XXX는 OptionalInt, OptionalLong, OptionalDouble 또는 그냥 Optional 클래스가 있다. 기능이 유사하므로 자주사용되는 공통적인 메서드를 살펴보고 예제를 통해 확인해 보자.

리턴타입	메서드	설명
boolean	isPresent()	값이 존재하는지 여부
T	orElse(T)	기본값 설정
void	ifPresent(Consumer)	값이 존재하는 경우 Consumer에서 처리

Stream 객체에 해당 요소가 존재하지 않는 경우가 있을 수 있다.

```
1. package chapter16;
2.
3. import java.util.ArrayList;
4. import java.util.List;
5. import java.util.OptionalDouble;
6. import java.util.OptionalInt;
7.
8. public class StreamOptionalNoElem {
```

```
 9.
10.    public static void main(String[] args) {
11.
12.        // 요소가 없는 빈 ArrayList 객체 생성
13.      .  List<Integer> list = new ArrayList<Integer>();
14.
15.        long count = list.stream().count();
16.        System.out.println("요소들의 갯수 : " + count);
17.
18.        int sum =list.stream().mapToInt(Integer::intValue).sum();
19.        System.out.println("요소들의 합 : " + sum);
20.
21.        OptionalDouble avg = list.stream()
22.                            .mapToInt(Integer::intValue).average();
23.        System.out.println("요소들의 평균 : " + avg.getAsDouble());
24.
25.        OptionalInt max =list.stream().mapToInt(Integer::intValue).max();
26.        System.out.println("요소들 중 최대 값 : " + max.getAsInt());
27.
28.        OptionalInt min =list.stream().mapToInt(Integer::intValue).min();
29.        System.out.println("요소들 중 최소 값 : " + min.getAsInt());
30.
31.        OptionalInt first =list.stream()
32.                            .mapToInt(Integer::intValue).findFirst();
33.        System.out.println(" 요소들 중 첫번째 값 : " + first.getAsInt());
34.
35.
36.
37.    }
38.
39. }
```

[실행 결과]

```
Exception in thread "main" java.util.NoSuchElementException : No value present
        at java.base/java.util.OptionalDouble.getAsDouble(OptionalDouble.java:128)
        at chapter16.StreamOptionalNoElem.main(StreamOptionalNoElem.java:22)
요소들의 갯수 : 0
요소들의 합 : 0
```

23라인에서 요소가 없는 경우 평균을 구하려다 오류가 발생하게 된다. 이 예제를 정상적으로 실행되도록 수정하여 보자.

```
1. package chapter16;
2.
3. import java.util.ArrayList;
4. import java.util.List;
5. import java.util.OptionalDouble;
6. import java.util.OptionalInt;
7.
```

```
 8. public class StreamOptionalNoElem2 {
 9.
10.     public static void main(String[] args) {
11.
12.         // 요소가 없는 빈 ArrayList 객체 생성
13.         List<Integer> list = new ArrayList<Integer>();
14.
15.         long count =list.stream().count();
16.         System.out.println("요소들의 갯수 : " + count);
17.
18.         int sum =list.stream().mapToInt(Integer::intValue).sum();
19.         System.out.println("요소들의 합 : " + sum);
20.
21.         OptionalDouble avg = list.stream()
22.                             .mapToInt(Integer::intValue).average();
23.         // 요소가 존재하는 경우에만 평균 출력
24.         if (avg.isPresent()) {
25.             System.out.println("요소들의 평균 : " + avg.getAsDouble());
26.         }
27.
28.         // 요소값이 없는 경우 기본값 설정
29.         int max =list.stream().mapToInt(Integer ::intValue).max().orElse(0);
30.         System.out.println("요소들 중 최대 값 : " + max);
31.
32.         // 요소값이 없는 경우 기본값 설정
33.         int min =list.stream().mapToInt(Integer::intValue).min().orElse(-1);
34.         System.out.println("요소들 중 최소 값 : " + min);
35.
36.         // 요소가 존재하면 실행
37.         list.stream().mapToInt(Integer ::intValue).findFirst()
38.                 .ifPresent(a -> System.out.println("요소 중 첫번째 값: "+a));
39.
40.
41.
42.     }
43.
44. }
```

[실행 결과]

요소들의 갯수 : 0
요소들의 합 : 0
요소들 중 최대 값 : 0
요소들 중 최소 값 : -1

사용자 집계 메서드

스트림에서 기본적으로 제공되는 집계 메서드 외에 사용자가 다양한 집계 결과물을 생성할 수 있는 reduce() 메서드가 제공된다. reduce 메서드는 매개변수타입 XXXOperator 를 이용하여 Stream, IntStream, LongStream, DoubleStream 를 전달해 준다.

```java
1. package chapter16;
2.
3. import java.util.Arrays;
4. import java.util.List;
5.
6. public class StreamReduce {
7.
8.     public static void main(String[] args) {
9.
10.         Shape s1 = new Rectangle(10,3);
11.         Shape s2 = new Circle(10);
12.         Shape s3 = new Rectangle(20,2);
13.         Shape s4 = new Circle(11);
14.
15.         List<Shape> list = Arrays.asList(s1, s2, s3, s4);
16.
17.         double areaSum = list.stream().mapToDouble(Shape::area).sum();
18.         System.out.println("sum() 를 이용한 면적 합계 :" + areaSum);
19.         areaSum = list.stream().mapToDouble(Shape::area)
20.                             .reduce((a, b) -> a+b).getAsDouble();
21.         System .out.println("reduce(Operator) 를 이용한 면적 합계 :"
22.                             + areaSum);
23.
24.         areaSum = list.stream().mapToDouble(Shape::area)
25.                             .reduce(0,(a,b) -> a+b);
26.         System.out.println("reduce(0,Operator) 를 이용한 면적 합계 :"
27.                             + areaSum);
28.
29.     }
30. }
```

[실행 결과]

sum() 를 이용한 면적 합계 :764 .2919764433443
reduce(Operator) 를 이용한 면적 합계 :764.2919764433443
reduce(0,Operator) 를 이용한 면적 합계 :764.2919764433443

collect() 메서드

collect() 메서드를 이용하면, 스트림에서 요소들을 필터링을 하거나 매핑한 후 새로운 객체로 생성 할 수 있다.

```
1. package chapter16;
2.
3. import java.util.Arrays;
4. import java.util.List;
5. import java.util.Set;
6. import java.util.stream.Collectors;
7.
8. public class StreamCollect {
9.
10.     public static void main(String[] args) {
11.
12.         Shape s1 = new Rectangle (10,3);
13.         Shape s2 = new Circle(10);
14.         Shape s3 = new Rectangle (20,2);
15.         Shape s4 = new Circle(11);
16.
17.         List<Shape> list = Arrays .asList(s1, s2, s3, s4);
18.
19.         // 요소가 Rectangle 객체인 경우 collect 메서드로 List로 변환
20.         List<Shape> rectList = list.stream()
21.             .filter(s -> s instanceof Rectangle).collect(Collectors.toList());
22.         rectList.stream().forEach(f -> System.out.println(f));
23.         System .out.println();
24.
25.         // 요소가 Rectangle 객체인 경우 collect 메서드로 Set으로 변환
26.         Set<Shape> rectSet = list.stream()
27.             .filter(s -> s instanceof Rectangle).collect(Collectors.toSet());
28.         rectSet.stream().forEach(f -> System.out.println(f));
29.     }
30. }
```

[실행 결과]

넓이 : 30.0
넓이 : 40.0

넓이 : 40.0
넓이 : 30.0

📖 groupingBy() 메서드

groupingBy() 메서드를 이용하여 Map 객체로 생성할 수 있다. Shape 객체를 도형의 종류별로 묶어서 Map 객체로 저장하는 예제를 구현해 보자.

```java
1. package chapter16;
2.
3. import java.util.Arrays;
4. import java.util.List;
5. import java.util.Map;
6. import java.util.stream.Collectors;
7.
8. public class StreamGroupingBy {
9.
10.     public static void main(String[] args) {
11.
12.         Shape s1 = new Rectangle(10,3);
13.         Shape s2 = new Circle(10);
14.         Shape s3 = new Rectangle(20,2);
15.         Shape s4 = new Circle(11);
16.
17.         List<Shape> list = Arrays.asList(s1, s2, s3, s4);
18.
19.         try {
20.             // 객체 타입으로 그룹핑 (Rectangle, Circle)
21.             Map<Object, List<Shape>> map = list.stream()
22.                          .collect(Collectors.groupingBy(f -> f.getClass()));
23.
24.             System.out.println("사각형 출력");
25.             map.get(Class.forName("chapter16.Rectangle")).stream()
26.                              .forEach(f -> System.out.println(f));
27.
28.             System .out.println("원 출력");
29.             map.get(Class.forName("chapter16.Circle")).stream()
30.                              .forEach(f -> System.out.println(f));
31.
32.         } catch (ClassNotFoundException e) {
33.             System.out.println(e.getMessage());
34.         }
35.     }
36. }
```

[실행 결과]

```
사각형 출력
넓이 : 30.0
넓이 : 40.0
원 출력
넓이 : 314.1592653589793
넓이 : 380.132711084365
```

22라인에서 Collectors.groupingBy() 메서드에서 그룹핑 기준을 getClass()로 지정했다. stream 객체에 Rectangle 객체 2개, Circle 객체 2개가 들어 있으므로 각 2개씩 그룹핑되어 Map객체에 대입된다. 25, 29라인에서는 map 객체의 get() 메서드를 통해 키값으로 그룹핑된 stream 객체를 forEach() 메서드로 출력했다.

16.5 스트림 병렬처리

스트림 객체를 생성할 때 사용하는 stream() 메서드 대신 parallelStream() 메소드를 사용 하면 병렬 스드림을 쉽게 생성할 수 있다. 병렬 처리시 내부적으로는 전체 요소들을 서브 요소로 나누고, 이 서브 요소들을 개별 쓰레드로 처리 한다. 이 서브 요소들의 처리 결과를 결합하여 최종 처리 결과를 리턴하게 된다.

사용방법은 아래와 같이 stream() 메서드가 사용되는 자리에 parallelStream() 메서드를 사용하면 된다.

```
Stream<Object> stream = list.stream()
Stream<Object> stream = list.parallelStream()
```

isParallel() 메서드를 이용하여 병렬 여부를 확인할 수도 있으며, 순차처리 방식과 병렬처리 방식의 처리 실행 속도를 비교해 보자.

```
 1. package chapter16;
 2.
 3. import java.util.ArrayList;
 4. import java.util.List;
 5.
 6. public class StreamParallel {
 7.
 8.     public static void main(String[] args) {
 9.
10.         List<Integer> list = new ArrayList<Integer>();
11.         for (int i=0; i<100; i++) {
12.             list.add(i);
13.         }
14.
15.         long start = System.nanoTime();
16.         // stream() 순차적 스트림 처리
17.         list.stream().forEach(a -> {
18.             try {
19.                 Thread.sleep(1);
20.             } catch (InterruptedException e) {
```

```
21.                    e.printStackTrace();
22.                }
23.            });
24.
25.            long end = System.nanoTime();
26.            System.out.println("순차 스트림 처리 시간 : "+(end-start)+"nano sec");
27.
28.
29.            start = System.nanoTime();
30.            // parallelStream() 병렬 스트림 처리
31.            list.parallelStream().forEach(a -> {
32.                try {
33.                    Thread.sleep(1);
34.                } catch (InterruptedException e) {
35.                    e.printStackTrace();
36.                }
37.            });
38.            end = System.nanoTime();
39.            System.out.println("병렬 스트림 처리 시간 : "+(end-start)+"nano sec");
40.
41.    }
42.
43. }
```

```
[실행 시간]

순차 스트림 처리 시간 : 237213100nano sec
병렬 스트림 처리 시간 : 69840200nano sec
```

stream() 메서드를 이용한 순차적 스트림 처리와 parallelStream() 메서드를 이용한 병렬 스트림 처리의 수행 시간을 각각 구해 출력하는 예제이고 각 forEach() 메서드 안에서 Thread.sleep(1)으로 반복 시 마다 천분의 1초 정도의 텀을 두었다. 1 nano(나노)초는 10억분의 1초로 큰 차이가 아니라고 볼 수 있지만, 더 많은 연산이 일어나거나, 각 요소의 데이터 수가 많으면 많을수록 차이는 점점 커지게 된다.

그렇다고, 무조건 병렬 스트림 처리가 순차적 스트림 처리보다 빠른 것은 아니다. 요소의 수가 적거나 요소처리 시간이 짧으면 순차적 처리가 병렬 처리보다 빠를 수 있다. 이유는 병렬 처리를 하는 경우 스레드를 생성하는 시간이 추가적으로 발생하기 때문이다. 그리고, CPU 코어의 수에 따라 병렬 처리 성능의 차이가 커진다. 즉 코어의 수가 많아질 수록 병렬 처리 속도가 빨라지는 것이다. 반대로 코어가 하나인 경우(싱글코어) 순차적 처리가 더 빠를 수 있다.

16.6 스트림 연결하기

Stream.concat() 메서드를 이용해서 두 개의 스트림 객체를 연결해 새로운 스트림 객체를 생성할 수 있다. concatenate는 연결하다. 이어지다라는 뜻을 가진 단어로 줄여서 concat이라고 이름으로 사용된다.

```java
1. package chapter16;
2.
3. import java.util.stream.Stream;
4.
5. public class StreamConcat {
6.
7.     public static void main(String[] args) {
8.
9.         // 문자열 스트림 객체
10.         Stream<String> stream1 = Stream.of("홍길동", "김유신",
11.                                             "이순신", "유관순");
12.         // 정수 스트림 객체
13.         Stream<Integer> stream2 = Stream.of(1,2,3,4,5,6,7,8,9,10);
14.
15.         // concat() 메서드로 두 스트림 객체
16.         Stream<Object> concat = Stream.concat(stream1, stream2);
17.         concat.forEach(a -> System.out.print(a + ","));
18.
19.     }
20.
21. }
```

[실행 결과]

홍길동,김유신,이순신,유관순,1,2,3,4,5,6,7,8,9,10,

제16장 연습문제

01 스트림에 대한 설명 중 올바르지 않은 것은?

  ① 스트림의 요소는 반복 처리 후 언제든 다시 반복 처리할 수 있다.
  ② 병렬로 처리 가능하다.
  ③ 내부 반복자와 외부 반복자가 있다.
  ④ forEach()로 편하게 반복 처리할 수 있다.

02 아래 예제의 문자열 배열을 스트림으로 변환하여 forEach 메서드를 통해 출력하는 코드를 작성하시오.

```
1. package chapter16;
2.
3. import java.util.Arrays;
4. import java.util.stream.Stream;
5.
6. public class Excercise2 {
7.
8.     public static void main(String[] args) {
9.
10.         // 문자열 배열
11.         String [] arr = new String[]{"a", "b", "c", "d", "e", "f"};
12.
13.         // 코드 작성
14.
15.     }
16.
17. }
```

03 스트림 병렬 처리에 대한 설명으로 올바른 것은?

  ① stream() 메서드로 병렬 처리
  ② 병렬처리는 순차적 처리 보다 항상 빠르다.
  ③ 하나의 작업을 둘 이상의 작업으로 잘게 나눠서 동시에 진행하는 것
  ④ 병렬처리는 CPU가 하나인 경우 더 빠르다.

CHAPTER
17

스레드
(동시에 여러 프로그램 실행)

우리는 지금까지 하나의 프로그램에서 하나의 프로세스가 실행되는 형태의 프로그램을 만들어 왔다. 다시 말해 하나의 스레드를 이용해서 프로그램을 만든 것이다. 프로그램을 코딩 할 때, A라는 메서드를 호출하고 아래에 B라는 메서드를 호출하는 경우 A 메서드가 모든 실행이 끝난 후에 B 메서드가 실행되게 된다. 위에서부터 순차적으로 실행되는 것인데, A메서드와 B메서드를 실행/종료 여부와 상관없이 실행되도록 하고 싶은 경우가 있다. 즉, 프로그램은 하나지만 독립적으로 실행되게 하는 것이다. 마치 채팅 프로그램은 하나지만, 채팅창은 여러 개를 띄워 따로 채팅할 수 있는 것과 같은 개념이다.

17.1 프로세스와 스레드

프로세스란 실행 중인 프로그램을 의미한다. 프로그램을 실행하면 프로그램에 필요한 메모리를 할당받아 프로세스가 되는데, 이 프로세스 안에서 작업을 수행하는 것이 바로 스레드이다. 따라서 모든 프로세스에는 최소한 하나 이상의 스레드가 존재하며, 두개 이상의 스레드를가진 프로세스를 멀티 스레드 프로세스라고 부른다. 프로세스 안에서 여러 스레드가 독립적으로 실행된다고 생각하면 된다.

하나의 프로세스가 가질 수 있는 스레드의 개수는 제한되어 있지 않지만 쓰레드가 작업을 수행하는데 개별적인 메모리를 필요로 하기 때문에 프로세스의 메모리 크기에 따라 생성할 수 있는 쓰레드의 수가 결정된다. 지금 여러분이 사용하고 있는 OS (윈도우 또는 리눅스)는 거의 대부분 멀티 태스킹을 지원하므로 여러 프로세스가 동시에 실행되고 있는 것이다. 실제 윈도우 OS의 작업관리자를 보면 엄청나게 많은 프로세스들이 실행되고 있는 것을 알 수 있다. 이렇게 동시에 실행되고 있긴 하지만 실제 동시에 처리하는 것은 아니다. 하나의 CPU는 하나의 작업만 처리할 수 있기 때문에 내부적으로는 여러 작업들을 돌아가며 수행하는 것이다. 용량이 큰 파일을 다른 곳으로 복사하는 작업을 여러번 실행하면 동시에 복사 작업을 수행하는 것처럼 보이지만, 실제로는 번갈아 실행되는 것이다. 그래서 여러 작업을 할수록 컴퓨터가 느려지는 현상이 발생한다. 스레드도 마찬가지로 두 개의 스레드로 처리하는 것이 하나의 스레드로 처리하는것보다 무조건 성능이 좋다고 얘기할 순 없다.

멀티 스레드를 사용하는 대표적인 예가 여러분이 잘 알고 있는 채팅 프로그램이다. 이 채팅 프로그램에서 친구와 채팅하면서 사진을 전송할 수 있는데, 이게 바로 멀티 스레드를 사용하는 경우이다. 스레드를 사용하지 않는다면, 채팅 따로, 사진 전송 따로 실행되게 된다. 그리고 웹사이트 역시 대표적인 멀티스레드를 사용하는 경우인데, 웹서버는 많은 사용자의 요청을 개별로 응답해서 처리해줘야 하기 때문에 사용자별로 스레드를 생성해 처리한다.

멀티스레드의 장점

- CPU, 메모리를 효율적으로 사용할 수 있다.
- 사용자에 대한 응답성이 높아진다.
- 작업을 스레드 단위로 분리해서 실행시간을 줄일 수 있다.

약수터에서 물을 마시는 경우 대부분의 경우는 줄을 선 순서대로 처리하는데 만일 약수터에 물병을 100개 가진 사람이 먼저와서 물을 받고 있을 때 물 한 잔을 마실 사람이 뒤에 온다면 물 한 잔 마실 사람은 100개의 물병을 가진 사람이 물을 전부 받을 때 까지 기다릴 수 밖에 없다. 이런 경우 100개의 물병에 물을 담는 중간에 잠깐 물 한 잔 받으면 기다리지 않고 마실 수 있게 된다. 이렇게 오랜 시간이 소요되는 작업을 수행할 때는 스레드로 실행해서 실행 중간에 다른 스레드의 작업을 처리할 수 있는 것이다.

특히 웹서버에서는 단일 스레드보다 멀티 스레드로 동작하는 것이, 많은 사용자의 요청처리에도 빠르게 응답할 수 있고, 에러나 오류가 발생해도 해당 스레드에서만 발생하기 때문에 다른 사용자에게 영향을 주지 않게 된다. 이렇게 좋은점들을 많이 가지고 있지만 모두 다 장점만 있는 것은 아니다. 여러 스레드들이 메모리나 컴퓨터 자원을 공유해서 사용하기 때문에 동기화가 제대로 되지 않거나, 교착상태 (deadlock, 두 개 이상의 작업이 서로 상대방이 끝나기를 기다리고 있는 상태이기 때문에, 결국 아무것도 완료되지 않는 상태 이를 데드락이라고 부른다.)에 빠지는 등의 문제가 발생할 가능성이 높으므로 조심해야 한다.

자바에서 다른 프로그램의 프로세스를 실행할 수 있는 방법이 있다.

```java
1. package chapter17;
2.
3. public class ProcessEx {
4.
5.     public static void main(String[] args) {
6.
7.         try {
8.             // 메모장 실행
9.             Process p1 = Runtime.getRuntime().exec("notepad.exe");
10.            // 그림판 실행
11.            Process p2 = Runtime.getRuntime().exec("mspaint.exe");
12.
13.            p1.waitFor(); // p1 프로세스가 종료될때까지 대기
14.            p2.destroy(); // p1 프로세스가 종료되면 실행
15.
16.        } catch (Exception e) {
17.            e.printStackTrace();
18.        }
19.
20.    }
21.
22. }
```

위 예제를 실행해보면 main() 메서드의 위에서부터 실행되는데, 먼저 메모장 프로그램일 실행되고 그림판 프로그램이 실행된다. 13라인에서 p1객체의 waitFor() 메서드를 호출하면 p1 프로세스가 종료될때까지 대기하면서 더 이상 아래 코드는 실행되지 않는다. 이제 메모장을 종료해보자. 그림판도 같이 종료될 것이다. 13라인의 대기가 끝나면 이제 14라인도 실행되어 그림판도 종료된 것이다. 이 소스에서 9라인의 notepad.exe 대신 calc.exe로 수정해서 실행해보자. 계산기보다 그림판이 먼저 실행되고 바로 종료되버린다. calc.exe는 계산기 프로그램을 직접 실행하는 것이 아니라 새로운 프로세스를 실행하고 자신은 종료되버리기 때문에 그림판도 같이 종료되고, 새로운 프로세스인 계산기만 남아있게 된다.

17.2 스레드 생성과 실행

스레드를 생성하는 방법은 크게 두가지로 나뉘는데, 하나는 Thread 클래스를 상속받는 방법과 다른 하나는 Runnable 인터페이스를 구현한 객체를 Thread 객체에 넣어주는 방식으로 스레드를 생성할 수 있다. 일반적으로는 Runnable 인터페이스를 구현하는 방식으로 많이 사용한다.

1. Thread 클래스 상속

```java
class 클래스명 extends Thread {
    // run() 메서드를 오버라이딩
    public void run() {
        ...
    }
}
```

2. Runnable 인터페이스 구현

```java
class 클래스명 implements Runnable {
    // run() 추상메서드 구현
    public void run() {
        ...
    }
}
```

스레드를 구현하는 두가지 방법에 대한 예제를 확인해 보자.

```java
1. package chapter17;
2.
3. public class ThreadEx {
4.
5.     public static void main(String[] args) {
6.
7.         // Thread 상속받는 방법
8.         ThreadExtend t1 = new ThreadExtend();
9.
10.         // Runnable 구현하는 방법
11.         Runnable r = new RunnableImple();
12.         // Thread 생성자의 매개변수로 전달
13.         Thread t2 = new Thread (r);
```

```
14.
15.         t1.start();
16.         t2.start();
17.
18.     }
19.
20. }
21.
22. class ThreadExtend extends Thread {
23.     public void run() {
24.         System.out.println("Thread 상속받는 방법");
25.         for (int i=0; i<50; i++) {
26.             System.out.println("ThreadExtend:"+i);
27.         }
28.     }
29. }
30.
31. class RunnableImple implements Runnable {
32.     public void run() {
33.         System.out.println("Runnable 구현하는 방법");
34.         for (int i=0; i<50; i++) {
35.             System.out.println("RunnableImple:"+i);
36.         }
37.     }
38. }
```

```
[실행 결과]

Thread 상속받는 방법
Runnable 구현하는 방법
RunnableImple:0
ThreadExtend:0
RunnableImple:1
ThreadExtend:1
RunnableImple:2
RunnableImple:3
RunnableImple:4
RunnableImple:5
RunnableImple:6
RunnableImple:7
RunnableImple:8
...
```

ThreadExtend 클래스는 Thread 클래스를 상속(extends)받는 방법으로 스레드 클래스를 정의했고, RunnableImple 클래스는 Runnable 인터페이스를 구현(implements)하는 방법으로 스레드 클래스를 정의하였다. 11,13라인처럼 Runnable 인터페이스를 구현하는 방식이 한 줄 더 코딩을 해야되서 번거로워 보일 수 있지만, 자바에서는 상속을 받을 수 있는 클래스를 하나만 지정 가능하기 때문에 Thread 클래스를 상속받으면 다른 클래스를 상속 받을 수 없게 된다. 따라서 Runnable 인터페이스를 구현하는 방식을 더 많이 사용한다. 그리고 Runnable 인터페이스는 run() 메서드를 하나만 가지고 있는 FunctionalInterface 이기 때문에, 람다 표현식이나 익명 객체로 구현할 수 있어 다양하게 사용 가능하다.

위 두가지 방식 모두 run() 메서드를 정의한다는 것은 동일하다. 그리고 스레드 생성 후 start() 메서드를 실행해야만 스레드 작업이 시작된다. 또 하나는 한번 start() 메서드가 실행되면 다시 실행할 수 없다. 만약 한 번 더 스레드를 실행하려면 스레드 객체를 한번 더 생성한 후 start() 메서드를 실행해야 한다.

아래 예제는 Runnable 인터페이스를 익명 객체로 생성하는 형태로 스레드를 구현하는 예제이다.

```java
1. package chapter17;
2.
3. public class ThreadEx2 {
4.
5.     public static void main(String[] args) {
6.
7.         Thread t1 = new Thread(new Runnable() {
8.             @Override
9.             public void run() {
10.                 System.out.println("t1 스레드 시작");
11.                 for (int i=0; i<50; i++) {
12.                     System.out.println("t1 : "+i);
13.                 }
14.             }
15.         });
16.
17.         Thread t2 = new Thread(new Runnable() {
18.             @Override
19.             public void run() {
20.                 System.out.println("t2 스레드 시작");
21.                 for (int i=0; i<50; i++) {
22.                     System.out.println("t2 : "+i);
23.                 }
24.             }
25.         });
26.
27.         t1.start();
28.         t2.start();
29.
30.     }
31.
32. }
```

[실행 결과]

```
t1 스레드 시작
t2 스레드 시작
t2 : 0
t1 : 0
t2 : 1
t1 : 1
```

```
t2 : 2
t1 : 2
t2 : 3
t1 : 3
t2 : 4
```

Thread 객체를 바로 생성하면서 생성자의 매개변수로 Runnable 익명 구현 객체를 생성해 주는 형태의 구조이다.

이번엔 람다표현식으로 스레드를 구현하는 예제를 살펴보자.

```
1. package chapter17;
2.
3. public class ThreadEx3 {
4.
5.     public static void main(String[] args) {
6.
7.         Thread t1 = new Thread(() -> {
8.             System.out.println("t1 스레드 시작");
9.             for (int i=0; i<50; i++) {
10.                 System.out.println("t1 : "+i);
11.             }
12.         });
13.
14.         Thread t2 = new Thread(() -> {
15.             System.out.println("t2 스레드 시작");
16.             for (int i=0; i<50; i++) {
17.                 System.out.println("t2 : "+i);
18.             }
19.         });
20.
21.         t1.start();
22.         t2.start();
23.
24.     }
25.
26. }
```

이 예제 역시 Thread 객체를 바로 생성하면서 생성자에 람다표현식으로 run() 메서드를 정의하고 있다. 두 예제 모두 실행 결과는 동일하다.

사실, 위 예제들을 실행해보면 결과가 동일하지 않다. 동일한 소스를 그대로 다시 실행해도 출력 결과는 실행할 때 마다 조금씩 다르게 출력이 된다. 스레드는 실행순서를 정확히 보장할 수 없어 실행 시마다 달라질 수 있다.

17.3 스레드 우선순위

스레드는 우선순위를 제어하려면 우선순위 속성값을 통해 제어하는데, 이 우선순위의 속성값에 따라 스레드가 얻는 실행시간이 달라지게 된다. 스레드가 수행하는 작업의 중요도에 따라 스레드의 우선순위를 서로 다르게 지정하여 특정 스레드가 더 많은 작업시간을 갖도록 할 수 있는 것이다.

예를 들어 채팅 프로그램에서 대화를 하는 스레드와 파일을 전송하는 스레드가 있다면 파일 전송 스레드 보다 대화 스레드의 우선 순위가 더 높아야 실시간으로 대화할 수 있고, 파일 전송 때문에 느려지는 문제도 없을 것이다. 그 대신 파일 전송시간이 다소 길어지겠지만, 사용자에게 보여지는 부분이나, 반응하는 부분은 보이지 않는 부분에 비해 우선순위가 높아야만 불편함을 느끼지 않게 된다.

스레드가 가질 수 있는 우선순위는 1부터 10사이의 숫자이며, 10이 가장 우선순위가 높다. 주의할 점은 이 수치가 절대적인 수치가 아니라 상대적인 수치이다. 즉, 우선순위 3보다 7이 높기 때문에 더 많은 자원과 실행시간이 주어져 빠르게 실행이 완료되게 된다. 그런데, 이 프로그램에서 우선순위 3과 다른 프로그램에서 우선순위 3이 같은 실행시간을 갖게 되는 것을 의미하는 것이 아니다.

우선순위 적용 방법

```
Thread t1 = new Thread(r);
t.setPriority(7); // 우선순위 7지정
t1.start();
```

스레드 우선순위 적용 시 주의사항

1. 우선순위 값은 상대적인 값이다.

2. 스레드를 실행하기 전에 지정해야한다.

3. main() 메서드에서 실행하는 스레드인 경우 기본값 5

우선 순위를 적용할 때는 직접 정수 값을 설정하는 것 보다는 Thread 클래스의 static final Field 값을 이용하는 것이 바람직하다. Windows는 우선 순위가 10까지 있어서 MAX_PRIORITY가 10이지만 다른 운영체제는 10이 아니고 7인 경우가 있다. 이런 경우 10으로 설정하면 우선 순위가 제대로 적용되지 않을 수 있다.

앞 예제를 우선순위를 적용해서 다시 실행해보자.

```java
1. package chapter17;
2.
3. public class ThreadEx4 {
4.
5.     public static void main(String[] args) {
6.
7.         Thread t1 = new Thread(() -> {
8.             System.out.println("t1 스레드 시작");
9.             for (int i=0; i<50; i++) {
10.                System.out.println("t1 : "+i);
11.            }
12.         });
13.
14.         Thread t2 = new Thread(() -> {
15.             System.out.println("t2 스레드 시작");
16.             for (int i=0; i<50; i++) {
17.                System.out.println("t2 : "+i);
18.            }
19.         });
20.
21.         // 우선순위 지정
22.         t1.setPriority(7);
23.         t2.setPriority(3);
24.
25.         t1.start();
26.         t2.start();
27.
28.     }
29.
30. }
```

21~23라인에서 t1과 t2에 우선순위를 각각 7과 3으로 지정하였다. start() 메서드를 실행하기 전에 우선순위를 지정하고 실행해보면 t1의 모든 출력이 끝나고 t2가 출력되는 것을 알 수 있다.(멀티 코어 환경에서는 거의 동시에 출력이 끝날 수 있음)

참고로 1~10까지의 정수값으로 직접 넣어 줄 수 있지만 Thread 클래스의 상수를 이용해서 지정할 수도 있다.

```java
t1.setPriority(Thread.MAX_PRIORITY); // 10
t1.setPriority(Thread.NORM_PRIORITY); // 5
t1.setPriority(Thread.MIN_PRIORITY); // 1
```

17.4 스레드 상태 제어

스레드를 이용해 프로그래밍 하는 것이 어려운 이유가 바로 스레드의 상태를 제어하는 부분이다. 상태 제어가 잘못되는 경우 프로그램이 멈추거나 중지되기도 하며, 프로그램의 버그를 일이키는 중요한 원인이 된다. 그래서 스레드의 상태를 제어하는 부분이 중요하며 이 상태를 제어하려면 상태를 제어하는 메서드들을 잘 파악하고 있어야 한다. 먼저 상태 제어 관련 메서드들을 살펴보자.

메서드	설명
interrupt()	일시 정지 상태에서 예외를 발생시겨 대기상태나 종료상태로 처리 가능
notify() notifyAll()	일시 정지 상태에서 실행 대기 상태로 변경
resume()	suspend()에 의해 일시 정지 상태에서 실행 대기 상태로 변경(교착상태 문제로 deprecated)
sleep(long millis) sleep(long millis, int nanos)	매개변수 시간동안 스레드 일시 정지
join() join(long millis) join(long millis, int nanos)	join() 메서드를 실행한 스레드가 일시 정지
wait() wait(long millis) wait(long millis, int nanos)	동기화 블록 내에서 일시 정지
suspend()	일시 정지(교착상태 문제로 deprecated)
yield()	실행 중 우선순위가 동일한 다른 스레드에게 실행을 양보하고, 대기
stop()	스레드 종료(교착상태 문제로 deprecated)

위 메서드 중 resume(), stop(), suspend() 메서드는 교착상태가 발생하는 문제가 있어 deprecated 되어, 다른 메서드로 대체해서 사용해야 한다. 그리고 wait(), notify(), notifyAll() 메서드는 Object 클래스의 메서드들이며, 동기화 메서드 및 동기화 블록에서만 사용 가능하다. 스레드의 동기화 부분에서 다시 다루고 나머지 메서드들만 살펴보도록 하자.

📖 sleep() 메서드

실행 중인 스레드를 원하는 시간만큼 멈추고 싶을 때 sleep() 메서드를 사용한다. 매개변수의 값(천분의 1초)만큼 일시 정지했다가 다시 실행 상태로 돌아간다. 이 메서드는 InterruptedException 처리를 강제하기 때문에 try 구문 안에 작성해야 한다.

```
 1. package chapter17;
 2.
 3. public class ThreadEx7 {
 4.
 5.     public static void main(String[] args) {
 6.
 7.         Thread t1 = new Thread(new Runnable() {
 8.             @Override
 9.             public void run() {
10.                 for (int i=0; i<10; i++) {
11.                     System.out.println("t1:"+i);
12.                     try {
13.                         Thread.sleep(1000);
14.                     } catch (InterruptedException e) {}
15.                 }
16.                 System.out.println("스레드 실행 종료");
17.             }
18.         });
19.
20.
21.         t1.start();
22.
23.     }
24.
25. }
```

[실행 결과]

```
t1:0
t1:1
t1:2
t1:3
t1:4
t1:5
t1:6
t1:7
t1:8
t1:9
스레드 실행 종료
```

13라인에 sleep(1000)은 1초 동안 일시 정지가 된다는 의미로, 매개변수의 천분의 1초 만큼 일시 정지 시키고 싶을 때 사용된다. sleep이라는 말 그대로 정해진 시간 만큼 잠들고 다시 일어난다고 생각하면 이해하기 쉽다.

interrupt() 메서드

스레드가 일시 정지 상태에 있을 때 InterruptException 예외를 발생시켜 run() 메서드를 정상 종료 시킬 수 있다.

```java
1. package chapter17;
2.
3. public class ThreadEx5 {
4.
5.     public static void main(String[] args) {
6.
7.         Thread t1 = new Thread(new Runnable() {
8.             @Override
9.             public void run() {
10.                 try {
11.                     int i=1 ;
12.                     while (true) {
13.                         System.out.println("t1:"+i);
14.                         // sleep을 넣지 않으면 interrupt되지 않음
15.                         Thread.sleep(1000);
16.                         i++;
17.                     }
18.                 } catch (InterruptedException e) {
19.
20.                 }
21.                 System.out.println("스레드 실행 종료");
22.             }
23.         });
24.
25.
26.         t1.start();
27.         try {
28.             Thread.sleep(10000 );
29.         } catch (InterruptedException e) {
30.
31.         }
32.         t1.interrupt();
33.
34.     }
35.
36. }
```

[실행 결과]

```
t1:1
t1:2
t1:3
t1:4
t1:5
t1:6
```

```
t1:7
t1:8
t1:9
t1:10
스레드 실행 종료
```

위 예제에서 15라인의 sleep() 메서드를 호출하지 않으면 32라인의 interrupt() 메서드가 호출되어도 스레드가 종료되지 않는다. sleep() 메서드를 호출하지 않고도 중지할 수 있는 방법이 있는데, interrupt() 메서드가 호출되었는지 확인하는 것이다. 위 예제를 아래와 같이 수정해 보자.

```
1. package chapter17;
2.
3. public class ThreadEx6 {
4.
5.     public static void main(String[] args) {
6.
7.         Thread t1 = new Thread(new Runnable() {
8.             @Override
9.             public void run() {
10.                 int i=1 ;
11.                 while (true) {
12.                     System.out.println("t1:"+i);
13.                     i++;
14.                     if (Thread.interrupted()) {
15.                         break ;
16.                     }
17.                 }
18.                 System.out.println("스레드 실행 종료");
19.             }
20.         });
21.
22.
23.         t1.start();
24.         try {
25.             Thread.sleep(10000);
26.         } catch (InterruptedException e) {
27.
28.         }
29.         t1.interrupt();
30.
31.     }
32.
33. }
```

[실행 결과]

```
t1:1
t1:2
```

```
t1:3
...
t1:1594918
t1:1594919
t1:1594920
t1:1594921
t1:1594922
t1:1594923
t1:1594924
스레드 실행 종료
```

run() 메서드 안에서 sleep()메서드를 실행하지 않아, 100만이 넘는 값이 출력되긴 했지만 Thread6클래스의 main()메서드에서 10초 후에 interrupt() 메서드가 실행되면 16라인에서 interrupted() 메서드의 리턴값이 true가 되어 while문이 break 되고, "스레드 실행 종료"가 출력 된다.

join() 메서드

다른 스레드의 실행이 완료될때까지 기다리는 메서드이다. 예를 들어 합계 계산을 하는 두 스레드가 계산 작업 완료 후 결과값을 받아 처리해야 하는 경우 사용된다. 아래 예제를 보며 확인해 보자.

```java
1. package chapter17;
2.
3. public class ThreadEx8 {
4.
5.     public static void main(String[] args) {
6.
7.         Sum t1 = new Sum();
8.         Sum t2 = new Sum();
9.
10.        t1.start();
11.        t2.start();
12.        try {
13.            t1.join(); // t1 스레드가 종료될때까지 대기
14.            t2.join(); // t2 스레드가 종료될때까지 대기
15.        } catch (InterruptedException e) {
16.
17.        }
18.        System.out.println("두 스레드의 sum 합계 = "+(t1.sum+t2.sum));
19.
20.    }
21.
22. }
23.
24. class Sum extends Thread {
25.     int sum = 0;
26.     @Override
```

```
27.     public void run() {
28.         for (int i=1; i<=100; i++) {
29.             sum += i;
30.         }
31.     }
32. }

[실행 결과]

두 스레드의 sum 합계 = 10100
```

t1과 t2는 각각 스레드 객체로 start() 메서드를 통해 실행되었지만 join() 메서드를 이용해 종료될 때까지 대기하다가 두 스레드가 모두 종료되면 두 스레드 객체의 sum 변수를 더한 값을 출력했다. 이렇게 스레드에서 연산이 끝난 값으로 다른 처리를 하기 위해서는 스레드가 종료될 때까지 대기해야 하는데, 만약 13,14라인이 없으면 결과값은 0이 나온다. t1, t2 스레드의 작업이 종료되기 전에 sum값을 가져오기 때문이다.

yield() 메서드

yield() 메서드는 다른 스레드에게 실행을 양보하는 메서드이다. 스레드는 보통 반복적인 작업을 처리하기 위해 일부러 무한반복 코드를 넣는 경우가 있는데, 이런 경우 다른 스레드에게 실행을 양보하는 것이 성능향상에 도움이 된다. 이 yield() 메서드를 실행한 스레드는 대기상태가 되고, 우선순위가 동일하거나 높은 우선순위를 갖는 다른 스레드가 실행되도록 해준다.

```
1. package chapter17;
2.
3. public class ThreadEx9 {
4.
5.     public static void main(String[] args) {
6.
7.         YieldThread t1 = new YieldThread();
8.         YieldThread t2 = new YieldThread();
9.
10.        t1.start();
11.        t2.start();
12.        try {
13.            Thread.sleep(1000);
14.        } catch (InterruptedException e) {}
15.
16.        t1.isContinue = false; // t1 양보
17.
18.        try {
19.            Thread.sleep(1000);
20.        } catch (InterruptedException e) {}
21.
```

```
22.          t1.isContinue = true; // t1 다시 실행
23.
24.          try {
25.              Thread.sleep(2000 );
26.          } catch (InterruptedException e) {}
27.
28.          // 스레드 종료
29.          t1.isBreak = true;
30.          t2.isBreak = true;
31.
32.      }
33.
34. }
35.
36. class YieldThread extends Thread {
37.      boolean isBreak = false;
38.      boolean isContinue = true;
39.
40.      @Override
41.      public void run() {
42.          while (!isBreak) {
43.              if (isContinue) {
44.                  System.out.println(getName()+" 실행 중");
45.              } else {
46.                  Thread.yield();
47.              }
48.          }
49.          System.out.println(getName()+" 종료");
50.      }
51. }
```

YieldThread 클래스를 먼저 살펴보자. 외부에서 스레드를 종료할 수 있도록 isBreak라는 변수를 만들어 while문의 반복을 제어할 수 있도록 했고, isContinue 변수는 false가 되면 다른 스레드에게 실행을 양보할 수 있도록 만들었다. System.out.println 출력문을 보면 getName() 메서드가 보이는데, 이 메서드는 자신 스레드 객체 이름을 출력하는 메서드이다. 여러개의 스레드가 실행될 때 어느 스레드인지 구분하기 위해 이 메서드를 사용하였다. 이제 7,8라인에서 t1,t2 스레드 객체를 생성 후 10,11라인에서 스레드를 실행하는데, Thread-0과 Thread-1이 불규칙하게 번갈아가며 실행된다. 13라인의 1초간 sleep하게 되어 있는데, 이 부분은 Thread.sleep()이라고 되어 있기 때문에, t1과 t2가 아니라 main() 메서드가 sleep이 되는 것이다. 이제 1초 후 16라인에서 t1에 isContinue 변수를 false로 바꾸면 t1이 실행을 멈춘상태가 되며, 이제 Thread-1만 출력이 된다. 사실 YieldThread 클래스의 run() 메서드를 아래와 같이 수정해도 실행 결과는 동일하다.

```
while (!isBreak) {
    if (isContinue) {
        System.out.println(getName()+" 실행 중");
    }
}
System.out.println(getName()+" 종료");
```

하지만 이 소스는 while문이 아무 의미 없이 반복만 하게 된다. 이 소스를 아래와 같이 변경하면,

```
while (!isBreak) {
    if (isContinue) {
        System.out.println(getName()+" 실행 중");
    } else {
        Thread.yield();
    }
}
System.out.println(getName()+" 종료");
```

의미 없이 반복되는 시간을 다른 스레드에게 양보하게 되어 효율적인 자원사용을 할수 있게 된다.

다시 1초 후 t1의 isContinue 변수를 true로 변경해 멈춰 있던 t1의 스레드 실행을 다시 이어 나가고, 이제 2초 후에는 스레드를 종료하게 된다.

17.5 스레드 동기화

하나의 스레드로 동작하는 프로그램에서는 객체를 생성해서 단독으로 사용하게 되므로 문제가 없지만, 여러 스레드가 동작하는 프로그램에서는 하나의 객체를 함께 사용하게 되기 때문에 하나의 스레드 입장에서 객체의 값이 변경되는 등의 의도치 않은 결과를 얻을 수 있다. 마치 여러분의 스마트폰을 여러 사람이 나눠서 사용하는 것과 같은 상황이다. 내가 자동으로 실행되는 게임을 실행했는데, 다른 사람이 와서 게임을 지우거나 종료해버리면 문제가 생기는 것이다. 이때, 다른 사람이 내 스마트폰을 만지지 못하도록 화면보호기를 걸어두는 것과 같이 자바 프로그램에서도 하나의 스레드가 작업이 끝날 때까지 해당 객체가 변경되지 못하도록 하는 것이 동기화(synchronized)이다. 우리가 싱크를 맞춘다라는 표현을 자주 사용하는데, 영화를 볼 때, 영상과 자막이 안 맞으면 싱크가 안맞는다고 표현한다. 또, 운동 종목 중에 물속에서 수영과, 춤이 혼합된 형태로 2명 이상이 동작을 똑같이 맞춰서 하는 운동을 synchronized swimming이라고 한다.(지금은 아티스틱 스위밍이라는 이름으로 변경) 이렇게 synchronized는 일치하다, 동시성을 갖다라는 의미가 있다.

특히 멀티스레드 프로그래밍을 할 때는 이 동기화를 처리하는 것이 아주 중요하기 때문에, 반드시 기억해 두도록 하자.

동기화 영역을 지정하는 방법이 두가지가 있는데, 동기화 메서드와 동기화 블록이다. 사용 방법은 메서드 또는 중괄호 블록 앞에 synchronized라는 키워드를 붙이기만 하면 된다. 동기화 영역을 지정하고 나면, 해당 영역이 잠기게 되고, 다른 스레드는 이 영역을 실행할 수 없게 된다. 실행이 종료되면 잠금이 풀린다.

```java
1. package chapter17;
2.
3. public class ThreadEx10 {
4.
5.     public static void main(String[] args) {
6.
7.         // 게임 객체 생성
8.         SmartPhoneGame game = new SmartPhoneGame();
9.
10.         // 플레이어1 객체 생성 후 스레드 실행
11.         Player1 p1 = new Player1();
12.         p1.setSmartPhoneGame(game);
13.         p1.start();
14.
15.         // 플레이어2 객체 생성 후 스레드 실행
16.         Player2 p2 = new Player2();
17.         p2.setSmartPhoneGame(game);
18.         p2.start();
19.
20.     }
21.
22. }
23.
24. // 스마트폰게임 클래스
25. class SmartPhoneGame {
26.     private int level; // 레벨
27.
28.     public int getLevel() {
29.         return this.level;
30.     }
31.
32.
33.     public  void increaseLevel() {
34.         while (true) {
35.             this.level++; // 레벨 1씩 증가
36.             try {
37.                 Thread.sleep(1000);
38.             } catch (InterruptedException e) {}
39.             // 현재 스레드의 이름과 레벨 출력
40.             System.out.println(Thread .currentThread().getName()+
41.                         " Level : " + this.level);
42.
43.             // 레벨이 10의 배수가 되면 종료
44.             if (this.level % 10 == 0) break;
45.         }
46.     }
47.
```

```
48. }
49.
50. // 플레이어1 스레드
51. class Player1 extends Thread {
52.     private SmartPhoneGame game;
53.
54.     public void setSmartPhoneGame(SmartPhoneGame game) {
55.         this.setName("Player1");
56.         this.game = game;
57.     }
58.
59.     @Override
60.     public void run() {
61.         game.increaseLevel();
62.     }
63. }
64.
65. // 플레이어2 스레드
66. class Player2 extends Thread {
67.     private SmartPhoneGame game;
68.
69.     public void setSmartPhoneGame(SmartPhoneGame game) {
70.         this.setName("Player2");
71.         this.game = game;
72.     }
73.
74.     @Override
75.     public void run() {
76.         game.increaseLevel();
77.     }
78. }
```

[실행 결과]

```
Player1 Level : 2
Player2 Level : 3
Player1 Level : 4
Player2 Level : 5
Player1 Level : 6
Player2 Level : 7
Player1 Level : 8
Player2 Level : 9
Player1 Level : 10
Player2 Level : 10
```

코드가 약간 길어 보이긴 하지만, 천천히 하나씩 살펴 보자. SmartPhoneGame 클래스는 level이라는 필드를 가지고 있고, increaseLevel() 메서드를 실행하면, 1초 텀을 두고 레벨이 1씩 증가하며, 현재 스레드의 이름과 레벨을 반복하며 출력한다. 출력하다가 레벨이 10의 배수가 되면 종료된다. 이 클래스의 객체를 Player1과 Player2라는 스레드를 상속받은 클래스에서 run() 메서드가 increaseLevel() 메서드를 실행한다. main() 메서드에서 Player1과 Player2 스레드 객체를 개별로 선언해서 SmartPhoneGame 객체를 넣어주고 레벨을 1씩 증가하게 하는 코드이다. 여기서 SmartPhoneGame 클래스의 객체 game이 두 스레드에서 공유객체로 사용되게 된다. 실행 결과를 보면 Player1과 Player2 두 개의 스레드가 level변수에 1씩 증가시키고 있어 의도치 않던 결과가 나오게 된다. 내가 혼자 게임하고 싶은데, 다른 사람이 자꾸 끼어들어 중간중간 내 레벨을 1씩 올려놓고 가는 것이다. 그래서 내가 레벨 10이 될 때까지 이 increaseLevel() 메서드를 다른 사람이 사용 못하도록 잠궈 놓기로 했다. SmartPhoneGame 클래스의 increaseLevel() 메서드를 아래와 같이 수정해 보자.

```java
public synchronized void increaseLevel() {
    while (true) {
        this.level++; // 레벨 1씩 증가
        try {
            Thread.sleep(1000);
        } catch (InterruptedException e) {}
        // 현재 스레드의 이름과 레벨 출력
        System.out.println(Thread .currentThread().getName()
                            +" Level : " + this.level);

        // 레벨이 10의 배수가 되면 종료
        if (this.level % 10 == 0) break;
    }
}
```

이제 다시 실행해보자. Player1이 1부터 10까지 level이 올라간 후 종료되고, Player2가 11부터 20까지 level이 증가되며 출력되는 것을 알 수 있다.

```
[실행 결과]

Player1 Level : 1
Player1 Level : 2
Player1 Level : 3
Player1 Level : 4
Player1 Level : 5
Player1 Level : 6
Player1 Level : 7
Player1 Level : 8
Player1 Level : 9
Player1 Level : 10
Player2 Level : 11
Player2 Level : 12
Player2 Level : 13
Player2 Level : 14
Player2 Level : 15
Player2 Level : 16
Player2 Level : 17
Player2 Level : 18
Player2 Level : 19
Player2 Level : 20
```

이번엔 synchronized 블록을 지정하는 방법으로 수정해보자.

```
public void increaseLevel() {
    synchronized (this) {
        while (true) {
            this .level++; // 레벨 1씩 증가
            try {
                Thread.sleep(1000);
            } catch (InterruptedException e) {}
            // 현재 스레드의 이름과 레벌 출력
            System.out.println(Thread.currentThread().getName()
                            +" Level : " + this.level);

            // 레벨이 10의 배수가 되면 종료
            if (this.level % 10 == 0) break;
        }
    }
}
```

increaseLevel() 메서드의 실행문들을 synchronized(this) 중괄호 블록으로 감싸놓았다. 이 this는 SmartPhoneGame 객체가 된다.

📑 wait(), notify(), notifyAll() 메서드

스레드 간에 교대로 작업할 수 있도록 처리해야 하는 경우가 있을 수 있는데, 다시 얘기하면 스레드간에 협업을 하게 만들어 주는 것이다. 첫번째 스레드가 먼저 작업을 수행하고, 이 작업이 끝나면 다른 두번째 스레드가 중지상태에서 깨어나서 작업을 수행하고 첫번째 스레드는 중지 상태로 만드는 것이다.

이 방법을 공유객체를 이용해 wait()메서드와 notify()메서드를 함께 사용할 수 있는데 하나의 스레드가 객체를 잠그고 어떤 조건이 만족될 때까지 기다려야하는 하는 경우, 이 스레드를 그대로 놔두면 이 객체를 사용하려는 다른 스레드들은 잠김이 풀릴 때까지 같이 기다려야하는 상황이 발생한다. 한 스레드가 객체를 잠그고 오래 기다리는 대신 wait() 메서드를 호출해서 다른 스레드에게 제어권을 넘겨주고 대기 상태로 기다리다가 다른 스레드에 의해서 notify() 가 호출되면 다시 실행상태가 되도록 하는 것이다. wait() 메서드와 notify() 메서드는 Thread클래스가 아닌 Object클래스에 정의된 메서드이므로 모든 객체에서 호출이 가능하다. 그리고 동기화 블록 내에서만 사용할 수 있으며, 스레드가 wait() 메서드를 실행하면 그때까지 자신이 객체에 걸어 놓았던 모든 잠금을 풀고, wait()메서드가 실행된 객체를 기다리게 된다. 그러다 다른 스레드에 의해서 그 객체에 대해 notify()를 호출하면 다시 실행 대기상태 즉 그 객체를 자신이 실행될 차례를 기다리는 상태가 된다.

notify() 는 객체를 기다리고 있는 스레드 중의 하나만을 깨우고 notifyAll()은 모든 스레드를 깨운다. 어차피 한 번에 하나의 스레드만 객체를 사용할 수 있기 때문에 notify()를 사용하나 notifyAll()을 사용하나 별차이는 없다.

이번 예제는 위의 예제를 활용해서 Player1은 level을 1부터 5까지 올리고 중지한 다음, 다른 스레드 (Player2)를 깨워서 6부터 10까지 level을 올릴 수 있도록 하는 것이다. 다른 소스는 그대로 두고, increaseLevel() 메서드만 수정할 것이다.

```java
public synchronized void increaseLevel() {
    while (true) {
        this.level++; // 레벨 1씩 증가
        try {
            Thread.sleep(1000);
        } catch (InterruptedException e) {}
        // 현재 스레드의 이름과 레벨 출력
        System.out.println(Thread.currentThread().getName()
                        +" Level : " + this.level);
        if (this.level == 5) {
            notifyAll();
            try {
                wait();
            } catch (InterruptedException e) {}
            break;
        }

        // 레벨이 10의 배수가 되면 종료
        if (this.level % 10 == 0) break;
    }
}
```

```
[실행 결과]

Player1 Level : 1
Player1 Level : 2
Player1 Level : 3
Player1 Level : 4
Player1 Level : 5
Player2 Level : 6
Player2 Level : 7
Player2 Level : 8
Player2 Level : 9
Player2 Level : 10
```

조건이 추가되었는데 this.level == 5가 만족하면 notify() 메서드를 통해 현재 대기 중인 스레드 (Player2)를 깨우고 자신(Player1)은 wait() 상태가 되도록 수정한 것이다. 이 세개의 메서드만 따로 정리해 보자.

```
wait() : 현재 실행 중인 스레드를 대기상태로 전환
notify() : 현재 대기상태인 스레드 중 한개만 실행 중으로 변환(직접 지정 불가)
notifyAll() : 현재 대기상태인 모든 스레드를 실행 중 상태로 변환
```

잠깐 보면 notifyAll()을 실행하면 모든 스레드가 깨어나기 때문에 문제가 생기는 것이 아닐까 생각될 수 있는데, JVM이 가장 우선순위가 높은 스레드를 알아서 먼저 실행되도록 해주고, synchronized가 지정되어 있기 때문에 동시에 실행되지 않는다. 오히려 notify() 메서드는 개발자가 지정할 수 없어 어떤 스레드가 깨어날지 모르기 때문에, JVM을 통해 안전하게 처리하는것이 더 좋다.

이 개념을 조금더 확장해서 생산자 스레드와 소비자 스레드라는 개념이 있는데, 생산자 스레드는 데이터를 만들어 내고, 소비자 스레드는 데이터를 소비하게 되는 경우를 말한다. 이때 데이터를 생성하고 나서 소비되지 않으면 wait 상태로 만들어 소비할 때까지 생산하지 않도록 하고, 소비 스레드 역시 생산 스레드에서 데이터를 생산하지 않으면 생산이 될 때까지 대기하는 것이다.

쉬운 예로 부모님과 자식의 예를 들어보자. 부모님은 통장에 용돈을 입금해 주는데, 통장에 잔액이 남아 있으면, 입금하지 않는다. 돈이 다 떨어지면 그때 입금하게 된다. 또 반대로 자식은 부모님이 입금해 주지 않으면 출금을 할 수가 없다. 부모님이 입금해 줄 때까지 기다려야 한다.

이 내용을 머릿속에 정리하고 스레드의 wait() 메서드와 notifyAll()메서드를 이용해서 구현해 보자.

```
1. package chapter17;
2.
3. public class ThreadEx14 {
4.
5.     public static void main(String[] args) {
6.
7.         // 통장 객체 생성
8.         Account acc = new Account();
9.
10.        // 부모스레드 객체 생성
11.        Parent p = new Parent(acc);
12.        // 자식스레드 객체 생성
13.        Child c = new Child(acc);
14.
15.        p.start();
16.        c.start();
17.
18.        try {
19.            Thread.sleep(5000);
20.        } catch (InterruptedException e) {}
21.
22.        // 스레드 중지
23.        c.interrupt();
24.        p.interrupt();
```

```
25.     }
26. }
27.
28. // 통장 클래스
29. class Account {
30.     int money;
31.     // 출금
32.     synchronized void withdraw() {
33.         while(money == 0) {
34.             try {
35.                 wait();
36.             }catch(InterruptedException e) {
37.                 break;
38.             }
39.         }
40.         notifyAll();
41.         System.out.println(Thread.currentThread().getName() + money + "원 출금");
42.         money = 0;
43.     }
44.     // 입금
45.     synchronized void deposit() {
46.         while(money > 0) {
47.             try {
48.                 wait();
49.             } catch(InterruptedException e) {
50.                 break;
51.             }
52.         }
53.         // 랜덤 입금 10~50만원
54.         System.out.println();
55.         money = (int)((Math.random()*5)+1)*100000;
56.         System.out.println(Thread.currentThread().getName() + money + "원 입금");
57.         notifyAll();
58.     }
59. }
60.
61. // 부모 스레드
62. class Parent extends Thread {
63.     Account account;
64.
65.     Parent(Account account) {
66.         super("부모");
67.         this.account = account;
68.     }
69.
70.     @Override
71.     public void run() {
72.         while(true) {
73.             try {
74.                 account.deposit();
75.                 sleep((int)(Math.random()*2000));
```

```
76.                } catch (InterruptedException e) {
77.                    break;
78.                }
79.            }
80.        }
81. }
82.
83. // 자식 스레드
84. class Child extends Thread {
85.     Account account;
86.
87.     Child(Account account) {
88.         super("자식");
89.         this.account = account;
90.     }
91.
92.     @Override
93.     public void run() {
94.         while(true) {
95.             try {
96.                 if (account.money > 0) {
97.                     account.withdraw();
98.                 }
99.                 sleep((int)(Math.random()*500));
100.            } catch (InterruptedException e) {
101.                break;
102.            }
103.        }
104.    }
105.}
```

[실행 결과]

부모100000원 입금
자식100000원 출금

부모500000원 입금
자식500000원 출금

부모100000원 입금
자식100000원 출금

부모100000원 입금
자식100000원 출금

부모400000원 입금
자식400000원 출금

통장 클래스 Account에는 money 필드와 withdraw() 메서드는 출금기능, deposit() 메서드는 입금 기능을 하는 메서드인데 두 메서드 모두 동기화를 위해 synchronized 키워드가 적용되어 있다.

withdraw() 메서드는 출금기능을 하는데, 35라인에서 잔액(money)가 0이면 wait() 메서드를 실행해 대기한다. 자식 클래스는 잔액이 0이면, 대기상태로 변환되는 것이다. 잔액이 있다면 40라인에서 다른 스레드(부모 스레드)를 깨우고, 출금을 하며, 잔액을 0으로 만든다.

deposit() 메서드에서는 통장에 잔액이 있으면, wait() 메서드로 대기하고, 잔액이 0이면 랜덤으로 정수 1부터 5까지의 수를 구해 10만원 부터 50만원 사이에서 임의의 값을 입금하게 했다. 입금하고 나면 notifyAll()로 대기 중인 스레드를 실행상태로 전환한다. 현재 대기중인 자식 스레드가 출금할 수 있게 된다.

부모 스레드는 무한 반복해서 통장에 입금하고 있다. while문 안에 75라인은 랜덤으로 2초에 한 번씩 반복되게끔 했고, 자식 스레드는 무한 반복해서 통장에서 출금하는데, 99라인에서 0.5초에 한 번씩 반복하도록 sleep() 메서드의 매개변수를 다르게 적용했다. 자식은 0.5초에 한 번씩 출금을 시도하지만, 잔액이 없으면 부모가 입금할 때까지 wait()가 되며, 부모가 입금하게 되면 notifyAll()로 자식이 대기 상태에서 벗어나 그제서야 출금이 가능해진다.

스레드 중 특히 동기화 부분이 조금 복잡하고 개념적으로 어려워 쉽게 이해할 수 있는 예제로 설명했지만, 처음 자바를 공부하는 사람은 쉽진 않을 것이다. 반복적으로 얘기하는 부분이지만, 처음엔 코드 하나하나에 집착하지 말고, 전체 흐름과 개념을 먼저 익히는 것이 중요하다. 이번 스레드 단원에서 가장 중요한 부분이라고 할 수 있는 부분이니 반드시 이해하고 넘어가자.

17.6 데몬 스레드

데몬(daemon)스레드는 일반 스레드의 보조 기능을 하는 스레드이다. 주로 무한 실행을 하면서 일반 스레드를 보조하는 역할을 하는데, 일반 스레드가 모두 종료되면 데몬스레드도 함께 종료된다. 또한 데몬 스레드 설정 시 반드시 start() 메서드 실행 전에 setDaemon(true)로 설정되어야 데몬 스레드로 실행이 가능하다.

```
1. package chapter17;
2.
3. public class ThreadEx12 {
4.
5.     public static void main(String[] args) {
6.
7.         // 스레드 객체 생성
8.         DaemonThread dt1 = new DaemonThread();
9.         DaemonThread dt2 = new DaemonThread();
10.
```

```
11.         // 데몬스레드로 설정
12.         dt1.setDaemon(true);
13.         dt2.setDaemon(true);
14.
15.         dt1.start();
16.         dt2.start();
17.
18.         try {
19.             Thread.sleep(5000);
20.         } catch (InterruptedException e) {}
21.         System.out.println("main 종료");
22.
23.     }
24.
25. }
26.
27. class DaemonThread extends Thread {
28.     public void run() {
29.         while (true) {
30.             System.out.println(getName());
31.             try {
32.                 sleep(500);
33.             } catch (InterruptedException e) {}
34.         }
35.     }
36. }
```

[실행 결과]

```
Thread-0
Thread-1
Thread-0
Thread-1
Thread-0
Thread-1
Thread-0
Thread-1
Thread-0
Thread-1
Thread-0
Thread-1
Thread-0
Thread-1
Thread-1
Thread-0
Thread-0
Thread-1
Thread-0
Thread-1
Thread-0
Thread-1
main 종료
```

DaemonThread라는 스레드 클래스에서 스레드 이름을 0.5초에 한번씩 무한 반복하며 출력하도록 정의했다. main() 메서드에서는 dt1과 dt2 객체를 생성해서 스레드를 생성한 다음 5초동안 sleep을 적용했다. 이 ThreadEx12의 main() 메서드가 일반 스레드인데, 이 main() 메서드가 종료되면 dt1, dt2 데몬스레드가 같이 종료되는 것이다. 만약 19라인의 Thread.sleep() 메서드를 빼고 실행하면 아예 출력이 되지 않는다. 데몬 스레드는 일반 스레드가 없으면 실행이 되지를 않는다.

17.7 스레드 그룹

스레드 그룹은 서로 관련된 스레드를 그룹핑해서 다루기 위한 것으로, 보관 상자에 물건들을 종류별로 구분해서 담듯이 스레드들을 종류별로 구분해서 담아 놓을 수 있다. 그 그룹 안에 또 다른 그룹도 생성할 수 있으며, 보안상의 이유로 자신이 속한 그룹이나 하위 그룹은 변경할 수 있지만, 다른 그룹은 변경할 수 없다. ThreadGroup에 관련된 메서드들은 아래와 같다.

메서드	설명
activeCount()	현재 그룹 및 하위 그룹의 모든 스레드 수 리턴
activeGroupCount()	현재 그룹의 모든 하위 그룹의 수 리턴
checkAccess()	스레드 그룹을 변경할 권한이 있는 여부 리턴
destroy()	현재 그룹 및 모든 하위 그룹 삭제
isDestroyed()	현재 그룹이 삭제되었는지 여부 리턴
getMaxPriority()	현재 그룹의 스레드가 가질 수 있는 최대 우선순위값 리턴
setMaxPriority(int pri)	현재 그룹의 스레드가 가질 수 있는 최대 우선순위 값 설정
getName()	현재 그룹의 이름 리턴
getParent()	현재 그룹의 부모 그룹 리턴
parentOf(ThreadGroup g)	현재 그룹이 g의 부모 그룹인지 여부 리턴
isDaemon()	현재 그룹이 데몬 그룹인지 여부 리턴
setDaemon(boolean daemon)	현재 그룹을 데몬 그룹으로 설정
list()	현재 그룹에 포함된 스레드와 하위 그룹정보 출력
interrupt()	현재 그룹에 포함된 모든 스레드 중지

```java
1. package chapter17;
2.
3. public class ThreadEx13 {
4.
5.     public static void main(String[] args) {
6.
7.         // 그룹 객체 생성
8.         ThreadGroup group = new ThreadGroup("Group1");
9.         MyThread t1 = new MyThread(group, "First");
10.        MyThread t2 = new MyThread(group, "Second");
11.        MyThread t3 = new MyThread(group, "Third");
12.
13.
14.        t1.start();
15.        t2.start();
16.        t3.start();
17.
18.        try {
19.            Thread.sleep(3000);
20.        } catch (InterruptedException e) {}
21.
22.        // 모든 스레드 중지
23.        group.interrupt();
24.
25.    }
26.
27. }
28.
29. class MyThread extends Thread {
30.     MyThread(ThreadGroup group, String name) {
31.         super(group, name);
32.     }
33.
34.     @Override
35.     public void run() {
36.         while (true) {
37.             System.out.println(getName());
38.             try {
39.                 sleep(500 );
40.             } catch (InterruptedException e) {
41.                 System.out.println(getName() + " interrupted 발생");
42.                 break;
43.             }
44.         }
45.         System.out.println(getName()+" 종료");
46.     }
47. }
```

8라인에서 스레드 그룹을 생성해서 t1,t2,t3 스레드 객체를 생성할 때 그룹을 지정했다. 이제 3개의 스레드는 모두 Group1이라는 이름의 그룹에 속한 스레드가 된다. 3초 동안 반복하면서 각 스레드 이름을 출력하다가 23라인에서 group.interrupt() 메서드를 통해 모든 스레드를 중지 시킨다. 이 메서드는 예외를 발생 시키기 때문에 try~catch 문에서 예외처리 구문에 break를 추가했다.

제17장 연습문제

01 스레드를 생성하는 방법이 아닌 것은?

① Thread 클래스를 import 한다.
② Runnable 인터페이스를 구현한다.
③ Thread 클래스를 상속받는다.
④ Runnable 인터페이스를 익명 구현객체로 생성한다.

02 다음 빈칸에 들어갈 코드를 작성하시오.

```
1. Thread t1 = new Thread ([_____] {
2.     @Override
3.     public void run() {
4.         System.out.println("스레드 시작");
5.         for (int i=0; i<50 ; i++) {
6.             System.out.println(i);
7.         }
8.     }
9. });
```

03 스레드를 일정 시간동안 잠시 일시 정지 시킬 수 있는 메서드는?

04 아래 예제는 스레드 두개를 실행시켜 0부터 49까지 출력하는 코드인데, 두 개의 스레드가 동시에 실행되어 출력순서가 뒤죽박죽으로 출력되었다. t1 스레드에 우선순위를 높여 출력되도록 코드를 작성하시오.

```
1. package chapter17;
2.
3. public class Excercise4 {
4.
5.     public static void main(String [] args) {
6.
7.         Thread t1 = new Thread (() -> {
8.             System.out.println("t1 스레드 시작");
9.             for (int i=0; i<50 ; i++) {
10.                 System.out.println("t1 : "+i);
11.             }
12.         });
13.
14.         Thread t2 = new Thread (() -> {
15.             System.out.println("t2 스레드 시작");
16.             for (int i=0; i<50 ; i++) {
17.                 System.out.println("t2 : "+i);
18.             }
19.         });
20.
21.         // 우선순위 지정
22.
23.
24.         t1.start();
25.         t2.start();
26.
27.     }
28.
29. }
```

[실행 결과]

```
t1 스레드 시작
t1 : 0
t1 : 1
t2 스레드 시작
t1 : 2
t2 : 0
t1 : 3
...
```

CHAPTER 18

입출력 스트림
(데이터 읽고 쓰기)

대부분의 프로그램에서는 데이터를 읽어오거나 데이터를 내보내는 작업이 자주 일어나는데, 데이터를 읽어오는 경우는 파일에서 읽어오거나, 네트워크를 통해 읽어올 수도 있고, 사용자가 직접 입력해서 읽어오는 경우도 있다. 데이터를 내보내는 경우는 파일로 저장되거나, 네트워크로 전송되기도 하고, 화면으로 출력되는 경우도 있다. 자바에서 이러한 데이터를 읽어오고 내보내는 작업의 처리를 어떻게 하는지 알아보도록 하자.

18.1 스트림 소개

스트림(stream)이란 흘러가다, 흐르다라는 의미로 가지고 있는 단어로, 영화나 음악의 스트리밍 서비스에 스트리밍(streaming)에도 이 단어를 사용한다. 컴퓨터에서 스트림이란 데이터를 출발지에서 도착지로 이동할 수 있는 통로다. 출력스트림을 이용하여 데이터를 도착지로 보낼 수 있고, 입력 스트림을 이용하여 외부의 데이터를 읽을 수도 있다. 여기서 입출력이란 입력은 input, 출력은 output 줄여서 IO라고 부른다. 이전에 Scanner 클래스를 통해 데이터를 입력받는 것도, System.out.println()으로 화면에 출력하는 것도 입출력에 해당된다.

물이 위에서 아래 방향으로만 흐르듯이 스트림은 입력과 출력을 동시에 처리할 수기 없다. 입력스트림과 출력스트림이 따로 필요하다.

📖 입출력 스트림의 특징

> ▸ 입출력 스트림은 자료구조 중 큐(queue)와 같은 FIFO(First In First Out) 구조이다 .
> – 먼저 들어간 것이 먼저 나오는 형태로서 데이터의 순서가 바뀌지 않는다.
>
> ▸ 입출력스트림은 단방향이다
> – 입출력 스트림 에 읽기, 쓰기가 동시에 되지 않는다. 읽기가 필요하다면 입력 스트림을, 쓰기가 필요하다면 출력 스트림을 하나씩 열어 사용해야 한다.

📖 입출력 스트림 흐름

가운데 자바 프로그램을 기준으로 왼쪽 들어오는 부분이 입력 스트림, 오른쪽 나가는 부분이 출력스트림이다. 스트림은 단방향이기 때문에 입출력을 동시에 처리할 수 없고, 입력스트림과 출력스트림이 각각 필요하다.

자바에서 제공하는 기본 API 중에 데이터 입출력에 관련된 패키지는 java.io 패키지이다. 이 패키지의 주요 클래스들을 알아 보자.

클래스	설명
File	파일의 정보를 얻기 위한 클래스
Console	콘솔로부터 문자를 입출력하기 위한 클래스
InputStream / OutputStream	바이트 단위 입출력을 위한 최상위 입출력 스트림 클래스
FileInputStream / FileOutputStream DataInputStream / DataOuputStream ObjectInputStream / ObjectOuputStream	바이트 단위 입출력을 위한 하위 스트림 클래스
Reader / Writer	문자 단위 입출력을 위한 최상위 입출력 스트림
FileReader / FileWriter InputStreamReader / OutputStreamWriter PrintWriter BufferedReader / BufferedWriter	문자 단위 입출력을 위한 하위 스트림 클래스

java.io 패키지의 클래스들은 이동하는 데이터의 종류에 따라 바이트 기반 스트림과 문자 기반 스트림으로 나눌 수 있다. 먼저 바이트와 문자에 대해 알아보자.

바이트(byte) 기반 데이터 : 1byte단위로 처리되는 데이터로, binary 형태로 되어 있으며, 주로 영상이나 음악을 처리할 때 바이트로 처리함. 편집기로 파일을 열어도 알아볼 수 없음.

문자(character) 기반 데이터 : 말 그대로 텍스트로 처리되는 데이터로, 2byte로 처리됨. binary 데이터는 문자 스트림에서 처리하지 못하며, 영어는 1byte 문자이기 때문에 바이트 입출력 스트림으로도 처리 가능하나, 한글은 2byte 문자이기 때문에 바이트 입출력 스트림에서 처리하지 못하고 반드시 문자 입출력 스트림에서만 처리해야 함.

구분	바이트 기반 스트림		문자 기반 스트림	
	입력 스트림	출력 스트림	입력 스트림	출력 스트림
최상위클래스	InputStream	OutputStream	Reader	Writer
하위 클래스	XXInputStream	XXOuputStream	XXReader	XXWriter

바이트 기반 스트림의 입력 스트림은 InputStream, 출력 스트림은 OutputStream인데 이 클래스들을 상속받는 하위 클래스들은 모두 이 이름들이 뒤에 붙는다. 예를 들어 파일 입력 스트림은 FileInputStream, 파일 출력 스트림은 FileOutputStream이다. 문자 기반 스트림도 마찬 가지다. 입력 스트림은 문자들을 읽어야 하므로 Reader, 출력 스트림은 문자들을 써야 하므로 Writer가 된다. 역시 이들 최상위 클래스들을 상속받는 하위 클래스들은 상위 클래스 이름이 뒤에 붙는다. 파일을 읽는 클래스는 FileReader, 파일을 쓰는 클래스는 FileWriter가 된다.

18.2 바이트 기반 입력 스트림

바이트 기반 입력 스트림은 바이트 단위로 데이터가 전송되며 최상위 스트림은 InputStream이다. 이 InputStream은 하위 클래스에서 공통으로 사용하기 위한 입력 관련 추상 메서드가 포함되어 있는 추상 클래스로 직접 객체로 생성될 수 없으며, 하위 클래스들이 상속받아 추상 메서드들을 구현하고 있다. 많이 사용되는 하위 클래스는 아래와 같다.

클래스	설명
FileInputStream	파일에서 읽음
ByteArrayInputStream	메모리에서 읽음
FilterInputStream	보조 스트림의 상위 클래스

자바에서는 위 클래스 외에도 많은 클래스들을 제공하고 있으며, 계속 추가되고 있다. 하지만 표준화된 방법으로 제공하고 있기 때문에 동일한 방법으로 처리할 수 있어 편하게 프로그래밍할 수 있다. InputStream에서 제공하는 메서드를 확인해 보자.

메서드	설명
int read()	입력 스트림으로부터 1바이트를 읽어 리턴하고 읽은 데이터가 없으면 -1 리턴
int read(byte[] b)	입력 스트림으로부터 읽은 바이트를 매개변수 바이트 배열에 저장하고 읽은 바이트 수를 리턴하고 읽은 데이터가 없으면 -1 리턴
int read(byte[] b, int off, int len)	입력 스트림으로부터 len개의 바이트만큼 읽어 배열 b[off] 부터 len개까지 저장한다. 실제로 읽은 바이트 수를 리턴하고 읽은 데이터가 없으면 -1을 리턴
void close()	사용한 리소스를 반납하고 스트림을 닫음

먼저 콘솔에서 입력받아 출력하는 예제를 살펴보자.

```java
1. package chapter18;
2.
3. import java.io.IOException;
4. import java.io.InputStream;
5.
6. public class InputStreamEx {
7.
8.     public static void main(String[] args) {
```

```
 9.
10.         try {
11.             InputStream in = System.in;
12.             int data = 0 ;
13.             while ((data=in.read()) != -1) {
14.                 System.out.print((char)data);
15.             }
16.         } catch (IOException e) {
17.
18.         }
19.
20.     }
21.
22. }
```

[실행 결과]

abc
abc
def
def
가나다
Ê°ËË¤

이 예제를 실행하면 이클립스의 콘솔창에 직접 입력할 수 있으며 입력 후 엔터를 치면 입력한 값이 그대로 출력된다. abc를 입력하고 엔터를 쳐서 abc가 그대로 출력되었고 def도 마찬가지로 그대로 출력이 되었는데, 가나다 라고 입력하면 한글이 깨져서 출력이 된다. 바이트 입출력은 1바이트 단위로 읽어 들이는데, 영문은 1바이트이기 때문에 문자도 입력이 가능하지만 한글은 2바이트라서 제대로 출력이 되지 않고 깨져서 출력이 된 것이다. 이렇게 1바이트씩 처리하게 되면 한글은 바이트 입출력이 아니라 문자 입출력 스트림으로 처리해야 한다.

❖ 경로 설정 방법

◉ **절대 경로**: 언제 어디서나 동일한 방법으로 설정하는 경로
  ‣ http://www.korea.com/
  ‣ c:\windows\temp.dat

◉ **상대 경로**: 현재 위치를 기준으로 해서 설정하는 경로
  ‣ ../: 상위 디렉토리
  ‣ src/sample.java → 현재 디렉토리 안의 src 안의 sample.java
  ‣ ../bin/sample.java → 현재 디렉토리의 상위 디렉토리 안의 bin 안의 sample.java

FileInputStream

FileInputStream 클래스는 파일에서 바이트 단위로 데이터를 읽을 수 있는 기능을 가진 클래스이다. 이 FileInputStream은 두 개의 생성자를 가지고 있는데 하나는 문자열을 매개변수로 받는 생성자이고 하나는 File 객체를 매개변수로 받는 생성자이다. 문자열 매개변수는 경로까지 포함된 파일명을 지정할 수 있는 값이고 다른 하나는 File 클래스의 객체를 매개변수로 지정할 수 있다. 이번 예제는 파일명을 문자열로 매개변수로 지정해 read() 메서드로 읽어서 출력해 보도록 하자.

```java
1. package chapter18;
2.
3. import java.io.FileInputStream;
4. import java.io.IOException;
5.
6. public class FieInputStreamEx {
7.
8.     public static void main(String[] args) {
9.
10.        try {
11.            FileInputStream fis =
12.                new FileInputStream("src/chapter18/InputStreamEx.java");
13.            int data = 0;
14.            while ((data=fis.read()) != -1) {
15.                System.out.print((char)data);
16.            }
17.        } catch (IOException e) {
18.
19.        }
20.
21.    }
22.
23. }
```

12라인에 FileInputStream 생성자의 매개변수로 지난 예제파일의 경로와 파일명까지 그대로 문자열로 넣어줬다. 모두 영문으로만 작성했으면 그대로 출력이 될것이고, 주석을 한글로 추가했다면 한글이 깨져서 출력될 것이다. InputStreamEx에 한글 문자를 추가해서 다시 실행해서 확인해보자.

이번엔 read(byte[] b) 메서드를 이용해서 내용을 한꺼번에 읽어와 출력해 보자.

```java
1. package chapter18;
2.
3. import java.io.FileInputStream;
4. import java.io.IOException;
5.
6. public class FieInputStreamEx2 {
```

```
 7.
 8.    public static void main(String[] args) {
 9.
10.        try {
11.            FileInputStream fis =
12.                    new FileInputStream("src/chapter18/InputStreamEx.java");
13.            int data = 0;
14.            byte[] buf = new byte[fis.available()];
15.            while ((data=fis.read(buf)) != -1) {
16.                System.out.print(new String (buf, 0, data));
17.            }
18.        } catch (IOException e) {
19.
20.        }
21.
22.    }
23.
24. }
```

14라인은 byte배열을 선언하고 있는데, fis.available() 메서드를 이용해 해당 파일의 읽기 가능 바이트 수를 배열 크기로 지정한 것이다. 즉 파일의 바이트 크기만큼 배열을 선언한 것이다. read(byte[] b) 메서드를 이용하면 실제 파일에서 읽어들인 내용을 buf에 저장되고, 실제 읽은 바이트 수를 리턴하므로 16라인이 실행되어 파일의 전체 내용일 출력된다. String 생성자는 바이트 배열과 0부터 바이트의 수만큼 문자열로 변환해준다. 이 예제의 실행 결과는 한글이 정상적으로 출력이 될 것이다.

이번엔 read(byte[] b) 메서드와 비슷한 read(byte[] b, int off, int len) 메서드를 이용한 예제도 살펴보자.

```
 1. package chapter18;
 2.
 3. import java.io.FileInputStream;
 4. import java.io.IOException;
 5.
 6. public class FieInputStreamEx3 {
 7.
 8.    public static void main(String[] args) {
 9.
10.        try {
11.            FileInputStream fis =
12.                    new FileInputStream ("src/chapter18/InputStreamEx.java");
13.            int data = 0;
14.            byte[] buf = new byte[fis.available()];
15.            while ((data=fis.read(buf, 0, buf.length)) != -1) {
16.                System.out.print(new String(buf, 0, data));
17.            }
18.        } catch (IOException e) {
19.
```

```
20.          }
21.
22.      }
23.
24. }
```

15라인만 수정되었는데, read(buf, 0, buf.length) 메서드는 파일에서 읽은 내용을 buf 배열의 0번지부터 저장하고, buf.length 길이 만큼 읽어 buf배열에 저장한다. 이전 예제와 실행결과도 같고, 한글도 정상적으로 출력될 것이다.

지금까지 예제들은 close() 메서드를 사용하지 않았다. close() 메서드는 시스템 자원을 반납하고 스트림을 해제하는 메서드인데, 누락한 것이나. 이 메서드는 반드시 실행되어야 하는 메서드이므로 finally에 추가해야 한다. 위 예제를 다시 수정해보자.

```
1. package chapter18;
2.
3. import java.io.FileInputStream;
4. import java.io.IOException;
5.
6. public class FieInputStreamEx3 {
7.
8.     public static void main(String[] args) {
9.
10.        FileInputStream fis = null;
11.        try {
12.            fis = new FileInputStream ("src/chapter18/InputStreamEx.java");
13.            int data = 0;
14.            byte[] buf = new byte[fis.available()];
15.            while ((data=fis.read(buf, 0, buf.length)) != -1) {
16.                System.out.print(new String (buf, 0, data));
17.            }
18.        } catch (IOException e) {
19.
20.        } finally {
21.            try {
22.                fis.close();
23.            } catch (Exception e) {
24.                System.out.println(e);
25.            }
26.        }
27.
28.    }
29.
30. }
```

finally 구문에 fis.close()를 추가하기 위해 10라인에서 FileInputStream 객체를 먼저 선언해 놓고 12라인에서 객체를 초기화했다. finally 구문은 21~25라인에서 또다시 trey~catch문이 나오는데, close() 메서드에서도 예외가 발생할 가능성이 있으므로 예외처리를 해준 것이다.

18.3 문자 기반 입력 스트림

문자 기반 입력 스트림의 최상위 클래스는 Reader 클래스이다. 이 Reader 클래스도 역시 추상메서드를 가지고 있는 추상 클래스로 직접 객체로 생성될 수 없다. Reaer 클래스의 객체는 읽어들일 때의 기준이 문자 단위다. 즉 2바이트씩 읽어들인다. 바이트 기반 입력스트림을 InputStreamReader 클래스를 통하여 Reader 클래스의 객체로 생성할 수 있는데, 앞에서 다뤘었던 콘솔에서 입력받는 예제를 InputStreamReader 클래스를 이용해서 예제를 작성해보자.

```
1. package chapter18;
2.
3. import java.io.IOException;
4. import java.io.InputStreamReader;
5. import java.io.Reader;
6.
7. public class InputStreamEx2 {
8.
9.     public static void main(String[] args) {
10.
11.         try {
12.             // InputStreamReader 객체생성
13.             Reader in = new InputStreamReader (System.in);
14.             int data = 0;
15.             while ((data=in.read()) != -1) {
16.                 System.out.print((char)data);
17.             }
18.         } catch (IOException e) {
19.
20.         }
21.
22.     }
23.
24. }
```

[실행 결과]

abc
abc
한글
한글

이 예제를 실행하면 이클립스 콘솔창에 문자열을 입력할 수 있으며, 영문자 abc를 입력하고 엔터를 누르면 그대로 abc가 출력되고 한글로 입력해도 한글이 깨지지 않고 정상적으로 출력이 된다.

문자 기반 스트림의 최상위 클래스 Reader 클래스의 하위 클래스들을 살펴보자.

클래스	설명
FileReader	파일에서 문자 단위로 읽음
InputStreamReader	바이트 단위로 읽은 문자열을 문자로 변환해주는 보조 스트림
BufferedReader	문자로 읽을 때 readLine이라는 줄 단위로 읽을 수 있는 메소드를 제공하여 한꺼번에 읽을 수 있는 보조 스트림

Reader 클래스에서 제공하는 메서드이다.

메서드	설명
int read()	하나의 문자를 읽어 리턴
int read(char[] buf)	buf배열에 문자를 읽어 읽은 수만큼 리턴
int read(char[] buf, int off, int len)	buf배열의 off위치에서부터 len개수 씩 읽어서 리턴
void close()	사용한 리소스를 반납하고 스트림을 닫음

FileReader

FileReader 클래스도 FileInputStream 클래스와 마찬가지로 파일을 읽을 수 있는 기능을 제공한다. 파일을 읽을 때 파일의 경로나 File 객체를 생성자의 매개변수로 지정할 수 있다. 파일이 존재하지 않으면 FileNotFoundException 예외를 발생시킨다. FileReader 클래스는 FileInputStream 클래스와 달리 문자 스트림으로 한글자씩 읽기 때문에 한글이 깨지지 않는다.

```java
1. package chapter18;
2.
3. import java.io.FileReader;
4. import java.io.IOException;
5.
6. public class FileReaderEx {
7.
8.     public static void main(String[] args) {
9.
10.        FileReader fr = null;
11.        try {
12.            fr = new FileReader ("src/chapter18/InputStreamEx.java");
13.            int data = 0;
14.            while ((data = fr.read()) != -1 ) {
```

```
15.                    System.out.print((char)data);
16.               }
17.           } catch (IOException e) {
18.
19.           } finally {
20.               try {
21.                   fr.close();
22.               } catch (Exception e) {
23.                   System.out.println(e);
24.               }
25.           }
26.
27.       }
28.
29. }
```

문자 스트림을 FileReader로 읽으면 한글이 제대로 처리되는 것을 알 수 있다. 그 외 메서드 read(char[] buf), read(char[] buf, int off, int len) 메서드는 앞에서 봤던 FileInputStream 클래스와 비슷하니 그대로 사용하면 된다.

🖥 BufferedReader

입력 스트림에 Buffer를 가지고 있는 문자형 입력 스트림이다. 버퍼에 있는 내용을 한 줄씩 읽을 수 있는 readLine() 메서드를 가지고 있는 보조 스트림이다.

보조 스트림이란 객체 생성 시 기존의 스트림을 가지고 새로운 특징을 가지는 스트림을 말한다. 스트림의 기능을 보완하기 위해 만들었기 때문에 직접 데이터를 입/출력하는 것은 아니지만 스트림의 기능을 향상시키거나 새로운 기능을 추가할 수 있다. 그래서 스트림을 먼저 생성한 후 이를 이용해 보조스트림을 생성하는 형태로 사용한다.

❖ **버퍼를 사용하는 이유**

입출력을 할 때는 자바가 직접 하는 것이 아니고 운영체제의 Native 메소드를 호출해서 수행한다. 이런 이유로 입출력을 너무 빈번히 수행하면 Native 메소드를 너무 자주 호출하여 입출력 효율이 떨어질 수 있으므로 버퍼에 모아서 처리하는 것이 효율적이다.

```
1. package chapter18;
2.
3. import java.io.BufferedReader;
4. import java.io.FileReader;
5. import java.io.IOException;
6.
7. public class BufferedReaderEx {
```

```
  8.
  9.      public static void main(String[] args) {
 10.
 11.          FileReader fr = null;
 12.          BufferedReader br = null;
 13.
 14.          try {
 15.              fr = new FileReader("src/chapter18/InputStreamEx.java");
 16.              br = new BufferedReader(fr);
 17.
 18.              String txt = null;
 19.              while ((txt = br.readLine()) != null) {
 20.                  System.out.println(txt);
 21.              }
 22.          } catch (IOException e) {
 23.
 24.          } finally {
 25.              try {
 26.                  fr.close();
 27.                  br.close();
 28.              } catch (Exception e) {
 29.                  System.out.println(e);
 30.              }
 31.          }
 32.
 33.      }
 34.
 35. }
```

15라인에서 생성한 FieReader 객체를 16라인에서 BufferedReader 생성자의 매개변수로 넣어줬다. 이 BufferedReader 객체 br을 이용해 readLine() 메서드를 통해 한줄씩 읽어와 출력한 것이다.

18.4 바이트 기반 출력 스트림

OutputStream은 바이트 단위로 출력하는 최상위 클래스이다.

클래스	설명
FileOutputStream	바이트 단위로 파일에 출력
ByteArrayOutputStream	Byte 배열에 바이트 단위로 출력
FilterOutputStream	바이트 기반 스트림에서 제공하는 보조스트림의 상위 클래스

OutputStream에서 제공하는 메서드도 살펴보자.

메서드	설명
void write(int b)	한 바이트 출력
void write(byte[] b)	b배열에 있는 데이터 출력
void write(byte[] b, int off, int len)	b배열에 있는 데이터의 off위치에서부터 len 개수만큼 출력
void flush()	출력 버퍼를 강제로 비워 데이터 출력
void close()	사용한 리소스를 반납하고 스트림을 닫음, 출력버퍼 비워짐

FileOutputStream

파일에 바이트 단위로 데이터를 출력하기 위한 스트림이다. 생성자를 살펴보자.

생성자	설명
FileOutputStream(String name)	파일명을 매개변수로 출력 스트림 생성
FileOutputStream(String name, boolean append)	파일명을 매개변수로 출력스트림을 생성. append가 true이면 파일을 이어서 출력 기본값은 false
FileOutputStream(File f)	File 객체를 매개변수로 받아 출력
FileOutputStream(File f, boolean append)	File 객체를 매개변수로 받아 출력 append가 true이면 파일을 이어서 출력 기본값은 false

생성자 종류는 입력스트림과 마찬가지로 파일명을 매개변수로 받는 생성자와 파일 객체를 매개변수로 받는 생성자로 나눠지는데 append라는 boolean 변수가 기존 파일에 이어서 쓸지 새로운 파일로 쓸지 여부를 결정하는 매개변수가 추가됐다. append가 true이면 기존 파일에 추가하는 것이다.

write() 메서드를 이용해 파일에 데이터를 출력해 보자.

```
1. package chapter18;
2.
3. import java.io.FileOutputStream;
4. import java.io.IOException;
5.
6. public class FieOutputStreamEx {
7.
8.     public static void main(String[] args) {
9.
```

```
10.          try {
11.              FileOutputStream fos =
12.                      new FileOutputStream ("test.txt");
13.              fos.write(65);
14.              fos.write(66);
15.              fos.write(67);
16.          } catch (IOException e) {
17.              System.out.println(e.getMessage());
18.          }
19.
20.      }
21.
22. }
```

FileOutputStream 객체를 생성해 13~15라인에서 정수 65,66,67을 출력했는데, 이 숫자는 출력될 때 아스키 코드 값을 변경되어 문자 A,B,C가 출력된다. 탐색기를 열어 여러분이 작업 중인 프로젝트 폴더를 열어보자. test.txt파일이 생성되었을 것이다. 이파일을 열어보면 ABC가 들어 있는 것을 확인할 수 있다. 또는 이클립스 왼쪽 Package Explorer 해당 프로젝트를 선택하고 새로고침 또는 F5키를 누르면 test.txt파일이 보이게 될 것이다. 이제 이클립스에서도 이 파일을 열 수 있다. 만약 새로운 파일이 아니라 기존 파일에 데이터를 추가하고 싶으면 생성자의 두번째 매개변수에 true라고 넣어주고 실행하면 이제 test.txt파일엔 새로운 입력값이 추가되어 있을 것이다. 위 예제를 아래와 같이 수정해 보자.

```
1. package chapter18;
2.
3. import java.io.FileOutputStream;
4. import java.io.IOException;
5.
6. public class FieOutputStreamEx {
7.
8.      public static void main(String[] args) {
9.
10.          try {
11.              FileOutputStream fos =
12.                      new FileOutputStream ("test.txt", true);
13.              fos.write(68);
14.              fos.write(69);
15.              fos.write(70);
16.          } catch (IOException e) {
17.              System.out.println(e.getMessage());
18.          }
19.
20.      }
21.
22. }
```

12라인에서 생성자에 append 매개변수를 true로 지정했고, 13~15라인의 write() 메서드에는 68,69,70을 출력했다. 이 정수를 아스키 코드로 변환하면 D,E,F가 된다. 실행한 후 test.txt파일을 열어보면 ABCDEF가 들어 있을 것이다.

이번엔 write(byte[] b)메서드를 사용해서 입력과 마찬가지로 데이터를 한번에 출력해보자.

```
1. package chapter18;
2.
3. import java.io.FileOutputStream;
4. import java.io.IOException;
5.
6. public class FieOutputStreamEx2 {
7.
8.     public static void main(String[] args) {
9.
10.        try {
11.            FileOutputStream fos =
12.                    new FileOutputStream("test2.txt", true);
13.
14.            byte[] b = new byte[26];
15.            byte data = 65;
16.            for (int i=0; i<b.length; i++) {
17.                b[i] = data;
18.                data++;
19.            }
20.            fos.write(b);
21.        } catch (IOException e) {
22.            System.out.println(e.getMessage());
23.        }
24.
25.    }
26.
27. }
```

위 예제는 26자리의 byte배열의 b변수를 생성해 for문안에서 65부터 1씩 증가하며 배열의 각 인덱스에 값을 대입했다. 모든 값을 담은 다음 fos.write() 메서드의 매개변수로 byte 배열 b를 넣어 한번에 출력한 것이다. 다시 이클립스의 Proejct Explorer에서 프로젝트를 선택한 후 새로고침하면 test2.txt 파일이 보이고 열어보면 A부터 Z까지 출력된것을 확인할 수 있다.

지금까지 우리가 사용해 왔던 표준 출력 스트림객체 System.out이 바로 OutputStream의 하위 클래스인 PrintStream 객체이다.

```
1.  package chapter18;
2.
3.  import java.io.IOException;
4.  import java.io.OutputStream;
5.
6.  public class OutputStreamEx {
7.
8.      public static void main(String[] args) {
9.
10.         try {
11.             OutputStream out = System.out;
12.             out.write('a');
13.             out.write('b');
14.             out.write('c');
15.             out.write('1');
16.             out.write('2');
17.             out.write('3');
18.             out.write('가');
19.             out.write('나');
20.             out.write('다');
21.             out.flush();
22.             out.close();
23.
24.         } catch (IOException e) {
25.             System.out.println(e.getMessage());
26.         }
27.
28.     }
29.
30. }
```

[실행 결과]

abc123 ◆◆

이 예제 역시 바이트 스트림이기 때문에 한바이트씩만 출력되므로 영문,숫자는 잘 출력되지만 한글은 제대로 출력되지 않는다. 한글 깨지는 문제를 해결하려면 문자 기반 출력 스트림 클래스인 Writer를 사용해야 한다.

OutputStream의 하위 클래스인 PrintStream에 대하여 살펴보자 PrintStream은 출력기능을 강화시킨 스트림 클래스로 PrintStream 클래스의 print(), println(), printf() 메서드가 출력 기능을 강화한 메서드다.

OutputStream 클래스의 출력을 위한 메서드는 write() 인데 write() 메서드는 예외처리도 해야 하고 출력가능한 자료형도 한정적이다.

```
1. package chapter18;
2.
3. import java.io.FileOutputStream;
4. import java.io.IOException;
5. import java.io.PrintStream;
6.
7. public class PrintStreamEx {
8.
9.     public static void main(String[] args) {
10.
11.        try {
12.            FileOutputStream fos = new FileOutputStream("print.txt", true );
13.            PrintStream ps = new PrintStream(fos);
14.            ps.println("홍길동");
15.            ps.println(1111);
16.            ps.println(true);
17.            ps.println(3.14);
18.            ps.flush();
19.            ps.close();
20.
21.        } catch (FileNotFoundException e) {
22.            System.out.println(e.getMessage());
23.        }
24.
25.    }
26.
27. }
```

PrintStream은 OutputStream의 하위 클래스로서 출력기능을 강화시킨 클래스다. PrintStream 의 대표적인 메서드가 println(), print(), printf() 메서드가 있다. 이 메서드들은 모든 자료형을 출력하도록 오버로딩되어 있고, 예외처리 없이도 출력이 가능하도록 되어 있다. 위 예제에서 try~catch로 처리한 것은 PrintStream이 아니라 FileOutputStream 객체를 생성할 때 파일이 존재하지 않는 예외를 처리하기 위한 것이고 PrintStream은 예외를 던지지 않으므로 예외처리가 필요없다.

18.5 문자 기반 출력 스트림

Write 클래스가 문자기반 출력 스트림의 최상위 클래스이고, 자주 사용되는 하위 클래스는 아래와 같다.

클래스	설명
FileWriter	문자 단위로 파일에 출력
OutputStreamWriter	바이트 단위로 출력한 데이터를 문자로 변환해주는 보조 스트림
BufferedWriter	문자로 출력할 때 배열을 제공하여 한번에 쓸수 있는 기능을 제공해 주는 보조 스트림

제공하는 메서드는 바이트 기반 출력 스트림과 유사하다.

메서드	설명
void write(int c)	한 문자 출력
void write(char[] buf)	buf배열에 있는 데이터 출력
void write(char[] buf, int off, int len)	buf배열에 있는 데이터의 off위치에서부터 len 개수만큼 출력
void write(String str)	문자열 str 출력
void write(String str, int off, int len)	문자열 str을 off위치에서부터 len 개수만큼 출력
void flush()	출력 버퍼를 강제로 비워 데이터 출력
void close()	사용한 리소스를 반납하고 스트림을 닫음, 출력버퍼 비워짐

Writer 하위 클래스 중 가장 많이 사용하는 FileWriter 스트림 클래스를 살펴보자. FileWriter 클래스도 생성자를 사용해 파일명이나 파일 객체를 생성한다. FileOutputStream 클래스처럼 출력 시 파일이 존재하지 않으면 새로운 파일을 생성한다.

생성자	설명
FileWriter(String name)	파일명을 매개변수로 출력 스트림 생성
FileWriter(String name, boolean append)	파일명을 매개변수로 출력스트림을 생성. append가 true이면 파일을 이어서 출력 기본값은 false
FileWriter(File f)	File 객체를 매개변수로 받아 출력
FileWriter(File f, boolean append)	File 객체를 매개변수로 받아 출력 append가 true이면 파일을 이어서 출력 기본값은 false

FileWriter 클래스를 이용해 다음 예제를 작성해 보자.

```
1. package chapter18;
2.
3. import java.io.FileWriter ;
4. import java.io.IOException ;
5.
6. public class FileWriterEx {
7.
8.     public static void main(String[] args) {
9.
10.         try {
11.             FileWriter fw =
12.                     new FileWriter ("test3.txt");
13.             // 문자하나 출력
14.             fw.write('A');
15.             char[] buf = {'B','C','D'};
16.             // 문자배열 출력
17.             fw.write(buf);
18.             // 문자배열 off부터 len개수만큼 출력
19.             fw.write(buf,1,2);
20.             // 문자열 출력
21.             fw.write("저는 홍길동입니다.");
22.
23.             fw.flush();
24.             fw.close();
25.
26.         } catch (IOException e) {
27.             System.out.println(e.getMessage());
28.         }
29.
30.     }
31.
32. }
```

[test3.txt 출력 결과]

ABCDCD저는 홍길동입니다.

오버로딩된 다양한 write() 메서드들을 사용해 문자하나와 문자배열, 문자배열의 부분만 출력해보고, 문자열도 출력해 보았다. ABCD 뒤에 CD가 다시 출력된 이유는 write(buf, 1, 2) 때문에 ABCD 중 CD만 출력된 것이다. 12라인에 FileWriter 생성자에 파일명 문자열만 매개변수로 들어가 있는데 뒤에 true값을 넣으면 기존파일에 이어서 출력이 된다.

Buffered 보조 스트림

보조 스트림 클래스 중에서 아주 유용하게 사용되고, 사용빈도도 높은 Buffered 보조 스트림에 대해 알아보자. 먼저 앞에서 BufferedReader라는 스트림 클래스를 사용해봤는데, 스트림 클래스 객체를 먼저 생성하고, 그 객체를 Buffered 스트림 클래스 생성자의 매개변수로 넘겨주는 방식으로 사용했다. 이 Buffered 스트림 클래스를 사용하는 이유는 바이트 기반 스트림이나 문자 기반 스트림 프로그래밍을 할 때 해당 클래스로만 구현했을 때보다, 보조스트림을 함께 사용하는 것이 처리 속도가 월등히 빠르다. buffer(버퍼)는 중간에서 임시로 저장하는 역할을 하는 저장소의 의미가 있다. 하나하나 읽어오고 저장하는게 아니라 특정 길이만큼 모아뒀다가 한꺼번에 저장하기 때문에 속도가 훨씬 빠르다.

Buffered 스트림 클래스 4가지를 살펴보자.

클래스	설명
BufferedInputStream	바이트 기반 입력 스트림에 버퍼링 기능 제공
BufferedOutputStream	바이트 기반 출력 스트림에 버퍼링 기능 제공
BufferedReader	문자 기반 입력 스트림에 버퍼링 기능 제공
BufferedWriter	문자 기반 출력 스트림에 버퍼링 기능 제공

이번엔 위의 예제 FileWriter 클래스를 이용한 파일 출력 예제를 BufferedWriter 보조 스트림을 추가해서 수정해 보자.

```java
1.  package chapter18;
2.
3.  import java.io.BufferedWriter;
4.  import java.io.FileWriter;
5.  import java.io.IOException;
6.
7.  public class BufferedWriterEx {
8.
9.      public static void main(String[] args) {
10.
11.         try {
12.             FileWriter fw =
13.                     new FileWriter("test4.txt");
14.             BufferedWriter bw = new BufferedWriter(fw);
15.
16.             // 문자하나 출력
17.             bw.write('A');
18.             char[] buf = {'B','C','D'};
19.             // 문자배열 출력
20.             bw.write(buf);
21.             // 문자배열 off부터 len개수만큼 출력
22.             bw.write(buf,1,2);
```

```
23.              // 문자열 출력
24.              bw.write("저는 홍길동입니다.");
25.
26.              bw.flush();
27.              bw.close();
28.
29.          } catch (IOException e) {
30.              System.out.println(e.getMessage());
31.          }
32.
33.      }
34.
35. }
```

12라인에서 생성한 FileWriter 객체를 14라인에서 BufferedWriter 생성자에 매개변수로 넘겨주고 밑의 write(), flush(), close() 메서드들의 객체를 bw(BufferedWriter)객체를 통해서 실행했다. 이 예제는 데이터량이 작아 속도 차이는 느껴지지 않겠지만 용량이 크면 클수록 속도차이가 많이 나게 된다. 자주 사용되는 보조 스트림이니 기억해 두자.

File 클래스

바이트, 문자 기반 스트림외에 파일의 경로나 파일정보를 확인하고, 웹사이트의 첨부파일을 업로드할때도 사용되는 클래스이다. 파일 경로는 생성자를 통해 전달한다. 파일에 대한 정보 중에서도 파일의 존재여부, 파일의 크기 그리고 마지막 수정날짜는 애플리케이션을 만들 때 빈번히 사용되므로 반드시 숙지해야 한다. 애플리케이션에서 데이터의 존재여부를 확인하거나 최신의 데이터인지 확인할 때 사용한다. File 클래스를 통해 파일정보를 확인하는 예제를 만들어 보자.

```
1. package chapter18;
2.
3. import java.io.File;
4.
5. public class FileEx {
6.
7.     public static void main(String[] args) {
8.
9.         File file = new File("test4.txt");
10.
11.         // 파일인지 여부
12.         System.out.println(file.isFile());
13.         // 디렉토리인지 여부
14.         System.out.println(file.isDirectory());
15.         // 파일명
16.         System.out.println(file.getName());
17.         // 파일 절대경로명
18.         System.out.println(file.getAbsolutePath());
```

```
19.        // 생성자에 넣어준 경로
20.        System.out.println(file.getPath());
21.        // 읽기권한 있는지 여부
22.        System.out.println(file.canRead());
23.        // 쓰기권한 있는지 여부
24.        System.out.println(file.canWrite());
25.        // 파일 크기(용량, byte)
26.        System.out.println(file.length());
27.    }
28. }
```

[실행 결과]
false
test4.txt
D:\workspace_java\test\tesl4.txt
test4.txt
true
true
32

제18장 연습문제

01 입출력스트림에 대한 설명 중 올바르지 않은 것은?

① 파일에 쓰는 것도 출력 스트림을 사용한다.
② 하나의 클래스로 입력과 출력 동시에 처리 가능하다.
③ 프로그램으로 데이터 들어오면 입력이다.
④ 화면에 출력되는 것도 출력이다.

02 출력 스트림에서 flush() 메서드가 하는 기능은?

03 아래 예제는 FileReader로 파일을 읽고 보조스트림 BufferedReader를 통해 한줄씩 출력하는 코드이다. while문 빈칸에 들어갈 코드를 작성하시오.

```
1. package chapter18;
2.
3. import java.io.BufferedReader;
4. import java.io.FileReader;
5. import java.io.IOException;
6.
7. public class Excercise3 {
8.
9.     public static void main(String[] args) {
10.
11.        FileReader fr = null ;
12.        BufferedReader br = null ;
13.
14.        try {
15.            fr = new FileReader ("src/chapter18/InputStreamEx.java");
16.            br = new BufferedReader (fr);
17.
18.            String txt = null ;
19.            while ((_____) != null ) {
20.                System.out.println(txt);
21.            }
22.        } catch (IOException e) {
23.
24.        } finally {
25.            try {
26.                fr.close();
```

```
27.                    br.close();
28.              } catch (Exception e) {
29.                  System .out.println(e);
30.              }
31.          }
32.      }
33.
34. }
```

CHAPTER

19

네트워크
(데이터 통신)

자바 프로그램에서 네트워크를 이용해 데이터를 통신할 수
있는 방법을 알아보고, 간단한 예제를 만들어 보자.

19.1 네트워크 개요

네트워크란 원래 각 지역에 흩어져 있는 방송국이 그물처럼 연결되어 전국적으로 같은 방송을 전달할 수있도록 만들어진 형태의 방송망을 일컫는 방송용어다. 최근에는 컴퓨터 및 통신분야에서 복수의 컴퓨터를 통신 회선으로 연결하여 사용하는 것을 말한다. 컴퓨터들끼리 서로 연결하여 데이터를 주고 받거나, 자원을 공유하는 용도로 사용된다.

최근엔 대부분의 컴퓨터(기계)들이 유/무선으로 연결되어 거대한 네트워크로 구성되어 있고, 인터넷을 이용해 다양한 데이터를 주고 받는 것이 가능하다. 우리가 자주 사용하는 웹사이트나 온라인 게임도 모두 네트워크를 이용한 어플리케이션이다.

자바에서는 java.net 패키지를 제공하여 네트워크를 통해 데이터를 통신하는 방법을 API로 제공하고 있다. 자바로 네트워크관련 프로그래밍을 하려면 물론 제공하는 API의 클래스들도 알고 있어야 하지만, 네트워크에 대한 지식이 필요하다. 이 부분은 너무 방대한 부분이므로 모두 다룰 수는 없고, 프로그래밍을 위한 아주 기본적인 부분만 다룰것이다.

🖥 클라이언트(client)와 서버(server)

클라이언트와 서버는 네트워크상에서 컴퓨터간의 관계를 역할로 구분하는 개념이다. 서버는 서비스를 제공하는 컴퓨터고, 클라이언트는 서비스를 사용하는 컴퓨터가 된다. 여러분이 자주 사용하는 네이버나 구글같은 포털사이트도 서버역할을 하는 컴퓨터가 있고 여러분 컴퓨터가 서비스를 제공받는 클라이언트 컴퓨터가 된다. 보통 서버는 다수의 클라이언트에게 서비스를 제공하기 때문에 고사양의 하드웨어를 갖춘 컴퓨터이다. 이 컴퓨터에 서비스를 제공하는 소프트웨어가 설치되어 실행되는 컴퓨터를 서버라 한다. 서버 어플리케이션은 서버가 클라이언트로부터 요청받은 작업을 처리하여 그 결과를 제공하게 되며 서버가 제공하는 서비스의 종류에 따라 파일서버, 메일서버, 어플리케이션 서버 등이 있다. 예를들어 웹서버는 클라이언트가 요청하는 웹서비스를 제공하는 역할을 한다. 서버에 접속하는 클라이언트의 수에 따라 하나의 서버가 여러 가지 서비스를 제공하기도 하고 하나의 서비스를 여러 대의 서버로 제공하기도 한다. 서버가 서비스를 제공하기 위해서는 서버프로그램이 있어야 하고 클라이언트가 서비스를 제공받기 위해서는 서버프로그램과 연결할 수 있는 클라이언트 프로그램이 있어야 한다. 예를 들어 웹서비스 같은 경우는 웹서버는 웹어플리케이션이 설치되어 있어야하고 클라이언트는 웹서버에 접속하여 정보를 얻기 위해 웹브라우저(클라이언트 프로그램)가 있어야 한다.

IP Address (아이피 주소)

IP는 컴퓨터를 구별할때 사용하는 고유한 값으로 인터넷에 연결된 모든 컴퓨터(기계)는 IP주소를 갖는다. IP주소는 4바이트(32비트) 정수로 이루어져 있으며, 4개의 정수 사이에 마침표로 구분되어 있다. 이 4개의 정수는 바이트값 0~255 사이의 정수로 이루어진다. 윈도우에서 IP주소를 확인하려면 명령프롬프트 창에서 ipconfig를 입력하면 확인할 수 있다.

Port(포트)

Port는 항구라는 뜻을 갖는 단어로 네트워크 상에서 컴퓨터와 컴퓨터가 서로 연결되는 부분(통로), 어플리케이션에서 데이터를 주고 받을 때 지정된 포트번호를 통해 서로 연결되고 통신한다.

소켓(Socket)

네트워크상에서 클라이언트와 서버가 특정 포트를 통해 양방향 통신이 가능하도록 만들어주는 소프트웨어 장치(접속의 끝 부분, endpoint)

클라이언트와 서버가 네트워크 연결되는 순서는 아래와 같다.
1. 클라이언트에서 서로 연결 요청
2. 서버에서 연결 수락
3. 클라이언트 처리 요청
4. 서버에서 처리
5. 서버에서 클라이언트로 처리결과 응답

19.2 네트워크 관련 클래스

InetAddress

자바에서 IP주소를 다루기 위한 클래스로 default 접근제한자이므로 프로그램 상에서 직접 객체 생성을 할 수 없다. InetAddress 클래스에서 제공하는 메서드는 아래와 같다. InetAddress 객체 생성을 위한 메서드는 getAllByName(), getByAddress(), getByName(), getLocalHost() 이렇게 4가지 메서드를 이용해서 생성할 수 있다.

메서드	설명
byte[] getAddress()	IP주소를 byte배열로 리턴
static InetAdress[] getAllByName(String host)	호스트에 지정된 모든 호스트의 IP주소를 배열로 리턴
static InetAddress getByAddress(byte[] addr)	byte배열을 통해 IP주소를 얻음
static InetAddress getByName(String host)	host를 통해 IP주소를 얻음
String getCanonicalHostName()	FQDN(fullay qualified domain name) 리턴
String getHostAddress()	호스트의 IP주소 리턴
String getHostName()	호스트 이름 리턴
static InetAddress getLocalHost()	local IP주소 리턴
boolean isMulticastAddress()	IP주소가 멀티캐스트 주소인지 여부
boolean isLoopbackAddress()	IP주소가 127.0.01인지 여부

```java
1. package chapter19;
2.
3. import java.net.InetAddress;
4. import java.net.UnknownHostException;
5.
6. public class InetAddressEx {
7.
8.     public static void main(String[] args) {
9.
10.        try {
11.            // getByName메서드로 InetAddress 객체 생성
12.            InetAddress ip = InetAddress.getByName("www.google.co.kr");
13.            System.out.println("hostname:" + ip.getHostName());
14.            System.out.println("ip :" + ip.getHostAddress());
15.
16.            // getAllByName메서드로 InetAddress 객체배열 생성
17.            InetAddress[] ips =
18.                        InetAddress.getAllByName("www.google.co.kr");
19.            for (InetAddress i : ips) {
20.                System.out.println("ip 주소 :" + i);
21.            }
22.
23.            // ip 주소값을 byte[] 배열로 리턴
24.            byte[] ipAddr = ip.getAddress();
25.            // byte 자료형의 표현 범위 : 128 ~ 127
26.            // 127 이상의 값은 음수로 표현됨
27.            for (byte b : ipAddr) {
28.                System.out.print(((b < 0) ? b + 256 : b) + ".");
29.            }
```

```
30.            System.out.println();
31.
32.            // getLocalHost 메서드로 InetAddress 객체 생성 호출
33.            InetAddress local = InetAddress.getLocalHost();
34.            System.out.println("내컴퓨터 IP:" + local);
35.
36.            // getByAddress 메서드로 InetAddress 객체 생성 호출
37.            InetAddress ip2 = InetAddress .getByAddress(ips[0].getAddress());
38.            System.out.println(ips[0].getHostAddress() + " 주소 :" + ip2);
39.
40.        } catch (UnknownHostException e) {
41.            System.out.println(e.getMessage());
42.        }
43.
44.    }
45.
46. }
```

[실행 결과]

```
hostname:www.google.co.kr
ip :216.58.199.3
ip 주소 :www.google.co.kr/216.58.199.3
216.58.199.3.
내컴퓨터 IP:WITHSKY-PC/192.168.56.1
216.58.199.3 주소 :/216.58.199.3
```

URL(Uniform Resource Location)

인터넷을 통하여 서버에 접근하기 위해 URL클래스를 사용한다. 이 URL 클래스는 인터넷에 접근할 수 있는 형태를 분석하는 클래스이다.

URL의 구조는 아래와 같다.

프로토콜://호스트명:포트번호/경로명/파일명?쿼리스트링

프로토콜은 서버와 통신할 때 필요한 통신 규약(규칙)으로 인터넷에서는 http(Hyper Text Transfer Protocol)를 사용한다. 호스트명은 서버의 이름으로 보통 도메인으로 사용하기도 하고, 도메인 대신에 IP 주소를 그대로 사용하는 것이 가능하다. 포트번호는 프로토콜의 기본 포트번호를 사용하면 생략이 가능한데 http는 80번이 기본 포트이고 https에서는 443이 기본 포트번호이다. 그 뒤에는 경로(디렉토리)명, 파일명이 오며 마지막으로 쿼리스트링은 서버쪽으로 값을 전달하기 위한 매개변수(파라미터)값이다.

예를 들어 (https://www.egovframe.go.kr/EgovIntro.jsp?menu=1&submenu=1) 이 URL은 https 라는 암호화된 프로토콜을 이용하여 www.egovframework.go.kr 호스트에 80번포트(생략)를 통해

EgovIntro.jsp 파일로 menu와 submenu라는 파라미터를 전송하는 것이다. 이 요청을 받은 서버는 응답결과를 돌려주며 여러분 브라우저로 결과가 출력되는 것이다.

참고로 https는 SSL(Secure Socket Layer)라는 보안 소켓 계층 인증서를 서버에 설치하여 클라이언트와 서버와의 데이터를 통신에 암호회히여 통신하는 기술이다.

URL 클래스에서 제공하는 메서드들을 살펴보자.

메서드	설명
URL(String spec)	매개변수 문자열 정보의 URL객체 생성
URL(String protocol, String host, String file)	매개변수 문자열 정보의 URL객체 생성
URL(String protocol, String host, int port, String file)	매개변수 문자열 정보의 URL객체 생성
String getAuthority()	호스트명과 포트 리턴
Object getContent()	URL Content객체 리턴
Object getContent(Class[] classes)	URL Content객체 리턴
int getDefaultPort()	기본 포트 리턴
String getFile()	파일명 리턴
String getHost()	호스트명 리턴
String getPath()	경로명 리턴
int getPort()	포트 리턴
String getProtocol()	프로토콜 리턴
String getQuery()	쿼리 리턴
String getRef()	참조 리턴
String getUserInfo()	사용자정보 리턴
URLConnection openConnection()	URL과 연결된 객체 리턴
URLConnection openConnection(Proxy proxy)	URL과 연결된 객체 리턴
InputStrem openStream()	URL과 연결된 객체의 InputStream 리턴
boolean sameFile(URL other)	두 URL이 같은지 여부
void set(String protocol, String host, int prt, String file, String ref)	URL 객체 설정
void set(String protocol, String host, int port, String authrity, String userInfo, String path, String query, String ref)	URL 객체 설정
String toExternalForm()	URL 문자열로 리턴
URI toURI()	URL을 URI로 변환하려 리턴

▶ URL객체를 생성하는 방법

```
URL url = new URL("전체주소");
URL url = new URL("호스트명", "경로/파일명");
URL url = new URL("호스트명", 포트번호, "경로/파일명");
```

URL클래스를 이용한 예제를 보면서 메서드들의 결과를 확인해보자.

```java
1. package chapter19;
2.
3. import java.io.IOException;
4. import java.io.InputStreamReader;
5. import java.io.Reader;
6. import java.net.MalformedURLException;
7. import java.net.URL;
8.
9. public class URLEx {
10.
11.     public static void main(String[] args) {
12.
13.         try {
14.             URL url = null;
15.             url =
16.         new URL ("https://www.egovframe.go.kr/EgovIntro.jsp?menu=1&submenu=1");
17.             System.out.println("authority : " + url.getAuthority());
18.             System.out.println("content : " + url.getContent());
19.             System.out.println("protocol : " + url.getProtocol());
20.             System.out .println("host : " + url.getHost());
21.             System.out.println("port : " + url.getPort());
22.             System.out.println("path : " + url.getPath());
23.             System.out.println("file : " + url.getFile());
24.             System.out.println("query : " + url.getQuery());
25.             // URL 을 통해서 정보 받기
26.             int data = 0;
27.             try {
28.                 Reader is = new InputStreamReader(url.openStream());
29.                 while ((data = is.read()) != -1) {
30.                     System.out.print((char ) data);
31.                 }
32.                 System.out.println();
33.             } catch (IOException e) {
34.                 e.printStackTrace();
35.             }
36.
37.         } catch (Exception e) {
38.             System.out.println(e.getMessage());
39.         }
40.
41.     }
```

```
42.
43. }
```

[실행 결과]

```
authority : www.egovframe.go.kr
content : sun.net.www.protocol.http.HttpURLConnection$HttpInputStream@4df828d7
protocol : https
host : www.egovframe.go.kr
port : -1
path : /EgovIntro.jsp
file : /EgovIntro.jsp?menu=1 &submenu=1
query : menu=1 &submenu=1
```

(HTML 출력 내용...)

URLConnection

URLConnection 클래스는 설정된 URL간의 연결기능을 담당하는 추상 클래스이다. 추상클래스이므로 직접 객체생성은 안되고 URL 클래스를 이용하여 객체화 생성이 가능하다. URLConnection을 상속받아 구현한 클래스로는 HttpURLConnection과 JarURLConnection이 있으며 URL의 프로토콜이 http 프로토콜이 라면 openConnection() 은 HttpURLConnection 객체를 리턴한다. URLConnection을 사용해서 연결하고자하는 자원에 접근하고 읽고 쓰기를 할 수 있다. 그 외에 관련된 정보를 읽고 쓸 수 있는 메서드가 제공된다.

메서드	설명
void addRequestProperty(String key, String value)	매개변수 키와 값을 RequestProperty에 추가
void connect()	URL에 대해 연결
boolean getAllowUserInteraction()	UserInteraction의 허용여부
int getConnectTimeout()	연결종료시간 리턴
Object getCotent()	content객체 리턴
Object getContent(Class[] classes)	content객체 리턴
String getContentEncoding()	content의 인코딩 리턴
int getContentLength()	content의 크기 리턴
String getContentType()	content의 type 리턴
long getDate()	헤더의 date값 리턴
boolean getDefaultAllowUserInteraction()	defaultAllowUserInteraction값 리턴
String getDefaultRequestProperty(String key)	키의 기본값 리턴
boolean getDefaultUseCaches()	useCache 기본값 리턴

boolean getDoInput()	doInput값 리턴
boolean getDoOutput()	doOutput값 리턴
long getExpiration()	URL의 만료일 리턴
FileNameMap getFileNameMap()	FileNameMap 리턴
String getHeaderField(int n)	헤더의 n번째값 리턴
String getHeaderField(String name)	헤더의 name값 리턴
long getHeaderFieldDate(String name, long Default)	헤더의 name값을 날짜값으로 리턴
int getHeaderFieldInt(String name, int Default)	헤더의 name값을 정수값으로 리턴
String getHeaderFieldKey(int n)	헤더의 n번째 필드 리턴
Map getHeaderFields()	헤더의 전체값을 Map으로 리턴
long getIfModifiedSince()	변경여부값 리턴
InputStream getInputStream()	InputStream 객체로 리턴
long getLastModified()	최종변경일 리턴
OutputStream getOutputStream()	OutputStream 객체로 리턴
Permission getPermission()	권한 리턴
int getReadTimeout()	읽기타임아웃시간 리턴
Map getRequestProperties()	RequestProperty값 Map으로 리턴
String getRequestProperty(String key)	RequestProperty값의 키값 리턴
URL getURL()	URLConnection 객체 리턴
boolean getUseCaches()	캐쉬사용여부 리턴
String guessContentTypeFromName(String fname)	파일의 content-type 추측값 리턴
String guessContentTypeFromName(InputStream is)	inputstream content-type 추측값 리턴
void setAllowUserInteraction(boolean allowuserinteraction)	UserInteraction 허용여부 리턴
void setConnectTimeout(int timeout)	연결종료시간 설정
void setContentHandlerFactory(ContentHandlerFactory fac)	ContentHandlerFactory 설정
void setDefaultAllowUserInteraction(boolean defaultallowuserinteraction)	UserInteraction 허용여부 기본값 설정
void setDefaultRequestProperty(String key, String value)	RequestProperty 기본값 설정
void setDefaultUseCaches(boolean defaultusecaches)	캐쉬사용여부 기본값 설정
void setDoInput(boolean doinput)	DoInput값 설정
void setDoOutput(boolean dooutput)	DoOutput값 설정
void setFileNameMap(FileNameMap map)	FileNameMap 설정
void setIfModifiedSince(long ifmodifiedsince)	ModifiedSince값 설정

void setReadTimeout(int timeout)	읽기제한시간 설정
void setRequestProperty(String key, String value)	RequestProperty에 값 설정
void setUseCaches(boolean usecaches)	캐쉬 사용여부 설정

```
1. package chapter19;
2.
3. import java.net.URL;
4. import java.net.URLConnection;
5.
6. public class URLConnectionEx {
7.
8.     public static void main(String[] args) {
9.
10.         URL url = null;
11.         String address =
12.             "https://www.egovframe.go.kr/EgovIntro.jsp?menu=1&submenu=1";
13.         try {
14.             url = new URL(address);
15.             URLConnection conn = url.openConnection();
16.             System.out.println("conn.toString():" + conn);
17.             System.out.println("getAllowUserInteraction():"
18.                             + conn.getAllowUserInteraction());
19.             System.out.println("getConnectTimeout():"
20.                             + conn.getConnectTimeout());
21.             System.out.println("getContent():" + conn.getContent());
22.             System.out.println("getContentEncoding():"
23.                             + conn.getContentEncoding());
24.             System.out.println("getContentLengt h():"
25.                             + conn.getContentLength());
26.             System.out.println("getContentType():" + conn.getContentType());
27.             System.out.println("getDate():" + conn.getDate());
28.             System.out.println("getDefaultAllowUserInteraction():" +
29.                             conn.getDefaultAllowUserInteraction());
30.             System.out.println("getDefaultUseCaches():"
31.                             + conn.getDefaultUseCaches());
32.             System.out.println("getDoInput():" + conn.getDoInput());
33.             System.out.println("getDoOutput():" + conn.getDoOutput());
34.             System.out.println("getExpiration():" + conn.getExpiration());
35.             System.out.println("getHeaderFields():" + conn.getHeaderFields());
36.             System.out.println("getIfModifiedSince():"
37.                             + conn.getIfModifiedSince());
38.             System.out.println("getLastModified():" + conn.getLastModified());
39.             System.out.println("getReadTimeout():" + conn.getReadTimeout());
40.             System.out.println("getURL():" + conn.getURL());
41.             System.out.println("getUseCaches():" + conn.getUseCaches());
42.
```

```
43.
44.          } catch (Exception e) {
45.              System.out.println(e.getMessage());
46.          }
47.
48.      }
49.
50. }
```

[실행 결과]

```
conn.toString():sun.net.www.protocol.https.DelegateHttpsURLConnection:https://ww
w.egovframe.go.kr/EgovIntro.jsp?menu=1&submenu=1
getAllowUserInteraction():false
getConnectTimeout():0
getContent():sun.net.www.protocol.http.HttpURLConnection$HttpInputStream@4df828d
7
getContentEncoding():null
getContentLengt h():-1
getContentType():text/html;charset=utf-8
getDate():1592738475000
getDefaultAllowUserInteraction():false
getDefaultUseCaches():true
getDoInput():true
getDoOutput():false
getExpiration():0
getHeaderFields():{Transfer-Encoding =[chunked], null =[HTTP/1 .1 200 ], Set -Cook
ie=[JSESSIONID=2EBF78264990E199B32BF05B9EB5E360.56edbfd8d0dd06361290; Path=/; Se
cure; HttpOnly], Date =[Sun, 21 Jun 2020 11 :21 :15 GMT], Content-Language=[en-US],
Content-Type =[text/html;charset=utf-8]}
getIfModifiedSince():0
getLastModified():0
getReadTimeout():0
getURL():https://www.egovframe.go.kr/EgovIntro.jsp?menu=1&submenu=1
getUseCaches():true
```

URLConnection 객체를 생성하고 get메서드들을 통해 관련정보를 출력하는 예제이다. 이 많은 예제들을 다 외우려고 하지말고, 예제의 결과를 보고 '이 메서드는 이런 기능을 하는구나'하고 어떤 메서드를 통해 어떠한 정보를 얻을 수 있는지 정도만 확인하도록 하자.

이번엔 URL클래스를 이용해서 웹페이지의 내용을 읽어오는 예제를 만들어볼 것이다. 앞에서 배웠던 문자 기반 스트림을 떠올리며 예제를 살펴보자.

```
1. package chapter19;
2.
3. import java.io.BufferedReader;
4. import java.io.InputStreamReader;
5. import java.net.URL;
```

```
 6.
 7. public class URLConnectionEx2 {
 8.
 9.     public static void main(String[] args) {
10.
11.         URL url = null;
12.         String address =
13.              "https://www.egovframe.go.kr/EgovIntro.jsp?menu=1&submenu=1
     ";
14.         BufferedReader br = null;
15.         String readline = "";
16.
17.         try {
18.             url = new URL (address);
19.             br = new BufferedReader (
20.                             new InputStreamReader (url.openStream()));
21.
22.             while ((readline = br.readLine()) != null) {
23.                 System.out.println(readline);
24.             }
25.
26.
27.         } catch (Exception e) {
28.             System.out.println(e.getMessage());
29.         } finally {
30.             try { br.close(); }catch (Exception e) {}
31.         }
32.
33.     }
34.
35. }

[실행 결과]

실제 페이지의 HTML 소스 출력됨
...
```

이 예제는 이전 챕터 입출력 스트림에서 배웠던 내용과 이번 챕터 네트워크에서 배웠던 내용이 합쳐져서 특정 웹사이트의 페이지를 소스 그대로 읽어와 화면에 출력하는 예제이다. 실제 이 예제에서 웹사이트 주소와 while문 안에서의 출력문을 적절히 변경한다면, 웹사이트 데이터를 수집하는 웹크롤링 프로그램을 만들 수가 있게 된다. 코드 자체가 복잡하거나 어려운 코드는 아니니, 전에 배웠던 내용도 복습할겸 전체 코드를 직접 작성해서 실행해보고, 수정도 해보면서 이해해 두면 도움이 될 것이다.

TCP / UDP

TCP/IP 프로토콜은 다른 시스템간의 데이터 통신을 위한 표준 프로토콜이다. TCP와 UDP 프로토콜도 TCP/IP에 포함되며 OSI7 계층 중 전송(Transport) 계층에 해당하는 프로토콜이다. TCP 와 UDP는 전송 방식이 다르며 각 방식에 따른 장단점이 있다.어플리케이션에 따라 적절한 프로토콜을 선택하여 사용하도록 하자.

구분	TCP	UDP
연결방식	연결기반(Connection) 1대1 방식 연결 후 통신	비연결기반(Connectionless) 1대1, 1대다, 다대다 방식 연결없이 통신
특징	데이터 전송 신뢰성 있음 데이터 전송 순서 보장 데이터 수신여부 확인 가능 UDP에 비해 전송속도 느림	데이터 전송 신뢰성 없음 데이터 전송 순서 보장 안됨 데이터 수신여부 확인 불가 TCP에 비해 전송속도 빠름
관련클래스	ServerSocket Socket	DatagramSocket DatagramPacket

TCP를 이용한 통신 방식은 전화기, UDP를 이용한 통신방식은 소포와 비유해서 생각하면 쉽다. TCP는 데이터를 전송하기 전에 먼저 상대편과 연결 후에 데이터를 전송하며 잘 전송되었는지 확인하고 전송에 실패했다면 해당 데이터를 재전송하기 때문에 신뢰있는 데이터의 전송이 요구되는 통신에 적합하다. 예를 들면 파일을 주고받는 경우이다. UDP는 상대편과 연결하지 않고 데이터를 전송하여 데이터가 바르게 수신되었는지 확인하지 않기 때문에 데이터가 제대로 전송되었는지 확인할 수 없다. 또한 데이터를 보낸 순서대로 수신한다는 보장도 없다. 대신 이러한 확인과정이 필요하지 않기 때문에 TCP에 비해 빠른 전송이 가능하다. 영화나 음악 데이터를 전송하는 경우와 같이 데이터가 중간에 유실되어 좀 끊기더라도 빠른 전송이 필요한 경우 적합하다.

19.3 TCP 소켓 프로그래밍

TCP 소켓 프로그램이란 소켓을 이용하여 클라이언트와 서버간의 1:1 통신을 할 수 있는 프로그램을 말한다. 소켓을 이용한 네트워크 프로그램은 서버와 클라이언트로 나눌수 있다 실행할 때는 반드시 서버가 먼저 실행되고, 서버는 클라이언트의 연결 요청을 기다리고 있어야 한다.

서버와 클라이언트간 소켓통신과정은 아래와 같다.

1. 서버 프로그램에서는 서버소켓을 사용해서 서버 컴퓨터의 특정 포트에서 클라이언트의 연결요청을 처리할 준비를 한다.
2. 클라이언트 프로그램은 접속할 서버의 IP주소와 포트 정보를 가지고 소켓을 생성해서 서버에 연결을 요청한다.
3. 서버소켓은 클라이언트의 연결요청을 받으면 서버에 새로운 소켓을 생성해서 클라이언트의 소켓과 연결되도록 한다.
4. 이제 클라이언트의 소켓과 새로 생성된 서버의 소켓은 일대일 통신을 한다.

간단한 소켓으로 통신하는 웹서버 프로그램 예제를 구현해 볼 것이다. 서버 예제부터 작성해 보자.

```java
1. package chapter19;
2.
3. import java.io.BufferedReader;
4. import java.io.DataOutputStream;
5. import java.io.FileReader;
6. import java.io.IOException;
7. import java.io.InputStreamReader;
8. import java.io.PrintWriter;
9. import java.net.ServerSocket;
10. import java.net.Socket;
11.
12. public class ServerEx {
13.
14.     public static void main(String[] args) {
15.
16.         // 소켓 생성
17.         ServerSocket server = null;
18.
19.         try {
20.
21.             server = new ServerSocket(9999);
22.
23.             // 무한 반복 (클라이언트 접속 대기)
24.             while (true) {
25.                 System.out.println("클라이언트 접속 대기");
26.                 Socket client = server.accept();
27.                 System.out.println("스레드 생성");
28.                 HttpThread ht = new HttpThread(client);
29.                 ht.start();
30.             }
31.         }catch (Exception e) {
32.             System.out.println(e.getMessage());
33.         } finally {
34.             try {
35.                 server.close();
36.             } catch (Exception e) {
37.                 System.out.println(e.getMessage());
38.             }
39.         }
40.
41.     }
42.
43. }
44.
45. class HttpThread extends Thread {
46.     private Socket client;
47.     BufferedReader br;
48.     PrintWriter pw;
49.     HttpThread(Socket client) {
```

```
50.          this.client = client;
51.          try {
52.              br = new BufferedReader (
53.                          new InputStreamReader (client.getInputStream()));
54.              pw = new PrintWriter (client.getOutputStream());
55.          } catch (IOException e) {
56.              System.out.println(e.getMessage());
57.          }
58.      }
59.      public void run() {
60.          BufferedReader fbr = null;
61.          DataOutputStream outToClient = null;
62.          try {
63.              String line = br.readLine();
64.              //line : GET / HTTP/1.1
65.              System.out.println("Http Header :"+line);
66.              int start = line.indexOf("/") + 1;
67.              int end = line.lastIndexOf("HTTP") - 1;
68.              String fileName=line.substring(start,end);
69.              if (fileName.equals("")) {
70.                  fileName="index.html";
71.              }
72.              System.out.println("사용자 요청 파일 :"+fileName);
73.              fbr = new BufferedReader(new FileReader(fileName));
74.              String fileLine = null ;
75.              pw.println("HTTP/1.0 200 Document Follows \r\n");
76.              while ((fileLine = fbr.readLine())!=null){
77.                  pw.println(fileLine);
78.                  pw.flush();
79.              }
80.          } catch (IOException e) {
81.              System.out.println(e.getMessage());
82.          } finally {
83.              try {
84.                  if (br != null) br.close();
85.                  if (pw != null) pw.close();
86.                  if (client != null) client.close();
87.              } catch (IOException e) {
88.                  System.out.println(e.getMessage());
89.              }
90.          }
91.      }
92. }
```

[실행 결과]

클라이언트 접속 대기

이 예제를 실행하면 클라이언트 접속 대기라고만 출력되고 아무런 반응이 없다. 24~30라인은 무한반복하면서 클라이언트의 접속을 기다리고 있다가, 클라이언트가 접속이 되면 스레드가 생성되게 된다.

이제 html파일을 하나 만들어 보자.(파일 위치는 현재 프로젝트(test)에서 생성, test 프로젝트에서 마우스 오른쪽 클릭 〉 New 〉 File 〉 파일명 index.html)

```
1.  <html>
2.    <head>
3.      <title>Server</title>
4.    </head>
5.    <body>
6.      <h1>Hello</h1>
7.      <p>Hi, Java</p>
8.      <img src=
9.        "https://developer.oracle.com/a/devo/images/cb125v1-devo-java-1.jpg">
10.   </body>
11. </html>
```

간단한 html 태그 몇개와 이미지를 출력해주는 html이다.

먼저 위 소스(ServerEx.java)를 이클립스에서 실행한 후 클라이언트를 실행해야 한다.

이제, 브라우저를 열어서 주소창에 http://localhost:9999/index.html 라고 입력해 보자. index.html 내용이 브라우저 화면에 출력될 것이다. 물리적인 서버가 없어, 로컬 환경에서 서버와 클라이언트를 테스트했지만, ServerEx 클래스가 서버역할을 하면서 브라우저가 요청하는 URL주소를 받아 해당 파일을 클라이언트에게 응답하는 프로그램이다.

▶ 브라우저 출력화면

19.4 UDP 소켓 프로그래밍

UDP는 데이터를 전송할 때에 데이터가 잘 도착했는지 알아낼 방법이 없으며, 데이터를 보낸 순서대로 도착한다는 보장도 할 수 없다. 그러나 UDP 는 TCP 에 비해 훨씬 빠르게 전달된다는 장점이 있다. TCP 방식은 Socket 객체를 이용하여 통신을 하고 UDP 방식은 DatagramPacket 객체를 이용하여 통신을 한다.

▶ UDPServer.java

```java
1. package chapter19;
2.
3. import java.net.DatagramPacket;
4. import java.net.DatagramSocket;
5. import java.net.InetAddress;
6.
7. public class UDPServer {
8.
9.     public static void main(String[] args) {
10.
11.         try {
12.             // DatagramSocket 객체 생성
13.             DatagramSocket socket = new DatagramSocket(9500);
14.             DatagramPacket inPacket;
15.             byte[] inMsg = null;
16.             while (true ) {
17.                 // 데이터를 받기위한 바이트배열 생성
18.                 inMsg = new byte[1024];
19.                 // DatagramPacket 객체 생성
20.                 inPacket = new DatagramPacket(inMsg,inMsg.length);
21.                 // 패킷데이터 수신
22.                 socket.receive(inPacket);
23.                 // 문자열로 저장
24.                 String msg = new String (inMsg, 0, inPacket.getLength());
25.                 System.out.println("클라이언트 메시지 :" + msg);
26.
27.                 // 클라이언트 아이피
28.                 InetAddress address = inPacket.getAddress();
29.                 // 클라이언트 포트
30.                 int port = inPacket.getPort();
31.                 System.out.println("클라이언트 주소 :" + address);
32.                 System.out.println("클라이언트포트번호 :"+port);
33.
34.             }
35.         } catch (Exception e) {
36.             System.out.println(e.getMessage());
37.         }
38.
```

```
39.    }
40.
41. }
```

▶ UDPClient.java

```
1. package chapter19;
2.
3. import java.io.BufferedReader;
4. import java.io.InputStreamReader;
5. import java.net.DatagramPacket;
6. import java.net.DatagramSocket;
7. import java.net.InetAddress;
8.
9. public class UDPClient {
10.
11.     public static void main(String[] args) {
12.
13.         try {
14.             // 키보드 입력
15.             BufferedReader sysin =
16.                     new BufferedReader(new InputStreamReader(System.in));
17.             // 서버아이피 (127.0.0.1 = 로컬)
18.             InetAddress serverIP = InetAddress.getByName("127.0.0.1");
19.             while (true ) {
20.                 // 한줄 읽기
21.                 String data = sysin.readLine();
22.                 DatagramSocket dataSocket = new DatagramSocket();
23.                 // 문자열을 바이트배열에 저장
24.                 byte[] msg1 = data.getBytes();
25.
26.                 // 서버로 전송 (데이터, 데이터 길이, 서버IP, 포트번호)
27.                 DatagramPacket outPacket =
28.                         new DatagramPacket(msg1,msg1.length,serverIP,9500);
29.                 dataSocket.send(outPacket);
30.                 // 소켓 닫기
31.                 dataSocket.close();
32.             }
33.         } catch (Exception e) {
34.             System.out.println(e.getMessage());
35.         }
36.
37.     }
38.
39. }
```

UDPServer를 먼저 실행 후 UDPClient를 실행하자. 실행할 때는 명령프롬프트를 두개 실행해서 각각 따로 실행해야 한다. UDPClient 실행 창에서 메시지를 입력하면 UDPServer 실행창에서 출력되는 것을 확인할 수 있다.

이클립스가 아닌 명령프롬프트에서 직접 실행하기 위해 윈도우 프로그램 중 명령프롬프트를 실행한다.

창이 실행되면 현재 작업중인 워크스페이스의 클래스파일이 있는 경로로 이동한다.
예) CD C:\java\workspace\test\bin

▸ **UDPServer 실행 방법**

java chapter19.UDPServer

▸ **UDPClient 실행 방법**

java chapter19.UDPClient

UDPClient 실행 창에서 메시지를 입력해 보자.

▸ **UDPClient 실행창**

▸ UDPServer 실행창

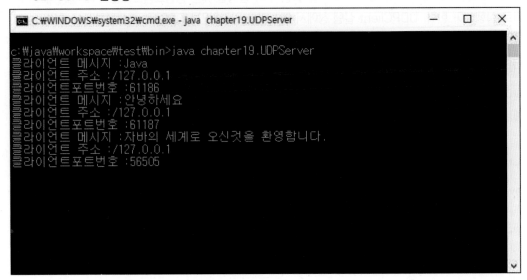

제19장 연습문제

01 TCP와 UDP의 설명 중 올바르지 않은 것은?

① TCP는 전송순서 보장

② UDP는 전송순서 보장하지 않음

③ TCP는 1대1 방식

④ TCP는 UDP에 비해 전송속도가 빠름

02 UDP 통신에서 발신자와 수신자 모두 사용하는 클래스명은?

03 아래 예제는 URL 클래스를 이용하여 해당 url 페이지를 읽어와 InputStreamReader 클래스로 객체를 생성하여 출력하는 예제이다. InputStreamReader 생성자에 들어갈 코드를 작성하시오.

```
 1. package chapter19;
 2.
 3. import java.io.IOException;
 4. import java.io.InputStreamReader;
 5. import java.io.Reader;
 6. import java.net.URL;
 7.
 8. public class Excercise3 {
 9.
10.     public static void main(String[] args) {
11.
12.         try {
13.             URL url = null ;
14.             url = new URL ("https://www.google.co.kr");
15.
16.             int data = 0;
17.             try {
18.                 Reader is = new InputStreamReader(_____);
19.                 while ((data = is.read()) != -1) {
20.                     System.out.print((char ) data);
21.                 }
22.                 System.out.println();
23.             } catch (IOException e) {
24.                 e.printStackTrace();
25.             }
26.
```

```
27.          } catch (Exception e) {
28.             System.out.println(e.getMessage());
29.          }
30.
31.       }
32.
33. }
```

CHAPTER

20

데이터베이스
(데이터 다루기)

자바 프로그래밍 뿐만 아니라 대부분의 어플리케이션은 데이터를 다루고 있으며, 이를 위해 데이터베이스를 사용하고 있다. 데이터베이스 분야는 상당히 많은 내용이므로 전체를 다룰 수는 없고, 데이터베이스란 무엇인지, 자바에서 데이터베이스를 이용하려면 어떻게 해야 하는지 정도만 알아보도록 하자.

20.1 데이터베이스 개요

데이터베이스란 한마디로 "데이터를 모아 둔 것"을 말한다. 기업에서 많은 양의 데이터가 실시간으로 계속 만들어지고 있으며, 점점 데이터의 양이 증가함에 따라 이 데이터들 보관하기 위한 방법이 필요해졌다. 또한 데이터를 여러 사람이 공동으로 작업해야 되는 경우도 있을 것이다. 과거에는 데이터들을 직접 수기로 작성하여 출력하여 관리했었다. IT 기술이 발달함에 따라, 데이터들을 일관되고 효율적으로 관리할 수 있게 되었고, 또한 데이터를 여러가지 형태로 가공하거나 분석할 수도 있고, 빠르게 조회할 수도 있게 되었다. 이렇게 데이터를 안정적이고 효율적으로 저장, 관리하는 기능을 제공하는 소프트웨어를 데이터베이스 관리 시스템(DBMS, DataBase Management System)이라고 한다.

데이터베이스와 데이터베이스 관리 시스템은 엄밀히 말하면 다른 개념이다. DBMS는 여러분들이 알고 있는 Oracle이나 MySQL, MS-SQL등을 말하지만, 실제로는 이 두 용어를 구분 없이 사용한다.

데이터베이스의 특징은 다음과 같다.
1. 데이터 중복 최소화
2. 데이터 공유
3. 데이터 일관성
4. 데이터 무결성
5. 데이터 독립성
6. 데이터 보안성
7. 데이터 안정성

1. 데이터 중복 최소화

데이터를 엑셀이나 텍스트파일로 관리하게 되면 데이터를 다루는 사람이나 업무에 따라 데이터 파일이 달라질 수 있다. 부서마다 중복된 데이터를 사용하게 되며, 저장 공간의 낭비가 생기며, 데이터를 수정, 보완하는데 문제점이 생긴다. 데이터베이스를 사용하면 업무에 따라 데이터를 통합관리할 수 있어 중복성을 줄일 수 있게 된다.

2. 데이터 공유

데이터베이스는 데이터를 사용하는 사용자들이 공동으로 이용할 수 있게 해준다. 사용자 자신의 업무에서 발생하는 데이터를 수집하고 데이터베이스에 저장하며, 업무 체계에 따라 유지, 관리된다.

3. 데이터 일관성

데이터 일관성(Consistency)은 중복문제와 연관있는 개념으로, 예를 들어 영업부서에서 관리하는 엑셀파일에서의 회원정보와 마케팅 부서에서 관리하는 회원정보가 서로 다르게 입력되고 관리될 수 있는데, 시간이 지나면, 어느 부서의 회원정보가 올바른 정보인지 알 수 없게 된다. 하지만 데이터베이스를 사용하면 이러한 문제를 사전에 방지 할 수 있게 된다. 데이터베이스는 일관되지 않은 정보가 입력되지 않도록 설계할 수 있어, 사용자에게 신뢰성 있는 데이터를 제공할 수 있게 된다.

4. 데이터 무결성

무결성은 데이터베이스에서 정확한 데이터가 유지되고 있음을 보장하는 것이다. 즉 정보가 허가되지 않은 방법으로 변경되거나 조회할 수 없으며, 수정할 수도 없다. 허가받은 사용자(권한을 부여 받은 사용자)만이 데이터를 수정, 삭제할 수 있게 되는 것이다.

5. 데이터 독립성

데이터와 어플리케이션(프로그램)과 독립적으로 존재하는 개념이다. 회원의 주소가 변경된다고 해서 프로그램 소스가 변경되면 안되는 것이다. 데이터 여부에 상관없이 프로그램 기능이 올바르게 실행되도록 하는 것이 데이터 독립성(Independency)이다.

독립성과 반대되는 개념이 종속성(Dependency)인데, 예전에 파일로 데이터를 관리하게 되는 경우 파일 형태가 달라지거나 구조가 바뀌면, 프로그램을 수정해야하는 불편함이 있었다. 이런 경우 데이터(파일)에 프로그램이 종속되는 경우로 개발비용도 증가하고, 유지보수에도 많은 시간과 비용이 발생하게 된다.

6. 데이터 보안성

데이터베이스에서는 보안 기능을 제공하는데, 데이터베이스 관리자는 등록된 사용자 별로 권한을 부여할 수 있으며, 데이터에 접근하거나, 수정, 삭제에 대한 권한을 개별로 설정할 수 있다. 이러한 보안 기능을 데이터베이스 관리 시스템에서는 기본적으로 제공하고 있다.

7. 데이터 안정성

데이터베이스 관리 시스템은 데이터 백업 및 복구 기능을 제공하고 있어, 실수에 의한 데이터 수정, 삭제에 대해 대비할 수 있도록 백업 시스템을 구축할 수 있다. 또한 데이터의 가용성을 높이기 위해 DB서버 이중화 등을 통해 장애 발생을 대비할 수 있다. 데이터 관리의 가장 중요한 부분 중에 하나인 '지속적이고 유실되지 않는 서비스'를 제공할 수 있다.

20.2 데이터베이스 구조

데이터베이스의 실제 물리적인 구조는 저장 장치에 저장된 데이터의 집합이다. 이러한 단순 저장의 목적 외에도 사용자, 사용자의 요구사항을 처리하는 소프트웨어로 이루어져 있는데, 이러한 구성 요소를 데이터베이스 시스템이라고 한다. 이 중 소프트웨어가 데이터베이스 관리 시스템이다. 이 구성요소 중 데이터베이스 사용자와 데이터베이스 관리 시스템에 대해 알아보자.

데이터베이스 사용자

데이터베이스 사용자는 실제 데이터베이스를 사용하는 사람 외에도 데이터베이스를 설계, 관리, 운영하는 데이터베이스 관리자가 있으며, 프로그램을 개발하는 프로그래머가 있다.

데이터베이스 언어

질의어라고도 하며, SQL(Structured Query Language)는 데이터베이스의 논리적인 구조를 정의하는 데이터 정의어, 데이터베이스에 저장된 데이터를 조작하는 데이터 조작어, 데이터의 보호와 복구를 위한 데이터 제어어가 있다.

데이터 정의어(DDL, Data Definition Language)는 데이터베이스의 논리적인 구조를 정의하기 위해 모델을 만들어 구조를 생성, 수정, 삭제할 수 있다. 데이터 조작어(DML, Data Manipulation Language)는 데이터베이스에 저장되어 있는 데이터를 처리하기 위해 사용되는 언어이다. 데이터 조작어를 이용해 데이터를 검색, 추가, 삭제, 변경하는 작업을 수행한다. 데이터 제어어(DCL, Data Control Language)는 데이터베이스 사용자에게 부여되는 권한을 정의하거나, 데이터 보안, 데이터 무결성, 복구 등을 제어하는 명령어들이다.

데이터베이스 관리 시스템

데이터베이스 관리 시스템(DBMS, DataBase Management System)은 사용자가 데이터베이스를 생성해 안정적이고 효율적으로 관리, 운영하는데 필요한 기능을 제공하는 소프트웨어이다. DBMS의 기능은 크게 다음 두 가지로 나눌 수 있다.

1. 데이터 정의 및 저장기능

저장 장치에 데이터베이스 공간을 할당하여 물리적인 저장 구조를 만들고 이에 접근하는 방법을 제공한다.

2. 질의 처리 및 트랜잭션 관리 기능

사용자가 입력한 요구사항을 해석하여 실행하는 기능을 말한다. 또한 데이터에 대한 접근 제어나 시스템 장애 발생 시 복구 등을 위한 관리 기능도 제공한다.

데이터베이스 관리 시스템의 종류

데이터베이스 관리 시스템(DBMS)는 아주 다양한 종류가 있지만 그 중 대표적인 DBMS는 Oracle사의 Oracle, 마이크로소프트사의 MS-SQL, 지금은 자바와 마찬가지로 Oracle사로 인수되었지만, 여전히 많이 사용되고 있는 MySQL, 그리고 MySQL을 기반으로 만들어진 MariaDB가 있다. 이중 오픈소스 DBMS중 하나이며 관계형 데이터베이스인 MariaDB를 설치하고, 자바와 연결하여 SQL질의어를 사용해 데이터를 조회, 처리하는 방법을 알아볼 것이다. 먼저, 관계형 데이터베이스와 관계형 데이터베이스의 구조에 대해 알아보자.

관계형 데이터베이스(Relation DataBase)

관계형 데이터베이스는 RDB라고 하며, 데이터베이스 종류 중 하나이다. 관계형 데이터베이스 외에도 계층형, 네트워크형, 객체형, 최근에는 빅데이터를 위한 NoSQL이 있다.

관계형 데이터 모델은 개체(Entity)가 다른 객체들과의 서로 연결된 관계를 갖고 있는 구조로, 대부분의 업무시스템에서 사용되고 있는 데이터베이스이다. 관계형 데이터베이스의 구조를 이해하는데는 엑셀을 비교해서 이해하면 쉽게 이해할 수 있다. 예를 들어 쇼핑몰관리를 위해 엑셀파일을 생성했다고 생각해 보자. 쇼핑몰이름은 'ABC'이고 엑셀 파일명은 "ABC쇼핑몰.xlsx"로 생성하였다. 엑셀파일 내부는 시트별로 회원, 상품, 주문내역... 등등이 존재하며 각 시트별로 데이터들을 관리하게 된다. 이때 파일명이 데이터베이스(스키마) 명이 되고, 시트명 회원, 상품, 주문내역은 테이블이 된다. 이 테이블 안에 데이터들이 존재하게 되는 것이다.

엑셀	DBMS
ABC쇼핑몰.xlsx (파일명)	ABCshop (DB/스키마명)
회원 / 상품 / 주문내역 (시트명)	member / product / order (테이블명)

이제 테이블 단위 별로 저장되는 데이터의 구조를 살펴보자.

회원 테이블

필드(컬럼, 열, 속성)

회원ID	회원명	연락처	이메일	주소
hong	홍길동	010-1111-1111	hong@test.com	서울
lee	이순신	010-2222-2222	lee@test.com	인천
kim	김유신	010-3333-3333	kim@test.com	경기
yu	유관순	010-4444-4444	yu@test.com	제주

레코드 (로우, 행)

엑셀에서 데이터를 구분해서 관리하기 위해 만들었던 시트를 데이터베이스에서는 테이블이라는 단위로 데이터의 구조를 정의해서 관리한다. 테이블(table)은 단어 그대로 표라고 생각하면 되고, 이 회원 표의 헤더부분이 회원의 속성을 나타내는 이름이다. 이 이름을 컬럼, 또는 필드, 열, 속성 등으로 부른다. 모두 같은 의미이기 때문에 어떤 용어를 사용해도 같은 의미로 해석하면 된다. 그리고 하나 하나의 회원 징보, 홍길동의 회원징보와 이순신의 회원성모 각각이 하나의 레코느, 로우(row), 행등으로 역시 모두 같은 의미이다. 지금 이 회원 테이블은 회원아이디와 회원명, 연락처, 이메일, 주소 필드로 구성되어 있으며 총 4개의 레코드가 존재한다.

테이블의 구조는 필드와 필드의 타입, 그리고 필드의 길이로 구성된다. 데이터베이스 마다 약간의 차이는 있지만 위 회원 테이블의 구조를 아래 표로 나타낸 예이다.

필드(컬럼)명	필드(컬럼) 타입	길이
id	varchar	10
name	varchar	10
tel	varchar	20
email	varchar	50
address	varchar	100

자바에서 변수를 선언할 때 타입을 지정했던 것처럼 데이터베이스에서도 필드별로 타입을 미리 지정해서 정의한다. 그리고 자바 타입별로 저장 가능한 길이가 있듯이 필드에도 데이터를 저장할 수 있는 값의 길이를 지정할 수 있다.

🔖 기본키 또는 주요키(Primary Key)

테이블에 저장되어 있는 데이터를 조회하려면 각 데이터를 구분할 수 있어야 한다. 위 테이블에서 홍길동이라는 회원 데이터만 조회하려면 다른 회원 데이터와 구분되는 값이 있어야만 조회할 수 있다. 보통 회원번호나 게시판에서는 글번호를 주요키(PK)로 사용한다. 이 PK는 중복될 수 없다. 당연히 회원이나 게시글을 구분하려면 중복되지 않은 유일한 값이어야만 PK로 사용될 수 있는 것이다.

🔖 인덱스(Index)

인덱스는 쉽게 생각하면 차례, 목차정도로 생각하면 된다. 보동 책 앞쪽에 단원이나, 목차별로 페이지번호가 적혀있는 이 차례를 이용하면 해당 위치의 페이지를 빠르게 찾을 수 있는데, 만약 차례가 없다면 책을 앞에서부터 순차적으로 찾아야만 할 것이다. 그렇게 되면 찾는데 시간이 오래 걸리게 되는데, 데이터베이스에서도 이 개념과 마찬가지로 검색 속도를 높이기 위해 인덱스를 사용한다. 주요키(PK)는 기본적으로 인덱스가 적용되며, 주요키외에도 추가로 인덱스를 적용하면 SQL질의어를 사용하여 조회 시 빠른 속도로 조회를 할 수 있게 된다.

20.3 MariaDB 설치

이제 관계형데이터베이스 중 오픈소스 데이터베이스 관리 시스템 중 하나인 MariaDB를 다운받아 설치해보도록 하자.

먼저 MariaDB 공식 홈페이지 (https://mariadb.org/)로 접속해보자.

접속이 되면, 다운로드 버튼을 누른다.

윈도우64비트를 사용하는 경우 실행파일 msi파일을 다운받으면 되고, 다른 환경을 사용하는 경우는 본인 환경에 맞는 파일로 다운 받으면 된다. 여기서는 윈도우 환경 기준으로 설치환경을 설명하도록 한다. 다른 환경도 크게 다르지 않으니 화면을 보고 설치해보자. 잠시 기다리면 파일이 다운로드 되고, 다운로드가 완료되면 설치파일을 실행하자.

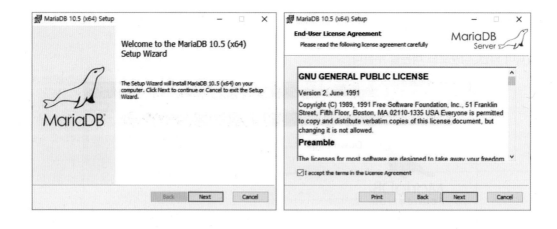

설치화면에서는 특별한 설정 변경 없이 Next를 누르고 라이선스 동의도 체크하고 Next를 누르면 된다.

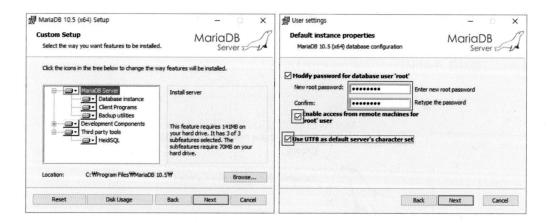

설치 경로는 수정해도 되지만 기본 경로로 설치하도록 하고, 데이터베이스 접속 도구인 HeidiSQL도 같이 설치되니 기본값으로 두고 Next를 누르면 Default instance properties 화면이 나온다. 여기서 root 계정은 관리자 계정으로 데이터베이스 관리 시스템 전체를 관리하는 최고 권한을 갖는 사용자 계정이다. 이 root 계정의 비밀번호를 지정하는 부분으로 New root password와 Confirm에 비밀번호를 입력하자. 여기서는 java1234로 입력하도록 하겠다. 동일하게 입력하고 밑에 체크박스가 있는데 위에 Enable access from remote machines for 'root' user 는 root 계정이 내 PC에서만 접속하는 것이 아니라 다른 곳에서도 접속가능하게 하려면 체크하는 옵션이다. 이부분은 반드시 체크해야하는 부분은 아니지만 밑에 UTF8로 캐릭터셋을 지정하는 부분은 반드시 체크하도록 하자. 자바도 처음 설치후 이클립스에서 UTF8로 설정했듯이 한글을 정상적으로 처리하려면 반드시 UTF8로 캐릭터셋을 지정하는 것이 좋다. 이제 Next를 누르자.

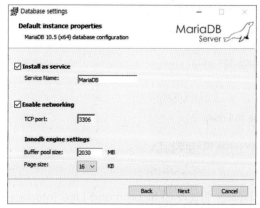
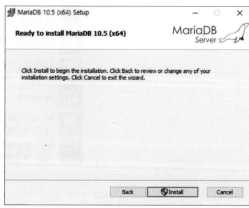

이 부분은 특별히 수정할 필요는 없고, 각 항목에 대해 이해하고 넘어가자. Service Name은 현재 OS에서 실행되는 서비스(프로그램)의 이름을 지정하는 것이고 TCP port는 MariaDB로 네트워크 접속할 때 사용하는 포트를 지정하는 것이다. 현재 기본포트인 3306으로 지정되어 있다. 나머지는 기본값으로 두고, Next를 누르고 Install 버튼을 누르면 설치가 시작된다. 설치 중 권한을 묻는 메시지가 나오면 예를 누르고 설치를 계속하자.

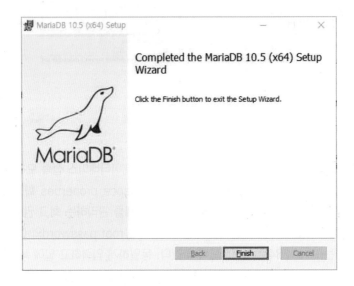

이제 설치가 완료되었고, Finish버튼을 누르면 창이 닫힌다.

모든 설치가 완료되면 윈도우 프로그램 목록에 아래와 같이 MariaDB가 나타나게 된다.

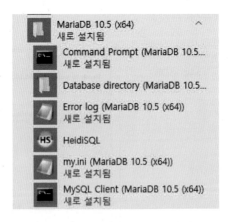

데이터베이스에 접속하는 방법은 접속 프로그램을 사용하는 방법과 CLI(Command Line Interface)로 접속하는 방법이 있는데, 지금은 HeidiSQL이라는 프로그램이 같이 설치되었으니 HeidiSQL 프로그램을 실행해보자. 아래와 같은 화면이 나올 것이다.

암호에는 설치 시 입력했던 비밀번호를 입력한다. 'java1234'를 입력하고, 다음에 다시 접속할때 접속
정보를 기억해두기 위해 저장버튼을 한번 누른 후 열기버튼을 클릭하자.

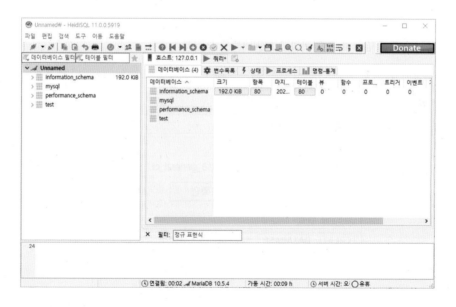

위와 같은 화면이 나오면 정상적으로 접속이 된 것이다. 왼쪽에 보이는 information_schema, mysql,
perfomance_schema라는 데이터베이스는 데이터베이스 설정과 관련된 부분이니 그냥 두고 새로운
데이터베이스를 생성해 보도록 하자.

왼쪽 물개 모양의 Unnamed 부분에서 마우스 오른쪽 클릭을 하고, 새로 생성 메뉴에 데이터베이스를
선택한다.

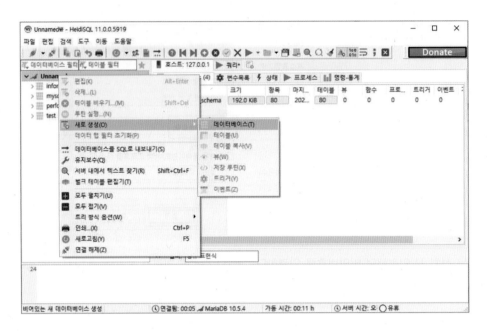

아래 화면에서 이름을 javadb로 입력하고 확인버튼을 누르자.

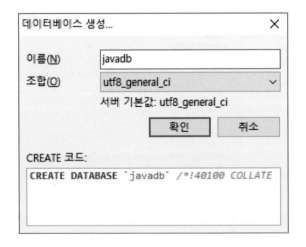

javadb라는 새로운 데이터베이스를 생성한 것이다. 아까 봤던 HeidiSQL의 왼쪽 영역에 javadb라는
데이터베이스가 추가된 것을 볼 수 있을 것이다.

이제 javadb 데이터베이스에 테이블을 생성해 보자. javadb 데이터베이스에서 마우스 오른쪽 클릭 후
새로 생성, 테이블을 클릭한다.

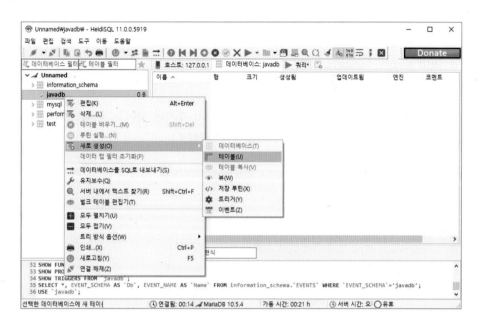

테이블 생성 화면에서 아래와 같이 입력하자.

테이블명은 member, 추가버튼을 눌러 열(컬럼)을 memberno, id, name 세 개 추가하고 데이터 유
형(타입)과 길이를 선택/입력한 후 저장버튼을 누르면 테이블이 생성된다.

이제 테이블까지 생성되었으니, 데이터를 입력해보고 조회하는 간단한 SQL문을 실행해보도록 하겠다. 상단의 쿼리 라는 탭을 누르면 SQL문을 입력할 수 있는 화면이 나온다. 아래와 같이 입력하고 F9를 눌러 실행한다.

```
INSERT INTO member (memberno, id, NAME) VALUES (1, 'hong', '홍길동')
```

별다른 에러 메시지가 나오지 않으면, 정상적으로 데이터가 추가된 것이고, 이제 조회를 해보자. 위 SQL문은 지우고 아래와 같이 입력한 후 다시 F9를 눌러 실행한다.

```
SELECT * FROM member
```

위 SQL문을 실행하고 나면 하단에 실행결과가 출력된다.

member (1r × 3c)		
memberno	id	name
1	hong	홍길동

이제 정상적으로 여러분 컴퓨터에 MariaDB가 설치되고, 데이터베이스와 테이블을 생성하여 데이터 입력 및 조회까지 정상적으로 실행되었다. 이제 몇 가지 기본적인 SQL문을 살펴보도록 하자.

20.4 기본 SQL

SQL(Structured Query Language), 구조적 질의 언어는 DDL, DML, DCL로 나눠지는데, 여기서는 DML(Data Manipulation Language) 데이터를 조작하는 명령어만 다뤄보고 SQL을 좀 더 공부하려면 별도의 서적이나 자료를 참고하기 바란다.

DML의 종류는 4가지로 나눌 수 있다.

구분	명령어	내용
데이터 생성	INSERT	새로운 데이터를 테이블에 저장
데이터 변경	UPDATE	테이블의 데이터를 변경
데이터 삭제	DELETE	테이블의 데이터를 삭제
데이터 조회	SELECT	테이블의 데이터를 조회

데이터 생성(INSERT)

데이터를 생성(추가)하기 위한 명령어로 두 가지 형태로 사용 가능하다. 이 명령문이 실행되면 하나의 레코드가 추가된다.

```
INSERT INTO 테이블명 (컬럼명1, 컬럼명2,...) VALUES (값1, 값2,...)
```

```
INSERT INTO 테이블명 VALUES (값1, 값2,...)
```

위 두가지는 모두 동일한 결과를 나타내는 INSERT문이지만 아래 INSERT문은 컬럼명이 생략된 형태이다. 컬럼명을 생략하는 경우는 모든 컬럼에 값을 입력하겠다는 의미이다. 보통은 위의 방법으로 많이 사용된다. 앞에서 HeidiSQL에서 INSERT문을 입력했던 명령문을 보면,

```
INSERT INTO member (memberno, id, NAME) VALUES (1, 'hong', '홍길동')
```

member 테이블에 memberno는 1을, id는 'hong'을 name은 '홍길동'이라는 값을 넣어 레코드를 추가하라는 명령문이 된다. 컬럼명이 나열된 순서대로 값들도 같은 순서대로 나열되어야 정상적으로 레코드가 추가된다.

데이터 수정(UPDATE)

데이터를 수정, 변경할 때 아래와 같은 형태로 사용한다.

```
UPDATE 테이블명 SET 컬럼명1=값1, 컬럼명2=값2,... [WHERE 조건절]
```

HeidiSQL에서 아래 명령어를 실행해보자.

```
UPDATE member SET id='kim', NAME='김유신' WHERE memberno=1
```

WHERE 절은 조건절로 특정 조건에 대한 부분이 들어간다. 이 수정을 위한 SQL은 member테이블에서 memberno가 1인 회원을 id는 'kim'으로 name은 '김유신'으로 수정하라는 명령문이 된다. 다시 select * from member 를 실행해보면 id와 name의 값이 변경된 것을 확인할 수 있다.

📖 데이터 삭제(DELETE)

특정 레코드를 삭제할 때 사용하는 명령문이다.

```
DELETE FROM 테이블명 [WHERE 조건절]
```

UPDATE와 DELETE는 WHERE 조건절을 생략할 수 있어, 조건절이 생략되면, 테이블 내의 모든 레코드가 수정되거나 삭제될 수 있으니 조심해야 한다.

📖 데이터 조회(SELECT)

데이터를 조회할 때 사용하는 명령어로 가장 많이 사용되는 SQL로 다양한 방법으로 활용가능한 명령문이다. 데이터베이스에서 제공하는 함수나 여러 테이블의 관계를 적용해서 조회하는 JOIN 등등 배워야할 범위가 너무 넓어 여기에서는 기본적인 SELECT 구문의 구조정도만 알아볼 것이다.

```
SELECT 컬럼명... FROM member [WHERE 조건절]
```

먼저 앞에서 사용했던 SELECT문을 보자.

```
SELECT * FROM member
```

member 테이블에서 조회하는 명령문인데, 컬럼명 대신 * 기호가 들어가 있다. 이 *는 모든 컬럼을 의미한다. 따라서 아래 SQL문과 결과가 완전히 동일한다.

```
SELECT memberno, id, name FROM member
```

예로 회원번호가 1인 회원의 id를 조회하는 SQL문은 아래와 같다.

```
SELECT id FROM member WHERE memberno = 1
```

20.5 자바 연결

이제 자바 프로그램에서 MariaDB를 연결하는 방법을 알아보자. 먼저 데이터베이스와 연결하는 라이브러리가 필요하기 때문에 MariaDB 설치했던 사이트에 다시 접속해서 다운로드 페이지로 이동한다. (https://mariadb.org/download/)

이번엔 Connector/J를 클릭하자. 버전은 현재 최신버전인 2.6.1을 선택하면 jar파일을 다운로드 받을 수 있는 페이지가 나온다.

connector-java-2.6.1을 클릭하고, 아래 화면에서 mariadb-java-client-2.6.1.jar를 클릭하자.

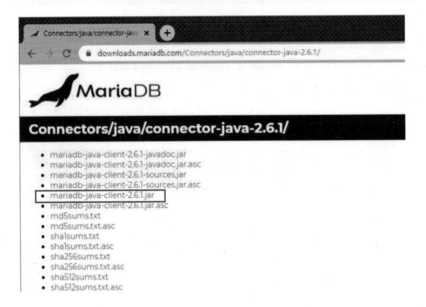

다운로드 받은 jar파일을 현재 작업하고 있는 워크스페이스로 복사하자. 현재 실습 예제를 작업 중인 워크 스페이스 경로는 C:\java\workspace\test 이곳이니 같은 경로로 작업했다면 동일한 위치로 복사한다.

이제 이 jar파일을 우리가 작업 중인 프로젝트에서 사용할 수 있도록 이클립스에서 연결을 해줘야 한다.

이클립스의 Package Explorer에서 해당 프로젝트를 마우스 오른쪽 클릭하고 Properties를 클릭한다. 그러면 새 창이 뜨는데 왼쪽에 Java Build Path 메뉴를 선택한다.

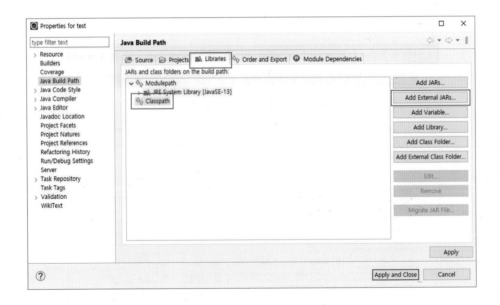

창 상단에 Libraries를 선택하면 아래 Classpath를 클릭하면 우측 버튼들이 활성화 되는데 Add External JARs 버튼을 클릭한다. 이제 파일선택 창에서 아까 복사한 jar파일을 찾아서 선택하자.

이제 Classpath에 mariadb-java-client-2.6.1.jar 파일이 정상적으로 추가 되었다.

이 jar파일은 Java ARchive (자바 아카이브)의 줄임말로 여러 개의 패키지와 클래스파일들을 하나의 파일로 모아놓은 라이브러리이다. 이 jar파일은 mariadb에 접속하게 해주는 자바 프로그램을 만들어 놓고 사용자가 쉽게 갖다 사용할 수 있도록 배포하고 있는 프로그램인 것이다. 이제 모든 준비가 끝났다. 자바 프로그램을 통해 우리가 만든 데이터베이스에 접속해보자.

```java
1. package chapter20;
2.
3. import java.sql.Connection;
4. import java.sql.DriverManager;
5. import java.sql.SQLException;
6.
7. public class DBConnect {
8.
9.     public static void main(String[] args) {
10.
11.         // 데이터베이스 접속 객체
12.         Connection conn = null;
13.
14.         try {
15.             // MariaDB 드라이버 로드
16.             Class.forName("org.mariadb.jdbc.Driver");
17.             // 데이터베이스 접속
18.             conn = DriverManager.getConnection(
```

```
19.                        "jdbc:mariadb://localhost:3306/javadb", // Host
20.                        "root", // 사용자
21.                        "java1234"); // 암호
22.
23.            } catch (ClassNotFoundException e) {
24.                System.out.println(e.getMessage());
25.            } catch (SQLException e) {
26.                System.out.println(e.getMessage());
27.            } finally {
28.                if (conn != null) try {conn.close();} catch (Exception e) {}
29.            }
30.
31.            if (conn != null ) {
32.                System.out.println("데이터베이스 접속");
33.            }
34.        }
35. }
```

[실행 결과]

데이터베이스 접속

12라인의 Connection 타입 객체는 데이터베이스에 접속한 후 객체를 담을 변수를 선언한 것이다. 16 라인에서 jar파일에 있던 클래스 org.mariadb.jdbc.Driver 클래스를 로드한 후 18~21라인에서 Host (접속URL)와 사용자 아이디, 암호를 입력하여 데이터베이스에 접속한다. Host에 localhost는 내 컴퓨터를 의미한다. 만약 다른 컴퓨터나 서버에 접속하고자 한다면 localhost 대신 해당 컴퓨터(서버)의 아이피를 적어주면 된다. : 뒤에 3306은 네트워크 접속을 위한 포트번호이고 / 뒤에 javadb는 우리가 Mariadb에서 생성한 데이터베이스명이다. 사용자는 root, 암호는 우리가 설치 시 입력했던 java1234로 입력했다.

이때 forName()과 getConnection() 메서드가 Exception을 throw 하고 있기 때문에 try~catch 구문으로 처리해 주었고 정상적으로 예외없이 접속되었다면 conn 객체는 null이 아니므로 "데이터베이스 접속"이라고 출력된다.

만약 Exception이 발생했다면 접속 정보 Host나 사용자, 암호에 오타가 없는지 확인해보거나 아래 그림처럼 프로젝트에 jar파일이 정상적으로 연결되었는지도 확인해보자.

위 그림처럼 mariadb-java-client-2.6.1.jar파일이 보이지 않는다면 위 이클립스에서 jar파일을 build path에 등록하는 부분을 다시 보고 설정한 후 실행해보도록 하자.

20.6 데이터 조회 / 처리

이제 데이터베이스에 접속까지 잘 진행되었으니 자바 프로그램에서 member테이블에 데이터를 입력하고, 수정, 삭제, 조회까지 진행해보도록 하겠다.

먼저 회원데이터를 저장할 클래스는 MemberVO로 생성하고, 기능을 구현하기 위한 MemberDAO라는 클래스를 생성해서 입력, 조회, 수정, 삭제 4가지 기능을 하는 메서드들을 각각 만들어 놓도록 하겠다. 이 입력, 조회, 수정, 삭제를 CRUD라고 부르는데, 입력은 Create, 조회는 Read, 수정은 Update, 삭제는 Delete 이렇게 앞자만 따서 CRUD라고 부르니 기억해 두자.

MemberDAO 클래스에 메서드별로 구현하는 이유는 기능을 정의하는 클래스를 별도로 설계하고, 실제 프로그램이 실행되는 클래스를 구분해서 재사용성을 높이고, 코드를 가독성 있게 구현하기 위함이다.

▶ MemberVO.java

```
1. package chapter20;
2.
3. public class MemberVO {
4.
5.     private int memberno; // 회원번호
6.     private String id;     // 아이디
7.     private String name;   // 이름
8.
9.     public int getMemberno() {
10.         return memberno;
11.     }
12.     public void setMemberno(int memberno) {
13.         this.memberno = memberno;
14.     }
15.     public String getId() {
16.         return id;
17.     }
18.     public void setId(String id) {
19.         this.id = id;
20.     }
21.     public String getName() {
22.         return name;
23.     }
24.     public void setName(String name) {
25.         this.name = name;
26.     }
27.
28. }
```

▶ MemberDAO.java

```java
1. package chapter20;
2.
3. import java.sql.Connection;
4. import java.sql.DriverManager;
5. import java.sql.ResultSet;
6. import java.sql.SQLException;
7. import java.sql.Statement;
8. import java.util.ArrayList;
9. import java.util.List;
10.
11. public class MemberDAO {
12.
13.     // 데이터베이스 접속 객체
14.     Connection conn = null;
15.     Statement stmt = null;
16.     ResultSet rs = null;
17.
18.     // 데이터베이스 접속
19.     public MemberDAO() {
20.
21.         try {
22.             // MariaDB 드라이버 로드
23.             Class.forName("org.mariadb.jdbc.Driver");
24.             // 데이터베이스 접속
25.             conn = DriverManager.getConnection(
26.                     "jdbc:mariadb://localhost:3306/javadb", // Host
27.                     "root", // 사용자
28.                     "java1234"); // 암호
29.
30.         } catch (ClassNotFoundException e) {
31.             System.out.println(e.getMessage());
32.         } catch (SQLException e) {
33.             System.out.println(e.getMessage());
34.         }
35.
36.     }
37.
38.     // 데이터 입력
39.     public int insert(MemberVO vo) {
40.
41.         int result = 0 ;
42.         try {
43.             String sql = "INSERT INTO member (memberno, id, name) "
44.                     + "VALUES ("+vo.getMemberno()+", '"+vo.getId()+"', ' "
45.                     + vo.getName()+"')";
46.             stmt = conn.createStatement();
47.             result = stmt.executeUpdate(sql);
48.         } catch (SQLException e) {
49.             System.out.println(e.getMessage());
50.         }
```

```
51.          return result;
52.      }
53.
54.      // 데이터 조회
55.      public MemberVO selectOne(int memberno) {
56.
57.          MemberVO vo = new MemberVO();
58.          try {
59.              String sql = "SELECT * FROM member WHERE memberno="+memberno;
60.              stmt = conn.createStatement();
61.              rs = stmt.executeQuery(sql);
62.
63.              if (rs.next()) {
64.                  vo.setMemberno(rs.getInt("memberno"));
65.                  vo.setId(rs.getString("id"));
66.                  vo.setName(rs.getString("name"));
67.              }
68.          } catch (SQLException e) {
69.              System.out.println(e.getMessage());
70.          }
71.          return vo;
72.      }
73.
74.      // 데이터 수정
75.      public int update(MemberVO vo) {
76.
77.          int result = 0;
78.          try {
79.              String sql = "UPDATE member SET id=' "
80.                      + vo.getId()+"', name='"+vo.getName()+"' "
81.                      + "WHERE memberno="+vo.getMemberno();
82.              stmt = conn.createStatement();
83.              result = stmt.executeUpdate(sql);
84.          } catch (SQLException e) {
85.              System.out.println(e.getMessage());
86.          }
87.          return result;
88.      }
89.
90.      // 데이터 삭제
91.      public int delete(int memberno) {
92.
93.          int result = 0;
94.          try {
95.              String sql = "DELETE FROM member WHERE memberno="+memberno;
96.              stmt = conn.createStatement();
97.              result = stmt.executeUpdate(sql);
98.          } catch (SQLException e) {
99.              System.out.println(e.getMessage());
100.         }
101.         return result;
102.     }
103.
```

```
104.    // 회원목록
105.    public List<MemberVO> list() {
106.        List<MemberVO> list = new ArrayList<MemberVO>();
107.
108.        try {
109.            String sql = "SELECT * FROM member";
110.            stmt = conn.createStatement();
111.            rs = stmt.executeQuery(sql);
112.
113.            while (rs.next()) {
114.                MemberVO vo = new MemberVO();
115.                vo.setMemberno(rs.getInt("memberno"));
116.                vo.setId(rs.getString("id"));
117.                vo.setName(rs.getString("name"));
118.                list.add(vo);
119.            }
120.        } catch (SQLException e) {
121.            System.out.println(e.getMessage());
122.        }
123.        return list;
124.    }
125.
126.
127.
128.    // 자원 close()
129.    public void close() {
130.        if (conn != null ) {
131.            try { conn.close(); } catch (SQLException e) {}
132.        }
133.        if (stmt != null ) {
134.            try { stmt.close(); } catch (SQLException e) {}
135.        }
136.        if (rs != null ) {
137.            try { rs.close(); } catch (SQLException e) {}
138.        }
139.    }
140.}
```

MemberDAO 클래스는 코드량이 많고, 복잡해 보이지만, 우리가 지금까지 배웠던 부분들을 잘 기억해보면 크게 어렵지 않을 것이다.

19~36라인은 생성자로 이 클래스의 객체를 생성할 때 데이터베이스 접속정보를 통해 Connection 객체를 생성하도록 했다. 39~52라인은 insert() 메서드로 매개변수 vo에 담긴 회원정보를 INSERT 문을 통해 데이터베이스에 등록하는 메서드이고, 47라인의 executeUpdate() 메서드는 INSERT나 UPDATE, DELETE문을 실행해주는 메서드로 리턴값이 int 자료형인데 처리된 레코드 수를 리턴한다. 이 예제의 경우 한건이 등록되므로 리턴값은 1이 된다. 그래서 리턴값이 0보다 크다면 정상적으로 등록되었다고 판단할 수 있다. 55~72라인은 데이터베이스에서 해당 회원번호에 해당하는 회원 한건만 조회하는 메서드로 회원번호를 매개변수로 받아 SELECT문의 WHERE절에 조건식을 지정하였다.

SELECT문을 실행할때 메서드는 excuteQuery()이다. 데이터가 존재하면 if (rs.next()) vo 객체에 데이터베이스에서 조회한 결과 ResultSet 객체인 rs에서 getInt(), getString() 메서드를 통해 데이터값을 넣어준다. 75~88라인은 데이터를 수정하는 메서드로 매개변수를 받아 해당 회원의 레코드에 데이터를 수정한다. 91~102라인은 데이터를 삭제하는 메서드로 회원번호를 매개변수로 받아 DELETE문을 실행한다. 이 메서드 역시 executeUpdate() 메서드를 실행하고 있다.

다음 회원목록 105~124라인은 List객체를 생성해 전체 회원을 SELECT해와 while문으로 데이터가 있을 때까지 반복하며 list.add() 메서드로 추가하고 반복이 다 끝나면 이 list 객체를 리턴한다. 마지막으로 close() 메서드는 전체 자원들을 해제하는 메서드로 Connection객체, Statement 객체, Result 객체들을 한번에 close()해준다.

▶ MemberMain.java

```java
1.  package chapter20;
2.
3.  import java.util.List;
4.
5.  public class MemberMain {
6.
7.      public static void main(String[] args) {
8.
9.          // 회원객체 생성
10.         MemberVO vo = new MemberVO();
11.         vo.setMemberno(2);
12.         vo.setId("hong");
13.         vo.setName("홍길동");
14.
15.         // dao 객체 생성
16.         MemberDAO dao = new MemberDAO();
17.
18.         // 회원 추가
19.         int r = dao.insert(vo);
20.         if (r > 0) {
21.             System.out.println("회원 등록 성공");
22.         }
23.
24.         // 2번 회원 조회후 출력
25.         MemberVO rvo = dao.selectOne(2);
26.         System.out.println("회원정보 출력");
27.         System.out.println("회원번호 : "+rvo.getMemberno());
28.         System.out.println("아이디 : "+rvo.getId());
29.         System.out.println("이름 : "+rvo.getName());
30.
31.         // 회원정보 수정
32.         vo.setName("고길동");
33.         int r2 = dao.update(vo);
34.         if (r2 > 0 ) {
35.             System.out.println("회원 수정 성공");
```

```
36.        }
37.
38.        // 전체회원 목록 조회
39.        System.out.println("회원목록 조회");
40.        List<MemberVO> list = dao.list();
41.        for (int i=0; i<list.size(); i++) {
42.            System.out.println("회원번호:"+list.get(i).getMemberno()
43.                    +"\t아이디:"+list.get(i).getId()
44.                    +"\t이름:"+list.get(i).getName());
45.        }
46.
47.
48.        // 회원 삭제
49.        int r3 = dao.delete(2 );
50.        if (r3 > 0 ) {
51.            System.out.println("회원 삭제 성공");
52.        }
53.
54.
55.        // 자원 해제
56.        dao.close();
57.
58.    }
59.
60. }
```

[실행 결과]

```
회원 등록 성공
회원정보 출력
회원번호 : 2
아이디 : hong
이름 : 홍길동
회원 수정 성공
회원목록 조회
회원번호:1       아이디:kim        이름:김유신
회원번호:2       아이디:hong       이름:고길동
회원 삭제 성공
```

10~13라인에서 MemberVO객체를 생성해 각 필드에 값을 대입하고, 16라인은 MemberDAO 객체를 생성한다. 19라인은 insert() 메서드에 매개변수로 vo객체를 넘겨주어 데이터베이스에 데이터를 추가하고 추가된 레코드 수를 리턴 받은 값이 0보다 크면 회원 등록 성공이라고 출력한다. 25~29라인은 memberno를 매개변수로 입력받아 해당 회원 데이터를 조회해서 MemberVO 객체로 리턴받는 selectOne() 메서드를 호출한다. 32~36라인은 memberno가 2인 회원의 이름을 고길동으로 수정하기 위해 udpate() 메서드를 호출했다. 39~45라인은 컬렉션 프레임워크인 List 객체를 이용해 member테이블의 전체 회원 목록을 ArrayList() 객체로 리턴받아 for문을 이용해 출력한다. 49~52라인은 위에서 추가했던 회원번호가 2인 회원을 삭제한다. 마지막으로 56라인은 데이터베이스 접속 및 처

리를 위한 객체들을 한번에 해지하는 메서드를 호출한다.

자바 프로그램에서 데이터베이스를 접속해서 다양한 처리를 하기 위한 기초 방법을 알아보았는데, MariaDB 외에도 다양한 데이터베이스에 접속할 수 있다. 해당 데이터베이스 관리 시스템에 맞는 jar파일을 등록해주면 된다. 각 데이터베이스 벤더사 마다 자바에서 지정해 놓은 인터페이스를 구현한 클래스를 제공하기 때문에 우리는 지금 이 소스를 큰 수정 없이 그대로 사용할 수 있게 된다. 앞에서 배웠던 다형성의 개념을 생각하면 된다. 자바로 개발하는 프로그램 중 특히 웹 어플리케이션은 데이터베이스 관련 작업이 대부분인 만큼 다양한 라이브러리와 프레임워크가 존재하며, 좀 더 편하고 쉬운 방법으로도 처리할 수 있는 경우가 많지만 앞으로 자바 어플리케이션 개발에서 반드시 사용하게 될 데이터베이스 관련 개발에 있어 기초 개념을 정리하는데 도움이 되고자 준비한 단원이니, 데이터베이스 관련된 학습이 필요하고, 그 중 이제 개발자에게 필수 역량이 된 SQL 부분을 좀 더 배워, 다양한 자바 프로그램을 개발할 수 있는 개발자가 되길 바란다.

```
var perc = 99.0, wmin = 1920, hmin = 1080, w, h, w1, h1, ratio;
var FromDoc = open ( File ("D:\FromMacro.psd"));
var IntoDoc = open ( File ("D:\IntoMacro.psd"));

app.preferences.rulerUnits = Units.PIXELS;
 w = FromDoc.width.value;
 h = FromDoc.height.value;
   ratio = h/w;
app.activeDocument = FromDoc;
activeDocument.activeLayer = activeDocument.layers[0];

var shapeRef =
 [ [ Math.floor ((w-1920)/2), Math.floor ((h-1080)/2) ],
   [ Math.floor ((w-1920)/2)+1920, Math.floor ((h-1080)/2) ],
   [ Math.floor ((w-1920)/2)+1920, Math.floor ((h-1080)/2)+1080 ],
   [ Math.floor ((w-1920)/2), Math.floor ((h-1080)/2)+1080 ] ];

app.activeDocument.selection.select ( shapeRef,SelectionType.REPLACE );
app.activeDocument.selection.copy ();
   app.activeDocument = IntoDoc;
activeDocument.activeLayer = activeDocument.layers[0];
 IntoDoc.paste ();

while (1) {
 if ( (w < wmin) || (h < hmin) ) break;
   app.activeDocument = FromDoc;
   activeDocument.activeLayer = activeDocument.layers[0];

app.activeDocument.activeLayer.copy ();
app.activeDocument = betweenDoc;
betweenDoc.paste ();
w1 = w;
h1 = h;
w = w * perc / 100;
h = w * ratio;
}
```

연습문제풀이

Chapter 03. 변수와 자료형

01   ③

  프로그램 실행 시 시작점이 되는 main() 메서드의 매개변수는 반드시 배열형태로 []을 넣어줘야 한다. String[] args, String args[] 는 모두 같은 배열 문자열을 나타내며, 매개변수도 변수이기 때문에, 이름은 달라져도 상관없다.

02   ②

  for는 자바에서 사용하고 있는 예약어이기 때문에 사용불가 하고, 숫자로 시작할 수 없다.

03   String tel = "010-1111-2222";

04   ①

  String은 문자열을 저장할 수 있는 클래스로 첫자가 대문자이면 클래스 이름을 의미한다. 문자열은 문자가 여러 개 나열되어 있는 자료형이다.

05   ④

  int 자료형 보다 float 자료형이 더 넓은 범위이기 때문에 float 자료형 값을 int 자료형 값으로 대입하기 위해서는 반드시 강제 형변환을 해줘야 한다. 하지만 4번은 long 자료형을 double 자료형 변수로 대입하고 있는데, double 자료형은 long 자료형보다 범위가 넓다.

06   ③

07   double 자료형인 3.14를 int 자료형으로 형변환을 하게 되면 정수값이 아닌 소수점의 값들은 담을 수 없어 int 자료형의 범위만큼만 담기고 나머지는 사라진다.
  예를 들어, 맥주잔에 담긴 물을 종이컵에 담으면 종이컵 만큼만 담기고 나머지는 버려짐.

Chapter 04. 연산

01   a) 더하기 연산 결과값을 대입
  b) 빼기 연산 결과값을 대입
  c) 나머지 연산 결과값을 대입

02   1) −1 * 20 = −20

2) −20 / 5 = −4

3) 7 − 4 = 3

실행 결과

3

03   학생당 나눠가지는 색연필수 :2

똑같이 나눠가지고 남은 볼펜수 : 6

04   ((age >= 6 && height >= 120) || (height >= 120 && parent == true)) && heartDease == false

05   (year % 4 == 0 && year % 100 != 0) || (year % 400 == 0)

06

```
1. package chapter04;
2.
3. public class Excercise6 {
4.
5.     public static void main(String[] args) {
6.
7.         int price = 187000;
8.         int oman = price / 50000;
9.         int ilman = price % 50000 / 10000;
10.        int ochun = price % 10000 / 5000;
11.        int ilchun = price % 5000 / 1000;
12.
13.        System .out.println("5만원권 : "+oman+"장");
14.        System .out.println("1만원권 : "+ilman+"장");
15.        System .out.println("5천원권 : "+ochun+"장");
16.        System .out.println("1천원권 : "+ilchun+"장");
17.
18.     }
19. }
```

07

```
1. package chapter04;
2.
3. public class Excercise7 {
4.
5.     public static void main(String[] args) {
6.
```

```
 7.          int number = 1234;
 8.          int result = number / 100 * 100;
 9.          System.out.println(result);
10.
11.          int result2 = number - number % 100;
12.          System.out.println(result2);
13.
14.      }
15. }
```

[실행 결과]

```
1200
1200
```

십의 자리 이하를 버리는 방법은 먼저 100으로 나누고 다시 100으로 곱하는 방법이 있는데, 정수
와 정수의 연산은 정수값이 나오므로, 소수점이 사라지고, 다시 100을 곱하므로 십의 자리 이하는
0으로 바뀐다. 이를 응용하면 100의 자리 이하를 버리려면 1000을 나누고 1000을 다시 곱하면
된다. 다른 방법으로는 입력값에서 100으로 나눈 나머지를 입력값에서 빼면 십의 자리를 버리는
값이 된다. 두 방법 모두 가능하다.

Chapter 05. 제어문

01

```
 1. package chapter05;
 2.
 3. public class Excercise1 {
 4.
 5.     public static void main(String[] args) {
 6.
 7.         int sum = 0 ;
 8.
 9.         // for문을 이용하여 반복 합계 연산
10.         // 1부터 100까지 반복하면서 5의 배수만 합산
11.         for (int i=1; i<=100; i++) {
12.             if (i % 5 == 0) sum += i;
13.         }
14.         System.out.println("5의 배수의 합계는 "+sum);
15.
16.         // 5부터 5씩 증가
17.         sum = 0 ;
18.         for (int i=5; i<=100; i+=5 ) {
19.             sum += i;
```

```
20.            }
21.            System.out.println("5의 배수의 합계는 "+sum);
22.
23.        }
24. }
```

[실행 결과]

```
5의 배수의 합계는 1050
5의 배수의 합계는 1050
```

for문을 사용해 1부터 100까지 반복하면서 i가 5로 나눈 나머지가 0이라는 것은 5의 배수이기 때문에 if문의 조건으로 넣어 조건이 true이면 sum에 대입연산을 하도록 처리할 수 있고, for문의 반복문 자체를 i가 5부터 100까지 5씩 증가하면서 반복하게 할 수 있다. 18라인의 반복문은 i가 5,10,15,20,25... 이렇게 변화되므로, if문으로 조건을 처리할 필요없이 바로 sum 변수에 대입연산을 처리하면 두 가지 방법 모두 결과는 동일한다.

02

```
1. package chapter05;
2.
3. public class Excercise2 {
4.
5.     public static void main(String[] args) {
6.
7.         int evenSum = 0;
8.         int oddSum = 0;
9.
10.        // for문을 이용하여 반복 합계 연산
11.        for (int i=1; i<=100; i++) {
12.            if (i % 2 == 0) {
13.                evenSum += i;
14.            } else {
15.                oddSum += i;
16.            }
17.        }
18.        System.out.println("짝수의 합계는 "+evenSum);
19.        System.out.println("홀수의 합계는 "+oddSum);
20.
21.    }
22. }
```

[실행 결과]

```
짝수의 합계는 2550
홀수의 합계는 2500
```

03

```
1. package chapter05;
2.
3. public class Excercise3 {
4.
5.     public static void main(String[] args) {
6.
7.         for (int x=1; x<=6; x++) {
8.             for (int y=1; y<=6; y++) {
9.                 if (x + y == 6) {
10.                     System.out.println("("+x+","+y+")");
11.                 }
12.             }
13.         }
14.
15.     }
16. }
```

[실행 결과]

(1,5)
(2,4)
(3,3)
(4,2)
(5,1)

04

```
1. package chapter05;
2.
3. public class Excercise4 {
4.
5.     public static void main(String[] args) {
6.
7.         // 줄 반복
8.         for (int i=1; i<=5; i++) {
9.             // 별 반복
10.             for (int j=1; j<=i; j++) {
11.                 System.out.print("*");
12.             }
13.             System.out.println("");
14.         }
15.
16.     }
17. }
```

[실행 결과]

*

```
**
***
****
*****
```

05

```java
1. package chapter05;
2.
3. public class Excercise5 {
4.
5.     public static void main(String[] args) {
6.
7.         // 줄 반복
8.         for (int i=5; i>=1; i--) {
9.             // 별 반복
10.            for (int j=1; j<=i; j++) {
11.                System.out.print("*");
12.            }
13.            System.out.println("");
14.        }
15.
16.    }
17. }
```

[실행 결과]

```
*****
****
***
**
*
```

06

```java
1. package chapter05;
2.
3. public class Excercise6 {
4.
5.     public static void main(String[] args) {
6.
7.         // 줄 반복
8.         for (int i=1; i<=5; i++) {
9.             // 공백출력
10.            for (int j=5 -i; j>0; j--) {
11.                System.out.print(" ");
12.            }
13.            // 별출력
14.            for (int k=1; k<=i*2 -1; k++) {
```

```
15.              System.out.print("*");
16.          }
17.          // 줄바꿈
18.          System.out.println("");
19.      }
20.
21.   }
22. }
```

[실행 결과]

```
    *
   ***
  *****
 *******
*********
```

07

```
1. package chapter05;
2.
3. public class Excercise7 {
4.
5.     public static void main(String[] args) {
6.
7.         int count = 0;
8.         while (true) {
9.             int dice = (int)(Math.random()*6)+1 ;
10.
11.            System.out.println("("+dice+")");
12.            count++;
13.
14.            if (dice == 6) {
15.                break ;
16.            }
17.        }
18.        System.out.println("총 주사위 굴린 횟수는 : "+count+"회");
19.
20.   }
21. }
```

[실행 결과]

```
(3)
(6)
총 주사위 굴린 횟수는 : 2회
```

Chapter 06. 배열

01   ④

02

```
arr의 길이 : 4
arr[2]의 길이 : 3
```

03

```
1. package chapter06;
2.
3. public class Excercise3 {
4.
5.     public static void main(String[] args) {
6.
7.         int[] score = {90, 80, 60, 100};
8.
9.         int totalScore = 0;
10.        double avgScore = 0;
11.
12.        // 코드 작성
13.        for (int i=0; i<score.length; i++) {
14.            totalScore += score[i];
15.        }
16.        avgScore = (double)totalScore / score.length;
17.
18.        System.out.println("합계 점수 : "+totalScore);
19.        System.out.println("평균 점수 : "+avgScore);
20.
21.    }
22.
23. }

[실행 결과]

합계 점수 : 330
평균 점수 : 82.5
```

04

```
1. package chapter06;
2.
3. public class Excercise4 {
4.
5.    public static void main(String[] args) {
6.
7.        int[] num1 = {1 , 2 , 3 , 4 , 5 , 6 , 7 , 8 , 9 , 10 };
8.        int[] num2 = new int[10];
9.
10.        // 코드 작성
11.        for (int i=0; i<num1.length; i++) {
12.            num2[i] += num1[i] * num1[i];
13.        }
14.
15.
16.        // num2 출력
17.        for (int i=0; i<num2.length; i++) {
18.            System.out.println(num2[i]);
19.        }
20.
21.    }
22.
23. }
```

[실행 결과]

```
1
4
9
16
25
36
49
64
81
100
```

Chapter 07. 클래스

01   ③

02   ④

03

```
1. class Person {
2.
3.     String name;      // 이름
4.     String gender;    // 성별
5.     int age;          // 나이
6.     int height;       // 키
7.     int weight;       // 몸무게
8.
9. }
```

04   ②

05   ④

06   같은 이름을 가진 메서드이면서 매개변수의 자료형, 매개변수의 개수, 순서 중에 하나 이상이 다르
게 선언하는 것을 오버라이딩이라고 한다.

07   println()

08

```
[실행 결과]
출력값 : 123456
```

09

```
1. package chapter07;
2.
3. public class Excercise9 {
4.
5.     public static void main(String[] args) {
6.
7.         Excercise ex1 = Excercise.getInstance();
8.         Excercise ex2 = Excercise.getInstance();
9.
10.        System.out.println("ex1 == ex2 : "+ (ex1 == ex2));
11.
12.    }
13.
14. }
15.
16. class Excercise {
```

```
17.
18.     // 코드 작성
19.     private static Excercise instance = new Excercise();
20.
21.     public static Excercise getInstance() {
22.         return instance;
23.     }
24.
25.     private Excercise() {
26.
27.     }
28. }
```

10   this

11

```
1. package chapter07;
2.
3. public class Excercise11 {
4.
5.     public static void main(String[] args) {
6.
7.         int[] arr = {9, 5, 24, 13, 3, 21};
8.
9.         Math m = new Math();
10.        int max = m.max(arr);
11.        int min = m.min(arr);
12.
13.        System.out.println("최대값 : "+max);
14.        System.out.println("최소값 : "+min);
15.
16.     }
17.
18. }
19.
20. class Math {
21.
22.     public int max(int[] arr) {
23.         int temp = 0;
24.         for (int i=0; i<arr.length; i++) {
25.             if (arr[i] > temp) {
26.                 temp = arr[i];
27.             }
28.         }
29.         return temp;
30.     }
31.
32.     public int min(int[] arr) {
```

```
33.        int temp = arr[0];
34.        for (int i=0 ; i<arr.length; i++) {
35.            if (arr[i] < temp) {
36.                temp = arr[i];
37.            }
38.        }
39.        return temp;
40.    }
41. }
```

[실행 결과]

최대값 : 24
최소값 : 3

12   ①

Chapter 08. 상속

01

```
[실행 결과]
(2)
(1)
(4)
(3)
```

자식객체인 ChildEx 클래스로 객체를 생성하였지만, 객체를 생성하는 순간 부모 클래스인 ParentEx 클래스의 생성자가 먼저 호출된다.

02   ③

자식객체는 부모 클래스 타입으로 자동 형변환이 가능하지만, 부모 객체를 자식 클래스 타입으로 변환하려면 반드시 강제 형변환을 해야 한다.

03

```
1. class Character {
2.     int hp;
3.     int power;
```

```
 4.
 5.     public void attack (Object target) {
 6.         System.out.println("공격");
 7.     }
 8. }
 9
10. class Warrior extends Character {
11.
12.     int weapon;
13.
14.     public void defence(Object target) {
15.         System.out.println("방어");
16.     }
17. }
18.
19. class Gladiator extends Character {
20.
21.     int shield;
22.
23.     public void powerAttack(Object target) {
24.         System.out.println("파워공격");
25.     }
26. }
27.
28. class Wizard extends Character {
29.
30.     int heal;
31.
32.     public void healing(Object target) {
33.         System.out.println("치료마법");
34.     }
35. }
```

공통적인 코드 hp, power 필드와 attack() 메서드를 Character 클래스에 정의하고, Warrior, Gladiator, Wizard 클래스는 Character 클래스를 상속받도록 수정

04   ①
final 필드(변수)는 값이 저장된 후에는 변경할 수 없다.

Chapter 09. 인터페이스

01   implements

02   ③

03

```
1. class BaseBallPlayer implements Player {
2.     public void play() {
3.         System .out.println("야구선수가 야구를 합니다.");
4.     }
5. }
6.
7. class FootBallPlayer implements Player {
8.     public void play() {
9.         System .out.println("축구선수가 축구를 합니다.");
10.    }
11. }
```

04

```
1. package chapter09;
2.
3. interface Tv {
4.
5.     // 추상 메서드
6.     void turnOn();
7. }
8.
9. public class Excercise4 {
10.
11.    public static void main(String[] args) {
12.
13.        Tv p1 = new Tv(){
14.            @Override
15.            public void turnOn() {
16.                System.out.println("TV를 켭니다.");
17.            }
18.        };
19.
20.        p1.turnOn();
21.
22.    }
23.
24. }
```

Chapter 10. 내부클래스

01 ①

로컬 클래스는 생성된 메서드 내에서만 사용 가능하다.

02

```
1. package chapter10;
2.
3. public class Excercise2 {
4.
5.     public static void main(String[] args) {
6.
7.         // name을 출력하는 코드 작성
8.         System.out.println(new Out().new In().name);
9.
10.     }
11.
12. }
13.
14. class Out {
15.     class In {
16.         String name = "자바";
17.     }
18. }

[실행 결과]

자바
```

Chapter 11. 예외처리

01 ③

catch 구문은 예외 종류별로 여러 개를 작성할 수 있다.

02 throws

03 throw

04 finally

05

> [실행 결과]
> (2)
> (3)
> (4)

test2() 메서드에서 강제로 예외를 발생시키므로 (1)은 출력되지 않고, catch 구문과 finally 구문, main() 메서드의 catch 구문 순으로 출력된다.

Chapter 12. 기본 API

01 Object 클래스

02

```
1. package chapter12;
2.
3. class Car {
4.     String name;
5.     String company;
6.
7.     // 코드 작성
8.     public String toString() {
9.         return company + ":" + name;
10.     }
11. }
12.
13. public class Excercise2 {
14.
15.     public static void main(String[] args) {
16.
17.         Car car = new Car();
18.         car.name = "그랜져";
19.         car.company = "현대자동차";
20.
21.         System.out.println(car);
22.
23.     }
24.
25. }
```

03

```java
1. package chapter12;
2.
3. public class Excercise3 {
4.
5.     public static void main(String[] args) {
6.
7.         String num1 = "100";
8.         String num2 = "200";
9.
10.        // 코드 작성
11.        System.out.println("합계:"+( Integer.parseInt(num1)
12.                             +Integer.parseInt(num2)));
13.
14.     }
15.
16. }
```

문자열값을 숫자로 변환해주는 메서드는 Integer.parseInt() 메서드이다.

04

```java
1. package chapter12;
2.
3. public class Excercise4 {
4.
5.     public static void main(String[] args) {
6.
7.         // 아이디,이름,나이
8.         String[] member = {
9.                 "hong,홍길동,30",
10.                "lee,이순신,40",
11.                "kim,김유신,50"
12.         };
13.
14.         // 이름만 출력
15.         for (int i=0; i<member.length; i++) {
16.             System.out.println(member[i].split(",")[1]);
17.         }
18.
19.         // 평균 나이 출력
20.         int ageSum = 0;
21.         for (int i=0; i<member.length; i++) {
22.             ageSum += Integer.parseInt(member[i].split(",")[2]);
23.         }
24.         System.out.println("평균나이 : "+(double)ageSum/member.length);
25.
26.     }
```

```
27.
28. }
```

[실행 결과]

```
홍길동
이순신
김유신
평균나이 : 40.0
```

배열은 for문을 통해 반복하며, split() 메서드는 ,를 기준으로 나눠 이름은 인덱스 1번을 나이는 인덱스 2번을 통해 데이터를 처리할 수 있다. 평균나이는 먼저 나이의 합계를 구하기 위해 ageSum에 대입연산으로 처리한다.

Chapter 13. 컬렉션 프레임워크

01　　④

HashMap은 Map 인터페이스의 구현 클래스이다.

02　　Iterator

03

```java
1.  package chapter13;
2.
3.  import java.util.ArrayList;
4.  import java.util.List;
5.
6.  public class Excercise3 {
7.
8.      public static void main(String[] args) {
9.
10.         MemberEx me1 = new MemberEx("hong", "홍길동", 30);
11.         MemberEx me2 = new MemberEx("lee", "이순신", 40);
12.         MemberEx me3 = new MemberEx("kim", "김유신", 50);
13.
14.         List memberList = new ArrayList ();
15.         memberList.add(me1);
16.         memberList.add(me2);
17.         memberList.add(me3);
18.
19.         // 전체 회원 출력
```

```
20.             for (int i=0; i<memberList.size(); i++) {
21.                 MemberEx me = (MemberEx)memberList.get(i);
22.                 System.out.println(me.getId()+", "
23.                             +me.getName()+", " +me.getAge());
24.         }
25.
26.     }
27.
28. }
29.
30. class MemberEx {
31.     String id;
32.     String name;
33.     int age;
34.
35.     MemberEx(String id, String name, int age) {
36.             this.id = id;
37.             this.name = name;
38.             this.age = age;
39.     }
40.
41.     public String getId() {
42.             return id;
43.     }
44.     public void setId(String id) {
45.             this.id = id;
46.     }
47.     public String getName() {
48.             return name;
49.     }
50.     public void setName(String name) {
51.             this.name = name;
52.     }
53.     public int getAge() {
54.             return age;
55.     }
56.     public void setAge(int age) {
57.             this.age = age;
58.     }
59.
60. }
```

[실행 결과]

```
hong,홍길동,30
lee,이순신,40
kim,김유신,50
```

Chapter 14. 제네릭

01   ①

자동으로 형변환을 해주는 것이 아니라, 내부적으로 재정의 되는 것이기 때문에 형변환이 필요없게 된다.

02

```
1. package chapter14;
2.
3. import java.util.ArrayList;
4. import java.util.List;
5.
6. public class Excercise2 {
7.
8.     public static void main(String[] args) {
9.
10.         MemberEx me1 = new MemberEx("hong", "홍길동", 30);
11.         MemberEx me2 = new MemberEx("lee", "이순신", 40);
12.         MemberEx me3 = new MemberEx("kim", "김유신", 50);
13.
14.         List<MemberEx> memberList = new ArrayList<MemberEx>();
15.         memberList.add(me1);
16.         memberList.add(me2);
17.         memberList.add(me3);
18.
19.         // 전체 회원 출력
20.         for (int i=0 ; i<memberList.size(); i++) {
21.             MemberEx me = memberList.get(i);
22.             System.out.println(me.getId()+","+me.getName()+","+me.getAge());
23.         }
24.
25.
26.     }
27.
28. }
29.
30. class MemberEx {
31.     String id;
32.     String name;
33.     int age;
34.
35.     MemberEx(String id, String name, int age) {
36.         this.id = id;
37.         this.name = name;
38.         this.age = age;
39.     }
40.
```

```
41.    public String getId() {
42.        return id;
43.    }
44.    public void setId(String id) {
45.        this.id = id;
46.    }
47.    public String getName() {
48.        return name;
49.    }
50.    public void setName(String name) {
51.        this.name = name;
52.    }
53.    public int getAge() {
54.        return age;
55.    }
56.    public void setAge(int age) {
57.        this.age = age;
58.    }
59.
60. }
```

MemberEx로 제네릭 지정하면 for문 안에서 형변화 코드가 필요없게 된다.

Chapter 15. 람다식

01   ②

매개변수가 하나인 경우 괄호를 생략할 수 있다.

02

```
1. package chapter15;
2.
3. public class Excercise2 {
4.
5.     public static void main(String[] args) {
6.
7.         InterfaceLambda il = (int x, int y) -> x+y;
8.
9.         System.out.println(il.sum(1 , 2));
10.
11.    }
12.
13. }
14.
15. interface InterfaceLambda {
```

```
16.     public int sum(int x, int y);
17. }
```

[실행 결과]

3

Chapter 16. 스트림

01   ①

스트림 요소는 반복이 끝나면 다시 반복처리를 할 수 없다.

02

```
1. package chapter19;
2.
3. import java.util.Arrays;
4. import java.util.stream.Stream;
5.
6. public class Excercise2 {
7.
8.     public static void main(String[] args) {
9.
10.         // 문자열 배열
11.         String [] arr = new String[]{"a", "b", "c", "d", "e", "f"};
12.
13.         Stream<String> stream1 = Arrays.stream(arr);
14.         stream1.forEach(s -> System.out.print(s+" "));
15.
16.     }
17.
18. }
```

03   ③

stream() 메서드가 아니라 parallelStream() 메서드를 사용하고, CPU가 1개일 때는 병렬처리보다 순차적 처리가 더 빠르다.

Chapter 17. 스레드

01   ①
      Thread 클래스는 상속받아 run() 메서드를 재정의 해야 한다.

02   new Runnable()
      익명 구현 클래스로 객체 생성

03   sleep()

04

```
// 우선순위 지정
t1.setPriority(10);
t2.setPriority(1);
```

우선순위를 적용해 t1의 작업시간을 더 많이 적용시켜 빠르게 처리되도록 설정

Chapter 18. 입출력 스트림

01   ②
      입력과 출력은 동시에 처리할 수 없고 다른 스트림 클래스로 따로 처리한다.

02   flush() 메서드는 출력 버퍼를 강제로 비우고 데이터를 출력한다.

03

```
txt = br.readLine()
```

Chapter 19. 네트워크

01   ④

TCP는 UDP에 비해 전송속도 느림

02   DatagramSocket

03   url.openStream()

찾아보기

Let's
실전 예제로 배우는

초판2쇄 인쇄 2024년 1월 17일
초판2쇄 발행 2024년 1월 24일
지은이 서민구
기획(편집) 곽홍준
제작 김웅태, 조재훈
판매영업 김승규, 문지영

발행처 ㈜아이비김영
펴낸이 김석철
등록번호 제22-3190호
주소 (06728)서울 서초구 서운로 32, 5층(서초동, 우진빌딩)
전화 (대표전화) 1661-7022
팩스 02-3456-8073

ISBN 978-89-6512-120-6 13000
정가 25,000원

잘못된 책은 바꿔드립니다.

Let's
Java
Programming

Let's

Java
Programming